感谢中国井冈山干部学院资助

经济管理学术文库·管理类

企业管理机遇、转型与发展

Business Management:
Opportunities, Transformation and Development

熊坤敏／著

经济管理出版社

图书在版编目（CIP）数据

企业管理机遇、转型与发展/熊坤敏著 .—北京：经济管理出版社，2014.9
ISBN 978 - 7 - 5096 - 3441 - 7

Ⅰ.①企… Ⅱ.①熊… Ⅲ.①企业管理—研究 Ⅳ.①F270

中国版本图书馆 CIP 数据核字（2014）第 243010 号

组稿编辑：宋　娜
责任编辑：宋　娜
责任印制：黄章平
责任校对：张　青

出版发行：经济管理出版社
（北京市海淀区北蜂窝 8 号中雅大厦 A 座 11 层　100038）
网　　址：www.E - mp.com.cn
电　　话：(010) 51915602
印　　刷：北京易丰印捷科技股份有限公司
经　　销：新华书店
开　　本：720mm×1000mm/16
印　　张：18.5
字　　数：353 千字
版　　次：2015 年 9 月第 1 版　　2015 年 9 月第 1 次印刷
书　　号：ISBN 978 - 7 - 5096 - 3441 - 7
定　　价：88.00 元

·版权所有　翻印必究·

凡购本社图书，如有印装错误，由本社读者服务部负责调换。
联系地址：北京阜外月坛北小街 2 号
电话：(010) 68022974　　邮编：100836

目 录

第一章 企业管理理论概述 … 1

第一节 企业与企业管理 … 1
一、企业的概念 … 1
二、企业管理理论 … 8

第二节 企业管理发展沿革 … 11
一、西方早期管理思想的产生（18世纪至19世纪末） … 12
二、科学管理阶段（19世纪末至20世纪初） … 13
三、现代管理阶段（20世纪20年代末至今） … 16

第三节 企业管理原则与职能 … 20
一、企业管理的原则 … 20
二、企业管理的职能 … 22

第四节 企业管理理论的内容 … 33
一、企业的战略管理 … 34
二、企业的人力资源管理 … 36
三、企业的财务管理 … 38
四、企业的市场营销管理 … 40
五、企业的生产管理 … 42
六、企业的信息管理 … 44

参考文献 … 46

第二章 国际金融危机与企业管理 … 47

第一节 国际金融危机概述 … 47

一、危机的过程 …………………………………………………… 48
　　二、危机的影响 …………………………………………………… 52
　　三、金融危机对我国经济的影响 ………………………………… 55
　第二节　国际金融危机对企业的影响 ………………………………… 59
　　一、对我国中小企业的影响分析 ………………………………… 59
　　二、中小企业的根本出路 ………………………………………… 65
　　三、案例研究——以温州市中小企业为例 ……………………… 67
　第三节　国际金融危机与企业发展战略选择 ………………………… 74
　　一、企业发展战略本质及其作用 ………………………………… 75
　　二、我国企业发展战略选择 ……………………………………… 78
　　三、案例研究——以奥克斯集团为例 …………………………… 82
　第四节　国际金融危机与企业创新发展 ……………………………… 86
　　一、企业创新发展的含义 ………………………………………… 86
　　二、国际金融危机下企业的创新发展 …………………………… 96
　　三、案例分析——以宏华数码为例 ……………………………… 99
　参考文献 ………………………………………………………………… 101

第三章　环境资源约束与企业管理 …………………………………… 103
　第一节　产业发展与环境污染 ………………………………………… 103
　　一、资源型产业仍是我国经济发展主要动力之一 ……………… 103
　　二、资源型产业发展面临的问题 ………………………………… 106
　　三、环境与经济系统的相互作用 ………………………………… 109
　　四、经济与环境协调发展的内涵 ………………………………… 110
　　五、环境与要素集聚和区域经济发展的关联 …………………… 111
　第二节　环境资源约束现状 …………………………………………… 115
　　一、我国资源环境的现状分析 …………………………………… 115
　　二、我国能源利用的碳足迹与环境承载力 ……………………… 117
　　三、我国环境产业发展现状 ……………………………………… 121
　第三节　环境资源约束与企业发展战略选择 ………………………… 129
　　一、环境库兹涅茨曲线应用于区域战略环评适宜性 …………… 129
　　二、企业环境战略 ………………………………………………… 131
　　三、企业环境战略决策的机制分析 ……………………………… 137
　　四、基于低碳经济的企业环境战略决策 ………………………… 145
　第四节　环境资源约束与企业创新发展 ……………………………… 151

一、资源基础观 ……………………………………………………… 151
　　二、要素集聚对区域创新能力的影响 …………………………… 154
　　三、政府要基于生态文明理念促进企业创新发展 ……………… 157
参考文献 …………………………………………………………………… 160

第四章　企业社会责任与企业管理 ……………………………………… 162
第一节　企业社会责任概念 …………………………………………… 162
　　一、企业社会责任的内涵 ………………………………………… 162
　　二、企业社会责任的内容 ………………………………………… 164
　　三、企业承担社会责任的基本原则 ……………………………… 170
第二节　企业社会责任理论与现状 …………………………………… 172
　　一、企业社会责任的理论基础 …………………………………… 172
　　二、企业承担社会责任的现实依据 ……………………………… 180
　　三、我国企业社会责任标准 ……………………………………… 184
　　四、我国企业社会责任的履行现状 ……………………………… 186
　　五、国外企业社会责任履行现状——以美国、英国、日本为例 …… 192
第三节　企业社会责任与企业发展战略选择 ………………………… 195
　　一、企业发展战略理论 …………………………………………… 195
　　二、企业发展战略选择与企业社会责任相关性辨析 …………… 204
　　三、企业社会责任的发展战略选择 ……………………………… 207
　　四、优秀案例分析——以河北金音集团为例 …………………… 208
第四节　企业社会责任与企业创新发展 ……………………………… 214
　　一、创新对企业发展的影响 ……………………………………… 214
　　二、企业社会责任影响企业创新 ………………………………… 221
　　三、企业创新影响企业的社会责任 ……………………………… 225
　　四、优秀案例分析——以中国航天科技集团公司为例 ………… 230
参考文献 …………………………………………………………………… 236

第五章　我国企业管理未来发展趋势 …………………………………… 237
第一节　国内企业管理现状 …………………………………………… 237
　　一、我国现代企业管理的人本检讨 ……………………………… 237
　　二、我国企业管理中道德建设现状与存在的问题 ……………… 241
　　三、我国制造企业对现代管理模式的探索 ……………………… 250
　　四、我国制造企业管理与世界先进水平的差距 ………………… 252

第二节　国外企业管理的优秀经验……………………………………254
　一、国外企业运用科技进步和创新手段对中国的启示……………254
　二、GE公司和海尔公司企业文化与管理模式的分析和对比………258
　三、世界制造企业管理模式的类型与发展趋势……………………264
第三节　我国企业未来发展趋势……………………………………267
　一、科技进步与创新对现代企业管理的影响………………………267
　二、科技进步与创新支持中国企业管理的现状分析………………270
　三、台塑集团的经营理念与优秀传统文化的融合…………………276
参考文献………………………………………………………………290

第一章 企业管理理论概述

第一节 企业与企业管理

一、企业的概念

企业一般是指以盈利为目的,运用各种生产要素(土地、劳动力、资本、技术和企业家才能等)向市场提供商品或服务,实行自主经营、自负盈亏、独立核算的法人或其他社会经济组织。企业是社会发展的产物,因社会分工的发展而成长壮大。企业是市场经济活动的主要参与者,在社会主义经济体制下,各种企业并存共同构成社会主义市场经济的微观基础。企业存在三类基本组织形式:个人制企业、合伙制企业和公司制企业。其中,公司制企业是现代企业中最主要的、最典型的组织形式。

1. 企业的特征

企业作为商品经济的重要组成部分和社会经济活动的主要参与者,具有以下几方面特征:

第一，企业是以盈利为目的的经济组织。盈利是企业创办的出发点，是企业得以生存的必要条件，也是企业与其他社会组织最本质的区别。

第二，企业应该依法建立，并享有独立的民事权利，同时应承担相应的民事义务。根据企业制度的不同类型，各类制度下的企业应该遵循相应的企业法规所设定的条件和程序。

第三，企业是从事生产、经营活动的社会经济单位。企业是国民经济的基本经济单位和微观经济基础，从事生产经营活动是其天然的使命和社会职责；同时企业又是国民经济中一个自主经营的经济实体，作为独立的商品生产者和经营者，企业应该依法向国家缴纳税款。

第四，企业的经营应该实行独立核算、自负盈亏。企业在利润动机的驱使下实行独立核算，以较少的人力物力财力以及时间的投入来获取较多的利润。盈利是企业创办的出发点，是企业得以生存的必要条件，企业只有盈利，才能得到发展；如果企业亏损严重，以至于资不抵债，将会导致企业倒闭、破产。

2. 企业的分类

企业类别划分的目的在于方便人们针对不同类型的企业，采取相适应的管理模式和管理方法。对企业进行科学的分类、掌握其科学内涵和外延，是充分研究企业管理的基础和必要的前提。按照不同的划分标准，可以将企业划分为不同的类型。一般情况下，对于企业类型的划分标准主要有：按照企业制度的不同进行划分、按照所属产业的分类进行划分、按照企业规模的大小进行划分、按照资源集约度的不同进行划分以及按照企业的生产与市场特点进行划分①。下面将分别进行论述。

（1）按照企业制度的不同进行划分。

企业制度不同，则财产的组织形式和所承担的法律责任也不同。按照这个标准，本书将企业分为个人制企业、合伙制企业及公司制企业三种类型，这是最常见的企业分类。

个人制企业一般又被称为独资企业、单个业主制企业。该类企业是由个人出资经营的企业，且出资者就是企业主本人。个人制企业不是法人，全凭企业主的个人资信对外进行业务往来。它是企业主的个人财产，由企业主直接经营，掌握企业的全部业务经营权力，并享有该独资企业的全部经营所得，同时又独自承担所有的风险，对企业的债务负有完全的责任。

---

①邬适融，曾艺声，包凤达等. 现代企业管理——理念、方法、技术［M］. 北京：清华大学出版社，2005.

合伙制企业一般是指由两个或两个以上的个人共同出资、共同经营的企业。企业的合伙人分享企业经营所得的利润，并对企业的亏损共同承担责任。它可以由所有合伙人共同经营，也可以由某一合伙人经营，其他合伙人仅仅出资并共负盈亏。某一合伙人从合伙制企业退出或更换，都必须征得其他合伙人的同意才能进行。

公司制企业又叫股份制企业，是指由一个以上投资人（自然人或法人）依法出资组建，有独立法人财产、自主经营、自负盈亏的法人企业。公司制企业指的是以盈利为目的，依公司法而登记成立的企业。根据现行中国公司法，其主要形式为有限责任公司和股份有限公司。两类公司均为法人，投资者可受到有限责任保护。

（2）按照所属产业的分类进行划分。

按照不同的产业分类法，如三次产业分类法，据此将企业划分为不同类型的企业。按照产业类别对企业类型进行划分，有助于企业明确在社会经济活动中所处的位置，以及同其他企业之间的分工协作关系，从而指导企业制定相应的经营战略。第一产业为广义的农业，指以利用自然力为主，生产不必经过深度加工就可消费的产品或工业原料的部门。属于第一产业的企业可以具体细分为种植企业、畜牧业企业、林业企业以及捕捞企业等。第二产业为广义的工业，是传统产业经济理论中对产业划分的一个产业部门，指对第一产业和本产业提供的产品（原料）进行加工的产业部门，具体可细分为采矿企业、制造业企业、建筑业企业等。第三产业指不生产物质产品的行业，即服务业，具体可细分为商业企业、金融保险业企业、运输业企业及其他服务提供类企业。这种分类法可以由粗到细进一步划分出纵向有从属关系，横向有分工协作关系的许多企业。

（3）按照企业规模的大小进行划分。

按照企业规模大小分类，可以将企业划分为超大型企业、大型企业、中型企业和小型企业等几类。衡量企业规模大小的标准有企业的生产能力、固定资产原值、职工人数、总投资或注册资本以及销售收入等，不同的工业部门有其不同的分类标准。例如，根据工业和信息化部、国家统计局、发展改革委、财政部研究制定的《中小企业划型标准规定》，农、林、牧、渔业营业收入总额 2 亿元以下的为中小微型企业。其中，营业收入总额 500 万元及以上的为中型企业，营业收入总额 50 万元及以上的为小型企业，营业收入总额 50 万元以下的为微型企业。而建筑业营业收入总额 8 亿元以下或资产总额 8 亿元以下的为中小微型企业。其中，营业收入总额 6000 万元及以上，且资产总额 5000 万元及以上的为中型企业；营业收入总额 300 万元及以上，且资产总额 300 万元及以上的为小型企业；营业收入总额 300 万元以下或资产总额 300 万元以下的为微型企业。

企业的规模不同，其内部的组织结构与运行方式也不同，同时在市场竞争中所占的优劣势也就各不相同，对企业经营者素质的要求也不同。另外，企业规模的划分为企业确立了合理的经济规模，这为企业规模经济效益创造了条件。企业规模由政府综合统计部门根据上年统计年报每年划分一次。企业规模一经确认，月度统计原则上不进行调整。

（4）按照资源集约度的不同进行划分。

按照占用资源的集约度可以将企业分为劳动密集型企业、资金密集型企业、技术密集型企业以及知识密集型企业。这种分类方法有助于企业明确对具体资源的依赖程度，从而能够明确企业的经营管理重心并制定一套与之相适应的发展策略。

劳动密集型企业是指生产需要大量的劳动力，也就是说产品成本中劳动量消耗占比重较大的企业。在劳动密集型企业里平均每个工人的劳动装备不高，如纺织业、服装业、食品业、家用电器制造业、日用百货业等轻工企业以及服务性企业等。资金密集型企业是产品成本中物化劳动消耗所占比例较大或资金有机构成较高的企业，其特点是：投资大、占用资金多、现代化技术装备程度高、容纳劳动力相对较少、劳动生产率高，如钢铁业、造船业、汽车制造业等均属于资金密集型企业。技术密集型企业是指技术装备程度比较高，所需劳动力或手工操作的人数比较少，产品成本中技术含量消耗占比重较大的企业。技术密集型企业的单位产品所需资金投资较多，也需要集中较多熟练的技术人员，同时耗费原材料较少，如飞机制造业、精密机械业、光学仪器业等企业都属于技术密集型企业。知识密集型企业是建立在现代科学技术基础上，生产高、尖、精产品，集中大量科技人员，科研设备先进的企业。如航天工业、电子计算机业、生物工程等企业被划分为知识密集型企业。

（5）按照企业的生产与市场特点进行划分。

按照企业所在产业的基本形态及其生产与市场的特点可以将企业划分为公益性企业、垄断性企业、竞争性企业及新兴企业。按照企业的生产与市场的特点来进行划分，便于企业利用不同的产业政策、市场的类型和特点、自身的经营策略更好地寻求发展空间，适应市场竞争的要求。

公益性企业指的是以提高社会发展水平和社会福利水平为目标的企业，主要包括以下四类：第一，救助灾害、救济贫困、扶助残疾人等困难的社会群体和个人的活动；第二，教育、科学、文化、卫生、体育事业；第三，环境保护、社会公共设施建设；第四，促进社会发展和进步的其他社会公共和福利事业。这些企业往往都以高投入与低回报为特点。垄断性企业应具备三大要素：第一，是市场中某种产品唯一的供应者，并且没有任何替代品；第二，由于其面对的需求曲线也即是该产品的总需求曲线，垄断企业具有对该产品价格的完全控制权；第三，该行业具有很高的进出壁垒，以至于任何一个企业（行业内和行业外）都无法进入或退出。垄断性企业包括自然垄断性和经营垄断性两种，要求投入规模和产出规模都较大，有很强的资本、技术和组织壁垒，生产经营组织一体化的效益明显。垄断性企业主要包括能源业、采掘业、原材料工业和汽车、石化、成套机电设备制造业等企业。竞争性企业的主要特点就是各类生产要素的可获得性大，资源与市场需求的可替代性高，因而创新性强，产品及技术装备更新速度快，在激烈的市场竞争中要求企业具有较高的适应能力。这类企业包括除以上企业类型之外的几乎所有行业门类。新兴企业是指改革开放以来脱胎于计划经济体制而在市场经济中成长起来的企业，它可能既包括国有企业、集体企业，也包括民营企业、股份制企业、混合制企业，同时也包括高新技术企业。该类企业既具有竞争性企业的特点又存在着垄断性企业的特点，其资源与市场高度不确定，因而风险大而相对投入高。

3. 现代企业制度

现代企业制度是产权清晰、责任明确、政企分开、管理科学的企业制度。它以产权清晰为前提，以法人财产制度为主体，以有限责任制度为核心，以经济效益为目的，以科学管理为手段。公司是现代企业制度的主要形式，有限责任公司和股份有限公司能够较好地体现现代企业的内涵。公司企业之所以能够称为现代企业，是因为它是一种比个体企业和合伙企业更适合现代社会化大生产方式、更有利于企业资源有效整合的制度形式。现代企业制度是一个内涵丰富、外延广泛的概念，其基本内容主要包括：现代企业产权制度，即公司法人产权制度；现代企业组织制度，即公司组织制度；现代企业管理制度，即公司管理制度；公司法律制度，以及企业与国家的关系和其他各种企业外部环境等方面。

（1）现代企业制度的特征。

现代企业制度是社会化大生产和市场经济发展到一定程度的法制完善的产物。它的基本特征包括以下四个方面：

1）企业是独立的法人，享有法人财产权。现代企业制度必须是真正的法人制度，企业应该是人格化的经济组织，成为独立的商品生产者和经营者。企业中财产所有权属于投资人，企业对出资者投资形成的全部法人财产享有民事权利，承担民事责任，是一个独立的法人实体。在公司企业中，出资者所有权与法人财产权是相分离的，出资者拥有股权，以股东身份依法享有资产收益、重大决策和选择管理者等权利，但不能对属于自己部分的资产进行直接的支配。

2）企业拥有清晰的产权关系，出资者权责明确，负有限责任。现代企业制度的基本特征就是企业的资产所有权与企业的资产控制权、经营决策权、经济活动组织管理权相分离。企业的出资者包括国家、持股的自然人和其他法人。出资者出资以后，拥有与企业相应的资产和享有相应的权益，承担相应的责任。出资者的权益主要有：按其投入企业的资本额，在企业盈利后可以享受派息和分红；决定企业经营的重大决策。出资者的责任是：一方面，在企业发生亏损甚至破产的时候，出资者以投入企业的资本额对企业负有限责任；另一方面，企业以其全部的法人财产，依法自主经营、自负盈亏、照章纳税，同时又要对出资者负责，承担资产保值增值的责任。

3）企业领导管理体制的科学化。现代企业建立了科学而规范的企业领导体制，使得企业的权力机构、监督机构、决策机构和执行机构之间相互独立、责任明确，使得所有者、经营者和生产者之间既相互激励，又相互制约。这样使出资者、经营者、生产者的积极性得以发挥，行为受到约束，利益得到保障，做到出资者放心、经营者精心、生产者尽心，形成共同追求最佳经济效益的强大合力。现代企业实行的是股东大会—董事会—总经理—监事会的治理结构，以达到保障所有者权益，赋予经营者经营管理权，调动生产者的积极性，充分保障企业的有效经营。

4）政企关系明确分开。一方面，企业的生产经济完全由企业自己按照市场需求自主组织调节，以追求利润最大化为主要目标，不受政府的直接干预。另一方面，政府的行政管理职能与国有资产管理必须分开。在市场经济中，与企业直接发生联系的是市场，企业按照市场需求组织生产经营，以提高劳动生产率和经济效益为目的。政府对企业的调节主要通过政府对市场的调控和影响表现出来，政府不直接干预企业的生产经营活动，而是为企业的生产经营创造良好的外部环境。

（2）现代企业制度的内容。

公司制是现代企业制度最主要的形式。公司是指由若干自然人或法人组合而成的一种法人企业组织形式。现代企业制度是一种制度体系，这个体系主要包括以下三个部分的内容。

1）法人财产制度。现代企业制度的核心是法人财产制度。法人财产制度是以企业法人作为企业资产控制主体的一项法律制度，它以企业出资者不直接控制企业的资产为特征。企业法人财产权是企业法人与企业经营权的有机结合。企业依法享有对企业财产的经营权，包括占有权、使用权、处置权以及经营收益权。企业对由出资者投资所形成的企业全部法人财产独立支配，自主经营①。法人财

---

① 卫兴华，顾学荣. 政治经济学原理［M］. 北京：经济科学出版社，2004.

产制度的建立，使企业的财产权利被分解为财产终极所有权和法人财产权。在这种制度中，财产终极所有权即出资者所有权，在一定条件下表现为出资者拥有股权，并只能运用企业股东权利影响企业的行为，而不能对法人财产中属于自己的部分进行支配，也不能直接干预企业的经济活动。由出资者投入企业的资本金形成企业的法人财产，企业对法人财产依法拥有独立支配的权利，具体表现为企业对法人财产的占有、使用、收益和处分权。由于法人财产制度割断了出资者与企业法人财产的直接联系，从而保证了企业资产的相对独立性和完整性，使企业的经营者能够对企业资产进行统一的支配和运营。

2）组织管理制度。在现代企业中，由于企业财产权利的分解及委托代理关系的存在，这就不仅要保护企业出资者的权益，同时要有效地控制企业代理人对委托人权益的损害行为，这在客观上就要求企业内部必须对权利进行适当的安排，从而形成科学的法人治理结构。建立法人治理结构的核心就是在企业内部形成激励机制和约束机制，使企业的股东大会、董事会、总经理和监事会之间相互独立、权责明确，从而使企业各方的积极性都得到有效调动，行为受到约束，权益得到保障。

公司组织机构的设置原则包括以下几个方面：第一，任务与目标原则；第二，专业分工和协调原则；第三，指挥统一原则；第四，有效管理原则；第五，责权利相结合原则；第六，集权与分权相结合原则；第七，稳定性和适应性相结合原则；第八，执行和监督机构分设原则；第九，精简机构的原则。根据我国公司法的规定，公司组织机构通常包括股东大会、董事会、监事会和总经理及其下属机构，并由此形成决策权、执行权和监督权三种权利形式。通常情况下，公司的组织机构如图1-1所示。

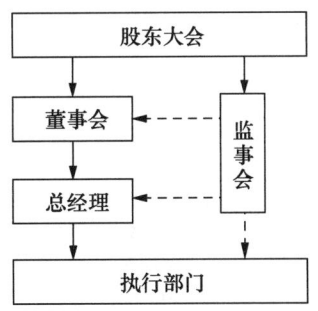

图1-1 公司组织机构

3）有限责任制度。有限责任制度是民商法领域一项非常重要的制度，被喻为公司法的一块传统基石。有限责任制度有其一定的适用条件和范围。所谓有限

企业管理机遇、转型与发展

责任,一是企业出资者以出资构成的法人财产为限对企业的债务承担有限责任。当企业陷入困境出现资不抵债的情况时,企业要以其全部财产进行清偿,不牵涉公司以外的其他个人和法人的财产。二是出资者以其投入企业的资本额为限对企业的债务承担有限责任。实行有限责任制度,既划清了各个主体的责任,又能够降低出资者的风险。这种制度不仅能够使出资者的责任与权利相对等,而且对企业的经营者也构成了一种财产约束,强化了企业经营者的财产责任。有限责任制度的社会经济价值包括:减少和转移风险,鼓励投资,克服无限责任对企业形式发展的束缚;减少交易费用和降低管理成本,促使公司有效率地经营和发展壮大。

二、企业管理理论

企业管理是对企业的生产经营活动进行计划、组织、指挥、协调及控制等一系列职能的总称,企业管理的内容包括企业发展过程的全部工作内容。

1. 管理

管理是普遍存在的人类行为。管理是一个广义的名词,它包括各种各样的管理,如政治管理、军事管理、城市管理、交通管理、经济管理、企业管理等。虽然这些领域都有自己的具体对象,但在管理的含义上却有着共性,即一般意义上的管理实质。

(1) 管理的含义。

有文字记载的人类历史表明,管理活动贯穿于整个人类历史过程之中以及社会生活的各个方面。社会的发展使人类社会生活与以往相比有着实质性的改变,这更使得管理活动越来越必需和普遍。现代社会从个人、家庭、组织、国家乃至国际社会,在政治、经济、军事、科技、教育、文化的每一个社会侧面,无不和管理紧密相连。管理无处不在,无时不在。

现代意义上的管理是指对一个组织所拥有的资源——人力资源、财力资源、物质资源和信息资源进行有效的计划、组织、领导和控制,用最有效的方法去实现组织目标。从对管理的不同考察角度出发,人们对于管理也有着不尽相同的解释。这些不同角度的解释主要可以概括为以下三个方面的内容。

第一,管理包括计划、组织、领导、控制四项基本活动。这四项基本活动也称为管理的四项基本职能。

第二,管理是通过人力、物力和财力资源实现组织目标的活动,即围绕着组织目标使组织的各类资源的利用和谐化、活动同步化。

第三，管理是协调组织资源，是组织成员更加高效地达到组织目标的过程。

根据以上三个方面的内容，管理可以定义为：管理是通过计划、组织、领导和控制等环节，协调人力、物力和财力资源以期高效率地达到组织目标的过程。

（2）管理的特点。

通过以上分析，本书可以总结概括出管理所具有的几个特点。第一，管理是共同劳动的产物。由于共同劳动，人们结成分工与协作关系，并形成了共同的目标，从而使管理工作成为必要。如果没有管理活动，人们各行其是，就连组织活动也难以实现，更不用说大规模复杂的社会生产经营等活动了。第二，管理具有明确的目标。管理是为组织目标服务的，是一个有意识、有目的的行动过程。一切管理活动都服从于和服务于组织的既定目标，没有共同的目标，就没有共同劳动，也就不需要管理。第三，管理是一系列相互关联、连续进行的活动过程。管理工作过程包括计划、组织、领导、控制等基本职能，这些职能是相互关联和连续进行的。管理贯穿于共同劳动的始终。在组织活动的不同阶段，管理工作有着不同的重点。但是，这些管理工作的中心只有一个，就是维护共同劳动的顺利进行和组织任务的有效完成。因此，管理的各个环节要求能够相互关联、连续一致，而不能相互脱节和相互矛盾。第四，管理是各种资源要素的合理配置和有效利用。管理工作要通过综合运用组织中的各种资源来实现组织的目标，管理的对象是组织中的人力和物力资源。管理的实质就是通过计划、组织、控制和领导等手段，实现组织内部各种资源要素的合理配置和有效利用，它有别于组织为实现目标的其他活动，如纯技术性、作业性等方面的非管理活动。

2. 企业管理

企业管理是社会化大生产的客观要求和直接产物，它指的是为实现企业的生产经营目标，完成企业生产经营任务，对企业生产经营的过程进行计划、组织、控制和领导等工作的总称。随着现代企业生产经营规模的扩大、分工细化、技术与协作复杂程度的提高，企业管理也日益显示出其重要性。作为管理的基本原理和方法，虽然对各类组织都适用，但目前对管理研究最多的社会组织还是企业，现代管理学科本身也主要是从企业管理实践中总结和提炼出来的。

（1）企业管理的对象。

企业管理是企业生产力诸要素的组织者和协调者，从这个意义上讲，管理本身就是一种生产力。企业管理的目标是在提高企业经济效益的基础上，保证社会效益的实现，具体包括社会生产目标、盈利目标、自我发展目标等。为实现这些目标，企业必须完成产品开发、资源开发、资金筹措、职工队伍建设、生产、销售等任务，这些任务的完成依赖于企业管理。企业管理的对象是企业，是指对企业所拥有的生产要素——人力资源、财力资源、物质资源和信息情报资源进行有效的计划、组织、领导和控制，用最有效的方法去实现企业经营的目标。笼统地说，企业管理的对象可以分为两个相互关联的方面：一方面为组织所拥有的资源，另一方面为组织的目标。

组织拥有一定的资源条件是任何社会组织存在的前提，组织的资源条件因为组织社会功能的不同而不同。例如，企业的资源表现为资产、技术、人才等方面，而学校的资源则表现为师资、教学设施、财力等方面。企业的目标方面，应该把企业的具体目标与其社会功能相统一。组织的各种具体目标，可以是增加资源的数量、提高资源的质量，也可以是从结构和形态等方面将各种资源加以协调和合理的配置。例如，企业利用各种资源要素生产出适合市场需要的优质产品等。在企业的一切资源中，企业的成员——企业中的人才，是最主要、最宝贵的资源。因此，组织管理最主要的是对人力资源的管理。

（2）企业的管理者。

因为管理是普遍存在的，所以管理者也是普遍存在的，但并非拥有一定社会地位和运用知识工作的人都是管理者。在社会组织中，能够指挥下属人员，并且对促进组织工作有效运转，并负有行动和决策责任的人是管理者。为进一步理解管理者的概念，需要将管理者置于一个抽象的组织模型中加以分类。

由图1-2可知，在企业管理者的组织模型中，位于顶层的是企业的高层管理者，其次是中层管理者、基层管理者，最低的是企业的作业人员。其中，企业的中层管理者和基层管理者既是企业的管理者，也是被管理者。在管理者组织中，不同层次的管理者的作用是不同的。

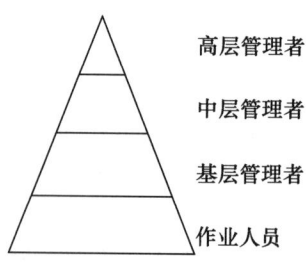

图1-2 企业管理者组织模型

企业的高层管理者是一个组织整体行动的决策者，是指那些对组织的管理负有全面责任、侧重制定组织的大政方针、沟通组织与外界交往联系的人。例如，公司的总经理、工厂的厂长、大学的校长等。高层管理者对组织发展战略、行动计划、资源安排拥有充分的权力。他们的决策是否科学、职权利用是否得当等直接关系组织的存亡兴衰。高层管理者对于组织的决策必须从战略的高度长期关注组织的生存、成长和总体有效性。高层管理者还必须将组织与外部环境密切联系起来。

中层管理者是指那些主要以贯彻高层管理者所指定的大政方针、指挥基层管理活动为职责的人。例如，工厂的车间主任、公司的事业部经理、大学的系主任等。他们管理的下属规模差异很大，多则数百人，少则几十人，因此不可能去做太多的具体工作，而是根据上级的计划和部署，把具体任务分配给各个基层单位，同时指导、支持和协调基层管理者的工作。中层管理者必须有效地管理和控制下属人员，以实现他们所在管理层面或环节的具体目标，中层管理者在组织中起着承上启下的作用，对上下级之间的信息沟通、政令通行等负有重要的责任。在企业中按照职能分工负责的部门经理，就可以看作中层管理者。

基层管理者，也称作运作管理者，是指那些直接指挥和监督现场作业人员去完成上级下达的各项计划和指令的人，即第一线管理人员。他们实施、执行中层管理者制定的目标和计划。基层管理者与从事作业性的非管理人员直接联系，组织和监督他们的工作。在管理杰出的企业内，基层管理者往往被赋予一定的自由度和激励手段，以利于带领工作人员开展工作创新。例如，车间的班组长、学校的课程组长、宾馆的前台领班等，他们所管辖的仅仅是作业人员而不涉及其他管理者。基层管理者的主要职责是给下属作业人员分派具体任务，保证各项任务的有效完成。

第二节　企业管理发展沿革

管理起源于人类的共同劳动，最早可以追溯到原始社会。管理是一种有意识的社会活动。因此，当人类社会进行管理活动时，必然有着一定的管理思想与之相伴随。20世纪是工业化真正产生和发展的开始。从1903年泰勒的科学管理理论诞生至今，经历了100多年的沧桑巨变。如今，管理已经成为一个门类齐全、全方位、多层次的科学体系，越来越成为影响社会经济生活的重要因素。

一、西方早期管理思想的产生（18世纪至19世纪末）

英国古典经济学家亚当·斯密在1776年发表的代表作《国民财富的性质和原因的研究》中，系统地论述了劳动价值论及劳动分工理论，对劳动分工的问题提出了深刻而明确的管理思想。亚当·斯密指出劳动分工可以提高劳动生产率，并认为劳动分工的好处主要有：①工人重复完成单项操作，有利于提高每个专业工人的劳动熟练程度；②减少工作变换，有利于节省工作转换所损失的时间；③工人的注意力集中在一种特定的对象上，有利于创造新工具和改进机器设备。

1. 罗伯特·欧文

英国的空想社会主义者罗伯特·欧文强调重视人的作用和尊重人的地位。欧文提出要重视生产管理工作中人的因素，工厂企业应该致力于对人力资源的开发和投资。他在自己的工厂里进行了一系列的改革试验，如改进工人的劳动条件、缩短工人的工作时间、提高童工的就业年龄、提供免费的饭餐、改善工人的住宅等。通过改革实践，他认为重视人的因素和尊重人的地位可以使企业获取更多的利润，花在改善工人待遇和劳动条件上的投资，最终会给企业带来加倍的补偿。由于欧文率先在人事管理方面做出了许多试验和探索，因此其被称为"现代人本管理之父"。

2. 查理·巴比奇

英国数学家查理·巴比奇把技术手段应用到管理上，是早期运筹学和管理科学的鼻祖。巴比奇发展了斯密的分工理论，并提出了按照生产效率的不同来确定工资报酬的理论。巴比奇的科研成果很引人注目，1822年他造出世界上第一台有实用价值的计算器——差分机。后来，他又试制能按照指令进行自动运算的万能计算机，除了没有设计出穿孔数据卡的机件外，它具有现代计算机的全部组件和构想。他以运筹学的方法对每道作业和制造费用一一加以分析，并对操作和管理方法提出了许多改进意见，于1832年写出《论机器和制造业的经济》，他赞赏劳动分工，并论述了大型工厂在提高生产效率方面的优点。

3. 丹尼尔·麦卡勒姆

丹尼尔·麦卡勒姆提出了通过规章制度进行管理的管理思想。麦卡勒姆的这套管理制度曾在美国的铁路管理方面享有盛誉。他对企业管理理论最重要的贡献就是通过规章制度来实行管理。他认为，要做好管理工作，必须有良好的纪律，具体而详细的职责范围，经常而准确的工作汇报，根据工作成绩评定工资和提升，领导与被领导之间要有明确的权利层次，并要普遍实行个人责任制和负责制。

二、科学管理阶段（19世纪末至20世纪初）

19世纪末至20世纪初是资本主义企业的科学管理阶段。在这一阶段，资本主义企业由自由竞争向垄断过渡，科学技术得到进一步发展，生产社会化程度不断提高，市场范围和企业规模不断扩大，这就对企业管理提出了越来越高的要求。资本家单凭个人的经验和能力包揽一切已不能适应生产发展的需要，客观上要求资本所有者与企业经营者实行分离，由那些具有专门管理知识的专家来代替资本管理企业，以适应生产力发展的要求。企业所有权与经营权的分离，越来越需要管理职能专业化，要求专职的管理人员，建立专门的管理机构，采用科学的管理制度和方法。同时，也要求对过去几类的管理经验进行总结提高，使之系统化、科学化并上升为理论，以指导实践，提高企业管理水平。正是基于这些客观要求，资本主义国家的一些企业管理人员和工程技术人员开始致力于总结管理经验，进行各种试验研究，并把当时的科学技术成果应用于企业管理，出现了科学管理的理论和方法，企业的科学管理从此应运而生。

1. 泰勒的科学管理理论

泰勒长期从事企业管理工作，具有丰富的实践经验，他以毕生精力从事企业管理研究，对企业科学管理做出了卓越的贡献。他的重要著作有《计件工资》（1895年）、《工场管理》（1903年）、《科学管理原理》（1911年）等。在资本主义企业管理发展史上，泰勒被称为"科学管理之父"。在企业管理的指导思想上，泰勒认为一切管理问题的解决，都应该可以应用科学的方法。泰勒科学管理的根本目的就是谋求最高工作效率，而要达到最高工作效率的重要手段就是用科

企业管理机遇、转型与发展

学化、标准化的管理方法代替旧的经验管理。

为此,泰勒提出了一些基本的管理制度。这些制度包括:第一,对工人提出科学的操作方法,以便有效地利用工时,提高工效;第二,对工人进行科学的选择、培训和晋升;第三,制定科学的工艺规程,使工具、机器、材料标准化,并把作业环境标准化,用文件形式固定下来;第四,实行具有激励性的计件工资报酬制度;第五,管理和劳动分离。泰勒所提出的这些措施虽然在当今已经成为管理学的常识,但是这在当时确实是非常重大的变革。随后,美国企业的生产效率有了大幅度的提高,出现了高效率、低成本、高工资、高利润的新局面。

泰勒的科学管理理论主要有两大贡献:一是管理要走向科学,二是劳资双方的精神革命。前者是有效管理的必要条件,后者是有效管理的必要心理。当然,科学管理存在过于重视技术、强调个别作业效率、忽视企业的整体功能等历史局限因素,但在当时是一次史无前例的革命,具有划时代的历史意义,科学管理的许多管理思想和做法至今仍被许多国家参照采用。

泰勒及其追随者与同行者的理论与实践构成了泰勒制,人们称以泰勒为代表的学派为科学管理学派。总体来看,泰勒制将科学引进了管理领域,为管理理论、管理实践开创了新的局面;它是科学提高劳动生产率的方法,把管理职能与执行职能分离开来,使管理理论的创立与发展有了实践基础。但是,除此之外,泰勒制只是把工人看成是会说话的机器,未能充分调动职工的积极性,它只能解决企业内部的工作效率问题,未能解决企业与外部环境相适应的问题。

2. 法约尔的一般管理理论

与泰勒同时提倡科学管理的是法国的法约尔,他进一步发展管理组织的理论。法约尔是最早的一般管理理论家之一。法约尔认为管理活动由5种要素构成,即计划、组织、协调、指挥、控制。这是法约尔在管理学理论上最突出的贡献。他奠定了管理学的基础,建立了管理学的主要框架,人们认为他是"管理理论之父"。他把管理定义为实行计划、组织、指挥、协调和控制。法约尔根据自己多年的工作经验提出了著名的14项管理原则:劳动分工、权利和责任、纪律、统一指挥、统一领导、个人利益服从集体利益、人员的报酬、集权、等级制度、秩序、公平、人员的稳定、首创精神、集体精神。这些原则都与合作有着密切的关系。

法约尔早期就参与企业管理工作,并长期担任企业的高级领导职务。因此,法约尔的管理理论是把企业作为一个整体进行研究,着眼于全局性的管理。他最主要的贡献在于3个方面,即从经营职能中独立出管理活动、提出管理活动所需的 5 大职能和 14 条管理原则。这 3 个方面同时也是其一般管理理论的核心思想。法约尔指出，管理 5 要素并不仅限于企业经理或领导的个人责任，它应该与企业其他工作一样，是分配于管理者和全部组织成员之间的职能。法约尔管理 5 要素的提出影响了整个 20 世纪的管理学，以后许多管理学者在法约尔管理理论的基础上继续进行研究，逐渐形成了管理过程学派，也被称为管理职能学派。法约尔则是这一学派的奠基人。

管理之所以能够走进大学的讲堂，都是依赖于法约尔的卓越贡献。一般管理思想的系统性和理论性很强，对管理的 5 大职能的分析为管理科学提供了一套科学的理论框架。来源于长期的实践经验的管理原则给实际管理人员以巨大的帮助，其中某些原则甚至以"公理"的形式为人们所接受和使用。因此，继泰勒的科学管理理论之后，一般管理理论也被誉为管理理论发展史上的第二座丰碑。

3. 韦伯的组织管理理论

韦伯是一位百科全书式的学者，在管理学界，他被称为"组织理论之父"，与泰勒、法约尔并列为西方古典管理理论的 3 位先驱。韦伯就是以哲学家式的冷峻和严密，创立了组织管理理论，对后世产生了深远的影响。

韦伯对组织理论的伟大贡献在于明确而系统地指出，理想的组织应以合理合法权力为基础，这样才能有效地维系组织的连续和目标的达成。为此，韦伯首推官僚组织，并且阐述了规章制度是组织得以良性运作的基础和保证。这里，官僚组织不能狭义地理解为一种中性的、不带任何感情基调的组织体系。韦伯认为，任何组织都必须以某种形式的权力作为基础，没有某种形式的权力存在，任何组织都不能达到自己的目标。

人类社会存在着 3 种为社会所接受的权力：传统权力，由传统惯例或世袭得来；超凡的权力，来源于别人的崇拜与追随；法定的权力，是法律所规定的权力。对于传统权力，韦伯认为，人们对其服从是因为领袖人物占据着传统所支持的权力地位；同时，领袖人物也受传统的制约。但是，人们对于传统权力的服从是在习惯义务领域内的个人忠诚。领导人的作用似乎只是为了维护传统，因而效率较低，不宜作为行政组织体系的基础。韦伯主张，为了实现一个组织的目标，应该把组织中的全部活动划分为各种基本的作业，作为公务分配非组织中的各个成员。各个公职和职位是按照职权的等级原则组织起来的，每一职位都有明文规定的权利和义务，形成一个指挥体系和阶层体系。

企业管理机遇、转型与发展

三、现代管理阶段（20 世纪 20 年代末至今）

随着现代科学技术的飞跃发展，社会生产力的迅速提高，生产的社会化程度也日益加强，西方企业管理理论的发展也随之活跃起来。现代管理理论力图克服古典管理学理论的弱点，重视人的因素，重视社会、心理因素对人们的影响；强调把现代科学技术新成果用于管理，做出准确的决策，于是形成众多学派。

1. 社会系统学派

社会系统学派是一种以协作系统为核心来论述企业内外条件的西方管理理论。社会系统学派的代表人物是美国著名的管理学家切斯特·巴纳德。1938 年，他发表了《经理人的职能》一书。在这部著作中，他对组织和管理理论的一系列基本问题都提出了与传统组织和管理理论完全不同的观点。巴纳德认为，组织是一个复杂的社会系统，应从社会学的观点来分析和研究管理的问题。社会的各级组织都是一个由相互协作的个人组成的系统。正式组织协作系统包括协作的意愿、共同的目标、信息的联系 3 个基本要素。非正式组织虽然没有正式组织机构和明文规定的共同目标，但非正式的组织又和正式组织常常相互创造条件，并相互发生影响。这个影响既可能是积极的，也可能是消极的。这就要求各级经理人员在系统中作为相互联系的中心，对协作的努力进行协调，从而达到企业内部的均衡。同时，要使这个协作适应外部的环境，使之正常地维持和发展。

他提出了构成组织的 3 个基本要素：第一，信息交流；第二，做贡献的意愿；第三，共同的目的。这是对组织这一概念的内涵所做的理论概括，在管理学中首次分析了组织的组成要素。关于组织要素的分析，是在以前的古典管理理论中没有的。虽然社会系统学派从组织的角度研究管理，但巴纳德认为组织的要素只包括人，不包括物和其他要素，所以对组织的研究就转变成对人的研究。巴纳德的组织理论是其管理理论的基础，他对组织的定义提出了同传统的管理理论截然不同的观点。他首先指出组织是一个由两个或两个以上的人组成的协作系统。在这里，巴纳德采用了与传统的组织理论不同的定义方式，传统的组织理论认为组织就是人的集合体。由此可见，传统的组织概念还停留在对组织的表象和功能的表述上，并没有抓住组织的本质进行深入的研究，而巴纳德不是从组织结构的角度，而是从行为的角度对组织下定义，并把组织看成一个协作的系统。

2. 行为科学学派

行为科学学派产生于20世纪20年代末30年代初，当时还叫作人际关系学说。它着重从社会和心理方面研究企业中人们之间的相互关系，是由美国管理学家埃尔顿·梅奥、马斯洛、赫茨伯格等人创立的。

（1）埃尔顿·梅奥的人际关系学说。

埃尔顿·梅奥原籍澳大利亚，1922年移居美国，先后在美国宾夕法尼亚大学、哈佛大学任教。埃尔顿·梅奥受过心理学等方面的教育，20年代末期开始主持有名的霍桑实验。1927年，他在哈佛大学主持心理病理学研究小组时，与其助手们于同年到芝加哥附近的西方电气公司的霍桑工厂进行一系列的实验，即著名的霍桑实验。它是西方国家中行为管理学派早期研究的一项重要活动。梅奥依据霍桑实验的结果提出了人际关系学说。人际关系学说的观点主要包括以下3个方面：第一，职工是"社会人"，是复杂社会系统的成员，影响工人生产积极性的因素，除了物质条件以外，还有社会和心理的因素，因此必须从社会和心理各个方面来激励工人，这是针对当时流行的"经济人"观点提出来的新观点。第二，企业中除了"正式组织"以外，还存在着"非正式组织"。非正式组织成员有其特殊的共同感情、惯例和倾向，无形地左右着其他成员的行为，对提高生产率有很大的影响。第三，新型的领导能力在于正确处理人际关系，善于倾听和沟通职工的意见，并通过提高职工需求的满足程度而激励职工的"士气"，从而达到提高生产率的目的。

（2）马斯洛的需要层次理论。

需要层次理论是由美国著名心理学家和行为科学家亚伯拉罕·马斯洛提出的。马斯洛在1943年发表了《人类动机的理论》一书，把人的需要排成5个层次：第一，生理需要，包括衣、食、住、行、医药等人体生理上的主要需要，这是一切需要中最根本的需要；第二，安全需要，包括心理上和物质上的安全保障，如预防危险事故、生活有保障、生病或老年有所依靠等；第三，社交需要，包括友谊、爱情、归属感等各方面的需要；第四，尊重需要，包括自尊和受别人尊重、赏识的需要；第五，自我实现需要，包括事业心和实现自己对生活的期望。如图1-3所示，中底部的3种需要称为缺乏型需要，马斯洛认为只有缺乏型的需要得到了满足，才能产生更高一级的需要，个体才能感到基本上舒适；顶部的2种需要称为成长型需要，因为它们主要是为了个体的成长与发展。人们一般是按照这个层次来追求各项需要的满足的，只有尚未满足的，才能对行为起激励作用，并且这5种需要不是每个人都能得到满足的，越是靠近顶部的成长型需

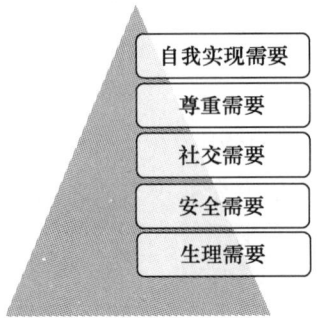

图1-3 马斯洛的需要层次

要，满足的百分比就越少。同一时期，个体可能同时存在多种需要，因为人的行为往往受到多种需要的支配，每一时期总有一种需要占支配地位。由此，他认为应该尽可能在客观条件许可的情况下，针对不同层次需要的追求，给予相对的满足。这样，才能成为推动人们继续努力的内在动力，从而不断提高劳动生产率。

（3）赫茨伯格的双因素理论。

双因素理论又叫激励保健理论，是由美国的行为科学家弗雷德里克·赫茨伯格提出来的。这种理论把企业中的有关因素分为满意因素和不满意因素，凡是能使人满足（或满意）的因素都为"激励因素"，凡是能防止使人产生不满的、消极的因素都为"保健因素"。赫茨伯格的双因素激励理论同马斯洛的需要层次理论有相似之处。他提出的"保健因素"相当于马斯洛提出的生理需要、安全需要、感情需要等较低级的需要；"激励因素"则相当于受人尊敬的需要、自我实现的需要等较高级的需要。马斯洛侧重于分析需要或动机，赫茨伯格侧重于分析满足这些需要的目标或诱因。这两种理论都没有把个人需要的满足同组织目标的实现联系起来。但是，双因素激励理论促使企业管理人员注意工作内容方面因素的重要性，特别是他们同工作丰富化和工作满足的关系，因此是有积极意义的。赫茨伯格告诉人们，满足各种需要所引起的激励深度和效果是不一样的。物质需求的满足是必要的，没有它会导致不满，但是即使获得满足，它的作用往往也是很有限的、不能持久的。要调动人的积极性，不仅要注意物质利益和工作条件等外部因素，更重要的是要注意工作的安排，量才录用，各得其所，注意对人进行精神鼓励，给予表扬和认可，注意给人以成长、发展、晋升的机会。随着温饱问题的解决，这种内在激励的重要性越来越明显。

3. 经验主义学派

经验主义学派又称为经理主义学派，是研究实际管理工作者的管理经验教训和企业管理的实际经验，强调用比较的方法来研究和概括管理经验的管理学派。其创始人是彼得·德鲁克，代表人物有欧内斯特·戴尔、艾尔弗雷德·斯隆等。这一学派认为，古典管理理论和行为科学都不能完全适应现代企业管理的实际需要和多方面的期望。他们认为，管理只与生产商品和提供各种经济服务的工商企业有关，管理学则由管理一个工商企业的理论和实际的各种原理、原则组成，对实践经验高度总结是经验主义学派的主要特点。他们强调，要注意当今的企业管理现状和实际需要，有关企业管理的科学应该从企业管理的实际出发，以大企业的管理经验为主要研究对象，以便在一定的情况下把这些经验加以概括和理论化，把实践放在第一位，以适用为主要目的。他们主张注重大企业的管理经验，并加以概括和理论化，以此作为当代经济管理理论的基点。

经验主义学派首先批评了传统管理学派不假思索地采取偏重于狭窄的归纳法的实证主义，从管理学者自己作为行动主义者而不是旁观者的立场，在复杂的动态关系中不断形成和再造管理的未来；其次充分肯定了人在企业管理中的重要作用，同时把人的发展和企业发展一起列为管理的目标。经验主义学派的主要方法是以描述性的历史方法说明组织及其管理对象，反对在管理学中运用自然科学的概括方法，为管理学提出了现代管理学运用最多的管理方法：目标管理法。然而，经验主义学派的缺陷就在于，由于其强调经验而无法形成有效的原理和原则，无法形成统一完整的管理理论，管理者可以依靠自己的经验，而无经验的初学者则无所适从。而且，过去所依赖的经验未必能运用到将来的管理中。

4. 管理科学学派

现代管理科学中的另一个重要学派就是管理科学学派。管理科学学派是第二次世界大战时兴起的，将数学引入管理领域，运用科学的计量方法来研究和解决管理问题，使管理问题的研究由定性分析发展为定量分析的管理学派。因此，管理科学学派又称为数理学派，代表人物为埃尔伍德·斯潘赛·伯法、霍勒斯卡·文森·希尔。管理科学学派的理论认为，管理就是指定和运用数学模型与程序的系统，用数学符号和公式来表示计划、组织、控制、决策等合乎逻辑的程序，求出最优解，以达到企业的目标。他们同时又认为可以用数学符号和关系式来表示管理问题，数学模式程序是一个实际系统或过程的有关方面的简化表现；认为可以借助数学模型求得最优化的决策，从而能解决管理问题。由于这一学派注重定量研究，注重数学上的探讨，因此他们十分重视电子计算机在企业管理中的应用。就本质而言，这套理论仍是泰勒制的继承和发展。

管理科学学派的理论优点在于：第一，有助于管理人员估价不同的可能选择，如果明确各种方案包含的风险与机会，便更有可能做出正确的选择；第二，制作与分析模式必须重视细节并遵循逻辑程序，这样就把决策置于系统研究的基础上，增进决策的科学性；第三，使复杂的、大型的问题有可能分解为较小的部分，更便于诊断、处理。同时，管理科学学派也存在着几个方面的局限性，包括：第一，管理问题的研究与实践，不可能也不应该完全只依靠定量的分析，而忽视定性的分析；第二，过分依赖于物质工具，而忽视管理者人的决定性作用；第三，把管理中与决策有关的各种复杂因素全部数量化，完全采用管理科学的定量方法来解决复杂环境下的组织问题还面临着许多实际困难①。

第三节 企业管理原则与职能

管理活动在日常生活中随处可见，如政府机关的各层领导管理着城市和农村行政的运行；企业的管理者管理着企业的生产经营活动；交通警察队的领导管理着公共交通秩序；学校校长管理着学校的教育工作等。尽管这些组织的目标不同，管理的要求也不同，但是如果抛开这些管理工作的具体形式，可以看到有些管理工作所采取的基本步骤和手段是共同的。这些管理过程中的要素、基本步骤和手段都需要有一定的原则和职能。

一、企业管理的原则

俗话说，幸福的家庭都一样幸福，而不幸的家庭各有各的不幸。这句话用到企业管理方面可以这样说，不成功的企业各有各的失败，而成功的企业都有一样的管理原则。下面总结了企业管理的几项原则。

（1）坚持系统、全面、统一原则。

系统指各项管理规范要配套，达到整体优化。企业是一个由人、财、物和信息等要素组成的有机系统。企业领导者在组织企业生产经营活动时，必须从整体

---

① 郭咸纲. 西方管理思想史［M］. 北京：世界图书出版公司，2010.

效益出发，在系统、要素、环境的有机联系和相互作用中，揭示系统性质和运动规律，从而获得整体的、全面的效果。全面指凡涉及经营管理活动全过程的各项工作、各个岗位都要有相应的管理规范，做到有章可循。统一指各项管理规范应当相互协调，服从统一的领导意志的共同目标。

（2）坚持管理目标相一致原则。

每个组织在设置自己的企业管理目标时都要服从企业的发展需要，并且上下行动目标一致。每个员工只能有一个上级，只接受一个上级的命令和指挥，并对其负责；否则，多重领导、令出多门，会造成下级无所适从，权力和纪律就会遭到严重的破坏。一个企业自上而下存在多层次的指挥系统，为了避免执行中呆板、迂回、缺乏横向的联系。大型企业要把重要的权力和方针、政策和制度及重要的人事任免等权力集中在高层领导，而把处置日常业务的一般权力授予下级管理人员。要让企业的每个部门、每个人都了解企业的总目标，并围绕目标来计划自己的行动；同时，不能为了本部门的利益，影响总目标的实现，应该动员全体职工为完成总目标而努力。

（3）坚持管理幅度与管理层次原则。

管理幅度是指一个领导有效管理下属的人数；管理层次是指一个企业组织机构分为几个层次领导。管理幅度与管理层次有内在的联系，在完成同样数量工作的情况下，管理幅度和管理层次的宽窄、大小是互为倒数的。管理幅度一方面取决于管理者职务的复杂程度，另一方面取决于组织机构中管理层次和管理人员的数量。管理层次少、管理人员多，管理幅度就宽；管理层次多，管理人员必然多，管理幅度就窄。因此，管理幅度有一定限度，最佳的管理幅度取决于管理者和下属双方的能力，具体主要有承担非管理职务的多少、解决问题的复杂程度、新问题的发生率及下属分散的程度等因素。一般认为中上层领导的管理幅度要狭窄一些，以 4~8 人为宜；基层领导的管理幅度要宽一些，以 10~15 人为宜。管理层次也受管理人员、信息沟通的制约。管理层次多，不仅管理人员多、开支大，而且信息传递路线长、环节多，容易失误。管理层次一般以少为宜。目前，我国企业组织机构的管理层次，大中型企业为三四个层次，小型企业为两个层次。

（4）坚持权责对等原则。

所谓权责对等原则也就是权责一致原则，是指在一个组织中的管理者所拥有的权力应当与其所承担的责任相适应的准则。企业中每一个机构都应该按照权责对等原则来进行企业管理。有一定的职务就应该承担一定的责任，同时也享有相应的权利。责任是随权利而产生的，又是权利的对等物；权利是为了更好地履行职责。责任与权利应该一致，每一个机构不应有权无责、有责无权或

企业管理机遇、转型与发展

权责不相称，更要避免"因人设事"的建立机构。合理授权是贯彻权责对等原则的一个重要方面，向管理者授权是为其履行职责所提供的必要条件，必须根据管理者所承担的责任大小授予其相应权力。上级必须委派恰当的人去担任某个职务和完成某项工作，管理者完成任务的好坏，不仅取决于主观努力和其具有的素质，而且与上级的合理授权有密切的关系。人和职位一定要相称，应根据管理者的素质和过去的表现，尤其是责任感的强弱，授予他合适的某个管理职位和权力。

（5）坚持专业化原则。

为了及时适应各种可能发生的变化，企业管理必须有很强的适应性和灵活性，有效地实行弹性管理。弹性管理是指在管理环节上所具有的弹性，其分为整体弹性和局部弹性。企业组织机构的设置，必须根据专业化原则进行分工，明确每一部门及个人的职责；但分工要适当，既要考虑分工的专业化，又要从合作的角度来考虑把各种分工组合起来，即对类似的工作应组合在一个部门，这样可以减少部门与部门之间、人与人之间的工作矛盾，提高工作效率。一般可以根据目标和活动方式来组合部门，如产品型部门、顾客型部门、地区型部门、职能型部门、生产过程型部门以及混合型部门等。企业的管理要根据不同的情况来权衡利弊，从而加以选择。

（6）坚持适应性原则。

来自环境的影响力在很大程度上会影响企业的经营目标和发展方向，现代企业的组织机构必须对外部环境的变化有足够的适应能力。由于内外环境因素都在不断地发生变化，设计组织机构时要有一定的适应性。管理计划的制订一定要注重企业与其所处的外部环境的互动性，不能撇开外部的环境，这样才能使组织机构既能适应不断变化的情况，又能达到相对的稳定性。当企业的内外环境发生巨大变化时，则应该重新设计与改革企业的组织机构。只考虑企业内部的环境，这样企业会像井底之蛙一样，永远也看不到外面的世界，永远也不能与时俱进，最后只会落后，落后就要挨打，最终会给企业的发展带来困境，直接影响企业的利益。

总之，企业的管理必须遵循上述基本原则，结合企业的外界环境和内部条件加以设计，不断实践、不断总结、不断完善。

二、企业管理的职能

企业以盈利为目的，赚取利润是企业存在的第一个也是最基本的目标。企业的第二个目标是跨功能的目标，如质量、成本与交货期等。所有的企业功能活动及管理功能活动都要全力合作及配合，去达成跨功能的目标。因为企业生产的产品质量如果不好，企业将很快被无情地淘汰。成本如果太高，则企业将因没有利润而无法生存。如果无法及时交货，企业将失去顾客。每个功能部门都有许多跨功能的责任，每项跨功能的目标必须由许多功能部门来共同完成，而这些跨功能目标必须由企业的功能部门跨越部门间的障碍，共同努力才能达成。因此，企业要在坚持上述原则的前提下进行合理的管理。

管理过程中的要素、基本步骤和手段都被称为管理职能。关于管理活动具有哪些最基本的职能这一问题，管理学界至今仍然是众说纷纭。在管理学发展的历史中，首先对管理职能进行研究的是法国管理学先驱法约尔。他首先提出管理活动有五种基本的职能，分别是计划职能、组织职能、指挥职能、协调职能和控制职能。此后，许多管理学专家纷纷提出不同的职能组合，从一种职能到十几种职能的组合均有，但从中也可以发现基本职能要素相似，只是在组合构成上有所不同。本书对于企业管理职能采用最常规的提法，即把管理职能划分为计划职能、组织职能、领导职能和控制职能四种。

1. 企业管理的计划职能

计划职能是指为适应社会的需要，通过外部环境和内部条件的调研、预测，对组织的目标、经营方针和战略做出决策，制订长期和短期的计划，确定实现计划的措施和方法，并将计划指标层层分解并落实到各个部门和各个环节的职能。计划职能在企业管理中所产生的作用主要包括：第一，使企业的员工能明确奋斗目标，起到统一人心的作用；第二，正确地把握未来，使企业的生产经营与社会需要协调一致；第三，有利于企业合理地开展经营活动。

（1）计划职能的特征、内容与分类。

法约尔将计划职能列为管理职能之首，认为计划职能是所有管理职能中最基本的职能。这项职能使企业的经营活动具有方向性、目的性和自觉性。没有计划的管理是无序的、盲目的管理。计划职能运用得当，可以使企业获得最大的成效；若运用不当，则会导致极大的浪费和损失。美国管理学家孔茨的解释是："计划工作就是预先决定做什么、如何做和谁去做。计划工作就是在我们所处的地方和要去的地方之间铺路搭桥。"孔茨将组织的宗旨、方针、政策、目标、程序、规章、预算等的制定和实施都纳入计划工作中，使计划的含义广泛而丰富。这和本书中对于计划所包含的内容是比较相近的，是比较宽泛的概念。由此可以给出计划的概念：计划是合理地使用现在的资源，有效地把握未来的发展，以组织目标为实现目的，一系列预测未来、确立目标、决定政策、选择方案的行动过程。

计划职能的特征主要有以下 3 个方面：①计划职能处于各职能的首要位置；②计划职能围绕着组织目标而展开；③计划职能涵盖了管理的各个方面。

而从内容方面看，企业管理的计划职能主要有以下几个方面：第一，调查和分析组织的外部环境和内部条件，预测和分析组织未来情况的变化；第二，制定组织目标，包括确定组织发展战略目标、方针和政策，实现目标必须遵循的原则和保证措施；第三，拟定实现计划目标的方案，做出决策，对各种备选方案进行可行性研究和技术经济论证，选出可靠的满意方案；第四，编制组织的综合计划、各部门的具体计划以及实现计划的行动方案和步骤；第五，检查计划的执行情况，通过对计划的进程实施控制来保证计划的完成，同时通过检查总结，进一步提高计划的执行水平。

按照计划职能的类型，可以将组织的计划按不同的标志划分为以下几种类型：第一，按照组织的范围分类，可以将计划分为战略计划和战术计划；第二，按照计划的时间长短划分，可以将计划分成中长期计划、年度计划、季度计划、月度计划和旬、日、班次计划；第三，按照组织业务进行划分，这个分类会由于社会组织的不同而有所差异，如在企业中一般可以分成销售计划、生产计划、财务计划、人事计划、物资计划、设备计划和技术计划等。组织的业务计划通过计划指标而形成一个体系，彼此之间相互制约又相互促进，从而能构成一个有机的整体。

（2）制订计划的程序与原则。

企业管理中的计划制订的程序可以用图 1 - 4 来表示。一般是按照以下程序进行：第一，确定目标。在制订计划开始时，先要做的工作是确定目标，社会组织的一切活动都是为了达到组织目标，计划中所拟定的一切行动方案，也都是为了有效地实现目标而设计的。第二，确定前提条件。计划工作的前提条件就是计划工作的假设条件，即计划执行的预期环境。但是，环境是复杂的，影响因素有很多，如有可控制的因素、不可控制的因素和一定范围内可以控制的因素等，所以要想对每一细节都考虑周全是不现实的，也是不经济的。因此，所要确定的计划前提实际上只能限于那些相对来说是关键性的、有战略意义的计划，即对计划的贯彻实施影响最大的那些前提。第三，确定最佳方案。实现目标的途径往往不止一条，越是带有战略性的计划，方案的数量就越多。而带有具体化的执行计划，由于期限短暂、任务具体、条件明确，而无需设定多种方案，以节约计划的成本。在确定最佳方案时应该考虑两个方面的因素：一是应选可行性、创新性和达到目标三者结合的最好方案；二是应选投入产出比率尽可能大的方案。在企业中往往将成本最低、时间最短、风险最小、利润最大等作为考虑的因素，选出最优方案。此外，管理者在选择方案时，还必须选出一个或者几个方案，以供备用。第四，拟定辅助计划。计划是一个体系，一个基本计划确定之后需要有辅助计划或执行计划来扶持和操作，尤其是战略性的计划确定以后，后面的策略性计划只是刚刚开始。例如，企业中经营计划确定以后，需要有相应的市场开发计划、产品开发计划、生产计划、设备维修计划、工艺装备计划与之相衔接。第五，执行计划。计划体系确定以后要将计划下达到企业的每一个部门，使每一个人都能了解岗位目标的计划，围绕计划来确定自己的行动。通过适当的集权与分权，调动各部门的积极性，形成合力，执行计划，完成目标。第六，事后评价。完整的计划程序，还应该加上事后对于计划工作的评价，检查计划是否完整，有没有缺陷，这些都只能在事后评价中获得答案，以便在日后进行新一轮的计划工作时，作为考虑资料备用。

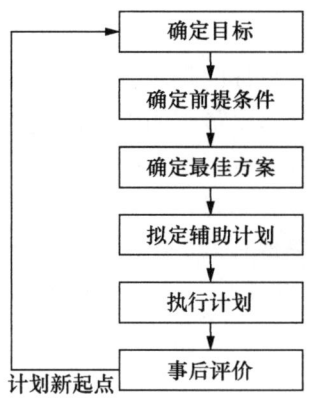

图 1-4 管理计划制订的程序

2. 企业管理的组织职能

组织的基本含义是"有序"。组织用作名词，是指有序的组织实体；而用作动词，则是指使事物从无序到有序，或是从旧序到新序的过程。组织职能是指按计划对企业的活动及其生产要素进行的分派和组合，明确职责、沟通信息、协调行动，以实现组织目标的过程，组织对于发挥集体力量、合理配置资源、提高劳动生产率具有重要的作用。自从人类有了集体活动，就有了管理，同时也就出现了组织。通过设计和维持组织内部结构和相互之间的关系，使得成员为实现组织的目标而有效地协调工作,这是组织管理的目的所在。通过组织内部上下责、权、利的划分,完成从组织构架设计到组织内部结构完善等一系列工作,使得组织形成一个有职位层次关系的系统。在这个系统中要突出两点,即组织的内部结构和组织成员的相互关系。一定的组织结构和一定的组织权责关系相结合,就构成了一定的组织模式。管理学认为,组织职能一方面是指为了实施计划而建立起来的一种结构,该种结构在很大程度上决定着计划能否得以实现;另一方面是指为了实现计划目标所进行的组织过程。

组织职能的作用主要表现在以下几个方面。首先,根据企业的基本任务和计划目标,确定企业管理体制,建立合适的组织结构,设置和完善相应的经营管理机构;其次,确定全体员工的职务、职责、职权及其相互之间的协作关系,从而使组织群体具有较高的生产力和工作效率;再次,把企业的基本任务及各种物质要素具体落实到不同的部门和个人,保证企业目标的实现;最后,根据计划职能形成的目标和方案建立相应的规章制度,使企业管理有章可循。

(1) 组织的有效性。

组织有效性是组织实现其目标的程度,组织目标反映组织存在的原因和它寻求达到的结果。有效组织能让每个员工明确自己实施的工作,明确个人在组织中的工作关系和隶属关系,明确完成工作所必需的权力和承担的义务,从而确保每个人都能有效完成各自的任务。同时,有效组织能使组织中的各部分保持和谐的关系,从而提高工作效率和取得利益。组织有效性研究的驱动,来源于变化的挑战,不论对于企业还是非营利组织。

组织的有效性具有以下几个方面的特征:第一,能自动调整各自所面临的特殊需要;第二,建立"以责任为中心的责、权、利相统一"的组织;第三,能做到政企统一,内部部门之间相互联系密切;第四,能维持平衡、协调,并保持弹性以适应外部环境的变化;第五,实行分层负责制度,并使组织结构严密而精干;第六,有效地沿用例外管理原则。

(2) 组织职能的内容。

企业管理中的组织职能主要有以下 3 个方面的内容:

第一,组织设计,即决定各个部门人员的义务、责任与权限范围、完成组织的架构。企业各项基本职能虽然都是实现企业目标所不可缺少的,但由于重要性不同,有必要区分为关键职能和非关键职能。德鲁克曾把组织结构比喻为建筑物,各项基本职能如同建筑物中的各种构件,而关键职能就好比是建筑物中承担负荷最大的那部分构件。因此,任何公司都应将关键职能放在企业组织结构的中心地位。哪项基本职能应成为组织的关键职能由企业的经营战略决定。战略不同,则关键职能不同。关键职能确定后,应成立由总经理为首相应的职能领导委员会，关键职能的部门在公司人员配备和奖金分配上应处于优先地位，并有权协调相关部门的配合工作。

第二，组织协调，是指要合理确定组织中各个部分之间的相互关系，并借助这种关系使组织中各个部分发挥协调的功效，建立信息沟通的渠道。任何组织，为其正常运行和履行社会职能，都必须对组织工作做出分工，安排好工作和人员及其他组织资源的结合。为此，还必须解决好工作中的上下级关系和协调配合关系，以达到组织活动与组织目标的统一。此外，还需要进一步制定统一和协调组织全体成员行动的规则，使得整个组织像机器一样有效地运转。

第三，组织运行。组织运行分为3步：第一步是下达组织命令；第二步是根据命令实施各项措施；第三步是对组织活动的进展情况进行反馈。

（3）组织的关系。

一个组织在稳定、明确的管理结构形成以后，还需要进一步制定统一和协调组织全体成员行动的规则，使得整个组织像机器一样有效地运转。这种规则，主要表现为组织中各个层次、各个部门以及管理者个人的组织关系。

1）分权与集权。分权是把决策和计划工作的权力委托给下级部门和机构的过程。当组织规模较大时，高层领导很难掌握组织中所有的情况，很难具备各种各样的专门知识，下属人员往往是具备某专业知识的人员，可能对某个领域、地区、专业更加熟悉，处理具体问题时可能比高层领导更有针对性。分权能使组织中的最高领导人有更多的精力去考虑组织的重大事项，同时，可以发现和培养人才，下属人员通过参与决策和解决问题，也可以更加全面地了解组织状况，提高全局意识和自己的管理才能。

集权是分权的对立面，集权就是一切权力都由最高领导人掌握。在组织或企业的实际运行中，绝对的集权与分权也许并不存在，这两者是相互结合的，这里关键在于掌握一个度。组织管理职权的集中和分散，取决于管理的需要。权力集中或分散到何种程度，需要高层管理者做出全局性的思考，权衡利弊。组织集权和分权也需要弹性管理，高层管理则可以根据组织和环境态势做出权变，分权不利则强调集中，集中不利再重新分权。例如，高层管理者感到难以控制全局，或者组织处于困难时期或高速发展时期，就需要对分散的权力进行集中。

2）直线与参谋。处于直线岗位上，拥有指挥权，为了完成组织的任务负直接责任的负责人员称为直线人员。而处于给直线人员提供专门的技术顾问或援助的人员可称为参谋人员。直线管理人员具有组织法定的权力和权威性，拥有本职能范围内的一切权力，而参谋人员则处于顾问和参谋的地位。除了参谋人员的强制性建议以外，对参谋人员的意见，直线人员可以采纳，也可以拒绝。

企业管理机遇、转型与发展

3. 企业管理的领导职能

领导职能又被称为指挥职能，是指带领和指导组织成员去实现共同目标的各种活动的整个过程。领导职能有两个关键点：第一，要实现对组织的各层次、各类人员的领导、沟通或指导；第二，要协调组织内部各部门、组织成员，以及组织同外部各类有利害关系集团之间的关系。领导工作的核心和难点是调动组织成员的积极性，这就需要领导者运用科学的激励理论和领导方式。要深入地理解企业管理的领导职能，本书先介绍"领导"的含义及其效能。

（1）领导的含义。

领导不同于管理，领导需要真正能够起到"领而导之"的作用，管理就是要管得住、理得清。好的领导，肯定是个优秀的管理者，但优秀的管理者不一定能够成为好领导。换句话来说，领导的层次要比管理的层次高得多。"领导"一词通常有两种含义：一是领导者，是指组织中的首领。一个组织的领导者，就像一个优秀的交通警察，在他的指挥下，整条马路上的汽车有条不紊地向前推进，从而能保持交通秩序的有序进行。二是领导力，也就是领导者以其个人的能力影响集体和集体中的个人，从而达到组织目标的能力。领导过程就是引导、指挥、指导和示范，使得群体中的每一个成员的能力都得以发挥并形成最大的合力来实现组织的目标。

综上所述，"领导"可以定义为：管理者，凭借其合法的职位权力以及威信，自上而下地采取各种途径调动、满足和重塑追随者的需求和其他动机，领导者与追随者建立起全方位的关系，影响下属的活动和工作，可以促使他们一起向更高级的动机转移，从而提升领导者和追随者的个人素质。它不需要领导者像对待奴隶一样把自己的动机和目标强加给追随者，也不需要追随者以同样的方式对待领导者，它是领导者与追随者在动机和目标上从冲突到和谐的产物，真正的领导是一个集体进程，它使追随者充分发挥积极性和潜力，更好地实现组织目标的过程。

（2）领导的能力。

领导的能力是一种反映领导在影响、引导及启发跟随者的能力；这种能力能让跟随者充满信心、热忱以及干劲来完成某种任务或朝向某种方向。权力是领导的基础。领导者影响下属的心理与行为主要靠两个方面的权力：一是职位权力。这种权力是由于领导者在组织中所处的位置而由上级和组织所赋予的，并随着职务的变动而变化。二是非职位权力，即个人权力。这种权力由领导者产生于自身的某些特殊条件。例如，经验、专长、人际关系和人格魅力等。这种权力不会随

着职位的变化而变化,而且对下属影响深刻和长远。在一个组织内部,权力按照其来源的不同可以分为5种,具体如下:

第一,强制权。强制权是一种对下级在精神和物质方面具有威慑力,迫使下属服从其意志的权力。第二,法定权。法定权是指组织内的各领导职位所固有的、正式的权力,即组织机构正式授予的法定地位。第三,表率权。表率权来自于领导的个人优秀品质及人格魅力。第四,奖赏权。奖赏权是指领导对下属提供的奖金、提薪、升职、表扬以及其他各项令人产生积极性的奖励权。第五,专长权。专长权来自于领导所具有的某方面专门的知识、技能及专长的权力。在以上所提及的5项权力中,强制权、法定权和奖赏权来源于组织授予领导者的法定职位,并且根据职权相符的原则,领导者的职位越高,则对应的权力也就越大,因此,在一个组织系统内部会形成职位等级。表率权、专长权则来自于领导的优良素质。

(3) 领导的手段。

企业管理中的领导手段主要有以下几种。首先,指挥,指的是管理者凭借权威,直接命令或指导下属的行为,具体的形式包括部署、命令、指示、要求、指导和帮助等。其次,激励,指的是领导者通过作用于下属心理来激发、推动其行为的过程。具体有物质激励和精神激励,激励具有自觉自愿性、间接性和作用持久性等特点。最后,沟通,指的是领导者为了有效地推进工作而交换信息、交流情感、协调关系的过程。具体形式包括信息的传输、交换与反馈,人际交往与关系融通等,还包括领导者对企业员工的协调、服务等。

(4) 领导职能及其作用。

1) 领导职能。领导职能属于执行性职能,它是以实现企业目标和计划的必要条件。企业管理的领导职能是指充分利用各种方法和手段对下属进行有效的激励,并为下属提供必要的指导和支持,以集中精力实现组织预定目标的过程。美国管理之父彼得·德鲁克认为,企业的领导者有5项基本活动:确定目标—组织下属人员工作—评定工作绩效—激励和沟通—培养人才。日本经营管理专家田中要人认为,经理必须干4件事,分别是确定公司的经营方针—制定主要规章制度—选配使用好各种干部—亲自处理"例外"工作。

有效的领导不仅需要管理者掌握丰富的沟通技巧,与下属进行充分的交流,掌握其思想和工作动态,充分挖掘新的激励点;还要求管理者发展独特的组织文化,营造和谐的工作氛围,为组织内部的良性竞争提供健康有序的环境条件。因为企业管理的计划职能为企业的经济活动确定了目标和实现目标的途径,组织职能为企业目标计划的实现建立了有机联系的整体结构,这些都是企业生产经营管理的必要前提。但是,如果没有集中的指挥,没有一个统一的意志,即使有周密的计划、完善的组织，企业也无法按照既定的计划目标来进行良性的运行。

2）领导职能的作用。企业管理的领导职能主要有以下4个方面的作用：

第一，指挥作用。在组织活动中，企业需要头脑清醒、胸怀全局，能高瞻远瞩、运筹帷幄的领导者来帮助组织成员认清所处的环境和形势，指明活动的目标和达到目标的途径。

第二，激励作用。它指的是领导者为企业员工主动创造能力发展空间和职业发展生涯的行为，运用多种领导方式，使企业上下团结一致，人际关系和谐，同时员工心情舒畅。

第三，协调作用。它指的是在组织内外因素干扰的情况下，需要领导者来协调组织成员之间的关系和活动，对企业在生产经营过程中出现的困难、矛盾及问题予以及时的指导、处理和解决，以实现组织的共同目标。

第四，信息传递。它指的是领导者能够通过下达各种信息的方式来有效地引导被领导者实现组织的计划目标。

4. 企业管理的控制职能

企业的管理工作是否具有成效，能否达到预期的目标，除了成功地运用计划、组织、领导职能之外，还必须发挥控制的职能。控制是使活动达到预期目标的保证。企业活动中，由于受外部环境和内部条件变化的影响，实际执行结果与预期目标不完全一致的情况时常发生，这就需要通过控制进行纠偏，以保证预期目标的顺利实现。控制是管理工作过程中不可缺少的一个环节。控制通过监视或监测组织各方面的活动和组织环境的变化，保证组织实际运行状况与组织计划要求保持动态适应，这是管理过程中不可或缺的职能。

（1）控制职能的概念。

控制的完整含义是指由管理人员对组织实际运行是否符合预定的目标进行测定并采取措施确保组织目标实现的过程。从狭义来理解，控制概念为按照计划标准衡量所取得的成果，并纠正所发生的偏差，以确保计划目标的实现；从广义来理解，控制概念包括纠正偏差和修改标准两方面内容。组织控制的根本目的，在于保证组织活动的过程和实际绩效与既定的计划目标和任务保持一致，有效地实现组织的目标与任务。具体地说，为了确保组织目标和任务的圆满实现，组织就必须保证其全体成员在合适的时间，以正确的方式从事各种必要的工作活动。一旦出现偏差，要通过调整的措施来修正各种活动和行为。组织控制的基本手段是信息。建立和完善管理信息系统，是组织实现有效控制的重要保证。控制工作通过检查或监测计划执行中发生的偏差以及内外环境条件出现的变化，进而采取处理措施，使管理工作过程成为一个闭环的系统。控制既一个管理工作过程的终结，又是一个新的管理工作过程的开始。控制职能是贯穿于管理全过程的一项重要职能。

（2）控制职能的步骤。

控制工作包括3步，分别是制定标准、衡量成效和纠正偏差。

1）制定标准。进行控制，首先应明确控制的对象，也就是体现目标特性，影响目标实现的要素，这就需要制定衡量各种工作的标准。这种标准是从一个完整的计划中所选出来的，应该是有利于组织目标的实践，是对工作成果的计量有重要意义的关键点。而且必须有具体、明确的时间界限、内容或标准要求，最理想的标准是可考核的标准。在衡量的过程中，衡量实际业绩的标准大致有实物标准、成本标准、资金标准、技术标准、工作方案标准等。

2）衡量成效。这实际上是控制过程中的一个"反馈"。有了标准后，要以制定的实际标准来检查衡量每个员工的工作完成和其实际表现，而且这种检查是经常和持续性的。衡量成效应该针对不同的考核对象采取不同的要求，首先要明确衡量的手段和方法，落实进行衡量和检查的人员，对中高层管理者应以组织目标为衡量标准，侧重衡量有关计划的成绩或全体绩效。对操作层要衡量单位直接的劳动量。一般来讲，中高层的绩效比较难以衡量，而操作层的成效比较容易衡量；对富有创新、变化较快的工作的成效比较难以衡量，而对高度重复、比较稳定的工作的成效比较容易衡量。然后通过衡量各个考核对象工作中的成效，获得大量信息。这能反映计划执行的进度，使主管人员了解哪些部门或人员的工作成效显著，应予激励；同时及时发现那些已经发生或预期将要发生的偏差。

3）纠正偏差。这是控制的关键。之所以重要，就在于它体现了执行控制工作职能的目的，同时将控制工作职能与其他职能结合在一起。衡量成效之后，如果没有发生偏差，或者偏差在规定的界限之内的话，则一轮的控制过程就宣告完成。但是如果发现了超出界限的偏差时，则管理者就应该采取纠正偏差的应急措施，使组织的运行回到正常的轨道。通常纠正偏差的行动可以分别采取两种不同的措施，一种是临时性的应急措施，另一种是永久性的根治措施。当出现偏差可能迅速、直接影响组织的正常活动时，多数应立即采取应急措施。如果产生偏差的原因在于标准本身的不合理，那么应该考虑相应地修改标准。纠正偏差作为控制程序的最后一步，不单纯是一个事后的纠偏问题，真正的控制在于发掘存在问题的根源，从而清除偏差，做到主动、超前控制。

（3）控制职能的类型。

1）管理控制过程根据其侧重点的不同，主要可以分成3种类型：预先控制、同步控制和反馈控制。

①预先控制是指在整个过程中预先集中于系统输入端的控制。它强调的是面向未来的控制，即通过情况的观察、规律的掌握、信息的获得、趋势的分析、预计可能发生的问题，在其未发生之前加以防止。②同步控制是指当工作正进行的过程中所实施的控制活动。这种控制主要是由基层管理人员在现场直接进行监督，如企业中的车间主任、工段长对生产第一线的现场监控，也包括领导亲临现场进行监督和指导，如厂长到现场值班也是同步控制。③反馈控制，亦称成果控制或事后控制，是指在一个时期的生产经营活动结束以后，对本期的资源利用状况及其结果进行总结。反馈控制是历史最久的控制类型，也是最常用的控制类型。传统的控制办法几乎都是属于这种类型。这种控制位于活动过程的终点，把好这最后一关不会使错误的势态扩大，有助于保证系统外部处于正常状态。由于这种控制是在经营过程结束以后进行的，因此，反馈控制的主要缺点在于：管理者获得信息时损失已经造成了。成果控制的主要作用，甚至可以说是唯一的作用，是通过总结过去的经验和教训，为未来计划的制订和活动的安排提供借鉴。但是在许多情况下，反馈控制是唯一可用的控制手段。

2）按控制的手段进行划分，可以分为两种类型：直接控制和间接控制。

①直接控制，按字面意义来理解，应是控制者与被控制对象直接接触进行控制的形式。在现代经济管理活动中，人们把直接控制理解为通过行政手段进行的控制，采用行政命令是一种最直观的也是最简单的办法。然而在实际经济管理活动中，这种直接控制的办法往往不能使整个系统运行的效果达到最优。这有以下几方面原因：大量繁杂的信息导致在现有的技术条件下无法全面地、科学地处理；信息反馈引起时滞现象，从收集信息到把信息反馈给相关部门需要有相当长的时间；直接控制忽略了企业中人的因素，不利于下级积极性、创造性的发挥。综上所述，直接控制的应用存在着某些界限，超出这个界限，势必会对企业起到负面影响。②间接控制是控制者与被控制对象之间并不直接接触，而是通过中间媒介进行控制的形式。在现代经济管理活动中，人们习惯于把利用经济杠杆进行控制称为间接控制。经济杠杆主要指税收、信贷、价格等经济措施或经济政策。间接控制是相对于直接控制而言的。在企业内部将资金与绩效挂钩的分配政策，以及运用思想工作手段，形成良好的风气、有品位的价值观，都可以有效地控制人们的行为，这都属于间接控制。这种间接控制的办法由于减少了需要处理的信息量，调动了企业中人的积极性，有利于整个经济系统达到更优的效果。

3）按照控制员进行划分，可以分为三种类型：正式组织控制、群体控制和自我控制。

①正式组织控制是由管理人员设计和建立起来的一些组织机构或规定来进行控制，像规划、预算和审计部门是正式组织控制的典型例子。组织可以通过规划

指导组织成员的活动,通过预算来控制消费,通过审计来检查各部门或个人是否按照规定进行活动,并提出更正措施。在大多数组织中,普遍实行的正式组织控制的内容有如下几方面:实施标准化、保护组织的财产不受侵犯、质量标准化、防止滥用权力、对职工的工作进行指导和测量等。②群体控制基于群体成员的价值观念和行为准则,它是由非正式组织发展和维持的。非正式组织有自己的一套行为规范。尽管这些规范并没有明文规定,但非正式组织中的成员都十分清楚这些规范的内容,都知道如果自己遵循这些规范,就会得到奖励。这种奖励可能是其他成员的认可,也可能是强化了自己在非正式组织中的地位。如果违反这些行为就可能遭到惩罚,这种惩罚可能是遭受排挤、讽刺,甚至被驱逐出该组织。③自我控制是个人有意识地去按某一行为规范进行活动的状态。例如,一个职工不愿意把公家的东西据为己有,可能是由于他具有诚实、廉洁的品质,而不单单是怕被抓住遭惩罚。这是有意识的个人自我控制。自我控制能力取决于个人本身的素质。具有良好修养的人一般自我控制能力较强,顾全大局的人比仅看重自己局部利益的人有较强的自我控制能力;具有较高层次需求的人比具有较低层次需求的人有较强的自我控制能力。在所有用来实施控制的方法中,自我控制显然是实施控制最好的方法。这个方法将实施控制中的责任从上级转移到了下级。管理中的参与方式鼓励了这样的控制,并使其成为有效的激励因素。

第四节 企业管理理论的内容

　　企业是以盈利为目的的,运用各种生产要素(土地、劳动力、资本和技术),向市场输出产品和服务的合法的社会经济组织。现代管理的概念是指对一个组织所拥有的资源——人力资源、财力资源、物质资源、技术资源和信息资源进行有效的计划、组织、领导和控制,用最有效的方法去实现组织的发展目标。而现代企业制度是指在现代市场经济下,以规范和完善的企业法人制度为基础,以有限责任制度为核心,以公司企业为主要形式,产权明晰、权责明确、政企分开、管理科学的一种新型企业制度。在现代企业制度下,企业管理理论的内容就包括企业的战略管理、人力资源管理、财务管理、市场营销管理、生产管理及信息管理等几个方面。

一、企业的战略管理

1. 企业战略的概念

什么是企业战略？在西方战略管理文献中没有一个统一的定义，不同的学者与管理人员赋予企业战略以不同的含义。有的认为，企业战略应该包括企业的目标与目的，即广义的企业战略；有的则认为，企业战略不应该包括这一内容，即狭义的企业战略。总的来说，企业战略可以定义为：企业战略是指企业根据环境的变化，本身的资源和实力选择合适的经营领域和产品，形成自己的核心竞争力，并通过差异化在竞争中取胜，随着世界经济全球化和一体化进程的加快和随之而来的国际竞争的加剧，对企业战略的要求愈来愈高。它是一个企业对外部环境的充分把握、清楚认识自身的业务能力和可利用的资源，在此基础上做出的关于企业未来定位、走向和结构的谋略和计划。战略的制定过程，是对环境变迁的反应，是企业把握环境机遇，避免环境变化带来威胁的趋利避害，寻求企业成长的过程。

大多数学者认为，企业战略的4个构成要素是：第一，企业的经营范围，指的是企业从事生产经营活动的领域，它反映出企业目前与其外部环境相互作用的程度，也可以反映出企业计划与外部环境发生作用的要求。第二，企业的资源配置，指的是企业过去和目前资源和技能配置的水平和模式，资源配置的好坏会极大地影响企业实现自己目标的程度，是企业现实生产经营活动的支持点。第三，企业的竞争优势，指的是企业通过其资源配置的模式与经营范围的决策，在市场上所形成的与其竞争对手不同的竞争地位。第四，企业的协同作用，指的是企业从资源配置和经营范围的决策中所能需求到的各种共同努力的效果，就是说分力之和大于各分力简单相加的结果。

一个完整的企业战略可以分为3个层次，分别是企业总体战略、经营单位战略以及职能战略。首先，企业总体战略又称为经营战略，是指为实现企业总体目标，对企业未来发展方向做出的长期性和总体性战略。它是统筹各项分战略的全局性指导纲领，是企业最高管理层指导和控制企业的一切行为的最高行动纲领，包括发展战略、稳定战略和紧缩战略。其次，经营单位战略是企业面对激烈变化、严峻挑战的环境，为求得长期生存和不断发展而进行的总体性谋划。它是在总体战略的指导下，主要解决企业如何选择经营行业和如何选择在一个行业中的竞争地位问题。这一战略主要涉及企业在某一经营领域中如何竞争、在竞争中扮演什么样的角色、各经营单位如何有效地利用分配的资源等问题。最后，职能战略又称职能支持战略，是按照总体战略或业务战略对企业内各方面职能活动进行的谋划。职能战略一般可分为生产运营型职能战略、资源保障型职能战略和战略支持型职能战略。图1-5显示了企业战略管理的层次。

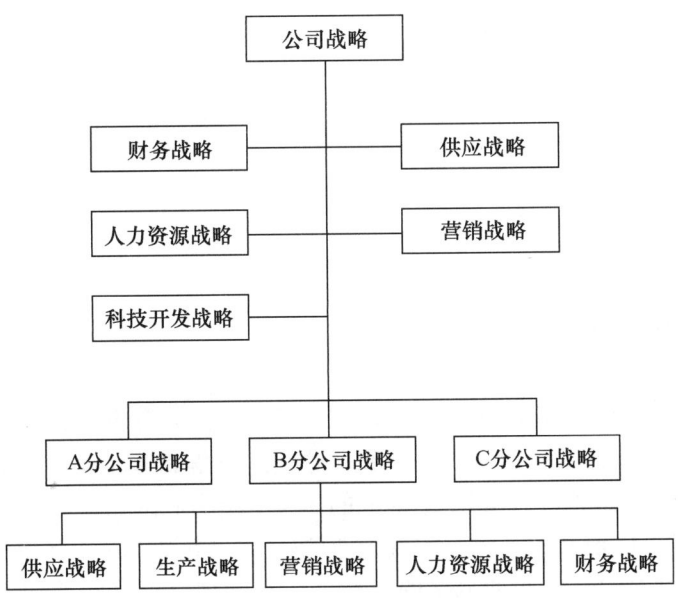

图1-5 企业战略管理层次

2. 企业战略管理的作用

战略管理对于提高公司整体绩效起到了很大的作用。在管理实践中，重视战略管理的企业与不重视战略管理的企业实践证明，正是由于企业战略管理的这些作用使得许多重视战略管理的企业在激烈的市场竞争中脱颖而出。在竞争越是激烈的行业，运用战略管理的企业也越多；企业规模越大，也越重视战略管理；当企业处于外部环境急速变动或面临重大转折之时，企业就非常有可能从战略角度来重组企业。实行战略管理的这些企业有的在专业领域内长期独领风骚，有的则在经过长期的、痛苦的市场考验等后获得了市场认可和丰厚的回报。国内外许多企业的成功都证明了这一点。战略管理作为当代企业管理最重要的一个环节，其思想方法已得到广泛运用。

总的来说，战略管理的作用可以包括以下4个方面：第一，战略管理能创建一个在成员之间协调交流的框架，肯定每个人做出努力，明确每一个企业成员的责任，鼓励管理决策人员超前思考；第二，战略管理考虑了机会的鉴定，提供了一个管理问题的目标观点，构筑了一个框架以改善活动的协调和控制；第三，战略管理以积极态度对待难题和机会，鼓励人们面对变化采取积极行动并有序地管理业务；第四，战略管理使相反的条件和变化所产生的影响达到最小，主要决策更好地支持已建立的目标，促进机会选择，以更有效地分配资源和时间。

二、企业的人力资源管理

1. 人力资源的含义

人力资源是指在一定区域内，在政治、经济、文化等方面，能够提供智力支持、体力支出或其他贡献的人口的总和。这些人口是能够为社会创造物质文化财富与提供劳务和服务的人，具体包括人的体质、智力和道德素养等内容。企业的人力资源管理可以定义为：为了实现企业的生产、经营目标（直接地说是为了实现企业的最大效益），在企业战略的指导下，有计划、有目的地进行人力资源获取、配置、培养、使用、激励、控制等，最终实现人力资源与企业协调发展的过程。人力资源的含义具体包括以下3个方面。

第一，人力资源是一定区域内有共同目标的人口的集合。这里的"一定区域"可以是一个企业，可以是一个地区，也可以是一个国家，甚至是更大的范围。第二，人力资源的表现形式是多种多样的，包括智力、体力、情商、服务等。第三，人力资源的形态是多种多样的，包括潜在的人力资源（如学生、退伍军人、家庭主妇等，他们都是人力资源的后备军）、正在进行财富创造的人力资源（如在岗工人、在职教师、国家公务员等）、暂时退出劳动力供应市场的人口（如下岗工人、待业人员等，这种人群可以通过培训、再教育等再次为社会做出贡献）。

2. 人力资源的特征

同物质资源与其他生物资源相比，人力资源主要有以下特征：
第一，能动性。这是人力资源和其他一切资源最根本的区别。在构成生产力的3个要素中，劳动对象和劳动手段都是一种固定的资源，而劳动者却是一种"活"的资源。每个正常的人都具有思维能力，有思想、有感情，能够有目的、有意识地进行活动，能动地认识自然世界和改造自然世界，始终处于利用和改造自然的主体地位。人力资源的这种能动性主要体现在3个方面：自我强化性、创造性和目的性。自我强化性是指通过学习和实践强化和提高自己的知识和能力；创造性是指利用自身的智力和体力，不断地创造社会财富，从而推动人类历史的发展；目的性是指人类的一切活动都带有主观色彩，都是有目的、有意识地去适应社会、选择生活、进行劳动。

第二，再生性。人力资源同其他资源一样也存在磨损与消耗，包括生理磨损与消耗、心理磨损与消耗、能力磨损与消耗等。但是人力资源的这种磨损与消耗，不仅可以通过人口的再生产和劳动力的再生产而重新获得，而且可以通过能动的适应和主动的提高，以及不断的学习和实践而实现再生。

第三，双重性。人力资源同时具有生产性和消费性。任何财富的创造都离不开人力资源，这体现了人力资源的生产性。与此同时，人力资源又必须消耗大量的有形或无形资源才能得以形成、维持和开发。两者是相辅相成的，但是生产性占主导地位，生产性必须大于消费性。只有这样，组织才能获益，社会才能发展。

第四，社会性。作为个体的人不可能单独存在，必须生活在一定群体之中，人力资源也总是与一定社会环境相联系，它的形成、开发、使用和维护都离不开一定的社会环境和社会实践。人力资源在于社会环境和社会实践的相互作用和相互影响中，可以产生正面效应，也可以产生负面效应，因此，两者的和谐统一非常重要。

第五，时效性。人力资源作为劳动能力资源，自身具有生命周期、劳动周期和知识周期。人力资源也有培养期、成长期、成熟期、老化期，在不同的阶段其劳动能力各不相同。人力资源不像其他资源那样不被开发和利用仍然可以长期存在，如果人力资源长期不用，就会荒废和退化。对人力资源个体而言，时间是极其珍贵的。

3. 人力资源的管理与规划

对企业的人力资源进行管理和规划有助于企业预见未来，有助于企业更好地应付未来的各种变化，处理、解决好各种复杂的问题。由于人是企业中最重要的资源，而对人力资源的建设和培养也绝不是一朝一夕就能达成的。因此，要保证企业战略目标的实现，就必须对未来各种人力资源的需求进行可行的预测和规划。对人力资源的规划主要可以分为两大类：总体规划与业务规划。总体规划要以企业战略目标为依据，对规划期内人力资源开发利用管理的总目标、总方针与政策、实施步骤、时间安排表、费用预算等做出总体的安排；业务规划包括人员补充计划、人员使用计划、后备人才选拔与任用计划、老职工与老专业技术人员安排计划、教育培训计划、员工职业开发与职业发展计划、绩效评估与激励计划、劳动关系与员工参与团队建设计划等。

人力资源规划的制定程序一般可以分为4个阶段，分别是分析预测阶段、确立目标阶段、实施规划阶段、控制评价阶段。分析预测阶段主要是收集信息，分析资料，做出预测。确立目标阶段的目标分为"硬性"和"软性"两种。"硬性"目标是指人员年龄结构、学历层次等可以定量化的目标；"软性"目标是指员工的满意程度、员工成熟度等不易定量但可以定性描述的目标。实施规划阶段为企业制订相应的行动计划来确保达到人力资源目标。控制评价阶段是人力资源规划的最后一个阶段，可以用一些量化的手段分析人力资源规划所带来的效益。

三、企业的财务管理

1. 财务管理的含义

财务是指企业在生产经营过程中客观存在的资金运动及其所体现的经济利益关系。财务活动与财务关系构成财务概念完整的内涵。现代企业财务管理是一项系统的管理工作。随着现代企业制度的建立，企业的财务活动包括：资金筹集、资金投入、资金使用、资金收回、利润分配。其中，资金筹集指的是企业要从事生产经营活动，首先必须筹集到一定数量的资金，它是企业财务管理的一项基本内容，是资金运动的起点；资金运用指的是资金投入、资金使用和资金回收过程；资金分配指的是企业对通过投资取得的收入进行分配，一部分用以弥补生产耗费，使企业生产经营活动能够持续进行，另一部分按照规定缴纳各种税金，剩余部分是企业的净利润，它的所有权属于企业的投资者。

财务管理是根据国家法律和财经法规，利用价值形式组织企业财务活动，处理企业同各方面财务关系的一项综合性的管理工作。企业的财务管理就是组织企业资金的处理以及企业同各方面财务关系的管理工作。企业财务管理的内涵和外延及其功能地位发生深刻变化。财务管理作为一种价值管理，包括筹资管理、投资管理、权益分配管理、成本管理等，是一项综合性强的经济管理活动。它不仅赋予企业自主理财的权力，同时也将现代企业理财置于瞬息万变、高度风险性的市场经济环境中。这对企业财务管理提出更高的要求，财务管理观念也要不断创新、与时俱进，建立起适应知识经济时代的理财新观念。

企业的财务管理主要包括以下几个方面的内容：第一，科学的现代化财务管理方法。根据企业的实际情况和市场需要，采取财务管理、信息管理等多种方法，注重企业经济的预测、测算、平衡等，求得管理方法与企业需求的结合。第二，明晰市场发展。一切目标、方法要通过市场运作来实现，市场是竞争的、优胜劣汰的地方。企业财务管理体系的运作要有的放矢，适应和驾驭千变万化的市场需求，以求得企业长足发展。第三，会计核算资料。企业的会计数据及资料是企业历史的再现，这些数据和资料经过整理、计算、分析，具有相当的借鉴价值，因此，要求会计资料所反映的内容真实、完整、准确。第四，社会诚信机制。要求具体的操作者和执行者在社会经济运作中遵纪守法，严守惯例和规则，不断树立企业诚实、可靠的信誉，绝不允许有半点含糊，因为企业诚信度的高低预示着企业的发展与衰败。

2. 财务管理的目标

企业财务管理目标是企业财务管理活动所希望实现的结果。企业财务管理目标有以下几种。

第一，做好企业财务管理目标的创新。在科技创新和其成果转化过程中，使得财务管理目标的重新定位是十分必要的。企业的财务管理目标由企业价值最大化调整为：在保证社会效益和生态效益的同时获取优秀人才，形成最佳的良性结构知识流。

第二，做好企业财务关系的创新。企业财务关系由内外协调转向侧重于企业内部人本化管理。因此，企业决策阶层及财务人员应当从企业奖励制度、人事选拔等方面去调动科技人才的积极性，这将决定企业能否生存，因此成为企业财务关系中最重要的组成部分。

第三，做好企业筹资管理。企业在筹资决策时，在筹资渠道与方式的选择上，尽可能把视野放在国际资本大市场上，选择最适合自己的资源和融资方式。更重要的一点是，知识、技术创新和具有专业技术的人力资源已成为加强企业竞争力的关键因素。企业价值最大化已从过去以资本筹资为主转向以无形资产筹资为主。

第四，做好企业投资管理。人力资源、无形资产和风险投资将成为企业投资决策的重点。在新的资产结构中，以知识为基础的专利权、商标权、商誉、计算机软件等无形资产和以人才引进和开发为主的人力资产的比例将大大增加。在这种情况下，人力资源、无形资产和风险投资必然成为财务管理的新领域。

第五，做好企业收益分配。财务资本与知识资本共享资本收益。其中，物质资本的提供者提供财务资本，凭借资本所有权分配企业收益；直接生产者从事生产经营活动，直接赚取工资收入；企业的经营管理者组织指挥生产，经营企业，不仅获得工资收入，而且也凭借管理知识资本参与企业收益分配；技术创新者一方面获得工资收入，另一方面也要凭借技术知识资本参与企业收益分配。

第六，做好财务指标的分析。随着知识经济时代的到来，反映知识资本价值的指标必然将成为企业财务评价指标体系的重要组成部分。无论是企业的管理者，还是企业的投资者、债权人等相关利益主体，都必将十分关心和重视反映企业知识资本价值的指标。

四、企业的市场营销管理

1. 市场营销管理的含义

市场是社会分工的结果，是商品经济的产物。自从人类出现了交换活动，市场就逐渐开始形成。因此，最早的市场概念是指买方和卖方聚集在一起交换各自的货物的场所。也就是说，哪里有商品生产和商品交换，哪里就有市场。

随着社会生产力的发展，社会分工越来越细，商品交换日益丰富，交换形式越来越复杂。市场的概念也随之不断发展，其内容也不断丰富和充实。在不同的环境下，在不同的市场营销学家眼中，它有多种含义：①市场是商品交换的场所。它是指买卖双方购买和出售商品，进行交易活动的地点或地区。②市场是对某种商品或劳务具有需求、有支付能力和希望进行某种交易的人或组织。这里所说的市场是指有购买欲望、购买力和通过交易达到商品交换，使商品或劳务发生转移的人或组织，而不是指场所。这里所指的人不是单个的人，而是消费者群及组织购买者。③市场是由某样商品的所有现实和潜在的购买者所构成的。这是指市场除了有购买力和购买欲望的现实购买者之外，还包括暂时没有购买力，或是暂时没有购买欲望的潜在购买者。④市场是商品交换关系的总和。交换关系主要是指买卖双方、卖方与买方、买方与买方、买卖双方各自与中间商、中间商与中间商之间，在商品流通领域进行交换时发生的关系。

市场营销管理是指为了实现企业或组织目标，建立和保持与目标市场之间互利的交换关系，而对设计项目的分析、规划、实施和控制。市场营销管理的实质，是需求管理，即对需求的水平、时机和性质进行有效的调解。在营销管理实践中，企业通常需要预先设定一个预期的市场需求水平，然而，实际的市场需求水平可能与预期的市场需求水平并不一致。这就需要企业营销管理者针对不同的需求情况，采取不同的营销管理对策，进而有效地满足市场需求，确保企业目标的实现。每个人、每个企业在社会上生存和发展，都有需要，并愿意付出一定的报酬来满足部分需要，于是这部分需要就形成了需求。可以通过很多方式来满足需求，有自行生产、有乞讨、有抢夺、有交换等。市场营销的出发点是通过交换满足需求。也就是说，市场营销是企业通过交换，满足自身需求的过程。企业存在的价值，在于其提供的产品能满足别人的需求，双方愿意交换，如此而已。所以需求是营销的基础，交换是满足需求的手段，两者缺一不可。营销管理就是需求管理。

2. 营销管理的步骤

企业必须根据自己在行业中的地位以及企业的目标、机会和资源确定一个最有意义的战略，以使企业能在动荡不安的环境中生存、发展。为了充分发挥企业各种资源、各部门的作用，就要对市场营销进行管理，即把企业所有的人力、物力、财力科学地组织到满足消费者需求上，并不断调整企业适应环境的过程。具体来说，市场营销管理过程就是发现和评价市场机会、细分市场和选择目标市场、确定营销计划、规划营销策略、执行和控制市场营销计划。

（1）发现和评价市场机会。

发现和评价市场机会是企业市场营销人员的首要任务，也是企业市场营销的第一步。千里之行，始于足下。任何一个企业，无论规模大小，无论承担何种职能，要想经营成功，并在竞争中立于不败之地，无不立足于长期认真地寻找和把握市场机会的艰苦努力的基础之上。企业的市场营销活动机会都不是在真空中进行的，而是受到市场营销环境的影响。市场营销环境的变化给企业市场营销活动或提供机会或带来威胁，为此，企业必须密切监控营销环境的发展变化，从中寻找市场机会并发现潜在的威胁。

（2）细分市场和选择目标市场。

为了进一步收集具体详尽的资料，企业需要开展正规的营销调研和信息收集工作，这是现代营销不可或缺的组成部分。企业只有研究消费者的各种需要和欲望，研究消费者所在地区和购买时间，才能为其市场提供良好的服务。营销管理部门首先应该建立一个完善的信息系统来及时、准确地把握当前的市场销售情况，还要通过各种访问调查等方式获取第二手资料,从中收集有关顾客、竞争者、中间商等诸方面的市场信息。通过对具体信息的分析研究,营销人员就能够对市场总体的范围大小和地理划分进行衡量,并可以预测未来的销售量和利润。这些市场衡量和预测将对市场细分和市场定位起到关键的作用。

(3) 确定营销计划。

任何营销部门都要认真研究营销的形势,制订营销计划。营销计划,是指一个企业为了达到其营销目标而制订的一系列活动计划。在营销计划中,企业管理层要决定为了达到营销目标所需要的营销支出水平,要决定如何对市场营销组合中的各种工具进行预算分配。尽管市场营销组合有很多种可能的选择,但在短期内不是所有营销组合变量都能调整变更的,如企业在短期内可以修订产品的价格、增加广告的支出。

(4) 规划营销策略。

在制订了营销计划的基础上,企业接下来要做的就是规划营销策略。营销策略主要包括产品策略、价格策略、分销策略和促销策略,也就是通常所说的"4P"策略。前面提到的市场营销组合,就是指对产品、价格、销售渠道、促销4个方面进行综合分析考虑,选择最有效的组合以最好地实现营销目标,因而这些策略不能够被孤立看待,而要结合起来灵活运用。

(5) 执行和控制市场营销计划。

市场营销过程的最后一个步骤就是执行和控制市场营销计划。这是一个重要的关键性步骤,因为一项计划必须转化成行动,若停留在计划阶段就毫无意义了。营销部门的有效性不仅依赖于它的结构,同时也取决于它对营销人员的选择、培训、指导、激励和评价。对营销人员的管理好坏也对营销活动有各种程度的影响。在执行影响计划的过程中可能会出现各种各样的意外情况,企业必须行使控制职能以确保营销目标的实现。营销控制有3种不同的类型,即年度计划控制、利润控制和战略控制。

五、企业的生产管理

1. 生产管理的含义

生产是企业的一项最基本的活动,是企业其他一切活动的基础,是利用资源将输入转化为输出的活动过程。输入由输出决定,输入转化为输出是通过人类的劳动实现的。需要指出的是，生产过程的输出，不仅指有形的实物产品，而且还包括无形的产品服务。西方学者习惯于将与工厂联系在一起的有形产品的制造称为生产，而将提供劳务的活动称为运作，或者把两者联合起来统称为生产与运作。生产过程主要是劳动过程，即劳动者在劳动分工和协作的条件下，利用劳动工具，按照一定的方法和步骤，直接和间接地作用于劳动对象，使之成为具有一定使用价值的产品的过程。但生产过程有时又表现为劳动过程和自然过程的统一，也就是指在某些生产技术条件下，生产过程的进行还要借助于自然力的作用使劳动对象发生物理的或化学的变化①。

简言之，与生产相对应，生产管理就是对生产活动的计划、组织、指挥、协调与控制。生产管理的基本目标可以用一句话来概括：高效、灵活、准时、安全、清洁地生产合格的产品来满足市场需要的同时实现企业的经营目标。狭义的生产管理，指的是以生产产品或提供劳务生产过程为对象的管理，即对企业生产技术准备、原材料投入、工艺加工直至产品或劳务完工的具体活动过程所进行的管理。广义的生产管理，指的是以工厂生产系统为对象，包括所有与产品制造或劳务提供密切相关的各方面工作的管理。也就是指从原材料、设备、人力、资金等的输入开始，经过生产转换系统，直到产品、劳务输出为止的一系列管理工作。

生产必须体现出"高效"。也就是以较少的投入得到较多的产出。因为，低消耗才能有低成本，低成本才能带来低价格，低价格才能最大限度地争取用户。所以，高效是生产管理最主要的特征。自从泰勒制的科学管理开始，人们对于如何实现高效做了种种努力，从时间来做研究，分工合理性安排，到"人—机"环境的和谐统一，都是向着生产管理高效性的种种追求和逼近。生产管理作为企业适应环境的一个重要环节，在整体性、动态化的管理中具有特别重要的地位。因为企业的最终目标是满足市场的需要，实现企业所担负的社会使命。这个工作的基础是生产管理，即企业必须能够正常地进行生产，有效地运营，否则一切都是空话。生产管理不正常的企业是不可能满足市场需要的，也就失去了企业存在的价值。为此，无论在何种情况下，企业都必须重视生产管理，只不过在不同条件下其表现的形式有所不同罢了。

2. 生产管理的内容与目标

广义的生产管理涉及企业的全部生产活动。按照管理的职能，它的内容可以

---

① 孙成志，刘明霞. 企业生产管理 [M]. 长春：东北财经大学出版社，2009.

归纳为以下几个方面。第一,生产的决策与计划。这主要是确定企业的生产方向、规模及其具体安排,包括产品品种、数量、质量及生产方式的决策;生产计划、生产作业计划的制订及作业分配等。第二,生产的组织与指挥。这指的是企业生产的物质技术准备工作和组织工作,主要包括厂址的选择、工艺路线和工艺方法的制定、工厂布置、生产过程的组织、劳动力的组织、生产指挥系统的组织和生产调度等。第三,生产的控制与协调。这指的是企业围绕计划任务的完成所进行的管理工作,主要包括生产作业控制、质量控制、物资消耗和库存控制、设备运作控制以及生产协调等。

企业进行生产管理的目标包括3个方面:首先,保证企业经营目标的实现。进行生产管理可以组织生产过程按照计划要求高效地运行,全面完成产品品种、质量、产量、成本、交货期和环保与安全等各项要求。其次,有效地利用企业的制造资源。进行生产管理可以不断降低物耗、降低生产成本、缩短生产周期、减少在制品和压缩占用的生产资金,从而不断地提高企业的经济效益和竞争能力。最后,使企业适应市场、环境的迅速变化。要努力提高生产系统的应变能力,使企业根据市场需求不断推出新产品,并使生产系统使用多品种生产,能够快速地调整生产,进行品种的更换。

六、企业的信息管理

1. 信息管理的含义

信息是现代社会应用最普遍和最广泛的概念。但在使用"信息"这个概念时,其具体内容有时指的是消息,有时指的是数据,有时指的是知识。信息管理是信息的一种,它是在企业生产经营活动的过程中收集的,经过加工处理后对企业管理和决策产生影响的各种数据的总称。它通过数字、文字、图表等形式来反映企业生产经营的活动状况,为管理者对整个企业实行有效控制和管理提供决策依据。[①] 所谓企业的信息管理,是指为企业的经营、战略、管理、生产等服务而进行的有关信息的收集、加工、处理、传递、储存、交换、检索、利用、反馈等活动的总称。企业以先进的信息技术为手段,对信息进行采集、整理、加工、传播、存贮和利用,对企业的信息活动过程进行战略规划,对信息活动中的要素进行计划、

---

①王悦. 企业信息管理[M]. 北京:中国人民大学出版社,2010.

组织、领导和控制，力求资源有效配置、共享管理、协调运作，以最少的消耗创造最大的效益。企业的信息管理是企业管理者为了实现企业目标，对企业信息和企业信息活动进行管理的过程。企业信息管理是信息管理的一种形式，把信息作为待开发的资源，把信息和信息活动作为企业的财富和核心。

在企业的信息管理中，信息和信息活动是企业信息管理的主要对象。企业所有活动的情况都要转变成信息，以"信息流"的形式在企业信息系统中运行，以便实现信息传播、存储、共享、创新和利用。此外，传统管理中企业的信息流、物质流、资金流、价值流等也要转变成各种"信息流"并入信息管理中。企业信息管理的原则必须遵循信息活动的固有规律，并建立相应的管理方法和管理制度，只有这样，企业才能完成各项管理职能。企业信息管理过程又是一个信息采集、整理、传播、存储、共享、创新和利用的过程。通过不断产生和挖掘管理信息或产品信息来反映企业活动的变化。信息活动的管理过程和管理意图力求创新，不断满足信息管理者依靠信息进行学习、创新和决策的迫切需要。

2. 信息管理的内容与任务

企业信息管理的内容包括：第一，企业信息化建设，指的是企业实现信息管理的必要条件。大致任务包括计算机网络基础设施建设、生产制造管理系统的信息化、企业内部管理业务的信息化、企业信息化资源的开发与利用、企业信息资源建设。第二，企业信息开放与保护。信息开放有两层含义，即信息公开和信息共享。信息公开包括向上级主管公开信息、向监督部门公开信息、向社会公开信息、向上下游企业公开信息、向消费者公开信息、向投资者公开信息等。企业信息按照一定的使用权限在企业内部部门之间、员工之间和与之合作伙伴之间进行资源共享。企业信息保护的手段有很多，如专利保护、商标保护、知识产权保护、合同保护、公平竞争保护等。第三，企业信息开发与利用。从信息资源类型出发，企业信息资源有记录型信息资源、实物型信息资源和智力型信息资源之分。智力型信息资源是一类存储在人脑中的信息、知识和经验，这类信息需要人们不断开发并加以利用。企业信息开发与利用的内容，包括市场信息、科技信息、生产信息、销售信息、政策信息、金融信息和法律信息等。

企业信息管理的基本任务如下：①有效组织企业现有信息资源，围绕企业战略、经营、管理、生产等开展信息处理工作，为企业各层次提供所需的信息；②不断地收集最新的经济信息，提高信息产品和信息服务的质量，努力为提高信息工作中的系统性、时效性、科学性积极创造条件，实现信息管理的计算机化。

参考文献

［1］邬适融，曾艺声，包凤达等．现代企业管理——理念、方法、技术［M］．北京：清华大学出版社，2005．

［2］卫兴华，顾学荣．政治经济学原理［M］．北京：经济科学出版社，2004．

［3］郭咸纲．西方管理思想史［M］．北京：世界图书出版公司，2010．

［4］孙成志，刘明霞．企业生产管理［M］．长春：东北财经大学出版社，2009．

［5］王悦．企业信息管理［M］．北京：中国人民大学出版社，2010．

第二章　国际金融危机与企业管理

第一节　国际金融危机概述

　　金融危机又称金融风暴，是指一个国家或几个国家与地区的全部或大部分金融指标［如短期利率、货币资产、证券、房地产、土地（价格）、商业破产数和金融机构倒闭数］急剧、短暂和超周期的恶化。

　　进入工业时代后，经济、金融危机始终伴随着人类经济发展间歇性爆发。20世纪以来，全球发生的重大经济危机和金融危机主要有6次：第一次是1929~1939年的大萧条。随着1929年10月美国华尔街股市崩盘，一场毁灭性的经济大萧条席卷了几乎所有工业化国家，并在一些国家持续10年之久。大萧条期间，美国最高失业率达到25%，德国、澳大利亚和加拿大的失业率一度接近30%。美国经济在1933年陷入谷底，工业产出下降到衰退前的65%。第二次是1973~1975年的由石油危机引发的经济危机。1973年10月，第四次中东战争爆发。为打击以色列及其支持者，阿拉伯石油输出国组织宣布对美国等国实行石油禁运，同时联合其他产油国提高石油价格，从而导致石油危机爆发。这场危机在主要工业国引发了"二战"以来最严重的经济危机。美国的工业生产下降了14%，日本的工业生产下降超过20%。第三次是20世纪80年代的拉丁美洲债务危机。自20世纪60年代起，拉美国家大举外债发展国内工业，外债总额在80年代初超过3000亿美元。1982年，墨西哥宣布无力偿还外债，触发了震动全球的"债务危机"。债务问题严重阻碍了拉美地区的经济发展，拉美国家1988年的人均国内生产总值只有1800美元，退回到20世纪70年代的水平。第四次是20世纪90年代的日本泡沫经济崩溃。1990年，日本的房地产和股票市场在持续数年的过度增长后，开始出现灾难性下跌。由于资产全面缩水，日本在10年中经历了漫长的通货紧缩和经济衰退。90年代中期，日本经济增长停滞，进入"零增长阶段"。第五次是1997~1998年的亚洲金融危机。在美国提高利率、美元增值的背景下，货币与美元挂钩的亚洲国家出口不断下降。1997年7月，随着泰国宣布泰铢实行浮动汇率制，亚洲国家普遍出现货币贬值，爆发金融危机。此次危机中，印度尼西亚、泰国和韩国是遭受损失最为严重的国家。这3个国家GDP在两年内分别缩水83.4%、40%和34.2%。第六次是2007~2011年的美国次贷危机及全球金融危机。长期以来，美国金融机构盲目地向次级信用购房者发放抵押贷款。随着利率上涨和房价下降，次贷违约率不断上升，最终导致2007年夏季次贷危机的爆发。这场危机导致过度投资次贷金融衍生品的公司和机构纷纷倒闭，并在全球范围引发了严重的信贷紧缩。美国次贷危机最终引发了波及全球的金融危机。2008年9月，雷曼兄弟破产和美林公司被收购标志着金融危机的全面爆发。随着虚拟经济的灾难向实体经济扩散，世界各国经济增速放缓，失业率激增，一些国家开始出现严重的经济衰退。

本节以美国次贷危机为例来分析危机的过程和危机的影响。

一、危机的过程

次贷危机又称次级房贷危机，也译为次债危机。它是指一场发生在美国，因次级抵押贷款机构破产、投资基金被迫关闭、股市剧烈震荡引起的风暴。从2007年3月开始美国爆发的次贷危机，在金融市场掀起了一场罕见的风波，全球各主要经济体都受到了一定程度的冲击，它致使全球主要金融市场隐约出现流动性不足危机。美国次级抵押贷款市场危机引起的风暴席卷了美国、欧盟和日本等世界主要金融市场，无论是发达国家还是发展中国家，在次贷危机的冲击下经济前景均急转直下。美国次贷危机是从2006年春季开始逐步显现的，2007年8月席卷美国、欧盟和日本等世界主要金融市场，至2008年9月中旬以来演变为世界性的金融海啸。2008年以来，次贷危机影响迅速扩大，不仅导致全球金融业的收缩，而且使世界经济增长明显放缓，美国经济衰退的可能性加大。随之而来的便是2008年国际金融风云变幻、风雨交加，金融价格波澜起伏、金融机构阴雨连绵、金融政策雪上加霜、国际金融领域改革风潮不断高涨、金融秩序更加混乱、金融制度面临挑战。

从次贷危机发生的国际背景来看，美国次贷危机产生的背景是在经济全球化的条件下发生的。在经济全球化下，风险和危机具有比以往更加迅速的传导性。美国次级抵押贷款市场通常采用固定利率和浮动利率相结合的还款方式，即购房者在购房后头几年以固定利率偿还贷款，其后以浮动利率偿还贷款。在美国，次级抵押贷款市场起初所占份额并不大。美国自2000年经济不景气时起，布什政府用低利率再配合减税措施，鼓励人们购房，利用房地产业拉动经济，并因此带动了一波房地产大涨，洛杉矶在前3年房价走高70%以上。从20世纪90年代以来，由于美国住房市场持续繁荣，加上美国金融制度的改变和房地产市场的发展，前几年美国利率水平较低，促使了美国的次级抵押贷款市场迅速发展。随着美国住房市场的降温尤其是短期利率的提高，次级抵押贷款的还款利率也大幅上升，购房者的还贷负担大为加重。同时，随着美联储的17次加息，住房市场的持续降温也使购房者出售住房或者通过抵押住房再融资变得困难。2006年，美国房地产市场开始向下调整。这种局面直接导致大批次级抵押贷款的借款人不能按期偿还贷款，加之此过程中受负面因素的影响，在不断增长的利息和不断下降的房价的双重压力下，大批次级贷款借款人违约，最终导致美国次级抵押贷款市场危机全面爆发。美国次贷危机从2006年春季开始逐步显现到2007年爆发，总共经历了4次大的冲击波。

1. 第一波冲击

第一波冲击始于2007年8月。当时危机开始集中显现，大批与次级住房贷款有关的金融机构破产倒闭：2007年2月13日，美国新世纪金融公司（New Century Finance）发出2006年第四季度盈利预警，汇丰控股宣布业绩，并额外增加在美国次级房屋信贷的准备金额达70亿美元，合共105.73亿美元，升幅达33.6%；消息一出，令当日股市大跌，其中恒生指数下跌777点，跌幅4%；4月2日，面对来自华尔街174亿美元逼债，作为美国第二大次级抵押贷款公司——新世纪金融公司在2007年4月2日宣布申请破产保护、裁减54%的员工；4月27日，纽约证券交易所对新世纪金融公司股票实行摘牌处理；8月6日，美国第十大抵押贷款机构——美国住房抵押贷款投资公司正式向法院申请破产保护，成为继新世纪金融公司之后美国又一家申请破产的大型抵押贷款机构；8月13日，日本第二大银行瑞穗银行的母公司瑞穗集团宣布与美国次贷相关损失为6亿日元。日、韩银行已因美国次级房贷风暴产生损失。据瑞银证券日本公司的估计，日本九大银行持有美国次级房贷担保证券已超过1万亿日元。此外，包括

Woori 在内的 5 家韩国银行总计投资 5.65 亿美元的担保债权凭证（CDO）。投资者担心美国次贷问题会对全球金融市场带来强大冲击。不过日本分析师深信日本各银行投资的担保债权凭证绝大多数为最高信用评等，次贷危机影响有限。

至此，此次美国次贷危机已经造成全球性的影响。8 月 9～30 日，美联储已累计向金融系统注资 1472.5 亿美元，以防次贷危机的恶化；9 月 18 日，为应对愈演愈烈的次贷危机以及可能的经济衰退后果，美联储决定降息 0.5 个百分点，0.5 个百分点的降幅大大超过了此前市场的 0.25% 的降幅的预期。从此，美国联邦储备委员会被迫进入"降息周期"。

2. 第二波冲击

第二波冲击始于 2007 年年底 2008 年年初。花旗、美林、瑞银等全球著名金融机构因次级贷款出现巨额亏损，市场流动性压力骤增，美联储和一些西方国家银行被迫联手干预：2007 年 11 月 9 日，历时近两个月后，美国银行、花旗银行和摩根士丹利三大行达成一致，同意拿出至少 750 亿美元帮助市场走出次贷危机；11 月 26 日，美国银行开始带领花旗、摩根大通为超级基金筹资 800 亿美元；11 月 28 日，美国楼市指标全面恶化，美国全国房地产经纪人协会声称 10 月成屋销售连续第 8 个月开始下滑，年率为 479 万户，房屋库存增加 1.9% 至 445 万户；12 月 6 日，美国抵押银行家协会公布，第三季度止赎率攀升 0.78%；12 月 7 日，美国总统布什决定在未来 5 年冻结部分抵押贷款利率；12 月 18 日，美联储提交针对次贷风暴的一揽子改革措施，欧洲央行宣布额外向欧元区银行体系提供 5000 亿美元左右的两周贷款；12 月 19 日，美联储定期招标工具向市场注入 28 天期 200 亿美元资金。在 2007 年年底，危机稍有缓解，在 2008 年又以更强的势头袭来。随着金融机构 2007 年第四季度财务报表的公布，越来越多的次级贷款损失被披露出来。根据美国财政部的数据，美国金融机构宣布的资产损失冲减金额累计超过 1500 亿美元。

次贷危机也波及债券保险公司。全球最大的债券保险商美国 MBIA 公司 2007 年第四季度净亏损 23 亿美元，亏损额度创下历史之最。与此同时，受次贷危机影响，信用卡违约率上升、借款数额急剧下降。2008 年 1 月 4 日，美国银行业协会的数据显示，消费者信贷违约现象加剧，逾期还款率上升至 2001 年以来的最高值。次贷危机影响的人群已经不限于低收入群体，正在向正常甚至高收入人群蔓延。2008 年 1 月 22 日，美联储紧急降息 75 个基点，两日后的 1 月 24 日，美国纽约保险监管层力图为债券保险商提供 150 亿美元的资金援助；1 月 30 日，美联储再次降息 50 个基点；2 月 9 日，七国集团财长和央行行长会议声明指出，次贷危机的影响加大；2月12日，美国六大抵押贷款银行为防范止赎的发生，宣布"救生索"计划，以帮助那些还不起放贷而即将失去房屋的房主；2月20日，德国宣布州立银行陷入次贷危机；次日的2月21日，英国议会批准国有化诺森洛克银行。

3. 第三波冲击

第三波冲击发生于2008年3月。美国第五大投资银行贝尔斯登濒临破产，向摩根大通和纽约联储寻求紧急融资，联储紧急向其注资，并大幅降息75个基本点，市场对美国银行业健康程度的担忧加深。

3月17日，美联储对外宣布调低窗口贴现率25个基点，至3.25%，摩根大通同意以2.4亿美元左右收购贝尔斯登；3月19日，美联储宣布降息75个基点，并暗示将继续降息；3月27日，欧洲货币市场流动性再度告急，英国央行和瑞士央行联袂注资，美联储通过定期证券借贷工具向一级交易商提供了750亿美元公债，英国首相布朗和法国总统萨科齐举行会晤，讨论如何提高金融市场透明度和敦促国际主要金融机构改革；4月8日，IMF称全球次贷亏损1万亿美元；4月10日，高盛再次宣布裁员，瑞银集团预测华尔街企业可能不得不裁减最多达35%的员工，美国参议院通过价值超过41亿美元的一揽子房屋市场拯救计划，高盛CEO称此次信贷危机可能已接近尾声；4月18日，花旗集团宣布，在冲减逾130亿美元损失后，第一季度净亏损51.1亿美元，合每股损失1.02美元。东京三菱日联金融集团预计，截至3月31日的一财年内，该集团在次级贷上的相关损失为950亿日元（折合9.21亿美元），上周LIBOR跳升了20个基点，表明美联储本月将推出除降息25个基点以外更多的举措；4月29日，英国3月购房抵押贷款许可数量跌至该资料开始统计以来的最低水平，德意志银行宣布5年来首次出现净亏损；5月20日，美国参议院银行委员会通过一项立法，将创建一个新的政府支持抵押贷款救援计划；5月22日，美国联邦房地产企业监管办公室表示，美国房价第一季度加速下跌，较去年底时的跌幅达到创纪录的1.7%；6月9日，雷曼兄弟预期季度亏损28亿美元并宣布筹资60亿美元；6月12日，雷曼兄弟财务长与运营长均离职；6月22日，花旗集团计划裁减旗下投资银行部门约6500名员工，许多高级管理人员面临离职。

4. 第四波冲击

第四波冲击发生于2008年7月。两家最大房贷机构岌岌可危，美国联邦国民抵押贷款协会（房利美）和美国联邦住宅抵押贷款公司（房地美）属于由私人投资者控股但受到美国政府支持的特殊金融机构，主要业务是住房抵押贷款，被曝出巨额亏损陷入困境。如果这两家企业不能获得及时的资本注入，那么也将面临倒闭或者被政府接管的风险。雷曼兄弟公司的分析师宣称，如果这两家公司破产，美国住房抵押贷款市场很可能在短期内完全停滞。美国政府面对新的形势，为了防止次贷危机的进一步恶化，正在积极筹备，注资250亿美元，采取干预措施，其中包含了向这两家公司直接提供贷款和买入其股份在内的一系列措施。计划允许这两家机构使用美国联邦储备委员会的折扣窗口从中央银行借款，帮助它们渡过目前的危机。同时为了缓解房地产市场所受到的冲击，批准总额3000亿美元的救市计划，以帮助数十万名无力支付月供的购房者保留房产，同时通过加强对抵押贷款公司的监管缓解房地产市场所受的冲击。

2008年12月1日，美国国民经济研究局宣布，美国经济从2007年12月开始正式进入衰退。12月4日和9日，欧洲统计局和日本经济内阁分别公布修正后的数据，显示第三季度欧元区和日本GDP环比分别下降0.2%和0.5%，均为连续两个季度负增长。次贷危机对实体经济的冲击显著，全球三大经济体面临着"二战"以来最为严重的同步经济衰退。

二、危机的影响

1. 美国金融市场严重受挫

对于美国而言，次贷危机带来的是一种信用危机，美国的金融行业进入了严重的动荡时期。美国的经济活力与金融霸权的基础在于其金融市场的广度和深度，尤其是市场深度决定了美国金融市场强大的融资功能和流动性，而次贷危机爆发后，美国股票和债券市场的融资功能受到了严重的冲击。许多金融企业的账面出现了巨额的浮亏。花旗银行、摩根士丹利、美国银行等大型金融企业在2008年5月既已报亏，有的出现金融困难。而在次贷危机中扮演第三方角色的担保机构、评级机构、监管机构等也声誉受损，从而带来了美国金融行业及相关机构的一次大洗牌。自2008年初以来，截至2009年8月28日，美国破产银行总数达至109家①。同时，由于金融市场的动荡和投资风险的增加，国际投资者的热情

---

①http://www.bofcom.gov.cn/bofcom/441945400249679872/20090923/241674.html.

受到一定抑制，投资交易量低且交易缓慢。国际金融市场的各领域都出现剧烈动荡，股市、债市、汇市、商品市场均无一幸免，并造成了西方信贷市场一定程度的紧缩。据估计，2007年10月以来，全球股市出现暴跌，全球股票市值损失达7.7万亿美元。时至2008年10月7日，标准普尔500指数自2003年以来首次突破1000点，而道琼斯工业指数则创下1937年以来最大的年度跌幅。同时，三大股指的下跌速度也都达到了最高纪录。

此外，次贷危机使美联储由原来以控制通货膨胀的货币政策转为防止经济下滑的货币政策，自2007年9月开始连续下调利率，将商业银行隔夜拆借利率由2007年9月的25%下降到现在的1%。美元与欧元、英镑的利差增加，同时加上其他国家的银行纷纷抛售美元，使得美元下行的压力更大。时至今日，美元已经跌至自2002年的最低值。

2. 美国实体经济受到严重拖累

次贷危机源于房地产市场泡沫的破灭，进而威胁到金融市场的稳定，并最终通过金融信贷渠道将危机传递到实体经济。此次次贷危机对美国实体经济的影响具体表现为以下几个方面：

（1）次贷危机引发的信贷危机导致美国消费缩减。

在美国，由于长期实行"双赤字"政策，美国消费率一直保持在较高的水平，个人消费支出占GDP的70%以上，属于典型的消费导向型经济。消费不仅在CDP总量中占据首屈一指的比重，还对GDP增长做出了不容忽视的贡献。次贷危机对美国消费的影响是决定美国经济周期走向的核心要素。按照美国消费的决定要素，次贷危机对于美国消费缩减的影响是通过以下途径来达到的：第一，次贷危机对美国消费者现金流产生了负面影响。次贷危机演变成信贷危机，进而冲击金融体系，导致银行借贷、股市、公司债和货币市场等均出现问题，在次贷危机冲击下，资本市场的财富效应消失，甚至反作用于实体经济。第二，次贷危机对美国消费者财富水平产生了负面影响。根据消费决定的永久收入假说和生命周期理论，消费能力取决于消费者一生中的永久收入和财富水平，从而将使美国经济进一步放缓。第三，次贷危机对美国消费者预期产生了负面影响。根据消费决定的理性预期理论，消费者对未来经济状况、收入水平、市场风险等因素的预期水平将影响消费和储蓄的跨期选择。

（2）工业生产持续下滑，危及以制造业和矿业为代表的实体经济。

美国工业产值自2008年7月以来陷入停滞和负增长，工业产值7~9月分别环比增长0%、-1%和-2.8%，远低于1920年至今0.29%的月平均增长率。

其中，9月的-2.8%是1974年12月以来最差的表现。在产量下降的同时，美国企业还在减少生产能力的使用，7~9月，美国设备利用率分别为79.6%、78.7%和76.4%，不仅低于第二季度末的79.7%，还大大低于1967年至今平均81.38%的水平。其中，9月的76.4%创下2003年10月以来的新低。

(3) 住房市场遭受沉重打击，且尚未见底。

次贷危机起源于美国的房地产市场，从而次贷危机的爆发必然导致美国房地产陷入严重的衰退。在大量信贷扩张和需求刺激之后，美国住房供应市场很快饱和，住宅价格指数在2006年中期见顶回调。在次贷危机发生之前，美国房地产业已陷入衰退，次贷危机使美国房地产衰退雪上加霜。大量新型贷款产品也度过了最初几年优惠期，再加上美国利率上升，次级贷款借款人的还款负担骤然上升，房价下跌又导致借款人无法按原先方式重新融资，结果是次级贷款违约率迅速上升。美国房地产市场继续恶化，新开工房屋和现房销售数量继续减少，库存持续增加，房价不断下跌。据统计，美国现房销售2008年7月和8月分别同比增长-12.8%和-10.7%，连续31个月负增长；新房销售同比增长率分别为-34.7%和-34.5%，连续33个月负增长；建筑开支同比增长率均为-5.9%，连续22个月负增长；2008年7~9月，建筑开工同比增长率分别为-32.2%、-35.7%和-29.5%，连续31个月负增长。

3. 对国际经济的巨大冲击

(1) 次贷扰乱了欧盟货币市场的运行。

次贷危机打断了欧央行紧缩货币政策的进程。本来市场广泛预期是欧央行在2007年度内将继续提高利率以紧缩前期过于宽松的货币政策，防范中长期通货膨胀。但次贷危机爆发后，货币市场出现流动性短缺，欧央行加息势必加剧这种短缺，且欧盟经济走势因次贷冲击而不确定性加大，为稳定经济形势，欧央行在此情况下只得选择保持目前利率水平不变。但欧央行的这一决定显然对其遏制通货膨胀的努力有一些负面作用。

(2) 次贷危机导致债券市场和股票市场震荡。

在次贷危机背景下，世界范围内投资于美国次级抵押贷款市场金融产品的投资机构纷纷受挫。一方面，次贷危机爆发后，投资者风险意识提高，纷纷转向低风险的政府债券和主权债券，导致这些债券的利率降低。另一方面，由于担心偿付风险，公司债和一些新兴市场债券利率水平大升，结果导致这些债券与政府债券的利差急剧上升，企业融资成本因此大幅增加。2009年4月期《全球金融稳定报告》估计，2007~2010年所有金融机构源于美国的资产的减记数额将为2.7

万亿美元，估计全球风险暴露的预期减记总额约为 4 万亿美元。其中，2/3 将由银行承担，其余由保险公司、养老基金、对冲基金和其他中介机构承担。

(3) 次贷危机减缓了经济增长势头。

随着次贷危机演变成全球性的金融危机，先进经济体的实际 GDP 在 2008 年第四季度经历了前所未有的 7.5% 的下降。西欧和先进亚洲经济体则受到全球贸易崩溃以及其自身金融问题增加和一些国家房市调整的沉重打击，这种损害是通过金融和贸易渠道造成的，严重依赖制造业出口的东亚国家和依靠资本大量流入推动经济增长的新兴欧洲和独联体经济体受到的损害尤其大。自 2007 年次贷危机爆发以来，全球 GDP 的增长率直线下滑，到 2008 年中期达到了近 5 年以来的最低水平。

三、金融危机对我国经济的影响

1. 金融危机对我国对外贸易的影响

此次国际金融危机的主要爆发地是世界上经济最发达的美国，影响遍及全球众多的国家或地区，我国只是受间接影响的国家之一，同时也是抗击此次国际金融危机贡献力量最大的国家之一。次贷危机进一步强化了美元的弱势地位，加速了美元的贬值，从而降低了出口产品的优势。美国联邦储备局不断降低利率、为银行注入流动性资金与我国紧缩性的货币政策形成矛盾，导致大量热钱流入我国，加速了人民币升值和美元贬值的进程。由于美元贬值以及人民币持续升值、银行贷款利率上涨、劳动力成本提高，我国的出口产品提价的力度赶不上成本上涨的幅度，出现了企业不敢接出口订单的现象，我国产品在国外市场已经失去了价格优势。我国在此次金融危机中只受到间接影响，除了因为我国不是危机的主要爆发地。从出口的角度来说，金融危机的负面效应正日渐显现，并仍将在一定时期内持续。金融危机对我国的出口有两个方面的影响：一是直接影响，就是金融危机对中美双方贸易的影响，尤其是我国对美国出口的影响。例如，在危机爆发后，由于美国国内经济的不景气使得其进口需求明显下降，我国出口贸易增长速度减缓。二是间接影响，金融危机在直接影响我国对美国出口的同时，还通过对欧盟、日本以及世界经济贸易产生影响，可能进一步减弱我国对欧盟、日本的出口增长。当前，欧元区经济增长前景趋淡，日本经济再度陷入停滞，新兴经济体增速高位回落，可能长期处于低迷状态，对我国出口造成更大的外压，由此产生的负面效应：金融危机加大了企业的经营风险，使其生存环境愈加恶化。

但是，还由于我国的金融领域相对说来还没有完全放开，而此次危机主要是金融领域危机，影响最大和最直接的领域是全球金融业，所以不会对我国经济产生很大的直接影响，像 20 世纪末的亚洲金融危机一样，只能对我国经济产生一定的间接影响。全球经济尤其是美国经济减速会对我国的出口产生较大的负面影响。美国经济减速或衰退不仅降低我国的出口增速，而且减少我国的贸易顺差规模。我国的出口企业要清醒地认识到，美国金融危机必将在相当长一段时间内持续下去，并将进一步拖累全球经济，世界经济缓慢发展甚至后退不可避免。这决定了在短期内外需将会继续减弱，我国企业出口的成本上涨，难度增加，风险提高，交易环境变差，以往出口的高速增长将难以为继，未来经济仍然存在很大的不确定性。这种环境中，出口企业唯有面对现实，积极调整，采取切实可行的措施来应对危机，渡过难关。

2. 金融危机对我国金融市场的影响

我国成为抗击此次国际金融危机贡献力量最大的国家之一，是因为我国改革开放 30 多年取得了巨大的经济发展成就，早已从世界上经济落后的国家之一发展成为经济总量在世界上排名第二的国家，我国的外汇储备稳稳地位于世界第一。虽然我国的外汇储备是由多种储备货币组成的，分散在不同形式的资产上，但目前仍有 60%～70% 是以美元计价的资产，包括大量美国国债与公司债券，危机带来的美元贬值会严重损害我国所持有的大量美元外汇储备的价值及其实际购买力。从短期来看，我国很难通过减持美元资产来规避美元贬值以及美元资产违约率上升的风险，因为这将有可能导致尚未减持美元资产的市场价值下降。在人民币升值的情况下，大量的美元储备投资于低风险的美国国债，而结果却遭受汇率损失。如果美元出现长期贬值趋势，必然会导致我国外汇储备巨大的账面损失。与国债相比，公司的债券与股票等收益率较高，但风险也相对较高。在经济全球化以及我国与世界经济互动格局下，管理这样大规模的外汇储备并保证其保值增值是有一定难度的，而我国一向缺乏在境外投资成功的经验。金融危机形成后，全世界金融市场较为动荡，波动性增大，显示出对外投资的风险进一步扩大。我国已动用外汇储备和其他金融机构的资产购买了巨额的美国国债。所以，现在的实际情况就是，我国的经济稳定是对世界经济稳定最好的支撑，我国的经济发展是对世界经济复苏最大的保证，我国必将在全世界抗击此次国际金融危机中做出最重大的贡献。

3. 金融危机对我国房地产市场的影响

这次危机从源头看是房地产市场危机。国内的房产市场是我国经济增长的重要支柱，从中央到地方都寄予厚望。房地产市场的泡沫与美国金融政策的失误有着直接而密切的联系。房地产市场泡沫产生的原因是美国经济宏观调控的失误和美联储利率调节不恰当，其崩溃又直接引起了美国的次贷危机，并最终演变成整个金融体系的危机。

美国金融危机对我国的房地产市场的影响是间接的，主要是通过心理预期、资金层面和购买角度发生影响。第一，从心理预期角度来看，金融危机对房地产这方面的影响是非常不利的。由于害怕金融危机对消费需求产生不利的影响，新的房地产项目投资会变得更加小心翼翼，如果人们都裹足不前，显而易见，市场的萧条景象就会随之来临。第二，从资金层面来看，金融危机使大投资银行资金周转不灵，损失惨重。从我国收缩资金是它们的选择之一，高盛、摩根士丹利都在出售它们在我国原来购买的房产。但另外还有一些在危机中没有受到冲击的私募基金、投资基金，它们在危机过后把眼光聚焦到了我国的一些中、小城市的房地产市场，通过设立房地产投资基金的方式来进行股权投资，签订回购协议，把抄底房地产作为一种机会，因此，影响是复杂的。第三，从购买这个角度来看，金融危机增加了未来的不确定性，人们可能推迟消费，投资性购买也会相应地推迟，这样就有可能使房地产市场经历长时间的调整。即使中央出台了一些政策，但是这些政策对刺激消费的作用是非常有限的，对刺激投资性的需求几乎没有作用，这是因为房地产投资是看其未来的升值空间怎样，而不是看房子的成本是多少，而这时前景很模糊，有这部分需求的人就进入了观望阶段。

4. 金融危机对我国经济增长的影响

此次金融危机对自然人、企业和社会都带来巨大破坏作用，也波及我国金融市场和经济领域，我国经济走势客观上也受到了不小的影响。事实上，此次国际金融危机对于我国经济发展的最大挑战是：我国能不能在国际金融危机的威胁下，继续工业化的腾飞，直至2020年之后基本实现工业化，保证建成全面小康社会。有数据表明，在2004年，我国的经济发展就进入了工业化腾飞阶段。到2007年，我国的年经济增长率达到13%，国民经济的发展又好又快。2008年，我国经济增长9%，各地的发展继续保持着相当好的势头。所以，在这一时期，爆发了国际金融危机，对我国经济发展的影响之大，前所未闻，前所未有，必然形成对于我国实现工业化的最大挑战。如果此时我国在外部巨大的恶劣环境的压迫下，不能继续已经实现的工业化腾飞，不能顺利地实现既定的工业化目标，那就是在此次迎接国际金融危机的挑战中失败了。在危机中，我国政府可以真正审视一些行业的竞争力与潜力，促进国内产业的结构性调整，加快改变我国经济增长主要靠投资和外需拉动的模式。同时，也将积累应对危机的经验，锻炼和培养一批抗风险能力强的行业和企业。如果情况恰恰相反，在外部巨大的恶劣环境的压迫下，我国不仅继续着工业化的腾飞，而且还能够依然保证在2020年之后基本实现工业化，那就是我国取得了迎接此次国际金融危机挑战的最大胜利。

5. 金融危机为我国经济发展带来的机遇

这场百年不遇的金融危机也将对我国的资本市场产生新的战略性机遇。美元的持续贬值以及人民币升值，也有助于提高人民币在国际货币体系中的地位。这也是此次金融危机为我国经济发展带来的最大机遇：我国可以利用目前的国际金融发展困境，在此次国际金融危机之中或过后不久，迅速实现人民币的国际化。例如，建立多元化外汇储备体系，大胆推进人民币国际化，积极实施人民币国际结算业务和人民币国际债务业务，稳定汇率，增加金融市场话语权和定价权，提高金融竞争力，成为世界多元化货币体系中的重要组成货币，减少我国货币政策和汇率政策被国际投机操作的可能性。一国货币实行国际化的第一步，是实现区域化。虽然我国还没有放开对人民币汇率的管制，人民币也没有成为国际可自由兑换货币，但本次金融危机会凸显有着巨额外汇储备支撑的人民币的信用。目前，人民币在东南亚及周边地区已经实现了区域化，而抗击此次国际金融危机必然要求进行国际金融格局大调整，因此，这给予了人民币国际化的最好机遇。我国与东盟国家的区域经济一体化发展迅速，且我国与东盟国家的贸易是入超，所以人民币将率先在这个区域成为可自由兑换的货币，实现人民币的区域中心化。如果我国抓住此次国际金融格局大调整的机会，及时跟进，努力实现人民币的国际化，那就是我国在此次国际金融危机中获得的最大胜利。

此外，在此次危机中，欧美金融市场遭受重创，这一外部环境有利于我国金融机构绕过某些门槛和壁垒，通过收购、合并和注资等手段，以相对较低的成本扩大在世界范围内的金融投资，加快国际化的进程。同时，抓住机遇加快资本市场发展与创新，实现资本市场结构优化和规模壮大，逐步建立起金融强国，为提高我国在国际金融市场上的话语权和定价权而服务。同时，在产业上，由于我国是能源消费大国，估计人民币在国际上最先崭露头角的就是成为石油、矿产等能源品的计价货币，届时我国将能够享受这些能源品的市场定价权。

第二节 国际金融危机对企业的影响

本节以美国次贷危机为例来阐述国际金融危机对企业的影响问题。2007年夏天，美国的次贷危机爆发，并不断地向纵深发展。2008年9月以后，随着美国四大投资银行的相继倒闭，美国次贷危机迅速演变为全球性的金融危机，并逐渐向实体经济蔓延。这场金融危机波及范围之广、影响程度之深、冲击强度之大，为20世纪30年代以来所罕见，世界经济面临前所未有的挑战。

危机发生后，美国、欧洲、日本三大经济体都陷入了衰退，世界经济严重减速。从相关指标来看，世界金融危机在世界范围内导致了局部的经济危机。对于对外依存度高于60%的我国，必然在这场危机中难以独善其身。由美国次贷危机引发的金融危机波及全球各个领域，发展至中后期，已经不只是金融危机，而是一场历史罕见的、冲击强劲的世界经济危机，即便时至今日，此次危机的阴影仍然笼罩着世界经济。这场全球性金融危机，对我国的中小企业生存和发展同样产生深刻的影响。其中，大部分中小企业都陷入生存危机，这些企业以民营企业为主，抗风险能力较弱。改革开放以来，随着我国经济的快速发展，我国中小企业发展迅速，对于调整国有经济产业结构、缓解就业压力以及科技创新和经济增长都有着十分重要的意义。但即便如此，我们仍然不能忽视中小企业个体弱小、抗风险能力弱的缺点。如不对此高度关注并采取行之有效的措施，必然会引起国民经济的衰退，严重影响和谐社会的建设。客观分析和评价金融危机对我国企业的影响，不仅对企业有积极的参考价值，而且对于制定适宜的宏观经济政策，确保我国"保增长、扩内需、调结构"的战略目标的实现，也具有重大的现实意义和紧迫性。

一、对我国中小企业的影响分析

全球化给人类社会带来的是福祉还是灾难，至今尚未明朗。在地区、国际、个人之间还存在物质和精神差距的情况下，地球人类没有实现"同欢乐"，却面临着"共患难"。当前国际金融危机仍在持续，前景仍不明朗，不确定性增大，造成中小企业尤其是外向型中小企业国际订单减少、产品价格下降、货款回收困难、企业库存增多、资金周转困难，甚至资金链断裂等问题。据统计，截至危机发生时的2008年年底，我国中小企业数已达到4500余万户，占全国企业总数的99.8%。

中小企业创造的最终产品和服务价值相当于国内生产总值的60%左右，上缴税收约为国家税收总额的53%，生产的商品占社会销售额的58.9%，商品进出口额占68%左右。在40个工业行业中，中小企业在27个行业中的比例已超过50%，在部分行业中超过了70%，成为推动行业发展的主体。中小企业还提供了75%以上的城镇就业岗位，国有企业下岗人员有80%在中小企业实现了再就业。农民工相当大一部分在中小企业就业，中小企业也开始成为一些高校毕业生和复转军人就业的重要渠道。同时，中小企业的研究开发投入不断加大，研究开发机构不断完善，新产品、新技术层出不穷。目前，经认定的省（区、市）级以上的企业技术中心，近70%是由中小企业建立的。我国66%的发明专利、82%以上的新产品开发是由中小企业完成的。中小企业对我国调整经济结构、推动对外合作、开拓市场、构建和谐社会等方面发挥着越来越重要的作用，已经成为提供就业岗位的主渠道和技术创新的主力军。但是，由于受全球金融危机影响，我国部分地区和行业的中小企业停产倒闭现象增多，吸纳就业减少，而且有进一步蔓延的趋势。根据国家审计署组织的国际金融危机对中小企业影响专项审计调查，当前中小企业普遍存在订单减少、销售下降、效益下滑、企业库存增加、资金周转困难、项目被停建或缓建、企业贷款难融资难等问题。根据国家发改委的数据，2008年上半年全国就有约6.7万家中小企业倒闭，倒闭企业占总数的8.5%。下半年以来情况更严峻，一些没有倒闭的中小企业却是依靠减发工资或裁员才得以生存。中小企业难以生存甚至于破产，给地方政府留下了许多难以解决的课题。下面来具体看一看国际金融危机对于我国中小企业生存和发展的影响。

1. 使多数中小企业经营困难

十几年前，亚洲金融风暴曾经给中小企业以惨痛的打击；十几年后，更为猛烈的全球金融危机再一次凶猛袭来，我国中小企业遭受了前所未有的冲击。以2009年无锡、苏州等地的一些中小企业为例，在抽样调查中，有56.25%的企业目前经营很困难或者比较困难；47.58%的企业生产能力利用率处于51%~80%；41.47%的企业用电量比上年同期下降了至少10%。从我国过去几年中经济形势较好的年份的情况来看，每年有5%~6%的中小企业倒闭，在经济低迷时可能达到8%~10%。而在危机发生初期，仅在2008年上半年就约有6.7万家中小企业倒闭，大约是 8.5% 的比例。沿海地区 80% 以上的外向型企业处于半停产状态，裁员、降薪、给工人放长假是很多企业的应对措施。显然，我国经济运行和企业经营在危机发生后都进入了低迷时期。中小企业的倒闭、停产或半停产，降低了大企业转嫁风险的空间，压低了市场需求，越来越大的压力开始蔓延在大企业身上，其经营开始遇到困难。

大企业经营困难会对中小企业造成更大的打击。在大企业经营尚能维持时，它们在中小企业遇到困难时还可以协助其化解；大企业出问题后，中小企业倒闭的困难将更加严重。从被调查企业来看，规模较大或者所处行业属于重点行业的企业抗风险能力相对较强，生产经营状况也都相对平稳；而有色金属、化工、纺织、木材加工等规模小且总体产能过剩的企业都遭受到金融危机很大的冲击，很多都处于停产或半停产状态，一时难以恢复元气。据统计数据表明，2009 年 1~4 月，江苏省规模较大的中小企业，亏损企业同比增长 17.4%，企业亏损面为 19.2%，亏损企业亏损额同比增长 32.1%。而引起以上状况的原因，大多可以归结为 3 个大方面：

（1）市场需求不足，中小企业销售渠道受到影响。

从外部因素看，第一，随着美国次贷危机的不断蔓延和影响加重，世界经济进一步放缓。受金融危机影响，国际经济形势动荡，尤其是欧美这样的进口大国地区消费增长乏力，进口需求减弱，居民消费方式、需求结构都出现了很大的转变，导致我国以加工贸易为主的中小企业出口增幅明显回落，出口订单不同程度减少。统计表明，美国经济增长率每降 1%，我国对美出口就会降 4%。另外，我国许多贸易伙伴国的经济增速也会因美国经济减速而下降，我国出口对这些国家的收入弹性也在 3~4。因此，以对美出口占我国出口比重 20% 左右计算，美国经济增速下降 1%，我国的总出口增速大致下降 2%。第二，次贷危机进一步突出了美元的弱势地位，加快了美元的贬值和人民币升值的速度，从而使我国出口产品价格优势降低，对美出口形成挑战。次贷危机造成世界经济衰退，国际需求下降，我国中小企业产品出口受阻，出口贸易减少，这使得对国外消费市场依赖度较高的外向型中小企业处于生产萎缩、利润下降的状态，而对于我国中小企业的出口产品中，大多产品都是利润较低的廉价产品，在此状况下，势必会导致这类企业的减产、裁员甚至关门，迫使自身半停产或停产，特别是东南沿海一带。在上述因素的作用下，我国出口呈现减速迹象。据海关统计，2008 年全年中美双边贸易总额达 3337.4 亿美元，比 2007 年（下同）增长 10.5%，增速为"入世" 7 年来最低点。其中，我国对美出口 2523 亿美元，增长 8.4%，7 年来首次降至个位数。

从内部因素来看，我国中小企业特别是沿海地区的中小企业生产的产品除供应本国市场以外,还畅销世界各地,远销东南亚、西欧、美国等国家和地区,具有明显的外向型特征,呈现出较大的外贸依存度。由于受国际金融危机、国民经济下行压力的影响,许多中小企业开始出现明显困难。多数企业在对外销售渠道受阻的情况下,都会思考转型,由外向型企业向内向型企业转变,即将原有的出口产品转向对国内市场销售。但是,一方面,在国际市场因金融危机造成的需求下降存在的情况下,作为国际市场的一部分的我国市场的需求,基于金融危机传导机制的影响,股市低迷,企业盈利能力下降,居民收入减少,购买欲望降低以及消费者对经济前景信心的缺失,都造成国内市场的需求也在减少;另一方面,危机之前,经济活跃度较高,居民消费热情也很高,对于需求导向型经济理论来说,这就促使本身应对国内消费的企业生产的扩大,而经济一旦降温,这部分生产也只是适度或略微过剩。然而,外向型企业转向内向型企业,势必会使原来就已经相对饱和的国内市场产品更多,最终无法被消费需求消耗,造成产能过剩。此时也势必会造成产品价格下降,利润空间缩小,企业的经营困难进一步加深,而对国内整个市场来说,整体状况愈发不乐观。

(2)成本上升,中小企业的利润空间进一步缩小。

首先,危机之前,由于整体经济形势大好,原材料和能源的价格全面上涨,农副产品也由于消费需求和国家政策的导向大幅提升,特别是2007年以来,原材料、燃料、动力购进价格指数一路攀升,在2008年年中达到创纪录的最高点,导致中小企业生产成本的上升,尽管与此同时,工业品出厂价格指数、商品零售价格指数也有所上升,但与前者相比,差距巨大;同时,受进口需求减弱和国内市场需求下降影响,企业生产受限。许多企业的对策是"以销定产",没有订单就停产、待产。由于生产受限,企业原先购买的大量原材料被积压在仓库,致使许多企业没有利润,甚至有些企业前两年的利润也被吞噬殆尽。

其次,工业品价格下降。2008年,全国规模以上工业增加值同比增长12.9%,同比减缓5.6个百分点。2009年,全国规模以上工业增加值同比增长11%,增速比2008年回落1.9个百分点。从分月数据来看,规模以上工业生产增速由2008年6月的16%一路下滑到2009年1~2月的3.8%,跌至近10年来新低。2008年下半年,尤其是9月以后,受金融危机的冲击,为维持生存,不少企业实施了"薄利多销"策略,直接导致企业利润率大幅下降。2009年3月之后,我国宏观经济政策调整逐步显现效果,工业增速止跌回升。2009年3月增速达到8.3%,11月、12月分别达到19.2%和18.5%,2010年1~2月增速达到20.7%,呈现"V"字形运行轨迹,工业生产回升向好的态势基本确定,如图2-1所示。

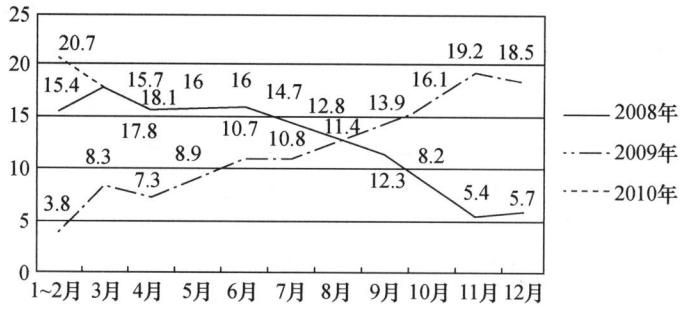

图 2 – 1　2008～2010 年规模以上工业增加值分月增速

资料来源：国家统计局网站。

再次，随着社会生活水平的提高和物价的上涨，劳动者对提高劳动工资的要求越来越迫切，突出地表现在最低劳动工资标准的提高。新的《劳动合同法》要求企业完善员工的各项福利制度，以及加班费用，规范用工制度。比如，2008 年北京、上海、深圳等地都较大幅度地提高了最低工资标准，北京市从 730 元提高到 800 元，上海市从 840 元提高到 960 元，深圳市特区内从 850 元提高到 1000 元，特区外也从 750 元提高到 900 元，劳动力工资上升幅度一般在 10%～20%。新的《劳动合同法》的出台对整个市场来说，合理规范了企业用人制度，维护了工人的基本权益，也增加了工人的收入，虽然增加了企业的用工成本和经营困难，但这些都无可厚非。但是，尽管国际金融危机蔓延，企业经营困难，但这充其量只能是暂缓进一步提高最低劳动工资标准的一个理由，却不能降低已经出台的最低劳动工资标准。问题在于，制度完善的推行速度，在很大程度上对于本身抗风险能力就不强的中小企业来说也只是勉强承担，但之后的金融危机无疑为此时的中小企业雪上加霜。

最后，随着经济的发展，和谐社会的建设，人们对保护自然环境的认识加深，本身对自然环境影响较大的中小企业势必会在各级政府的政策要求下，加大废水处理、废气回收净化等项目的支出，这也会在很大程度上加大中小企业的成本。

（3）企业融资更加困难，持续发展资金严重缺乏。

中小企业普遍存在制度不健全、财务管理不规范、抵押担保机构少、信息不透明甚至信用缺失等现象，这都造成了中小企业从银行获得贷款的难度增加。在这些难度中，一是中小企业现金流紧张，银行控制信贷投放规模，缺少抵押物的小企业贷款首当其冲被压缩掉，资金链断裂的危险性加大，一部分企业开始倒闭，产生银行债务，中小企业大多互相担保，资金链断裂的连锁效应将使更多企业受影响。此外，受金融危机的影响，市场需求锐减，企业订单减少，产成品积压和货款回收更加困难，企业资金链更加趋紧。中小企业在这种情况下想向银行申请贷款，银行考虑到风险，设置了许多条件以保证贷款的质量，要求企业用不动产等作抵押，而不少中小企业又没有不动产。二是成长型中小企业很难获得中长期贷款，这些企业往往扩张势头猛，需要技改投入，需要中长期贷款，但银行中长期贷款主要投向一些大集团、大企业，几乎所有银行都对中小企业贷款持谨慎态度。在金融危机的后半阶段，乃至现如今，虽然国家以政策导向，加大了金融机构对中小企业的信贷支持，但是由信贷市场的信息不对称性引起的"逆向选择"和道德风险都会使银行放贷执行力度有限。没有抵押物一律"亮红灯"，唯恐受到金融危机的牵连，融资困难已经影响到我国中小企业的生存发展。

2008年下半年开始，国家为了缓解经济危机，实行适度宽松货币政策，多次降息，扩大贷款规模，增加对中小企业的信贷投入，而对于国家新增贷款却主要投向政府主导的城建、交通等基础设施项目，用来贷给中小企业的资金却很少，因此仍然没有根本解决中小企业融资难的问题。根据国家统计局公布的数据，2009年第一季度金融机构新增信贷多达4.58万亿元，但其中中小企业的贷款增速却大大低于大企业。2009年第一季度的货币政策分析，中小企业有效贷款需求和融资能力有所下降；加之由于贷款成本、承担的风险和责任等方面存在差异，商业银行更倾向于将贷款投向大型项目或大型企业，而对中小企业贷款则较为谨慎，这些因素在一定程度上影响了中小企业贷款的增长①。资金紧张成了困扰中小企业的一个难题，大量中小企业难以实现可持续的良性运行。

2. 使中小企业对未来发展缺乏信心

很多企业家认为，虽然当前世界经济逐步恢复，但是中小企业生产经营走出低谷仍然困难重重，后续发展不容乐观。同时，国内消费者的消费需求亦出现了减少的态势。据国家统计局消息，全国消费者信心指数继续下滑。2009年3月消费者预期指数为86.5，环比下降0.2%，同比下降了10.6%；消费者满意指数为85.6，环比下降0.7%，同比下降5.1%；消费者信心指数为86.1，环比下降0.4%，同比下降8.4%。2009年3月国内消费者信心指数、满意指数、预期指数3项指标均降至2008年3月以来最低值，国内居民消费活动依然低迷。

面对金融危机的侵袭，中小企业的投资意愿普遍减弱。企业经营者对未来经济走势的判断直接影响到企业未来的投资计划。在一项调查中发现，只有53.85%的企业选择了乐观；68.75%的企业选择了持平；18.75%的企业选择了

---

① 张其仔，郭朝先，白玫. 协调保增长与转变经济增长方式关系的产业政策研究[J]. 中国工业经济，2009 (3).

更好;其余 12.5% 选择了变坏程度加深。 在调查的多项选择中,认为国际市场萎缩的企业占 41.17%;认为全球金融危机加剧、原材料价格大波动的企业占 35.29%。与此相对应的,商务部新闻公布显示,2009 年 1~4 月,全国实际使用外资金额 276.7 亿美元,同比下降 21%;新批设立外商投资企业 6241 家,同比下降 34.2%。自 2008 年 10 月份以来,FDI 已经连续 7 个月下降。国内企业家信心指数 2009 年第一季度虽然比上季度略有提高,但投资信心仍然不足,未来投资仍趋于紧缩。投资意愿减弱不利于中小企业的进一步发展。

二、中小企业的根本出路

长期以来,我国中小企业靠高投入、低价劳动力、大量出口,甚至容忍环境污染等手段维持高速增长,现在,这种粗放式经济增长方式已经走到头了。我国中小企业必须转变原有的增长方式,实现从资源消耗型企业向资源节约型企业转变,从主要依靠出口和海外市场向主要依靠内需和国内市场转变,从主要依靠增加资源投入促进企业增长向主要依靠提高资源利用效率促进企业发展转变,从主要依靠资金和物质要素投入促进企业增长向主要依靠科技进步和人力资本带动企业发展转变。中小企业转变增长方式,不是权宜之计,而是需要长期努力的方向,是摆脱困境的根本出路。与此同时,为促进中小企业转变增长方式,政府应完善相应的政策法规,使之顺利转变,同时,应注意一些应对金融危机的短期政策,需要与促进中小企业发展转型的长期政策取向保持一致。总的来说,面对金融危机,中小企业的应对措施应包括以下几个方面:

1. 进一步寻求融资途径

面对金融危机的冲击和国际市场经济的低迷,大多中小企业主动采取了自救措施,并取得一定的成效。面对金融危机,政府出台了一系列的积极应对措施,如投入 4 万亿元拉动内需,采取适度宽松的货币政策等。但是,《中央政府工作报告》也指出,中央政府的主要依赖对象是由国家直接控股的大型央企,中央政府的政策倾斜也主要面向央企。虽然,中国人民银行在适度宽松的货币政策下也出台了一系列适合不同类型企业融资需求特点的信贷政策,但其对中小企业风险控制的基本政策并没有改变,从某种程度上说,这对中小企业融资难的问题并没

---

① 吴群. 金融危机对我国中小企业的影响 [J]. 审计与经济研究, 2009 (11): 109-112.

有起到多大的缓解作用。因此，中小企业在充分利用现有经济优惠政策、争取政府扶持的基础上，仍需主动出击寻求自己的融资之路，应积极拆借，内部集资，为己所用。企业融资的方式一般有金融机构贷款、企业间拆借、企业内部集资入股、自我积累、发行债券和股票及其他融资、租赁等。

2. 采取企业间的联盟战略

采取企业间的联盟战略，即寻找几家信誉比较好的同行结成联盟，采取相互联合的战略，进行优势互补，做到你无我有。第一，从经济学角度分析，企业构成联盟可以降低成本、提高效率；第二，从社会学角度分析，有助于建立和增强信任关系，减少机会主义行为，积累社会资本，进而增强获得各种成长资源的机会和能力；第三，从管理学角度分析，通过促进学习，从而引发知识扩散和技术创新，有助于创新能力的形成与提升。结成联盟后，它们专注于做自己的优势产品，不是自己的优势产品就转给同行做。这样便于集中精力进行优势产品质量和效率的改善，把成本降到最低，避免了什么都做什么都不精的弊端。这样在金融危机的影响下，通过实现企业间的联盟，可以降低企业的生存压力，加强企业的市场竞争力，提高其战略地位。本次"金融海啸"给中小企业的战略联盟带来了机遇和挑战。"金融海啸"打破了市场原有的竞争壁垒和结构体系，使得原本由于资源稀缺性处于市场食物链低端的中小企业有了重新"洗牌"的机会，给了它们重新思考自己市场定位的契机，也向它们提出对自己和市场评价体系再造的课题，要求它们收缩其经营范围并寻找其价值链和产业链上的合作伙伴。

3. 减轻中小企业负担，降低运营成本

长久以来，有一个问题一直很不理解，在负担的程度上，国内企业反而不如国外独资或合资企业的负担轻，政策优惠程度上也是如此。同时，由于中小企业多数生产或销售的都是低技术含量的产品，从宏观调控政策来看，也很难享受到优惠政策。在这种情况下，金融危机下的中小企业要向自然界的动物们学习，冬天时尽可能降低自身消耗，只管控好心脏、呼吸等关键环节，以挨过寒冬。企业也是如此，长期以来，民营中小企业的竞争优势主要来自于体制优势。随着我国社会主义市场经济体制的日益完善和国有企业改革的深入，民营中小企业原有的体制优势不再。民营中小企业要继续赢得市场竞争，很大程度上要靠完善企业治理结构和管理制度，狠抓内部管理来获得。此时能不花的钱尽量不花，降低非必要性开支，削减企业中可有可无的部门，控制营销投入，减少成品、半成品、原材料的库存量，取消不必要的扩张计划等。同时，民营中小企业要更加重视企业产品质量管理、环境管理、企业职工安全健康卫生管理，有条件的企业要考虑通过 ISO9000、ISO14000、OHSAS18000 管理体系的认证，获得进入国际市场的通行证，更为创造知名品牌、知名企业打下坚实的基础。

然而除此之外，国家应当考虑在政策倾斜度上，适度地向中小企业靠拢，如在政策或法规上短期内无法解决的情况下，对中小企业的直接投资给予优惠。在取消不合理的行政收费项目，加强对中小企业用水、用电等日常成本价格的监控等多个方面上切实减轻中小企业负担。考虑到中小企业的个体数量，我们很容易想象到，一旦这一部分的研发积极性被调动起来，那么在整个经济体中，即使以较低的比率来计算，单位时间周期内研发成功的新技术的数量也将是一个可观的数字。为了帮助中小企业应对金融危机，摆脱困境，中央和地方政府加大了对中小企业的支持力度，对积极主动通过自身或联合技术共享平台研究行业新技术，有偿或无偿为行业发展开放技术的企业给予税收乃至补贴等方面的优惠，一方面可以减轻中小企业的负担，另一方面也在很大程度上降低了中小企业技术研发乃至营运成本，可以较为明确地调动中小企业对技术研发的投入力度，除优化中小企业的自身产业结构外还带动了行业的发展。同时，各商业银行也纷纷出台支持中小企业发展的新举措。例如，要求金融机构简化中小企业贷款程序，单独安排信贷规模，重点满足符合产业和环保政策，有市场、有技术、有发展前景的企业流动资金需求等。当然，这些金融措施必须严格控制在风险线以下才能实施。

三、案例研究——以温州市中小企业为例

2007 年爆发的这场风暴使温州市大部分中小企业陷入困境。据温州市经贸委 2008 年 7 月对全市 31 个工业强镇和开发区的 15521 家中小企业的调查统计，停工、半停工企业数达 1009 家，占 6.5%；倒闭企业达 250 家，占 1.61%；合计 1259 家，占 8.11%。按照全市工业企业 14 万家测算，全市停工、半停工和倒闭的企业约有 1.1 万家。而至 11 月，停工、半停工和倒闭企业数的比例上升至总企业数的 9.4%。从具体行业看，停工、半停工和倒闭的企业，主要集中在纺织、鞋革、服装、眼镜、工艺品、电工电器等劳动密集型行业。比如，据鹿城鞋业协会 2008 年 7 月份的调查统计，共调查 283 家会员企业，其中比较正常生产的 163 家，占 57.6%；停工、半停工或倒闭的企业占 16.6%；关闭企业 26 家，占 9.19%；无法联系上的企业 42 家，占 14.3%；外迁 5 家，占 1.77%。以上停工、关闭和无法联系上的企业共 115 家，占 40.63%，比例比较高。

1. 金融危机对温州市中小企业产值的影响

温州市是我国民营企业经济最为发达的地区，2008年温州市民营中小企业经济占国民经济比重达到了80.9%，中小企业在温州市的经济发展过程中起着至关重要的作用。在温州市，自改革开放以来，一直到2007年，从该市的国民生产总值来看，从原本的13.2亿元一直增长至2157亿元，平均每年的递增幅度高达15.1%。1978～2007年，温州市国民生产总值从13.2亿元增加到2157亿元，按可比价计算翻了近6番，年均递增15.1%。而其中，2001～2007年这几年来，其年增长速度都超过了12%。表2-1显示了金融危机发生之前，温州市国民生产总值的增长情况。

表2-1 温州市国民生产总值情况统计

	GDP		第一产业的增加值		第二产业的增加值		第三产业的增加值	
	总值（亿元）	增长（%）	总值（亿元）	增长（%）	总值（亿元）	增长（%）	总值（亿元）	增长（%）
温州	2424.29	8.5	76.68	3.6	1286.76	6.2	1060.85	11.7
2007	2157.00	14.3	71.24	0.5	1168.73	13.8	917.02	16
2006	1834.38	13.3	62.92	-1	1003.81	14.1	765.65	13.7
2005	1600.17	13	65.42	0.4	868.78	14.3	665.97	12.4
2004	1402.57	14.1	64.74	3.5	796.14	15.4	541.69	13.4
中国	300.670	9	34	5.5	146.183	9.3	120.487	9.5
上海	13698.15	9.7	111.80	0.7	6235.92	8.2	7350.43	11.3
浙江	21486.92	10.1	1095.43	3.9	11580.33	9.4	8811.16	11.8
杭州	4781.16	11	178.64	3.6	2389.38	9	2213.14	13.8
宁波	3964.10	10.10	167.4	4.1	2196.7	10	1600	11
台州	1965.27	9.6	133.54	2.4	1037.47	8.3	794.26	12.4

从表2-1可以清晰地看出，从改革开放开始，一直到2007年的30年当中，单从温州市来看，它的国民生产总值就由原来的13.2亿元一直增至2157亿元。那么，针对这一数值，如果按照可比价计算的话，将近翻了6番，而每年的平均递增率也高达15.1%。而从表2-1中温州市的第一产业、第二产业以及第三产

业的增加值来看，就 2007 年和 2008 年而言的话，第二产业的增加值和 2004 年以及 2006 年相比存在很大的差异。从这一数值所体现出来的是第二产业的增加值要明显比温州市生产总值增长速度以及第三产业增加值的增长速度来得低，尤其是在 2008 年金融危机爆发之后，更是来得明显，这也是温州市生产总值增长速度显著减慢的一个主要原因。

当今的温州市中小企业在国内经营蓬勃发展的同时，已跨出国门从事国际化经营。出口是拉动温州市产品销售的主要渠道。历经 2008 年金融危机的冲击，温州市中小企业存活下来的只剩下一半。一直到 2008 年发生金融危机之后，温州市的生产总值的增长速度显著减慢，仅仅只有 8.5%。而一直到 2009 年的上半年，年增长速度更是缓慢，仅仅只有 4.5%。由表 2-1 可知，在 2008 年的这一年，从温州市的生产总值来看，和全国以及浙江省的平均水平相比要明显来得低。之所以如此，是因为在这时候，第二产业增加值的增长速度显著减慢。在总量收紧之后，又有 90% 的企业选择了停工。如今仍然坚持生产的企业只剩下了一小部分。受国际金融危机对实体经济的波及影响，加上人民币汇率上升、出口退税率下调、银根紧缩、劳动力和重要原材料价格上涨的轮番冲击，以及自身结构性、素质性矛盾的"叠加"影响，2008 年 4 月开始，温州市经济出现了前所未有的下行趋势，陷入了自改革开放以来最为困难的时期①。

2. 金融危机对温州市中小企业生产经营的影响

在温州市的中小企业大多数是属于传统的劳动密集型产业。自 2005 年中国人民银行正式宣布开始汇改以来，人民币对美元汇率由 8.27 升值到 6.37，人民币对美元已经累计单边升值 23%，这种升值对以出口为主的中小企业的利润影响是巨大的，使得企业承受着巨大的汇率风险。同时由于我国的经济快速发展，对劳动力的需求不断增加，但相应地并没有增加劳动力的供给，因此我国将要进入劳动力短缺的时代。而中小企业是以传统的劳动密集型产业为主，出现了"用工荒"现象，这就造成了这些企业的用工成本不断上升。由于受流动性不足、成本全面上涨、国际贸易保护主义抬头和海外坏账增加等因素影响，中小企业尤其是出口企业面临空前压力，一些企业怕亏损、怕失去市场、怕流失一线技工，"碍于脸皮、顶着头皮、饿着肚皮"苦苦挣扎在生存边缘线上，企业亏损面和亏损额大幅增加。2008 年列入经济效益考核规模以上工业利润总额下降 10.8%，一些中小企业停工停产，有的甚至倒闭。

---

①胡晓慧. 国际金融危机下部分中小企业停业、倒闭引发的社会稳定问题研究——以温州市为例[C]. 国际金融危机与中国企业发展：中国企业管理研究会年度报告，2009：83-90.

但是大部分劳动密集型中小企业,其核心竞争力还是低成本延伸的低价优势,处于产业链的低端,这就不可避免使得企业利润大幅下滑。同时中小企业规模小,抗风险能力弱,在过去中小企业被称为"船小好掉头",但是在市场经济汹涌的商海中,小船却经不起大风大浪的冲击。金融危机以来,国际大宗商品的价格起起伏伏,给中小企业的生产经营造成了很大影响。2008年春天以来,由于电企"静坐",电荒蔓延到温州市,中小企业每周被停电数次,只好采购柴油发电机自行发电,每度电成本2元,比上网电价又要高出几毛钱。温州市经信委数据显示,2008年4月以来,温州市企业自备发电量已占到企业总用电量的10%左右。

3. 金融危机对温州市中小企业外贸的影响

随着金融危机的蔓延和扩散,国际经济环境急剧恶化,外需萎缩导致的出口额下滑、商品结构尚待优化等困难和问题进一步暴露。根据有关资料显示,美国的失业率从2008年金融危机后一直维持在9%以上,人们收入的减少又会降低有支付能力的需求,从而使国外需求难以扩大。其中,生产玩具、服装、纺织、鞋类、家具、文体用具等生活必需品企业所受影响最大,已经倒闭的企业大部分也就是这些企业。从国内环境看,由于国际市场萎缩所产生的传导效应,冲击了国内市场,使国内市场变数增大。

这一方面是因为产品出口受阻,生产出口产品的企业也将销售市场转向国内,加剧了国内市场的竞争;另一方面,出口产品的生产数量减少,为生产出口产品提供原辅材料的企业的产量也就相应减少。目前,温州市已经有20%的中小企业处于停工和半停工状态。有人认为,在市场经济的条件下,部分企业由于竞争而倒闭,这是正常的,也是产业升级和提高企业素质所必需的。2009年1~6月规模以上工业总产值1482.56亿元,同比下降8.1%,情况可能更加恶化。最为突出的问题是,高新技术出口产品单一、市场单一、主体单一及在出口总额中所占比重过低等问题进一步显现出来了。从表2-2中的2006~2008年温州市外贸出口分类情况可以看出,一般贸易所占比重较大,为76.62亿美元。温州市的电器、服装、制革、汽摩配、泵阀5大支柱产业几乎都是劳动密集型制造业。从上述数据可以推测,受金融危机影响,温州市中小企业,特别是制造业中小企业生产经营面临比往年、比其他一些地区更严重的困境①。

---

①许捷. 金融危机背景下的温州中小企业转型升级策略研究 [J]. 中国发展,2009(10).

表2-2 2006~2008年温州市外贸出口分类情况

指标	2006年		2007年		2008年	
	绝对值（亿美元）	比上年增长（%）	绝对值（亿美元）	比上年增长（%）	绝对值（亿美元）	比上年增长（%）
出口总额	80.81	30.7	101.48	25.6	119.04	17.3
一般贸易	76.62	32.5	96.67	26.2	112.31	16.2
加工贸易	4.19	4.8	4.79	14.2	6.69	39.8
鞋类	20.07	26.7	24.10	20.1	27.53	14.3
服装	11.38	21.8	11.71	2.9	12.29	5.0
合成革	1.72	47.5	2.31	34.4	2.81	21.7
眼镜	4.24	25.7	5.15	21.5	5.17	10.9
打火机	0.91	23.2	0.86	-5.9	1.02	19.4
机电类	30.58	38.8	42.22	38.1	52.09	23.4

4. 金融危机对温州市中小企业投融资行为的影响

自2006年开始，温州市个别中小企业就显现出了一定的融资压力，而金融危机过后的融资困境在温州市中小企业的发展中已经成为一种普遍现象。以银行为代表的正规金融融资金额有限且渠道不顺畅，而民间借贷利率过高，甚至高于企业的利润率，并且中小企业融资后资金大量投向了一些非生产领域，出现了金融机构人民币存款中的企业存款增长速度均低于金融机构贷款的增长速度的情况。由表2-3中数据可知，在2004~2008年，以及2009年这一年的1~5月的情况来看，在金融机构的人民币存款这一块，企业存款的增长速度和金融机构贷款的增长速度相比，全部要来得低。另外，按照相关的统计资料，在2008年的时候，在温州市，金融机构总共贷款的人民币的金额数量为3306.13亿元，但是，在所有的这些贷款当中，单单面向个人贷款的这一项目在增长速度上面，和面向企业的贷款的增长速度相比就不相上下了，基本上都在20%。不管是企业的存款增长速度，还是企业的贷款增长速度，从这两者来看，前者要明显来得快。

表 2-3 2004~2008 年金融运行指标情况统计

指标	金融机构的存款		储蓄的存款		企业的存款		金融机构的贷款	
	总量（亿元）	增长（%）	总量（亿元）	增长（%）	总量（亿元）	增长（%）	总量（亿元）	增长（%）
温州市								
2004	1935.09	10.2	1004.04	9.1	617.17	13.1	1534.24	16.9
2005	2268.13	17.2	1161.31	15.7	651.51	5.6	1711.09	11.5
2006	2881.81	24.3	1476.34	27.1	774.54	18.9	2205.64	28.9
2007	3376.17	19.8	1638.02	11	868.59	12.1	2721.17	23.4
2008	4121.79	22.1	2506.5	27.3	971.37	11.8	3306.13	21.5
2009年1~5月	4883.86	11.48		20.21	1033.92	6.44	3833.2	15.94
浙江省								
2004	17855.1	15.8	7741.7	12.4	—	—	14982.5	20.8
2005	21118	18.3	9123	17.8	7298	8	17122	14.3
2006	25005.9	18.4	10801.7	18.4	8609.7	18	20757.8	21.2
2007	29030.33	16.1	11381.16	5.4	10456.83	21.5	24939.89	20
2008	35481.2	22.1	14804.54	30	11490.12	9.7	29658.67	18.8

另据统计资料，2008 年温州市金融机构人民币贷款 3306.13 亿元中，面向个人贷款的增长速度与面向企业贷款的增长速度都在 20% 左右。这些不仅加剧了资金的使用风险，还带来了产业空心化的后果。企业存款增长速度低于贷款增长速度的可能原因是企业将一部分借贷资金转为个人储蓄资金或短期投资，而未投入生产经营。结合这些年房地产市场和股市投资的热潮，推测可能有一部分企业贷款被作为企业或个人的投资进入了房地产市场和股市。2010 年，温州市对市内的 212 户中小型工业企业融资情况做了一次专项问卷调查。调查结果同样显示，尽管中小企业保持了较快的发展速度，但融资环境仍非常艰难，调查结果如表 2-4 所示。

表 2-4 温州市部分中小企业资金需求情况的调查结果

资金状况	占比（%）	产品库存	占比（%）	应收账款	占比（%）
紧张	50.5	上升	32.8	上升	52.1
一般	46.4	持平	50	持平	35.4
宽裕	3.1	下降	17.2	下降	12.5

从中小企业自身来讲，作为贷款的需求方，往往由于自身存在的一些问题而限制了融资这一活动的顺利进行。例如，首先，中小企业自身管理不善，经营风险高；其次，中小企业信息不透明，信用缺失严重；最后，中小企业的抵押难、寻求担保难等问题。据统计，小企业贷款在浙江省只占全部贷款的20%。国家实行从紧货币政策后，银行放贷规模压缩，可供的信贷又优先用于保大户、保重点，中小企业望贷兴叹，资金供求矛盾更加突出，缺口状况更加严重，许多企业出现了资金链断裂状况，且愈是规模小的企业，就愈难以从金融机构得到贷款。在向银行求贷无门的情况下，中小企业只能另寻途径，于是民间借贷应运而生。

因此，以现代银行业为主的正规金融，和以合会、集资、民间借贷为主的传统资金市场"二元"并存的结构，被认为是温州市金融30多年改革创新的一大特色。这种"二元"金融结构与当地个体经济、中小企业的发展相辅相成，起到补充融资、风险投资和优化资本结构的重要历史作用。但是民间借贷利率普遍高于银行的贷款利率，民间借贷的显著特点是其期限以短期为主。如果资金投入后，短时间内不能产生回报，一旦宏观环境恶化，银行银根紧缩，中小企业的资金链就肯定要出问题。

5. 金融危机对温州市中小企业用工人数及居民财产的影响

（1）对用工人数的影响。

金融危机使得温州市中小企业的用工人数明显减少。从暂住人口登记情况看，据市公安局统计，2008年以来，全市暂住人口登记数总量依然持续上升。截至2008年6月底，温州市共登记在册暂住人口3396053人，比2007年同期3163653人增加232400人，增加幅度为7.35%。但是，2008年第二季度以来，增幅有所减缓。据有关部门调查，2008年以来，温州市规模以上工业企业从业人数呈逐月减少的态势，中小企业下降的幅度增大。截至2008年7月底，全市规模以上企业从业人数100.93万人，同比减少3万人，下降3.1%。其中，中型企业从业人数下降1.2%，小型企业从业人数下降4.8%。德力西集团2009年一季度月均用工人数比2008年一季度、四季度分别减少5.3%、8.2%。据温州市职业介绍指导服务中心的统计，2009年一季度登记招聘的企业总数下降4.8%。外来务工人数出现同比减少迹象，温州市联通推出的主要面向外来务工群体的"乡音系列"套餐，2009年一季度总收入较去年同期下降16%；中国移动温州分公司本地国内长途话务量（总通话时长）同比下降3.2%，增幅回落6.8个百分点。

（2）对居民财产的影响。

改革开放以来，温州人积累了相当的财富资产，民间资金大量投资在全国房地产市场、证券期货市场和矿产资源市场，受国际金融危机和本轮经济周期调整影响，投资者财富大幅缩水。据温州市金融办统计，在温州市参与证券市场的投资者就超过36万人，占总人口的1/12。截至2008年10月底，全市证券交易总额5524.47亿元，同比减少3513.85亿元，随着股市的暴跌，温州市资金在本轮中国大熊市里潜亏已经超过400亿元。另外，房地产市场、证券期货市场和矿产资源市场的情况也不容乐观。随着财富蒸发和资产缩水，居民收入预期下降，投资消费意愿持续回落。2009年3月末，全市储蓄存款余额达到2532.43亿元，同比增长34.4%，比年初增加447.4亿元，同比增加200.7亿元，其中定期储蓄增加259.56亿元，同比增加91.16亿元，占储蓄增量58.1%。除了生活刚性需求较强的必需品保持较快增长，中高档商品和生产类消费品出现明显降温态势，如占全市线上批零业零售总额44%的汽车类零售额，第一季度仅增长0.8%，同比回落20.8个百分点；家用电器和音像器材下降16.6%，通信器材下降23.4%。

第三节　国际金融危机与企业发展战略选择

企业发展战略是对企业各种战略的统称，就是关于企业如何发展的理论体系。发展战略就是一定时间内对企业发展方向、发展速度与质量、发展点及发展能力的重大选择、规划及策略。企业战略可以帮助企业指引长远发展方向，明确发展目标，指明发展点，并确定企业需要的发展能力。战略的真正目的就是要解决企业的发展问题，实现企业快速、健康、持续发展。探讨现阶段我国经济发展及企业发展战略选择的问题，至少需要关注两大方面的背景因素：一方面是国际金融危机背景；另一方面是我国自身工业化的进程和阶段。前者是一种突发的国际环境因素，后者是我国经济自身内在长期演进因素。在国际金融危机的影响下，全球产业面临重大调整。一方面，发达国家的一些产业面临严峻挑战，如作为德国经济第一支柱的汽车产业，在金融危机诱发的车市寒冬面前，将加速进入新一轮的深度调整；另一方面，应对国际金融危机，我国陆续出台纺织业、钢铁业、汽车业、造船、石化、轻工、有色金属、装备制造、电子信息等产业振兴规划，以加快产业升级发展。无论是研究产业结构调整与升级，还是分析企业成长与转型，都需要考虑国际金融危机背景和我国经济自身内在长期演进因素这两个方面因素共同作用的影响。本章将论述在国际金融危机背景之下，我国企业对于自身发展战略的选择问题。

一、企业发展战略本质及其作用

发展战略指企业如何实现发展的战略理论。"战略"这个概念最初只存在于军事领域。战争讲究谋略。谋略有大有小，从全局进行谋略叫"战略"，为实现某一局部目标的方略叫"战术"。战略与战术的区别是：战略针对全局问题，战术针对局部问题；战略针对长期问题，战术针对短期问题；战略针对基本问题，战术针对具体问题。发展战略包括4个部分：愿景、战略目标、业务战略和职能战略。愿景为企业指明了发展方向，战略目标明确了企业的发展速度与发展质量，业务战略明确了企业的战略发展点，职能战略确定了企业的发展能力。通过4个上下相互支撑的组成部分，形成了能够解决企业发展问题的发展战略理论体系。

企业发展战略对于企业的作用与影响体现在众多方面，在了解企业发展战略对于企业的作用与影响之前，本节先来对企业发展战略的本质予以说明。

1. 企业发展战略的本质

影响企业是否能够正常成长、夭折，或是永续经营的因素有很多，但是企业的竞争力如何、能否长期保持竞争优势无疑是决定其成长类型的关键因素。同样，在影响企业竞争力的众多因素中，企业战略是一个具有决定性的因素。关于一般意义的战争的战略问题，古代就有深入系统的研究，自古至今，中外名篇巨著，为数不少。但是关于企业战略问题却是在20世纪70年代以后才被人们逐渐重视和研究的。现在，企业的战略管理已经成为现代对企业的经营与发展最具有指导意义的重要的管理学分支。所谓企业的战略管理，它是关于企业如何发展的战略理论体系，即企业战略的本质是发展，企业如何来发展。

如果企业要实现发展，就需要思考4个问题：第一，企业未来要发展成为什么样子，也就是企业的发展方向；第二，企业未来以什么样的速度与质量来实现发展，也就是企业的发展速度与质量；第三，企业未来从哪些发展点来保证这种速度与质量，也就是企业的发展点；第四，企业未来需要哪些发展能力支撑，也就是企业的发展能力。这4个问题是以企业发展为导向，关于这4个问题的回答就能系统解决企业的发展问题，它们分别解决企业的发展方向、发展速度与质量、发展点和发展能力。如果这4个问题都能有效解决，那么企业的发展问题就

企业管理机遇、转型与发展

能得到系统的、有效的解决。

美国著名战略学家迈克尔·波特（Michael Porter）被称为"竞争战略之父"，是当今世界上最有影响的管理学家之一。波特于1980年发表了《竞争战略》，随后于1985年又发表了《竞争优势》，以及后来发表的《国家竞争优势》，形成了竞争战略三部曲，开创了竞争战略理论体系。在竞争战略思想指导下，波特提出了企业战略的核心是获取竞争优势、打败竞争对手。获取竞争优势、打败竞争对手有3种基本战略：成本领先战略、差异化战略和集中化战略。在传统竞争战略理论的指导下，企业普遍深受价格战、功能战、广告战、促销战、服务战、品类战等问题的困扰与折磨，企业面临停滞不前，走向衰退，甚至破产。企业发现，曾经是自己法宝的竞争战略再也不灵了，虽然各家企业都企图建立竞争优势来打败竞争对手，取得快速的发展，然而与良好的愿望违背的是，所在领域的企业家拼得你死我活，各家企业都陷入无利润、企业停滞的怪圈，最后出现了一种双败、多败的格局。发展战略理论使企业竞争的焦点由竞争转向发展，企业可以通过竞争来实现发展，还可以通过合作来实现发展，也可以避开竞争，选择更具前景的领域来发展。企业应该从发展方向、发展速度与质量、发展点和发展能力4个方面入手，系统地解决企业的发展问题，而这4个方面又构成了发展战略的4个重要组成部分，即愿景、战略目标、业务战略和职能战略。

发展战略理论是对传统竞争战略理论的一种颠覆，摆脱了价格战、功能战、广告战、促销战、服务战、品类战的困扰，使企业更加良性地参与竞争，把主要精力投入到企业的发展问题的解决上，发展方向、发展速度与质量、发展点和发展能力的规划与实施上，最终实现企业的快速、健康、持续发展。针对上文中企业要实现发展所必须思考的4个问题，本书在发展战略理论关于战略定义的基础上，形成了一个系统解决企业发展问题的战略框架，即发展战略框架。根据企业发展战略的概念，发展战略由愿景、战略目标、业务战略和职能战略4大部分组成。第一，愿景：企业未来要成为一个什么样的企业？第二，战略目标：企业未来要达到一个什么样的发展目标？第三，业务战略：企业未来需要哪些发展点？要在哪些产业、哪些区域、哪些客户、哪些产品发展？怎样发展？第四，职能战略：企业未来需要什么样的发展能力？需要在市场营销、技术研发、生产制造、人力资源、财务投资等方面采取什么样的策略和措施以支持企业愿景、战略目标、业务战略的实现？

由此可见，企业发展战略的本质，就是对于企业发展中所要实现的4大发展问题的解决。企业战略的实质就是通过对战略的制定与实施，最大限度地发挥企业的竞争优势，使企业在激烈的市场竞争中生存、不断发展和壮大。因而，在企业生命周期的诸个成长阶段，据企业内部条件和外部环境的变化，科学地制定和正确地实施企业整体战略和职能战略,对提高企业竞争力,保证企业的长期生存、不断发展,使企业具有永续生命至关重要。企业发展战略的本质特征是发展性,是着眼于企业发展的,加强企业发展战略研究,在任何企业都是主要领导人的责任。在发展战略框架中,所有构成部分都是围绕企业发展来进行。愿景是企业发展的起点,它指引企业发展方向;战略目标是企业发展的要求,它明确了发展速度和发展质量;业务战略包含产品战略、客户战略、区域战略和产业战略,是企业发展的手段,它指明了企业的发展点;职能战略是企业发展的支撑,它确定了企业的发展能力。愿景、战略目标、业务战略和职能战略构成企业战略自上而下的4个层面。上一层面为下一层面提供方向与思路,下一层面给上一层面提供有力支撑,它们之间相互影响,构成一个有机的发展战略系统。

2. 企业发展战略对企业发展的作用

一个企业如果想要永远立于不败之地,首先要明确的是自身的发展重点是什么,从而规划出可实施性强的企业发展战略规划。它必须有自己持久的竞争优势和清晰的发展战略规划。在管理实践中,重视战略管理的企业与不重视战略管理的企业实践证明,正是由于企业战略管理的这些作用使得许多重视企业战略管理的企业在激烈的市场竞争中脱颖而出。这些企业有的在专业领域内长期独领风骚,有的则在经过长期的、痛苦的市场考验之后获得了市场认可以及丰厚的回报。国内许多企业的成功证明了这一点,比如,英特尔的技术创新战略、格力空调的专业化经营战略、格兰仕的规模化低成本战略、哈药集团的品牌战略、海尔先人一步的国际化战略。

在企业战略管理方式中,指导企业全部活动的是企业战略,全部管理活动的重点是制定和实施战略。市场及竞争环境是制订企业发展战略规划的基础。市场及竞争环境分析包括行业现状分析、市场需求分析、市场增长速度分析、客户群分析、竞争态势分析、技术发展战略规划趋势分析、政策环境分析等各方面。产业及市场基本状况可用5种竞争力量关系图进行分析,是供应者重要还是购买者、替代品、潜在的进入者、行业内部竞争更为重要,要做好分析判断。同时对行业内企业的关键成功因素进行分析,如企业整体反应速度、战略规划及管理能力、价值链整合能力、品牌影响力等。战略管理最根本的利益是帮助企业通过采用更系统的逻辑和数理方法选择战略而制定出自己企业的更佳战略。研究证明,一个企业使用了战略管理的方法比没有使用战略管理方法的企业获得利益更多(包括经济利益和非经济利益),更容易取得成功。

二、我国企业发展战略选择

在 21 世纪遭遇国际金融危机之际,关于如何应对现代资本市场的高速发展,如何遏制金融衍生品市场泛滥,以及如何根据市场价格的波动调整企业营销策略等方面的问题,都是我国企业迎接此次国际金融危机挑战极为重要的内容。

1. 央企的应对战略

中央企业是我国特色社会主义经济的重要支柱。在应对国际金融危机的挑战中,中央企业必须在国民经济中发挥主导作用。我国的中央企业绝大多数是关系国家安全和国民经济命脉的重要行业和关键领域的骨干企业,是国有企业的优秀代表。中央企业的作用,直接关系到国有企业和国有经济的作用,关系到将国际金融危机对我国的不利影响降到最低程度,关系到未来十几年后我国全面建设小康社会目标的顺利实现。此次国际金融危机引起国际经济格局的大调整,对于我国工业化的现实和近期的经济走势有着不可忽视的影响。因此,审时度势,中央企业必须根据已经发生重大变化的国际市场形势,认真吸取遭受金融危机重创国家的教训,及时、主动适当地调整经营战略。

中央金融企业的经营战略调整是首当其冲的。此次国际金融危机是由金融衍生品市场泛滥造成的,深受其害的是发达国家的银行业,因为这些国家的很多银行都卷入了以美国次级债为主的金融衍生品的交易,损失惨重。我国大的金融企业在走向国际市场的进程中,也都自觉或不自觉地向发达国家学习,或多或少地购买了美国的次级债券,同样也成为此次危机中的直接受害者。损失造成之后,这些中央金融企业并没有明确公布损失情况,只是含糊其辞地讲损失不大,损失数额都没有给予最后的确认。现在看来,损失大小是已经既定的,是无法挽回的,关键是对于造成这种损失的经营战略必须给予明智的调整,不能再继续以前的盲目性,更不能沿着以前的战略方向加深或强化所谓的此类国际化做法。在这方面,中央金融企业过去一直强调要向国外的金融企业学习。事实上,国外的金融企业确实非常值得我国的金融企业学习,如果不向国外的金融企业学习,那至少我国的金融企业是无法融入国际金融市场的。但是,向国外的金融企业学习,也不能照搬照抄,人家有什么,就学什么。对于国外的金融企业大量地涉入金融衍生品市场,就是我国的金融企业不能学习的。这次发生危机之后,国外的金融企业也在一定程度上得到了教训,不敢再像过去那样放任地进入金融衍生品市场，甚至也有心有余悸的感觉，只是，让它们完全放弃金融衍生品市场业务，似乎是做不到的。对此，中央金融企业要有明确的认识，必须彻底调整经营战略，永远不再涉及金融衍生品交易，不论是国外的金融衍生品，还是国内的金融衍生品，一律都应不再产生这方面的交易业务。在这一问题上，我国不能向国外学习。中央金融企业不能在国际化的口号下继续危机前的金融衍生品业务。在现阶段，国际上还不可能关闭金融衍生品市场，而且，很多的金融创新恰恰是出自于这一市场，然而，这一市场实质上就是现代金融领域的"炸弹"，一不留神，就可能出大事。

所以，我国的金融企业必须求稳，必须远离金融衍生品市场。这不是说，一次遭蛇咬，十年怕井绳。金融衍生品市场不是井绳，它本身就是蛇。除了中央金融企业外，其他中央企业在此次危机的应对中要对经营战略进行调整，必须区分竞争性经营业务与非竞争性经营业务。这也就是说，今后的中央企业要么是竞争性企业，要么是非竞争性企业，不能作为央企既搞竞争性经营，又搞非竞争性经营。此次国际金融危机的爆发又一次表明，在世界范围内，政府经营的企业只能生存于非竞争性领域，不能涉及竞争性领域，个别国家的个别政府企业涉及竞争性领域，如新加坡的淡马锡公司，是不具备代表性的，是不符合政府企业设立的一般宗旨的。当然，其他国家不能在竞争性领域设立中央企业，并不等于我国也不能在竞争性领域设立中央企业。与其他国家不同，我国是社会主义国家，具有中国特色社会主义的重要表现就是要在竞争性领域设立中央企业。但我国在社会主义的旗帜下设立的竞争性中央企业的性质与其他国家的中央企业的性质是截然不同的，这是中国的特色，是其他国家不可模仿的。如此讲来，在其他国家，设立竞争性中央企业是不妥的；在我国，不设立竞争性中央企业是不对的。

问题在于我国设立的竞争性中央企业不能涉及非竞争性经营业务，我国设立的非竞争性中央企业也不能涉及竞争性经营业务。现在，国务院国资委管理的中央企业，大都是既有竞争性经营业务，又有非竞争性经营业务。所以，为应对危机，这些中央企业必须进行重大的经营战略调整，必须分开竞争性经营业务与非竞争性经营业务，使所有的中央企业或是成为竞争性企业，或是成为非竞争性企业，而不再是身跨两大不同领域经营的企业。作为竞争性的中央企业，需要成为行业的龙头企业。这一类企业需要根据市场的变化，能够及时做出应对变化。改革应赋予这些竞争性中央企业相对独立的自主经营权，以便这些企业能够与其他企业一样竞争，一样在市场上对自己的决策负责。政府不能干预这些竞争性中央企业的经营，更不能直接代替这些竞争性中央企业进入市场决策。对于这些竞争性中央企业来说，需要新的经营机制，不能延续在政府

企业管理机遇、转型与发展

直接管控下的经营机制。走向市场，相对独立，是竞争性中央企业存在与发展的宗旨。

作为非竞争性的中央企业，最重要的是不能保留竞争性经营业务，不能学习新加坡的淡马锡公司，而是要像绝大多数国家的中央企业一样，安安稳稳地在非竞争性领域经营，决不越出一步。作为政府调控经济的重要工具，这一类的中央企业绝不可以以盈利为目的，即不能是看什么赚钱就干什么，而是要以政府划定的经营范围为严格边界，保证完成政府交付的特定的经营任务。

就目前具体的情况讲，进行战略调整，分开竞争性中央企业与非竞争性中央企业，需要首先将确定为竞争性中央企业的非竞争性经营业务移交给相关的非竞争性中央企业，然后，还应将确定为非竞争性中央企业的竞争性经营业务民营化。比如，军工企业是非竞争性的中央企业，其民用产品生产的部分应统统民营化，使之不再保留在中央企业的系统之内。

2. 民营企业的应对战略

民营企业是我国在经济体制改革中为区分公有投资并控制运营的企业的一个专称。它是指由民间私人或集体投资、民间私人或集体享受投资收益、民间私人或集体承担经营风险的法人经济实体。大多数民营企业的规模都比较小，以中小企业居多。民营企业是我国改革开放的重要产物，民营经济已成为我国经济发展中最具活力和发展潜力的经济形式，也是提升经济增长素质和培育新的比较优势的关键。目前，我国的中小民营企业已成为最富活力的经济群体，是推动经济增长、促进就业的重要力量。截至2009年4月底，我国民营企业数量已达到4600多万户，占全国企业总量的99.8%，民营企业在国内生产总值、税收和进出口方面的比重分别占到全国的60%、53%和68%左右。同时，民营企业提供了约75%的城镇就业岗位。而且，我国66%的发明专利、82%以上的新产品开发都是由民营企业完成的。民营企业已成为我国经济和社会发展的重要推动力，发挥着不可替代的作用。

民营企业经济在蓬勃发展的同时，也面临了一系列的问题。从民营企业所处的经济大环境看，令其裹足不前的原因主要有：全球金融危机导致的经济下滑；原材料、能源等成本大幅度提升，利润空间被大幅压缩；低成本优势被削弱；紧缩的宏观调控政策造成融资困难，民营企业资金链面临压力；民营企业的技术水平、管理水平、产品档次、核心竞争能力等并没有得到相应的提升，甚至是被忽视等。

在这次危机中一批企业轰然倒下，有些还是知名大企业，规模在同行业中做到国内最大、亚洲最大甚至是世界最大，但企业从创立到成长发展为行业规模最大，时间也不过十余年，有的甚至只有几年，企业管理水平还停留在老经验、老方式、老传统上。在这种情况下，进行企业战略转型是我国民营企业应对金融危机一条必不可少的道路。所谓企业战略转型，是指企业由传统管理运营模式转变为符合未来发展要求的现代公司制模式。当企业外部环境发生较大变化时，或当企业步入新的成长阶段需要对生产经营与管理模式进行战略调整时，企业必须对内外条件的变化进行战略平衡，选择新的生存与成长模式，即推动企业发展模式的战略转型。民营企业面对金融危机该如何进行战略转型呢？应该包括以下几个方面：

第一，由"低成本竞争战略"向"差异化竞争战略"转型。长期以来，我国民营企业徘徊于粗放型的低水平生产状态，企业的成长多数依赖于低效率、无节制的扩张，走的是"低成本竞争战略"。尤其是沿海地区一些民营企业主之所以能够迅速发展，其实是利用了大量来自内地的廉价劳动力，而当来自外部的市场压力越来越大的时候，这种低下的劳动形态自然无法与之抗衡。因此，金融危机无疑是对民营企业所盘踞的行业进行整合的一次机会。应对这种整合，为避免成为被"大鱼"吃掉的"小鱼"，企业可以将节奏放缓，减少投资，增加过冬储备，积蓄能量。

同时，为了在金融危机过去后企业仍然屹立不倒，实现可持续发展，必须逐步形成和实施"差异化竞争战略"，通过自主创新，提高自己的技术水平，培养自己的核心能力，为顾客提供高附加值、差异化的产品和服务。

第二，剥离或外包非核心性业务。金融危机时企业的首要任务是生存。因此企业需要调整业务结构，压缩或者剥离盈利能力较低的"瘦狗"类业务，以将资源集中在现金牛业务上。因此，民营企业应对自身业务和运营机制进行梳理，确立对企业现金流贡献最大、市场销售最好的业务即"核心业务"；同时分辨非核心业务，对其尽早实施剥离或外包政策。

第三，强化核心竞争能力，实施"归核化战略"。民营企业一般都生存在次主流和非主流市场，在大企业的缝隙中生存。随着经济形势恶化，市场萎缩，机会减少，如果再受到大企业的挤压，生存希望就会更加渺茫，在金融危机中最先倒下的往往是大批的中小民营企业。要想屹立不倒，中小民营企业必须具有独特的竞争优势，即回归核心业务，走"归核化"路线。中小民营企业要客观地、全面地分析自己在行业价值链中的地位，确立一个或两个其他同行无可比拟的优势——企业的核心业务，抓住机遇，摒弃其他业务，主攻优势，占领市场，才能保证不被金融危机的巨浪打下沙滩。

第四，建立战略联盟。对民营企业而言，因为自身缺乏规模、能力及资源,所以构建企业战略联盟对获得规模经济至关重要。包括:采购联盟、销售联盟、资源联盟、产品线互补和能力互补等,使所实施的战略联盟成为一个默契的整体,资源共享、风险均摊、相互配合,形成合力,以共同应对金融危机。

第五,由"规模扩张战略"向"质量提升战略"转型。长期以来,做大企业,进入全国500强,是许多民营企业追求的目标。从提高规模经济、促进产业集中等方面看,努力扩大规模是有一定道理的。但是,对于企业健康持续发展而言,产品品质是一个更为基本和重要的要求。目前,我国不少行业的产品、产能已经在世界上占有举足轻重的地位。在这样的市场格局下,产品质量形象是非常重要的。一荣俱荣,一损俱损,小规模时的企业,一个产品质量事故打击的可能只是一个企业,如今,一个严重的产品质量事故,打击的可能是整个行业。这表明,民营企业必须向"质量提升战略"转型,在国际经济衰退和国内经济下行的大背景下,必须重视产业升级和产品质量升级换代的问题。

面对金融危机,如何"生存"和"发展"是每个民营企业都将面临的问题,战略转型是企业的必然选择。而企业如何通过战略转型寻求发展,并找到发展的力量,让自身腾飞,从而带动整个产业链的发展是值得深思的。但战略转型只是确保企业不会在大的变革面前迷失方向,却不会保证企业在经济寒冬中能够生存下来,要想度过寒冬,就要做裹紧衣服冒着严寒上路的猎人。"危机"是具有两面性的,"危险"中蕴藏着"机遇",中小企业应该避开"危险"的阻隔,抓住"机遇"之手,顺利渡过难关,通过"战略转型"不断飞跃,力求长足发展。

三、案例研究——以奥克斯集团为例

危机是最好的教材,促进民营企业反思。危机恰是一个促进企业转型的加速器。历史警示着人们:每一次金融危机的到来,总有一批企业及时调整自己的战略,坚持创新,在危机中发展提升自身生存和竞争能力;每一次金融危机的结束,都将伴随着一次新的变革,包括技术的、体制的,甚至社会的变革和创新。

地处东海之滨宁波市的奥克斯集团,是一家以电能表、家用空调、手机三大制造业为主体的大型民营企业,又是宁波市民营企业家协会会长单位,当地民营经济的领头羊。世界金融危机袭来,奥克斯集团同样受到海外订单骤然减少、原材料价格大幅波动、资金链条日益紧张等艰难险阻。但它们以敏锐的洞察力、快速灵活的决策机制,果断而有步骤地针对金融危机的 3 个阶段采取多种应对措施,取得显著效果。

第一阶段:2008 年 7 月至 2009 年 3 月。在我国乃至全球经济增速逐步下行,主要经济指标不断下挫的情况下,奥克斯集团也面临着出口订单锐减,国内市场需求萎缩,生产运营资金日益告急。此时,奥克斯集团始终保持信心。

第二阶段:2009 年 4 月至 2009 年 9 月。国内的经济形势是:国家利好政策出台;国家三部委"家电下乡"政策全面推广;国内经济增速触底反弹,各项指标企稳回升。此时,奥克斯集团的制造业全部恢复正常运营,生产量和销售量逐月上升,1~9 月销售收入比上年同期增长 20% 以上,电力产品高达 30% 以上。

第三阶段:2009 年 10 月至今。国家经济刺激和扩大内需政策效应的进一步释放,政府促调力度的进一步加大,总体经济呈现持续较快向上的发展态势。此时,奥克斯集团在"做强制造业、适度多元化"的发展战略指引下,又步入了新的快速发展轨道。

总结回顾奥克斯集团应对全球金融危机的做法,贯穿了一条"战危机、抢机遇、谋发展"的思路,坚持"果断行动"和"理性决策"相结合的方针。总的来说,奥克斯集团应对金融危机的 3 个阶段可以分别总结为:保持信心、自主创新、做学习型企业,并采取了以下具体措施:

1. 保持信心

面对全球金融危机,集团董事长郑坚江精辟地总结了 3 句话:金融危机是对企业的一种考验、一种锤炼,它将使适者生存,不适者淘汰;金融危机也是一种千载难逢的财富再分配的机遇;财富不是属于财富最多的人,也不是属于经验最丰富的人,而应该属于学习能力强、改变自我最快、不断创新的人。

全球金融危机爆发后,奥克斯集团紧跟政府政策导向,做好企业员工信心宣传工作。通过企业内部报刊、网站、电视新闻、员工座谈会、征文活动等多种形式,将信心传递到每个部门、每个分厂、每个员工,形成了"信心促发展,发展增信心"的良性循环。

2. 现金为王

首先,压缩库存,加速资金周转。面对金融危机的影响,采取了压缩库存、减少资金占用的措施,对原材料、半成品、成品等重新核定安全库存限额,加速资金周转。

其次，压缩采购成本和费用支出，保障现金流的充沛。专门成立供应链管理部，对采购、生产和分销多个环节进行集中管理，将全国原有的200个仓库减少到100个左右，在地方设立40个中心库，取消原来地方办事处设立的小仓库，改变以前以"月"为规划周期的生产模式，实行以"周"为计算期的客户订单制。

最后，建立原材料价格预警机制，消化成本浮动带来的压力。逐步建立一个及时、高效、完备的重要原材料价格预警机制，从全球范围内对其实施动态跟踪与观察，针对问题，随时发出报警信号，并及时做出政策调整。

3. 自主创新

奥克斯集团紧紧把握国家针对家电产品的一揽子利好政策出台的契机，大量采用新技术、新材料、新工艺，加大新品研发速度，降低产品成本，提升产品质量，用高附加值的产品占领市场。在此期间，企业构建了变频机、高能效定频机、下乡机、工程机、柜机5大产品体系，分别实现了对国家"家电下乡"政策、"高能效推广补贴"政策，以及家电"以旧换新"政策的针对性覆盖，重点突出企业在健康变频产品、节能技术、多层次市场营销等环节上的独到优势，最终搭建了企业、市场、经销商、消费者等多方共赢的商业价值链条。

4. 精益管理

企业主要在优化内部管理、改进管理流程等方面加大力度，加强过程管控，彰显出成本优势。

首先，将提高生产效率列入管理者关键绩效指标（Key Performance Indicator，KPI），并自上而下分解，落实到每一位生产管理人员身上。通过将效率提升的指标与各级管理人员奖金激励挂钩，全面提升生产效率。

其次，每月召开大型生产成本分析会，从采购、生产、销售逐个环节严格控制产品成本。对车间成本实行"目标成本导向法"，确保成本控制在一定范围内。

最后，通过体系活动（ISO9001、ISO14001等）以及6S现场管理（整理Seiri、整顿Seiton、清扫Seisou、清洁Seiketsu、素养Shitsukei、安全Safety）、质量月等活动的开展，消除企业内部的管理成本，如人、财、物的浪费，以此来补偿原材料涨价成本。

5. 建设学习型企业

奥克斯集团董事长郑坚江说："危机教育我们，走老路等于走死路。危机是传统模式之'危'，是科学发展之'机'。我们要利用危机限产时期，苦练内功，全面提升学习力，加快学习型企业建设步伐。"因此，奥克斯集团内部展开3项活动，掀起了学习之潮。一是举办"针对金融危机，奥克斯如何应对"有奖征文比赛活动，依靠集体智慧创造力量，献计献策，寻求突破；二是举办干部培训班，每个周六都开课，形成良好的企业学习氛围；三是在党团组织中展开"科学发展观大学习大讨论"活动，发挥党、团员骨干员工在企业各个方面的影响和作用。

6. 文化转型

在创业初期，奥克斯凭借激进、富于冒险的精神和硬性文化，打造了一支敢打敢拼、具有较强战斗力的优秀团队，企业迅速地发展壮大起来。海能（1990）认为，硬性文化具有高牢固度、一致度和系统和谐性，但是缺乏开放度和宽容度①。与硬性文化相对应，柔性文化也是一个强的、起作用的并与现有系统和谐的企业文化。但它保持一定的开放度和宽容度，鼓励个体创新和组织学习，为随时而至的变革准备了应变的空间，并为制造变革提供了前提条件②。

2008年6月底，奥克斯集团正式向全体员工发出"企业文化转型倡议书"，积极汲取外来的优秀文化，并对一些不合时宜的制度条款适当调整改革，对一些不良的工作作风及时地引导矫正，不断充实和完善奥克斯"做事做人"的企业文化，最终形成了"五坚持、七转变"的文化转型目标和要求。"五坚持"是：坚持尊重客户、关爱员工的文化导向；坚持讲底蕴、讲团队、讲换位思考、讲别人感受的文化导向；坚持封闭式文化向开放式文化转变的文化导向；坚持由狼性团队、价格屠夫、敢打敢杀向稳健、平和、诚信、可靠的企业形象转变的文化导向；坚持选择和培养充满激情、勤于学习、善于思考、积极创新、踏实敬业、富于责任的优秀人才的文化导向。实现"七转变"：局部利益转变为整体目标，点式思维转变为系统思维，罚款手段转变为激励导向，推卸责任转变为勇于承担，困难至上转变为解决为先，个人英雄转变为团队合作，短期利益转变为长远愿景。

---

① [德] 海能（E. Heinen）. 企业文化——理论和实践的展望 [M]. 北京：知识出版社，1990.
② 王磊，刘洪涛，刘益. 柔性文化：企业柔性战略的核心 [J]. 中国软科学，2000（8）：110－113.

第四节 国际金融危机与企业创新发展

在英文中,"创新"(Innovation)这个词起源于拉丁语。它原意有三层含义:第一是更新;第二是创造新的东西;第三是改变。20世纪90年代后,人类开始步入知识信息化时代,科技进步、经济的发展与融合、改革创新成为当今时代的主旋律。"创新"一词的含义很广,从哲学思维、文化意识、技术创造、经济发展等角度都可以谈论,在使用中人们还经常将创新与改革等同起来。一般认为,"创新"是与"守旧"对立的,创新就是要打破常规,具有独创性。因此,创新不同于创造,它不一定是世界上独一无二的,只要能打破常规,在当时当地具有独创性,就是创新。创新也就不限于技术领域,可以在各个领域、各个层面上进行。由于创新要打破常规,它就具有不确定性和风险性,使创新过程产生了复杂性。创新的这些特性引起了人们的理论思考。美国哈佛大学教授熊彼特在1912年第一次把创新引入了经济领域。从经济学意义上说,创新是企业家向经济中引入的能给社会或消费者带来价值追加的新东西,这种东西以前未曾从商业的意义上引入经济之中。企业创新的内涵有广义和狭义之分。狭义的企业创新一般是指技术创新;而广义的企业创新包含的范围则非常广泛,可以说,各种能提高资源配置效率的新活动都是创新。

一、企业创新发展的含义

对于一个企业而言,创新可以包括很多方面:技术创新、体制创新、思想创新。简单来说,技术创新可以提高生产效率,降低生产成本;体制创新可以使企业的日常运作更有秩序,便于管理,同时也可以摆脱一些旧体制的弊端,如科层制带来的信息传递不畅通;思想创新是相对比较重要的一个方面,领导者思想创新能够保障企业沿着正确的方向发展,员工思想创新可以增强企业的凝聚力,发挥员工的创造性,为企业带来更大的效益。本书将企业的技术创新、体制创新、思想创新归结为企业的自主创新和企业的管理创新。其中,企业的自主创新包括企业的技术创新,企业的管理创新包括企业的体制创新和思想创新。

1. 企业的自主创新

(1) 企业自主创新的含义。

要对自主创新及其相关问题进行研究,首先要解决好的问题是对于自主创新含义的理解。其实,自主创新对我们并不是一个新概念,而是多年来科技发展一直坚持的思想。但在自主创新上升为国家战略以后,其包含的思想和政策内涵及其影响力极大扩展,对其概念和内涵的界定也就成为学者们探讨的首要问题。

对于自主创新,国内学者给出的定义各有侧重,在内涵上也存在差异。归纳起来,大致有3种情况:一种是从技术创新模式定义自主创新,认为自主创新是与模仿创新、合作创新相对应的一个概念,是技术创新可供选择的模式之一。早期的研究讨论大多集中于这一层面。另一种是从宏观、微观角度定义自主创新。从宏观角度看,国家自主创新是从国家战略的角度表明一个国家产业技术的创新特征和发展路径。具体是指一个国家的产业技术不依赖于外部的技术引进,而主要依靠本国自身力量独立开发新技术,进行技术创新活动。从微观角度看,"企业自主创新是指企业通过自身的努力和探索产生技术突破,攻破技术难关,并在此基础上依靠自身的能力推动创新的后续环节,完成技术的商品化,获得商业利润,达到预期目标的创新活动"①。还有一种是从其本身的分类定义自主创新,即把自主创新的内涵界定为原始性创新、集成创新和引进消化吸收再创新。这是中央文件正式采用的定义,也是目前使用最广的定义。

改革开放以来,我国科技发展水平和产业结构的技术构成发生了重大变化,劳动力素质也有了相当提高。但总的来看,面对日新月异的科学技术变革,面对日益强化的资源环境约束,面对以创新和技术升级为主要特征的激烈国际竞争,我国自主创新能力弱的问题已经日益成为发展的瓶颈制约。创新型企业是建设创新型国家的决定性力量。随着国家鼓励企业自主创新的政策措施相继制定,自主创新受到了前所未有的关注。对于企业来说,市场竞争的日趋激烈也让自主创新能力成为热门话题。坚持科学发展、保护知识产权、掌握核心技术、提高创新能力日益为企业所重视。加快提高自主创新能力,是"十一五"时期引导我国经济发展的重要任务,这是加快转变经济增长方式的迫切需要,是推动产业结构优化升级的迫切需要,是增强我国综合国力和竞争力的迫切需要,也是在激烈的国际竞争中从根本上保障国家经济安全的迫切需要。自主创新能力是一个国家的核

---

① 付家骥. 技术创新学 [M]. 北京:清华大学出版社,1998.

心竞争力，也是企业生存和发展的关键。实践证明，自主创新是我国经济转型时期的战略选择。只有切实提高自主创新能力，增强企业科技自主开发能力，掌握自主知识产权，突破发达国家及跨国公司的技术垄断和封锁，争取更为有利的贸易地位和竞争优势，才能为提高我国国际竞争力和抗风险能力提供重要支撑。目前，知识产权的创造和应用能力，已上升为企业乃至国家综合竞争力的一个主要特征。企业要提高核心竞争力，就必须加快科技自主创新，加大科技投入的步伐，将技术成果以专利形式推向市场。

增强自主创新能力，增强企业核心竞争力，已成为企业发展的关键。在企业范围内大力宣传提倡自主创新意识、促成企业创新氛围的形成，无疑是企业生存发展的基础条件。"十一五"时期提高自主创新能力的客观条件已经具备，主要体现在：一是国外技术储备急于获得新市场，这为我国发挥后发优势，进行必要的技术引进和主动选择创造了条件，使我国的自主创新有可能站在较高的起点上，并支付较低的成本；二是国内人才和科技储备已有相当基础，企业的研发能力有了明显增强，这得益于我国改革开放政策的实施；三是巨大的内需市场将提供创新的广阔空间；四是我国公共财政实力大大增强；五是激励创新的体制和机制逐步建立，对产权和知识产权保护的力度加大，按要素参与分配已成为重要的分配原则，国家在税收、折旧、财政和投资等方面支持自主创新的政策体系正在形成。

提高自主创新能力，必须坚持正确的方向和路径。要大力提高原始创新能力，形成创新的重要基础和科技竞争力的主要源泉。要大力加强集成创新能力，形成单项相关技术的集成创新优势，努力实现关键领域的整体突破。要加快引进消化吸收再创新，充分利用全球科技存量，形成后发优势加快发展。为了提高自主创新能力，必须确立企业在自主创新中的作用，加快建设产学研相结合的技术创新体系，努力实现新技术的产业化。要发挥政府的战略导向、综合协调和服务功能，创造更好的创新环境。强有力的创新激励体系是增强自主创新能力的根本性制度保障，要深化科技体制改革，加快建立以保护知识产权为核心的激励体制框架，建立和完善创业风险投资，增强税收制度对创新的激励作用，努力吸引集聚高层次创新领军人才，为提高自主创新能力提供强大的动力来源。

从企业层面看，自主创新是指以企业为主体整合和运用创新资源，以获取自主知识产权、掌握核心技术为宗旨，以培育自有品牌、提升自主创新能力为目标所开展的一系列技术创新活动，具体可从3个方面理解：

第一，企业作为创新主体是前提。要确立企业的创新主体地位，使企业成为研究开发投入的主体、技术创新活动的主体、创新成果应用的主体、创新风险分担和创新收益分享的主体。这是发挥企业创新主体作用的基本前提。同时,也只有以企业为主体,才能坚持技术创新的市场导向,有效整合产学研的力量,加快技术创新成果的产业化。

第二,正确选择创新战略是关键。正确选择并实施创新战略对于提升企业自主创新能力,实现自主创新十分重要。自主创新一般包括原始性创新、集成创新和引进消化吸收再创新3种方式。不同国家的企业由于所处时期和企业情况不尽相同,往往会选择不同的自主创新战略。就我国企业而言,现阶段跟踪模仿的技术发展思路已经不能适应企业发展的需要,必须进行调整,即由跟踪模仿为主向自主创新为主转变。特别需要指出的是,在当今经济全球化、科学技术迅猛发展的情况下,积极引进国外先进技术对我国企业的发展仍然十分必要。但是,引进的目的是消化吸收,在更高层次上实现自主创新,而不是重复过去"引进—落后—再引进—再落后"的路子。

第三,全面提升创新能力是目的。对于企业而言,自主创新不仅是技术创新的一种形式,更是具有长远战略意义的新的发展方向。因此,企业在自主创新过程中,不仅要追求技术的突破和产品的市场实现,更重要的是加强自主创新过程中的组织学习,学习、积累和整合知识,形成新的知识系统和技术平台,提高自主创新能力。也就是说,在实际创新活动中,人们所关注的不仅是政府或企业对创新的重视程度,或创新投入的多少,更重要的是创新投入能否实现预期目标,能否转化为相应的创新成果,以及这些创新是否具有持续性,过去创新能否帮助企业在未来实现更多的创新,谋求创新能力的最大化。简单来说,就是企业能否实现以创新驱动发展为根本目的。在一定意义上甚至也可以说,企业发展的本质在于创新能力的提升。

(2)企业自主创新的方法。

1)以企业为主体,建立完善产学研一体化创新体系是保障。企业是市场经济的主体。以企业为主体,主要是因为企业最贴近市场,既了解市场现实的需求和潜在的需求,又有能力将科技成果转化为商品而收回研发成本,科技研发需要投入大量资金和人力,只有企业通过市场才能体现科研成果的作用和价值。企业只有掌握产业技术的制高点,才能在竞争中处于优势地位,这也是企业自身生存的需要。缺乏自主创新的知识产权,就推不出有竞争力的产品,就不能适应国际、国内市场上的激烈竞争,节约资源,降低成本,开拓新的市场需求等环节都将长期处于劣势。

因此,企业应实施激励自主创新的各项政策,加大企业体制创新和管理创新的力度,积极推进现代企业制度建设,完善法人治理结构,为企业的技术创新提供体制机制保障;充分发挥企业内部各种研发机构的作用,培育有效的激励约束机制，加强知识产权保护，充分调动科研人员的积极性，为企业的自主创新奠定必要的制度基础。

此外，企业是国家经济实力的基础，科技创新体系都以企业为主导力量，而企业自主创新关键在人才，如果高校和企业联动，对企业来说，可缩短创新的流程，降低创新的成本，将创新产品更快地推向市场。对高校来说，这也是学生实验的基地，其形成的知识产权应受到保护，人尽其才，防止创新成果流失。因此，以企业为平台，加强与国内外各种科研机构和大专院校的交流合作，建立产学研相结合的技术创新体制，可以优化配置国际、国内优秀的科研资源，为企业创新创造更加广阔的发展空间。

2）加强自主研发队伍建设是根本。高素质人才是自主创新、科技开发的最重要资源。企业设立的研发中心，开发中长期的应用技术和有关的基础技术，用于发展潜在的市场需求，需要有专业队伍从事研发工作。

加强自主研发队伍建设是企业自主创新的根本条件。企业应着力培养和吸纳研发人才，特别要重视牵头人、领军人才的发掘与培养。通过公开选拔，招聘有创新精神的企业家。将提高企业自主创新能力的指标纳入企业家的考核体系，可将科研经费投入占销售收入的比例和每年企业获得的发明专利指标纳入企业家的年度和任期考核中，激励企业家的自主创新行为。通过国家、企业、个人等多种投资方式培养科研人员，尤其是通过企业各种形式的在职培训等再教育形式培养，建立一支熟练的技术人才队伍，为企业自主创新奠定广泛的群众基础，不断提高企业技术创新的能力；通过国内外选拔、招聘、再培养或者企业与教育、科研机构重点培养等方式，建立一支专业研究人才队伍，逐步形成企业自主创新的中坚力量。此外，可以不断加大人才和资金的投入，通过合作方式利用外部人才，或者通过并购获得所需人才和相关的技术专利。

3）体制创新、管理创新是支撑。企业的自主创新与体制创新、管理创新密不可分。要推进企业自主创新，必须从战略高度来认识自主创新对保证企业持续健康发展的重要作用，只有集中各种资源来增强自主创新能力才能保证企业在市场竞争中的地位。体制改革是发展的动力，也是实现企业自主创新的重要支撑。消除影响自主创新的体制障碍对企业的发展来说无疑具有至关重要的作用。管理和技术是推动经济发展的两个轮子。提高企业自主创新能力，需要有效的组织和机制，要对各种资源进行合理配置，特别是必须理顺各种关系，营造激发管理者和科研人员发挥创造精神的良好环境。同时，勇于打破束缚企业自主创新的科技体制和管理体制，才能真正有效建立起产学研相结合的科技创新体系，形成科技创新与企业发展、社会进步紧密结合的新机制，实现人力、物力、财力的最佳结合，提高企业自主创新效益。改善组织管理，加强一些关键性、战略性技术领域的消化吸收和自主创新力度,加大研究与开发的投入力度,增强持续创新的能力。发挥集中力量办大事的优势,在大企业和企业集团内部、企业与企业间的合作中尽可能集中优势攻克一些关键技术,从体制上、机制上、管理上克服和扫除影响科技自主创新的各种障碍。

4) 坚持开放学习,进行再创新是原则。在企业创新活动中应坚持开放的思路,既要鼓励自主创新,又要充分借鉴国外最先进的科技成果,增强企业对外科技合作的主动性,全面提升国际合作水平,利用全球资源为企业服务。为此,企业应进一步贯彻落实"以我为主,博采众长,融合提炼,自成一家"的借鉴发达国家先进经验的16字方针。

信息化的到来为我国实现跨越式发展、赶超发达国家提供了历史性机遇。必须抓住这一机遇,通过增强自主创新能力,以及重点领域的突破,带动我国企业整体竞争实力的提升。我国企业要改变在世界经济格局中"打工者"的角色和形象,改变目前的弱势地位,必须通过不断提升自己的创新能力,以再创新为原则,继续加大引进、吸收和消化国外先进技术的力度。通过中外合资、引进战略投资者和加强技术合作等措施,把资本、人才与技术交流紧密结合起来,把原始创新、集成创新和再创新紧密结合起来,把技术引进与自主创新同优化产业结构、提高产业竞争能力结合起来,特别是在一些重点领域要在引进消化的基础上尽快形成自主创新能力,形成可持续发展的能力。通过不断的学习和再创新,增强核心竞争能力,实现企业与国家的共同跨越式发展。

2. 企业的管理创新

(1) 企业管理创新的含义。

管理是企业永恒的主题,是企业发展的基石。创新,是现代企业进步的原动力,是增强核心竞争能力,获得跨越式发展,实现持续成长的决定性因素。在当今科学技术和经营环境急剧变化的复杂环境之中,企业管理者必须把握管理创新发展的新趋势、新要求,不断进行管理创新,把创新渗透于管理整个过程中。要为员工发挥创造性才能搭设舞台,使每个人都有机会成为创新者。要注重个性文化的培养,创造独具特色的经营模式,使企业在市场竞争中立于不败之地。20世纪70年代企业注重价格制胜,经历了80年代质量第一、品牌制胜及90年代的产品多样化后,进入21世纪,企业竞争转向创新、国际化等多个视角的竞争转变(如图2-2所示)。随着国内外市场供求状况的变化和全球经济一体化、管理信息化步伐的加快,尤其是知识经济时代的到来,企业管理开始经历新的变革。

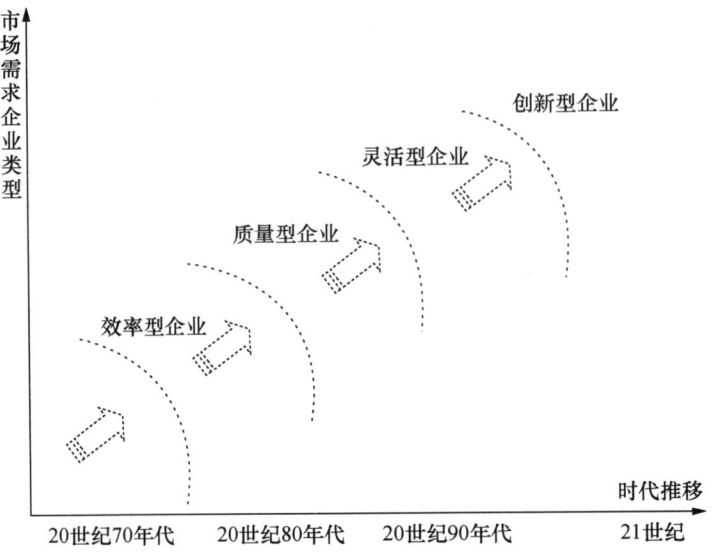

图2-2 随时代演进的市场需求企业类型

在产品、技术、知识等创新速度日益加快的今天,成长的可持续性已经成为现代企业所面临的比管理效率更重要的课题。面对日益激烈的市场竞争,面对经济全球化的挑战,为保障企业的生存发展,培育企业的竞争优势,必须高度重视管理创新,积极研究能使企业的各生产力要素在新形势下高效运作的管理理论和方法是时代的要求。具体来说,在信息化、市场化、一体化日益深化的背景下,企业要取得持续发展,必须在理念、技术、组织及制度上不断创新,运用新的理论指导企业管理,在变化中求生存,在创新中求发展。

理念创新是企业管理创新的灵魂。理念创新就是企业打破陈规陋习,克服老旧思想,为取得更好的经济效益而树立全新的管理思路。企业管理者必须紧跟时代步伐,抢抓机遇,大胆创新,不断创造和拥有更新的思想、更新的观念,不断增强企业核心技术优势,优化、调整企业内部资源配置,充分发掘企业内部潜力,增强竞争实力,促进企业的长远发展。管理理念创新首先要改变传统的思维模式,摒弃"等、拿、靠、要"思想,打破"大锅饭",实现多劳多得,充分调动全体员工的积极性、主动性和创造性。同时要适应市场经济发展的需要,努力做好内部挖潜,积极开拓外部市场,树立自觉维护企业形象意识、建立严格的成本观念和全面质量管理观念,强化品牌战略意识和竞争意识,树立以人为本、超值服务的理念。

技术创新是企业管理创新的基础。现代企业要想获得更多的经济效益,取得更大的社会效益,赢得竞争上的话语权,就必须进行技术创新。企业的技术创新包括技术研发和技术改造。企业可根据自身的技术条件充分开展技术创新活动，通过技术创新取得核心技术优势。在信息时代，企业取胜的关键因素主要取决于企业自身的技术优势，而不一定是资金和资源优势。核心技术优势决定着企业在市场的认知度以及获得市场的广度和深度。技术创新已成为企业赢得市场的根本途径和有力锐器。因此，现代企业技术创新要有规范有序的内部运行机制和良好的外部环境。就企业自身而言，必须建立有效的激励机制和稳定的技术支撑体系，形成有自己知识产权的技术创新能力，有自己的核心技术项目，同时对该项目有较强的控制能力。对外部环境来讲，企业应该积极争取国家有关政策支持，充分利用技术优势大力开发外部市场，形成一个稳定、多元、互惠、友好的外部市场环境。

组织创新是企业管理创新的关键。现代企业的组织创新就是通过调整优化管理要素人、财、物、时间、信息等资源配置结构，开展资产重置与重组，按照新的组织结构和比例关系，形成新的管理模式，使企业获得更多的效益。企业组织创新主要表现形式有：新产权制、新管理机制、新用工制、对重要人员实行聘任制和选举制以及企业人员的调整与分流等。组织创新的目的就是依据企业的实际需要，建立一套高效、有序的现代企业制度，真正做到"职责明晰、权责分明、政企分开、管理科学"。企业的组织创新不但要适应企业当前的经营管理的需要，更要着眼于企业的后续发展，要对企业未来的发展方向、经营目标以及活动范围进行系统筹划。企业的组织创新要不断优化各项生产要素，大力开发人力资源，在加强实体管理的同时，注重企业价值形态意识的培养。企业的组织创新还要建立能对市场信息变化做出及时反应的应变体系，适时调整管理思路和经营方式，完成安全生产、资产经营、项目发展等各项目标任务。

制度创新是企业管理创新的保证。现代企业的制度创新是将企业的生产方式、经营模式、分配形式、管理理念等顶层设计进行创新的活动。制度创新就是把思维创新、技术创新和组织创新活动制度化、规范化，具有引导思维创新、技术创新和组织创新的作用。它是管理创新的最高层次，是管理创新实现的基础保障。企业制度创新的目的是建立一种更优、更高效的管理制度，综合协调企业所有者、经营者、劳动者的权力和利益关系，使企业具有更高的管理效率。

总体上看，我国目前企业管理现状不适应市场经济发展的要求，也不适应经济结构战略调整的要求，主要表现在：管理观念落后；市场意识、风险意识、资本经营意识、创新意识和品牌意识薄弱；企业管理人才不足；管理人员知识老化、整体素质较差，经营管理水平、开拓创新能力、管理决策水平等无法适应改革开放和市场经济的环境变化等。这些都需要我们以新的视角加以思考并给予回答。

(2) 企业管理创新的方法。

我国企业管理理念受计划经济时代的影响，缺乏明确的经营管理理念，缺少现代管理意识，缺乏技术创新的自主精神，通过创新企业文化推进企业管理创新。企业文化是企业在长期经营中形成的共同理想、共同价值观、共同信念及共同行为准则的总和，并在企业发展中起着越来越重要的作用。知识经济时代，企业文化应在观念、战略、制度及机制等方面有所突破。

从传统的生产经营型向资产经营型的转变，是新形势下企业经营集约化在管理上的必然要求。在社会主义生产经营体制下，企业生产经营的实质就是资产的经营。企业管理不再是企业内部的事情，也不再是专注于生产一个方面的事情，而是成为一个包括生产管理、市场开拓、技术研发和资产经营等一体化的过程，企业要从事一系列复杂的规划、组织、控制及激励等事情。企业管理必须审时度势，通过有效整合各种生产要素来保证资本的保值增值。这样一来，企业必须坚持市场导向，应对激烈竞争，加快管理创新，把管理重心转移到资本经营管理层次上来，实现企业从生产经营型向资本经营型的转变。

1) 人力资源管理理念急需变革。把人才作为一项战略重点：人才争夺战从未停息过。进入新世纪，国际形势发生深刻变化，人类社会步入了一个科技创新不断涌现的重要时期，也步入了一个经济结构加快调整的重要时期。在世界新科技革命推动下，国民财富的增长和人类生活的改善越来越依赖于知识的积累和创新。在这种情况下，人才的作用和地位越来越突出，越来越重要。特别是随着经济全球化的发展，人才全球化趋势进一步增强，人才竞争随之进一步激烈。做强做大企业，必须努力营造有利于企业经营管理人才成长的良好氛围，加快培养造就一批优秀的企业经营管理人才，着力提高他们的战略决策、经营管理、市场竞争、推动企业创新和应对复杂局面的能力。

要围绕企业生产经营中心，建立一支适应企业战略发展需要、年龄结构合理、层级结构清晰、专业结构配套的人才队伍，在企业核心业务领域形成高度密集的人才优势；使企业人才素质得到普遍提升，人才拥有的知识和能力得到充分发挥、协调发展；根据各类人才的不同特点，协调提升竞争上岗、公开招聘，通过人才市场"猎取"等市场化方式配置人才的比例，全面建立人才选聘工作的竞争机制，逐步发挥人才市场在配置人才资源中的基础性作用。企业高管必须经常重新思考企业计划吸引、激励和留住员工的方式。企业喜欢宣扬员工是其竞争优势最大源泉的观点。然而，令人吃惊的现实是：在面对如何培养、激励和留住员工的问题时，大多数企业还是像10年前一样缺乏准备。过去10年间，企业为建立人力资源系统和流程进行了大量投入，人才问题已无可争辩地提高了其在董事会议事日程上的位置。尽管这些措施值得称道，且势在必行，但企业还做得远远不够,甚至只是做了些表面文章,白白浪费了资源。太多的企业仍将人才管理视为短期的战术问题,而不是将其视为长期业务战略中一个不可或缺的部分,需要企业高层加以关注,并且投入充沛的资源。经济全球化、人口状况的变化及知识型雇员的增加正迫使企业更加重视人才。

2)优化企业组织结构。我们正处在一个非常漫长的组织设计创新的初级阶段,这种创新最终将走向何方我们还不得而知。但是,你能看到的已足以为企业确定巨大的机会,来利用我们已经知道的东西。组织创新无处不在,但有很多这样的创新最终毫无结果。有很多试验正在进行中,但是,组织障碍妨碍了在整个企业内采用有益的创新。一个企业要想充满活力和实现高效率,必须改变过去那种僵化的等级管理体制,充分利用信息资源,加强信息管理,提高决策水平;现代企业需要一种更少约束、更为灵活的网络组织形式,由等级管理向网络管理与等级管理结合转变。

网络经济时代,信息技术在组织中的应用使得企业组织由传统的机械式结构向正规化和集权化程度较低的有机式结构转变。这种转变,可以提高组织的灵活性、应变力和跨职能岗位工作能力,更有利于组织创新观点、技术等得到采纳。世界一流的企业都拥有很高的信息化水平,并借助信息化平台,建立起卓越的运营、管控能力和精细化管理。著名的沃尔玛低成本供应链管理,戴尔的电脑直销模式,都是借助信息化平台通过管理创新实现的,信息化使得整个商业模式发生了质的变化。思科公司的管理信息化已经完全成为国际化经营的基础性支撑,员工在网上办公,公司90%的销售业务在网上完成。台塑的信息化管理能够实现数据一次性输入,全球范围内多次有效使用,10年前就实现了每月1日全球财务结算。可以说,信息化水平高低是企业能否达到世界一流管理水平的重要标志。总的来说,管理组织结构的创新主要在以下3个方面下足功夫:

第一,组织中小型化。组织的管理层次趋向减少,由原来从上至下的金字塔型结构向水平型的开放式结构转变,高层决策者可以与基层执行者直接联系,同时,基层执行者也可以根据实际情况及时进行决策。另外,与传统组织结构相比,新时代管理幅度趋向缩小,功能扩大。组织通过剥离出售与自己主业无密切关联的事业或子公司,实施集中资源、发展组织的新战略。组织通过网络与其他组织建立起具有合作关系的企业联合体,在保留自身主体功能的同时,将其他功能虚拟化,即外包给其他组织,也可借助其他组织的资源为己所用,真正实现资源共享。

第二,组织分权化。企业迫切需要建立责权利相结合的责任体系,以便真正激发员工的积极性、主动性和创造性,为企业成为市场经济中的竞争主体创造条件;同时,要解决如何实现内部有效调控的问题。因此,科学合理的责任体系和有效的调控机制建设将是我国企业分权制组织结构创新的关键任务。

第三，组织一体化。组织内部各单位之间的协作性和依赖性相互增强。网络化组织中，单位资源有限，只能通过与其他单位之间主动变换获得所需资源，这就使得企业资源在企业内部合理流动，体现了企业组织体系的一体化趋势。另外，组织的有效边界是通过市场实现的交易成本与通过组织实现交易的成本相等的位置。随着网络的应用，通过市场实现的交易成本下降的幅度远大于组织内部的交易成本，造成了组织界限的模拟化和缩小化。

3）建立良好的企业文化。在产品、技术、知识等创新速度日益加快的今天，企业可持续发展已成为现在企业所面临的一个比管理效率更重要的课题。随着经济发展、社会进步和全球市场竞争的日益激烈，企业获得持续发展离不开良好的企业文化。因此，要让创新成为企业文化的重要元素。企业要想在动态、复杂的环境中建立持续的竞争优势，创新是根本。企业的任何资源和能力本身并不具备独特的竞争优势，只有通过对这些资源和能力进行新的组合，这些独特的组合才是竞争对手无法模仿的，才能成为核心竞争力。因此，企业要努力形成创新的企业文化，让创新成为企业每个成员的自觉思维方式。

高层管理者认为，安排最好的人才参与创新项目，完成创新目标是他们在创新领域面临的最大挑战。定义和创建合适的文化类型，虽然不甚明确，但可以大大增加创新获得成功、得以持续的可能性。经理和员工大多赞同这样的观点，即态度、价值和行为能够推动创新。在鼓励创新的文化下，员工知道他们的点子能够得到重视，相信表达和实践这些点子有益无害，并能够从错误中获得经验。公司领导则鼓励员工参与重要的决策，借此强化这种文化。对于抑制创新的文化因素，人们基本持相同观点：官僚盛行、等级森严、压抑的环境。这样的文化经常对创新资源釜底抽薪，往往使用促进短期业绩的激励手段，且不能容忍失败的发生。要创造更加鼓励创新的环境，经理必须掌握新的技能，调动和领导员工。

二、国际金融危机下企业的创新发展

我国企业经过了 30 多年的发展，创新能力相对于改革开放前有了较大提高，但创新方式与发达国家的企业相比还相当落后，而这将影响我国企业的创新成果产出。在国际金融危机背景下，我国企业面临着更加严峻的外部环境，客观上要求企业走自主创新之路来提升国际竞争力。事实上，我国企业一直注重对创新能力的培养且取得一定成效，但原有的封闭式创新方式制约了创新能力的进一步提高。如何采用更有效的创新方式来构建新的可持续竞争优势，顺利渡过金融危机,是摆在我国企业面前的一个现实且紧迫的问题。

金融危机发生之后,我国企业的外部发展环境已经发生了剧烈的变化:产品的生命周期得到了极大的缩短,技术人才的流动性越来越高,高质量的学术机构增加对企业的关注度,风险投资兴起等,这些变化使得我国企业的创新模式产生了变革的压力。特别是在金融危机背景下,我国众多企业遭遇了外部订单减少、现金流匮乏的窘境,企业的外部发展环境更加恶劣,倡导开放式创新具有现实而紧迫的意义。作为新的创新方式,开放式创新具备了诸多独特优势。

1. 通过开放式创新,提高企业技术研发效率

科学技术的迅猛发展及其表现出的日益复杂性,使得企业技术创新越来越成为一项庞大的系统工程,对人才、资金、技术及组织形式等各方面的要求越来越高。任何企业即使是大型企业也难以掌握其所在领域的所有技术优势,单个企业如果只是依靠自身力量进行技术创新风险巨大,特别是在金融危机背景下,企业经营状况下滑直接影响了我国企业的技术创新热情,许多企业为了降低资金风险而减少了技术创新投入,削减了技术创新计划。在这种情况下,如何整合企业内外部资源,在不增加投入成本的前提下提高研发效率,正成为企业面临的一个重要问题。开放式创新对企业技术研发效率的作用,主要体现在以下3个方面:

首先,开放式创新有利于企业之间、企业与科研机构、高校间的技术资源互补。开放式创新将彻底打破企业创新活动面临的技术资源限制,克服单个企业在技术创新方面的劣势,对各方资源进行有效的整合,引导技术资源跨企业边界流动,并根据协作各方的优势进行合理分工,实现技术资源的同质共享、异质互补,获得技术资源利用的规模优势;通过学科间、产业间的交流与融合以及产学研合作、企业间技术联盟等方式,在危机下发挥合作各方独特的技术专长,实现成果共享、风险分担,从而降低技术创新的成本。

其次,开放式创新有利于企业间的组织学习。开放式创新将获得外部知识和外部知识内部化视为企业的重要战略,通过增加合作各方的知识基础,促进各方知识的流动和信息扩散,为企业的技术创新学习、知识和能力的提高提供了一条有效的途径。参与企业在合作的过程中可以获得本企业范围以外的技术专长,学习并获得合作伙伴特有的知识,包括创新经验、特有的核心能力等。不仅如此,不同团队成员间的知识背景往往存在一定的差异,这种具有差异性知识背景的人员之间的交流、碰撞,容易诱发新的创意、产生新知识和新技术,这对于降低创新的技术风险,提高本企业的技术水平和核心能力具有显著的作用。

最后，开放式创新能够缓解技术研发过程中的资金压力。技术进步速度和技术复杂程度的不断提高，使得技术研发所需的资金投入大幅度上升。在金融危机下，企业获取资金的难度加大，对企业而言，资金的宽裕度严重影响着技术研发进程。开放式创新下，由行业内的几家大企业联合结成技术联盟，或是进行产学研结合，共同投入资金，或者是企业与资金实力雄厚的外部财团成立新的合资公司，进行核心技术的研发，这样能够缓解企业资金压力。这是因为企业之间进行了合作，其资信度有了提高，贷款和融资难度下降了。大型企业具有雄厚的资金实力和稳定的融资渠道，与大型企业合作创新，创新资金有了保障；与科研单位进行合作创新，可以节约对实验设备的投资、对专业人才的投资等。

2. 通过开放式创新，培养企业迅速响应市场变化的能力

金融危机使得众多消费者降低了消费的额度和频率，更加重视消费品的适用性和创新性，也因此对企业提出了更高的标准和要求。企业响应市场变化的能力直接关系到企业经营的成败。开放式创新对企业响应市场变化的影响主要体现在两个方面：

第一，消费者参与实现开放式创新，将有助于企业开发更适应市场需求的产品。消费者参与指的是关注消费者的需求，将消费者纳入企业技术创新的重要环节。企业运用开放式创新模式，通过信息技术等先进手段将顾客集成到创新过程中，使顾客成为企业的合作生产者，让企业充分了解客户和市场的需求，从而引导企业创新的方向。因为企业对市场机遇与技术机遇的认识都是从客户需求出发的，这使得"有效供给"成为可能。同时，与客户的接近，能够使得企业内部研发人员有机会接触到客户所面临的棘手的实际问题，这往往也成为新的市场机会。更重要的是，许多消费者热衷于参与产品创新，因为他们在从被动接受产品转变为主动参与产品设计开发，并得到自己满意的产品过程中，不仅满足了自己的好奇心、创造性，而且更有效地实现了消费个性化、多元化的需求。从这个意义上说，开放式创新下的产品价值是由生产商和消费者"共同创造"的。

第二，开放式创新有助于企业提高产品的创新速度，抢占市场份额。开放式创新能广泛吸收所有人的新鲜创意，整合企业内外部资源，加快企业的创新步伐，提高产品的创新速度。创新速度对于商业成功的巨大作用不仅表现在一般的盈利上，而是一个公司，甚至一个行业迅速做大做强的契机。一项技术被创新出来后，公司往往快速推向市场，形成产品的市场标准，然后运用各种方式为后来者设置进入壁垒，通过扩大市场份额，培养消费者使用习惯，成为事实上的标准，从而攫取最大的利润。

3. 通过开放式创新，促进研发成果商业化

研发成果商业化是知识形态的科学技术转化成为物质形态的生产力的过程。它是科学技术与经济、社会发展的重要桥梁。技术成果只有通过商业化过程，实现与生产力诸要素的有机结合，才能成为现实的、物化型的实际生产力。

研发成果转化已成为我国国家自主创新体系中的薄弱环节。一项统计数据显示：我国从 1985 年至 2006 年拥有专利成果 300 余万项，但实际转化率不足 20%。技术创新的研发投入高、周期长，占用大量资金，如果创新技术不能实现产业化，企业最终将被巨大的缺少回报的研发投入拖垮，以致破产。只有成功的商业化，才能使企业真正得到技术创新的巨大收益，激励企业快速创新、持续创新。尤其值得关注的是，金融危机下，众多企业无力进行新技术研发，在此条件下，倡导现有的研发成果商业化对企业的成长发展效用显著。开放式创新对研发成果商业化具有明显的推进作用，主要体现在以下两个方面：

第一，开放式创新模式下风险资本的引入帮助很多企业摆脱了资金的瓶颈，风险资本已成为加速研发成果转化的催化剂。风险投资通常包括内部风险投资（在企业内部经过技术评估，由本企业的风险资本投资）和外部风险投资（组建新企业并由外部风险资本提供发展基金），灵活的风险投资机制使一大批创意得以从思想到实验室再到产业化转变，大大加快了新技术商业化进程。此外，风险资本机构还通过多种方式降低资金风险，如以资金来源的多元化推动风险的分散化，把资金风险有效地分散转移到多个投资者身上；通过分段投资控制风险、全方位的项目监控管理风险。这些措施使得企业新技术商业化的资金风险大大降低。

第二，大企业通过并购、整合外部研发资源，提升中小企业研发成果的转化率。中小企业在创新活动中的优势地位对大企业构成了极大冲击，一些大型企业大幅度减少内部研发经费，转而通过购买技术或收购中小企业的方式，在其他公司研究成果的基础上进行再创新，继而商业化。这种在 IT 行业流行的开放式创新方式，既大大降低了大企业的技术创新风险，又提升了中小企业研发成果的转化效率，一举多得。

三、案例分析——以宏华数码为例

杭州宏华数码科技股份有限公司（以下简称宏华数码）成立于1992年，注

册资本3000万元,公司持有其37.438%的股份。它是专业从事数码喷印技术与设备的研发、生产、服务的高新技术企业,拥有并申请20项发明专利、49项实用新型专利,是国内唯一的数码喷印领域整体解决方案品牌供应商。宏华数码拥有国际领先的数码印花系统、喷墨直接制网系统、地毯喷印系统、服装CAD/CAM/CIM系统、广告喷绘系统。宏华数码产品和解决方案主要应用于纺织、印染、广告、服装、地毯、家居、个性化设计等相关领域。尤其是VEGA数码印花机的研发成功,使印花产业获得突破性进展。宏华数码的创新资源的投入情况如下:

1. 技术创新投入强度

宏华数码极其重视技术创新投入,资金投入方向主要为研发活动和市场活动。研发投入占到总销售额的25%~30%,为行业领先,并建立了以宏华数码为依托的国家数码喷印工程技术研究中心。除此之外,宏华数码还并购了一家美国喷头企业以获取喷头的研发技术和喷头的提供,在上海市和苏州市建立了研发和生产基地。在市场方面,宏华数码是目前全球少数几家可以提供数码喷印整体解决方案的企业。宏华数码投资建立了亚洲第二大的数码印花示范工厂,创立了4个打样中心和4个加工中心,以保证其和国际市场接轨。宏华数码的服务体系也是完全围绕客户需求而构建的,成立了呼叫中心,启动了主动服务方案,提供基于hitemet的远程服务。在技术创新投入方面,宏华数码远远领先于国内同行企业。

2. 合作化开放度

宏华数码多年一直保持大量的合作化合作,其对象主要为供应商和高校,与供应商的合作方式主要为长期采购和联合研发。在喷头技术方面,宏华数码坚持一条"引进—消化—吸收—再创新"的道路,与英国Xaar公司、美国Spectra公司形成长期采购协议,在自主开发出新的喷头技术之前集成国外喷头作为过渡。在喷头技术研发方面,宏华数码还与墨水厂、喷头厂合作改进喷头制造工艺,解决墨水堵塞喷头的问题,延长喷头寿命。除此之外,宏华数码还与日本企业合作研发调浆设备。在高校方面,宏华数码与浙江大学软件与网络学院合作开发核心技术VEGA系列高速纺织品数码喷射印花系统。该系统是国内第一款能够用于个性化批量生产的数码喷射印花系统,目前市场占有率超过95%,出口全球20多个国家和地区。除此之外,宏华数码与清华大学、中国美术学院等9所高校进行合作。这部分高校使用宏华数码产品用于教学,并将教学和使用中的问题,以及该领域未来的发展需求的相关信息研究反馈给宏华数码,引导宏华数码的技术改进和制定创新方向。宏华数码也通过这种方式培养了潜在用户。

3. 市场化开放度

宏华数码的市场化合作主要集中在两个阶段。一个是基础发展阶段,先后通过设备购买的方式引进了控制系统设备、印花机头和喷头技术。通过对引进的先进设备进行消化吸收模仿,成功地建立起全面的技术能力。另一个是技术成熟阶段,宏华数码通过技术转移的方式向外部企业进行技术转让,通过扩大技术应用范围延长技术寿命,获取技术转让资金。宏华数码先后向韩国企业推广宏华纺织CAD软件系统,以及向杭州中国丝绸城有限公司等企业转让数码印花技术。

4. 技术/互补资产投入比例

尽管宏华数码强调内部研发和技术合作,投入远远高于行业平均的研发资金,但是在技术/互补资产投入比例方面基本平衡。在研发方面,宏华数码先后承担国家火炬计划项目、国家"8630 计划研究项目"、"十五"期间国家高技术产业化示范工程项目等重点项目,建立了以宏华数码为依托的国家数码喷印工程技术研究中心。在生产方面,宏华数码坚持消化、吸收、引进的国外产品并逐步实现国产化。通过对生产技术的掌握,逐步提升对新产品的工程处理和工艺改进能力。除此之外,宏华数码还投入资金购买垂直振动试验机等试验设备,提升制造工艺。现有工程处理和生产能力能够满足研发和市场需求。在市场方面,宏华数码建立占地 2500 平方米的数码纺织研发推广基地。通过模拟用户环境与用户沟通的方式吸引和引导客户,并且成立了呼叫中心提供远程服务。总体而言,宏华数码在整个技术创新流程中资源分配合理,其研发、生产和市场能力均具备竞争力。

参考文献

[1] 张其仔,郭朝先,白玫. 协调保增长与转变经济增长方式关系的产业政策研究 [J]. 中国工业经济,2009 (3).

[2] 吴群. 金融危机对我国中小企业的影响 [J]. 审计与经济研究,2009 (11).

[3] 胡晓慧. 国际金融危机下部分中小企业停业、倒闭引发的社会稳定问题

研究——以温州市为例［C］．国际金融危机与中国企业发展：中国企业管理研究会年度报告，2009：83－90．

［4］许捷．金融危机背景下的温州中小企业转型升级策略研究［J］．中国发展，2009（10）．

［5］［德］海能（E. Heinen）．企业文化——理论和实践的展望［M］．北京：知识出版社，1990．

［6］王磊，刘洪涛，刘益．柔性文化：企业柔性战略的核心［J］．中国软科学，2000（8）：110－113．

［7］付家骥．技术创新学［M］．北京：清华大学出版社，1998．

第三章 环境资源约束与企业管理

第一节 产业发展与环境污染

一、资源型产业仍是我国经济发展主要动力之一

中共十八大报告中明确提出："要大力推进生态文明建设，促进资源节约，加大自然生态系统和环境保护力度。"这对资源型产业可持续发展提出了更严峻的考验。资源型产业对我国经济增长具有十分显著的促进作用，在经济发展中的地位至关重要。目前，我国经济增长主要依靠第二产业带动，这一趋势还在继续强化，进一步加重了对资源的压力。国家统计局数据表明：第二产业对经济增长的贡献率一直在第一产业和第三产业之上，从2001年的46%到2011年的52%；在第二产业增加值占国内生产总值的比重自2002年以来是上升的趋势，从44.8%到48.7%。与此同时，第三产业工业增加值占国内生产总值的比重在2002年达到峰值以来一路走低，由41.5%降低到2011年的39.5%，对经济增长的贡献率由45.7%降低到38.6%。由于重化工业资源消耗多，虽然第二产业的产值比重不过半，但是其能源消耗在全社会能源消耗总量中就占到70%。在全部工业的能源消耗中，钢铁、建材、化工、石油加工、有色五大重化工行业的能

耗又占了近70%①。

另外，我国的资源型产业是依靠自然资源占有或独占，以自然资源的开采和初级加工为基本生产方式，由资源占有优势为主的企业所构成的产业。长期以来，资源型产业对我国特别是西部资源富集区的经济社会发展起着巨大的推动作用，是带动资源型区域发展的最直接动力。但是由于它是依赖资源富集区的自然资源等初级要素的比较优势而建立起来的，在当前资源日趋紧张的形势下，不可避免地会遇到受制于严重资源约束的瓶颈问题，并且大多数资源型产业具有高污染、高耗能的特点，会对生态环境造成一定程度的破坏。

目前，国际上对资源型产业的划分比较广泛，包括农业、能源、林业、渔业、休闲业和采矿业②。从广义上讲，资源型产业是以矿产、生物、气候、土地等自然资源的勘探、保护、开发、更新、利用为基础的，而形成的对自然资源极度依赖的产业。从狭义上讲，资源型产业是与自然资源开发和初步加工有关的产业，包括采矿业，与采矿业密切相关的原材料产业、电力、热力的生产和供应业三大产业领域。一般来讲，具有以下五种显著特征③：

（1）稀缺性与可耗竭性。

从资源型产业的生产原材料来讲，资源型产业所依赖的生产原材料是自然资源。这里的"自然资源"大多数属于可耗竭的资源，即不可再生资源，具有稀缺性和可耗竭性特点。自然资源的稀缺性是指资源具有较强使用价值且储藏量非常有限，这一属性要求在使用自然资源的时候应该为其合理定价。自然资源的可耗竭性强调资源是可耗竭的，并且不能够在较短时间内再生，在开发过程中具有代际影响。当代居民对资源的过度开发，会导致后代居民发展机会减少，甚至可能会失去对资源利用的机会。自然资源的稀缺性与可耗竭性导致资源型产业发展中存在着一些瓶颈性问题，如由资源稀缺性带来的成本上升、资源的枯竭带来发展的缓慢或停滞等问题。

（2）负外部性。

从资源型产业发展的对外部环境影响来讲，由于资源型产业最初阶段必然是依赖于自然资源开发和利用，在矿产资源开发和利用过程中，不可避免地会对生态环境造成一定的破坏，如矿产开发带来的土地资源的占有、植被破坏、地面塌陷、地下水层破坏以及大气污染、水质污染等，对环境具有较为明显的负外部性。然而，随着资源型产业的不断发展，对自然资源的利用范围变得更

---

①数据来源：《中国统计年鉴2012》。

②Department of Business and Economy, Maryland, Resource – Based Industries, http：//www.choosemaryland.org/businessinmd/resourcebasedinddustry/resourcebaced.html.

③张复明. 资源型经济理论解释内在机制与应用研究［M］. 北京：中国社会科学出版社，2007.

加广泛，但是目前我国还主要以资源和能源的消耗为主，依然改变不了资源依赖性和对环境造成污染的局面，负外部性的问题尤为突出。这种负外部性主要表现为资源型产业生产过程中私人成本小于社会成本，导致资源配置严重偏离帕累托最优。

（3）高风险性。

从资源型产业发展过程的安全性来讲，无论是在矿产资源的开发时，还是在矿产资源转化成其他能源化工行业时，都存在着非常高的风险性。资源型产业在整个开发到深加工过程中一直伴随着高风险性、危险性，其主要表现为安全事故发生率较高，劳动生活环境安全系数较低等。一般来讲，资源型产业中的企业经营管理者往往会把安全生产放在高于一切的位置，为此资源型产业在安全设施投入方面也要远远高于其他一般行业。如何降低资源型产业发展的风险，是现阶段国家高度关注的现实问题。

（4）价格波动性。

从资源型产业发展的周期波动性来讲，作为资源型产业赖以生存的自然资源，具有双重属性，既是生产资料，又可以视为商品。当把自然资源看作商品时，自然资源的价格应当是资源型产业发展必须考虑的重要因素。自然资源作为国家的垄断资源，具有一定的垄断性和较低的供给弹性，使得资源价格具有较强的周期波动性。资源型产业是国民经济的支柱，国家财政收入的主体大部分源自于资源收益，资源价格波动也会对国民经济发展产生影响，会随着资源价格的波动而发生产业周期性的波动。从这个角度来讲，做好平抑资源价格的波动工作，对减少资源型产业周期性波动乃至对整个国民经济发展周期波动，具有最为直接的影响。

（5）资产强专用性。

从资源型产业的资产用途来讲，资源型产业具有资产强专用性。在资源型产业中的资产专用性，是指在资源开发利用过程中资产的用途具有特殊限定，即只能用于资源开采活动，无法用于其他用途。资源型产业依托自然资源的比较优势，会倾向于把大量的投资集中在资源领域。资源型产业对自然资源具有严重依赖性，在生产准备过程中，前期的勘探、采掘成本较高，设备投资比例大，特别是采掘业，除了前期繁杂的工作，还需要大量的资本投入，大多都属于一次性投入，难以发挥持续投资的效益。在生产过程中，资源型产业的生产设备对资源和能源消耗巨大，且对人力资本、技术以及管理产生挤出效应，劳动生产率和资金使用率偏低，会产生对固定投入和物质资本的依赖性，随着资源的不断枯竭，在资源型产业进入衰退期时，会面临巨额无法挽回的沉没成本，这种沉没成本正是资产强专用性的具体体现。

企业管理机遇、转型与发展

二、资源型产业发展面临的问题

资源型产业作为国民经济生产部门的基础性产业,在整个国民经济发展中发挥着至关重要的作用。与此同时,资源型产业的特征决定了在其发展过程中也存在着许多现实性问题。本书对资源型产业当前面临的现实性问题的分析,有助于人们更加清晰地认识在生态保护和环境规制的背景下实现资源型产业可持续发展的重要性。具体来讲,资源型产业面临以下6个问题:

1. 环境保护与资源开发的矛盾

从我国资源分布来看,我国的资源多分布于生态条件脆弱的地区,为了追求经济快速发展,当地政府依托资源优势大力发展资源型产业,形成了具有一定规模的资源型产业集群。然而,这些资源型产业群大多数是以增加投入要素为特征的粗放型经济发展模式,高消耗、高污染、资源利用率低等现象普遍存在,在经历了数十年的大规模开采后,开始面临着资源耗竭及环境恶化问题,极大地制约了资源型产业群的进一步发展。如何正确协调和处理资源开发与环境保护之间的关系,达到环境保护与资源开发的双赢状态,一直以来都是困扰资源密集区和资源型产业发展的重大难题之一。

2. 资源型产业的超额利润与发展装备制造业的矛盾

我国资源富集区的经济多是依附于资源优势发展起来的,通过大规模、强有力的开发,形成以低成本优势为特征的资源型产业,逐步成为专业化部门和优势产业。在经济发展初期,依托资源优势发展起来的资源型产业是产业分工和专业化生产所必需的,是工业化资本积累的有效基础。但是如果过分依赖这些资源优势和产业,会导致资源型产业形成"正反馈要素吸纳机制"①,对其他产业的发展造成一定的挤出效应。以装备制造业为例,由于矿产资源具有低供给弹性、价格强波动性特征,矿产行业随着价格波动而发生周期性波动,其波动幅度高于装备制造业,导致在资源富集区资源型产业的发展快于装备制造业的发展。资源型产业开发的超额利润分解为生产性投入中劳动力、资本等要素的高额报酬,会导

---

① 正反馈要素吸纳机制,是指资源部门对经济要素具有特殊的吸纳作用,但对制造业部门而言,生产要素更加稀缺,资源部门形成了较高比较优势,要素报酬高,形成了正反馈的循环。

致资源型产业与装备制造业之间的要素价格差距的出现,从而导致了生产要素从装备制造业向资源型产业转移,引起"反工业化"等现象。选择以 2003~2011 年内蒙古自治区的采矿业和制造业城镇就业人员数量对比为例,在过去 10 年中,内蒙古以采矿业为主的资源型产业得到了快速发展,具有较为突出的代表性。随着采矿业就业人员数量的增加,制造业就业人员数量呈现减少的趋势。所以,解决好资源价格强波动性与地区装备制造业发展的关系,仍成为实现资源型产业转型升级亟须解决的关键性问题之一。

3. 资产强专用性与产业低关联性的矛盾

在资源型产业的投入阶段时,往往会倾向于把大量的投资集中在资源的开发上,资源型产业的前期固定资产投入比重大,尤其是一次性投入比重较高,用途也较为单一,资产的沉没成本较大,交易过程中任何波动性和不确定性都将给交易双方带来重大损失。加之资源型产业自身发展的"锁定效应",资源型产业发展只能沿着规模化、产业化、高级化发展方向。在市场需求的刺激,资源富集地区除资源型产业开始迅速繁荣外,必然会出现与资源产业相关配套产业、生产性服务产业以及满足资源性消费的服务性产业,但这些产业都与主导产业发展是共命运、同兴衰的。资源型产业的产业关联度低,对其他产业带动能力不强,导致了资源型区域的产业结构单一。所以,解决好资源型产业与其他产业关联度问题,是实现资源型产业可持续发展能力提升的重点研究问题之一。

4. 资源型产业发展对人力资本的挤出效应的问题

资源型产业对人力资本具有一定的挤出效应,如在 2007~2011 年,资源型产业在研发投入经费所占比例基本维持不变的情况下,其研发从业人员所占总人数的比重却出现了逐年下降。主要表现在 3 个方面:一是资源型产业中存在自然资本对人力资本具有明显的挤出效应,资源型产业对劳动力素质要求相对较低,在一定程度上妨碍了对人力资本的培养和吸纳。另外,资源型产业对技术创新活动存在着挤出效应,减弱了对人力资本的需求,降低了人力资本的积累。二是资源型产业对劳动力具有一定的锁定效应。许多劳动力被锁定在劳动技能要求较低的资源密集型产业,而不愿意通过努力来提高自己或者下一代的教育水平和生存能力,导致对自然资本的重视,却忽视了对自身教育的投入。三是人力资本无法得到应有的重视。资源型产业部门的繁荣往往可能带来"反工业化",制约先进

企业管理机遇、转型与发展

制造业部门的发展。制造业部门是被公认具有"干中学"特征的部门,制造业部门的萎缩会导致人力资本积累的减少,并且减弱学习效应,抑制创新活动。总之,人力资本无法得到额外的收入补偿,人们接受教育的意愿降低,大量具有较高知识水平和技能的劳动力流出,知识创新缺乏机会,人力资源开发滞后。如何解决资源型产业发展过程中的人才挤出效应,尤其如何促进创新活动、加大教育资源投入等问题,是目前资源型产业发展面临的现实性问题,也是关系着资源型产业能否持续、健康发展的关键性问题。

5. 资源型产业利益共享机制缺失问题

目前,我国是以 GDP 增长为核心的政府官员晋升体制,地方政府在这种政绩目标的驱使下,往往热衷于追求 GDP 增长速度。资源型地区的政府则往往倾向于通过人力开发自然资源,加快区域经济增长,同时,又在市场利益和资源价格上涨的双重驱使下,资源型产业的发展也倾向于依靠不断扩大生产的规模,加快资源开发的速度,采取粗放式经营方式,使在资源的开发过程中资源开发者获取了巨额利润的同时,造成了当地居民生存环境遭到破坏的突出问题。资源开发带来的沉重代价与当地居民没有享受到资源开发的巨大成果,这种现象出现的根本性原因,就是资源型产业发展过程中利益共享机制的严重缺失。如何设计出体现资源型产业发展中资源节约、环境友好、公平正义分配特点的利益共享机制,已逐渐成为当前资源型产业研究的热点问题之一。

6. 资源型产业的财富转化渠道不畅的问题

伴随着自然资源的开采和利用的过程,资源型产业的发展积累了大量财富,但由于我国现有金融制度还不够健全,造成了资源财富转化投资渠道的严重缺乏。在实体经济中,资源型产业积累的大量财富通常会流向房地产项目,甚至地下钱庄的高利贷业务,再加上金融监管部门职能缺失,造成了资源型产业地区的物价、房价上升,民间借贷活跃,同时也导致金融风险系数加大和不可控因素增加。一旦资源型产业的金融链出现断裂,对经济社会发展的危害影响波及的范围较大,会严重影响到资源型产业的可持续发展,甚至会影响到社会经济、政治的稳定,其后果将不堪设想。如何设计出完善的资源型产业财富转化运行机制,引导资源财富有序、合理的转化,也是当前资源型产业研究值得高度关注的现实性问题。

三、环境与经济系统的相互作用

1. 环境系统功能

环境（Environment），是指可以直接或间接影响某一种特定生物群体生存活动的一切事物的总和。在人类生活中，环境就是一切可以影响人类生存和发展的事物的总和。根据属性划分，环境通常被分为自然环境、生活环境以及社会环境等。

环境作为一个庞大的系统，其内部各组成成分之间以种种相对稳定的状态动态制衡着。就人类而言，一方面，人类从环境系统中获取水、食物等生存必需的物质以及发展中需要的其他资源，消耗了环境资源；同时，人类还通过生产活动将垃圾和废物排入到环境系统中，造成环境的负担。另一方面，人类又通过植树造林、修建堤坝等活动保护环境。可见，环境系统为人类提供一切生存发展所必需的物质支持，人类的活动又或好或坏地作用于环境系统。所以，人类如果在生存活动中不注重对环境的保护，就会使环境系统受到破坏，使环境质量恶化，最终反过来危害人类生存发展。

以人类为主体，可以将环境的功能大致概括为3个方面：一是为人类提供诸如空气、水、食物等生存生活必需的物质支持；二是容纳和净化人类生产生活中产生的废弃物，维护环境系统的稳定；三是提供良好的生态环境，给予人类物质和精神的享受。

2. 经济系统功能

经济是人类社会的物质基础，是构建并维系人类社会运行的必要条件。在经济学中，经济增长和经济发展是两个很重要的概念。一般来说，经济增长是指一个国家或地区人均收入或产出呈持续增加的状态，也指一定时期的经济产出比量比上一期增加的状态，它衡量的是经济生产的结果。而经济发展的内容相对丰富复杂，它是指一个国家或地区人均福利水平上升的状态，在表示着经济总量增加、经济规模扩大的同时，更表示着经济质量的提高，如教育水平的提升、经济结构的改进等。相应地，经济发展衡量的是经济生产的过程，意味着生产效率的提高、收入分配的改善、资源消耗量的减少、教育水平的提升等政治、经济、文化和环境各方面协调的发展。可见,经济增长强调的是财富"量"的增加,而经济发展则在强调量变的基础上还强调了经济社会"质"的改变。

3. 环境与经济系统的相互关系

早期传统的经济模型是将要素市场和产品市场作为两大主体考虑,通过货币和商品来联系生产者和劳动者。由此看来,经济系统就是资本与劳动组成的封闭系统,并没有环境等其他要素的加入。在随后的某些经济模型诸如哈罗德—多马模型中,资本、技术、劳动力等被作为决定经济增长的主要影响因素,环境因素依旧没被纳入考量模型中。即使后米索罗和丹尼森等人在补充和修正经济模型时又再导入了自然资源存量因素,环境也只以正效应的影响形式纳入在经济系统中。也就是说,该模型仍是一个经济模型,环境系统作为其子系统而存在,并且模型中只是考虑了环境促进经济增长的方面,而忽略了环境质量恶化以及资源环境有限性等抑制经济增长的问题。

实际上,环境系统为人类的生存提供保障,为经济活动提供物资支持,免费净化生产生活中排放的污染物,在社会发展中是与经济系统具有同等重要程度的存在,它们相互制约、相互联系。

四、经济与环境协调发展的内涵

经济发展是社会持续发展的重要内容,环境则是社会、经济和文化持续发展的重要基础和载体。经济与环境的协调发展被公认为是处理发展经济和环境保护之间最佳的选择。寻求经济与环境的协调发展,是实施可持续发展战略的核心。

经济与环境关系的评价是建立在区域基础上的。在特定区域中,生态环境与经济发展组成相对独立的系统,系统内的环境对经济发展起到了制约作用。为了实现区域可持续发展,区域经济环境系统必须实现经济系统与环境系统的协调发展,一般用协调度或协调发展度来衡量。

1. 国外经济与环境协调发展研究

最早在18世纪,就有英国古典经济学家斯密提出"人口与经济增长的限度论"。随后,马尔萨斯提出"资源绝对稀缺论",李嘉图提出"资源相对稀缺论",穆勒在后者基础上提出了"静态经济论"。一个个的研究,使学者对经济与环境关系的认识从"经济发展决定论"、"零增长论"进化到"协调发展论"。随着20世纪七八十年代可持续发展的提出，复合系统协调发展研究以可持续发展思想为出发点考虑。Norgaard在研究中把经济发展过程看作是不断适应环境变化的过程，认为可以实现社会和生态系统之间的协调发展。埃尔斯认为，经济增长伴随着资源的消耗并产生污染，虽然对环境有害，但并不总是与环境保护对立。他指出，通过利用技术、组织和能力可以减少资源的过度使用，从而保护环境，推动社会经济的发展。

2. 国内经济与环境协调发展研究

国内学者对经济发展与环境质量关系的研究晚于国外。其研究主要表现在：对经济与环境协调发展的定性研究、考虑环境因素的经济增长模型研究以及建立指标体系定量研究3个方面。陈祖海通过分析生态系统负反馈机制、经济系统正反馈机制，以及两者间动态反馈机制，指出了经济需求无限与生态供给有限的矛盾，提出了构建生态—经济—社会负反馈机制的具体调控对策。吕淑萍指出了协调发展的总体目标：生态环境趋向良性循环，环境与经济发展基本协调，环境质量达到良好水平，使人与自然和谐发展。关于构建指标体系的定量研究在珠三角地区较多。中科院广州地球化学研究所基于资源承载力构建了自然、经济与社会3个方面的子系统指标体系，判断区域的可持续发展水平和能力。廖重斌利用工业"三废"排放、"三废"治理、城市绿化等12项环境指标和人均国民收入、人均工农业产值、商业、外汇等12项经济指标，构建了经济与环境协调发展的评价体系，对珠江三角洲城市群进行了定量评判和研究。

总体看来，关于经济与环境协调发展的研究主要集中在我国内陆地区尤其是经济发达的省份。对海岛城镇，尤其是海南省的研究较少。而海岛的生态系统具有脆弱性、特殊性等特点，要求海岛的经济与环境更需要走协调发展的道路，真正地实现海岛的可持续发展。

五、环境与要素集聚和区域经济发展的关联

1. 环境对要素集聚和区域经济发展的影响

如今全国很多城市都在创建环保模范城市、园林城市、卫生城市，其目的就是打环境牌，吸引生产要素集聚。因此，环境已成为研究要素集聚形成机制时不

得不考虑的因子,并已经受到了环境经济学界的强烈关注。良好的环境和合理的环境政策可以人为地或有意识地为要素集聚创造条件,环境主要通过区域比较优势影响要素流动及集聚。

无论是斯密还是李嘉图,都利用比较优势用来说明即使一个地区与其他地区相比在所有产品生产上都处于劣势,其仍然可以选择劣势相对较小的那种产品进行专业化生产,并与其他地区相互交换,使彼此都获利。进入20世纪以后,比较优势理论得到进一步发展,赫克歇尔和俄林提出了"要素禀赋差异理论"(H-O理论),其用要素禀赋的差异来解释各种生产要素和经济活动的空间分布。在新经济地理文献中,要素禀赋对区域经济发展带来的优势被称为"第一优势"。要素禀赋理论以要素分布为客观基础,认为由于各个国家或地区的要素丰裕与稀缺程度不同引起供给能力不同,进而引起生产率的差异,而生产率差异是决定要素集聚区位的根本。各种产品的生产是生产要素的有机结合,不同商品的生产在要素使用密集形式上有所差别,导致比较优势的产生。生产要素是工业化起步的基础和经济增长的引擎。资源优势转化为经济优势的潜力巨大,因此,区域要素越丰裕越有利于区域经济增长。要素流动及配置是要素集聚的基础,要素丰裕地区的生产成本和运输成本更少,对要素产生吸引力。企业将大量要素转移到要素丰裕的地方,该地区集聚了大量的要素。又因为生产要素相对丰裕的地区其生产效率相对较高,通过循环累积因果效应进一步吸收要素向该地区流入,导致要素的空间集聚。根据比较优势理论,应按照各个区域的生产要素禀赋的特点来安排生产的地域分工,发挥各个地区的比较优势,实现资源的有效配置,使各个地区都获得相对较大的经济利益,实现双赢。因此,按照生产要素禀赋差异理论的观点,劳动密集型产业应集中于劳动力资源充裕的区域;市场导向的产业应集中在主要的市场区;技术密集型产业就要集中于信息技术发达、基础设施完善、高智力人力资本供给丰富的中心城市地区。

传统的比较优势理论虽然能够解释要素空间分布和流向,但忽视了生产过程中的外部性问题,从而引发一系列问题,如欠发达地区以低环境标准为代价换取比较成本优势,发达地区为了逃避本地区废物处理的高成本,将对环境污染严重的产品、设备和技术通过贸易或投资的方式转移到欠发达地区,造成欠发达地区资源紧张、环境污染、生物多样性减少等问题,降低现在和未来的生产生活质量。而且,由于转移的产品、设备和技术都较为落后,所需的都是低级生产要素,要素质量得不到提升,造成欠发达地区长期陷于"落后陷阱"。各地的环境要素禀赋不同,生态系统独具特色和环境质量高的地区培育循环经济产业链、发展生态旅游等条件得天独厚。不同性质的产业对环境要素的结构性需求不同,受环境成本的影响也相差悬殊。不同地区的环保技术也有所不同,环保技术的提高虽然不一定改变环境要素禀赋，但可以提高环境利用效率，增大资源环境容量，从而降低环境成本。环境成本在地区间、产业间的差异，必然造成地区间商品价格的差异，从而影响区域的比较优势。将环境因素纳入传统比较优势理论，实现环境成本的内部化，是区域经济发展的必然。环境对厂商的生产决策发生着日益重要的影响，作为生产要素的一种很有必要。另外，宜人的气候、清洁的空气会成为要素集聚的理由。全世界的对冲基金经理都集聚在一些有特色的地方，如美国康涅狄格州的格林尼治和英国伦敦的梅费尔，但近几年来不断向新加坡集聚，因为该国宜人的气候、良好的国际环境以及优越的生活方式。丰富的自然资源和良好的生态环境是吸引生产要素聚集、发展高效生态经济的核心优势，也是区域产业发展的潜力所在。各地区应充分发挥资源禀赋形成的比较优势，通过集聚要素、膨胀规模、增强辐射，最终形成具有强大影响力、竞争力的新经济区。只有将环境因子纳入比较优势中，实现环境成本内生化。

区域经济发展一方面需要依赖于资源环境的供给，另一方面又增强区域环境支撑能力，两者相互促进、相互依赖、协调发展，为区域经济的可持续发展奠定基础。环境主要通过引导区域创新方向、优化区域经济结构、提升区域环境技术效率等方式影响区域经济的可持续发展。

（1）引导区域创新方向。

区域创新是推动经济增长的动力。由于我国经济的快速增长在很大程度上建立在对资源、能源的高消耗上，这种传统的发展模式造成了自然生态恶化。面对资源枯竭和环境污染对经济持续发展的制约，由粗放型到集约型增长方式的转变是必然的。要实现这种转变，唯一的途径就是提高区域创新能力。在动态条件下，企业为了应对环境规制所带来的压力，通过积极的环境管理，推进绿色技术创新，实现产品或工艺的创新，从而降低对环境的破坏。同时，绿色技术创新使企业的投入更具生产效率，不仅弥补企业遵循环境规制的成本，而且为企业带来净收益，获得"创新补偿"。

（2）优化区域经济结构。

产业结构是经济结构的重要构成，重工业是环境污染产生的主要来源，日益严重的生态环境污染和破坏迫使区域产业结构调整和优化。在优势产业及传统支柱产业里加强自主创新和产学研结合，用先进适用技术和高新技术改造提升优势传统产业，改变其高污染特征。随着居民环保意识的增强，衍生出很多对新产业、新产品、新技术的需求，促使在当前区域经济发展中大力开发新兴产业以满足其需求，并加快发展生产服务型产业，使其逐步成为控制和引领产业附加值提升的关键环节，实现了区域产业结构的合理化和高度化。同时，环境对区域经济空间布局也有所影响。经济空间布局的形成与当地资源禀赋、生态优势和区位优势紧密相连，要根据各区域的资源禀赋、环境容量、生态状况，明确不同区域的功能定位和发展方向，从各功能区之间功能互补、错位发展的思路出发，优化经济空间布局，促进区域经济一体化，形成资源要素优化配置、区位优势充分发挥的协调发展新局面。通过实施这种差异化发展战略，在区域经济发展过程中区域比较优势不断强化，并通过带动辐射作用推动区域经济协调发展。

（3）提升区域环境技术效率。

环境污染是在生产过程中产生的一种废弃物形式，是资源利用低效率的一种表现。适当的环境规制可以引导企业创新，为减少这种废弃物的产生而寻找提高资源利用率的方法。区域经济发展应建立在结构优化、质量提高、效益增长和消耗降低的基础上。环境污染的加重把经济效益的改善、科技进步、资源节约、环境保护等质量和效益的指标放在更加突出的位置上，从而提升区域资源环境与经济增长之间的协调状况——环境技术效率。在区域经济发展的过程中，要以强制性的环境指标来制约经济的粗放增长，以强制性的节能降耗减排指标来调整高耗能、高污染产业的结构，从而实现区域经济效益和环境效益的统一。

2. 要素集聚和区域经济发展对环境的影响

区域经济集聚通常对地方的经济增长和城市化发展具有巨大的推动作用，但在社会发展、生态环境方面的作用却相反，尤其是由此造成的严重的环境问题日益凸显，已经受到了环境经济学界的强烈关注。要素集聚对环境的影响主要表现在3个方面：

其一，在区域内，合理的要素集聚规模和结构推动当地经济增长，给生态环境保护提供经济支撑，但要素集聚也会造成环境负效应。要素过度集聚或集聚结构不合理是造成区域水资源短缺、土地占用、土壤退化、大气污染、生物多样化性减少等一系列生态环境问题的主要原因之一。尤其是不遵循区域资源禀赋等比较优势而盲目集聚大量生产要素时，会使要素的生产效率低下，地方环境问题更加严重。同时产生城市拥挤、交通阻塞、幸福感下降等社会问题。

其二，在区域外，要素集聚引发了大规模的跨区域资源配置。这种跨区域的经济要素流动由于缺乏应有的生态补偿机制的配合，会将要素集聚的环境负效应扩散到资源流出地区，造成全局性的环境问题。跨区域流动的要素还会对区域功能定位造成一定的影响，使得一部分地区成为资源要素的输出地，在不合理的制度安排下资源丰裕的省市面临"资源诅咒"。今后应按照"谁开发谁保护、谁受益谁补偿"的原则，进一步完善生态补偿机制。

其三，在环境治理方面，现有的环境政策并不能减弱要素集聚的向心力与环境负效应，反而刺激了要素集聚，增加了集聚区域的经济总量和污染排放总量。结果，要素集聚的环境问题更加突出，并向区域外扩散，呈现出一种全局性的生态环境恶化趋势。

如今世界各国普遍呈现的是在经济增长的同时，资源耗竭、环境污染状况也很严重，似乎区域经济增长与生态环境不能协调发展。

美国经济学家 Grossman 和 Krueger 指出，环境污染与经济增长的长期关系呈倒 U 型。这条显示环境质量与经济增长关系的曲线被称为环境库兹涅茨曲线（EKC），即环境质量开始随经济增长而恶化，当经济增长到一定程度后随经济增长而改善。虽然世界各国的实践并不一定完全符合这条曲线，但经济增长确实对环境质量产生一定的影响。当经济增长方式是以高投入、高消耗、高污染为特征时，区域经济增长规模越大，能耗就越高，对环境的破坏程度也就越大。重工业是经济增长的主要推动力，也是产生资源环境问题的主要来源。由于各个地区往往效仿已经取得显著增长效果的地区，造成区域产业结构的雷同，这进一步带来环境污染叠加等生态环境问题。同时，经济空间布局的不合理会在相当大的程度上加剧业已严重的区域发展不平衡和日益恶化的环境问题。如果某地区多数企业仍在国际产业链的低端发展，缺乏核心技术、自主知识产权和自主品牌，处于低质、低效、低价的尴尬局面，高耗能、高排放、低附加值、低产出产业比重较大，或区域经济增长主要依靠土地、资源、廉价劳动力等"传统优势"，这种情况下资源环境压力巨大，经济发展还未走上创新驱动、内生增长的轨道。区域经济增长不可避免地造成严重的环境污染，对区域经济结构的优化和生产效率的提高形成一定的制约。应针对区域经济发展特点，在优势产业和瓶颈产业上加大投资力度，推进节能降耗减排技术研究，重点研究开发行业清洁生产技术、装备，着重技术集成创新，加强循环经济共性技术研究，从根本上解决环境问题。

第二节　环境资源约束现状

一、我国资源环境的现状分析

能源是国民经济的基础产业，对经济持续稳定发展和人民生活质量的改善具有十分重要的保障作用。在几乎整个 20 世纪，包括煤、石油与天然气在内的化石能源满足了人类 80% 以上对能源的需求，但化石能源的不可再生性使其日益耗竭，供需矛盾凸显。我国是世界上人均生态资源最匮乏的国家之一，能源资源严重短缺。截至 2008 年年底，煤炭探明储量 1145 亿吨，占全球探明储量的 13.9%，仅次于美国和俄罗斯，但人均剩余可采储量只有世界平均水平的 58.6%。而我国的石油和天然气储量分别仅占世界总储量的 1.2% 和 1.3%。2008 年，我国煤炭储采比约为 41 年，天然气和石油储采比分别约为 32 年和 11 年[1]。进入 21 世纪以来，经济社会飞速发展，科技日新月异，人口和经济规模不断增长，能源作为最基本的驱动力得到了更加广泛的使用。尤其是我国正在工业化发展阶段，更离不开对能源的利用和开发，城市蔓延、对机动交通的高度依赖和城市生活方式等因素也消耗了大量的能源，随着不可再生能源资源日益枯竭预期的强化，能源供需矛盾凸显。我国经济的高速发展是以能源资源的消耗为基础，日益耗竭的能源无法维持经济的可持续发展。

化石能源在开采、储运、利用过程中还会产生大量污染物，涉及空气污染、水污染和生态恶化等环境问题的所有方面，是造成环境污染的首要原因。工业固体废弃物主要集中在煤炭、采矿、冶金、化工等行业，尤其是煤炭业产生的固体废弃物占一半左右。在我国，燃煤造成的煤烟污染是大气严重污染的主要原因。我国每年排入大气的污染物中，有约 80% 的烟尘、87% 的 SO_2 和 67% 的 NO_x 来源于煤的燃烧[2]。大气污染物的大量排放，进一步导致严重的环境污染问题。除此之外，2007 年 IPCC 发布的第四次评估报告进一步强调指出，化石燃料使用以及土地利用变化等人类社会经济活动是导致大气中 CO_2 等温室气体浓度增加、诱发全球变暖的主要驱动因素之一[3]。近几十年来，伴随着快速的工业化和城市化进程，我国的温室气体排放总量增长较为迅速。1970~2007 年，我国的温室气体排放总量增长了 7 倍多。2007 年，我国 CO_2 排放量已经超过美国而跃居世界首位[4]。尽管我国温室气体排放总量巨大，但是人均排放量还很低，刚刚达到世界平均水平，远远低于发达国家。我国对能源消耗的大量增大已加重了生态环境的恶化。

能源特别是由化石能源的开发利用过程中造成的环境污染和生态破坏等问题日趋突出，能源排放引起的全球气候变化对人类的生存和经济发展方式提出了挑战。低碳经济成为世界各国应对气候变化、保持经济增长和维护国家能源安全的

---

[1] http://www.huadcpengye.com：88/2/index-2-5.html.
[2]《2011—2020 年我国能源科学学科发展战略报告》。
[3] IPCC（联合国政府间气候变化专门委员会）. 第四次评估报告，2007.
[4] http://www.china.com.cn/news/tech/2010-09-07/content_20877524.htm.

唯一出路。低碳经济是指在保持经济可持续发展的前提下，最大限度降低温室气体排放（CO_2 当量计）的经济发展模式。低碳经济是全球历经工业化、信息化之后向低碳化发展的大势所趋。旨在限制排放 CO_2 等温室效应气体，对抗全球变暖对人类生存和发展带来不利影响的《京都议定书》于 2005 年 2 月 16 日正式生效。由此，国际社会对我国限排温室气体的压力也越来越大。与此同时，CO_2 的边际削减成本趋于上升。我国在"十一五"期间实行的单位 GDP 能耗下降 20% 的目标，意味着整个"十一五"期间相比基准情景可累计节省 17.50 亿吨标煤当量（Mtce）的能源，相当于日本每年能耗总量的 2 倍。我国 2010 年的节能绝对值（相较于 2005 年的单位 GDP 能耗基准）将分别是美国的 2.5 倍、经济合作发展组织（OECD）成员国的 3.4 倍和日本的 9 倍。国务院常务会议决定，到 2020 年我国单位国内生产总值 CO_2 排放比 2005 年下降 40%~45%，决定到 2020 年我国非化石能源占一次能源消费的比重达到 15% 左右。2010 年 8 月，国家发展和改革委员会启动国家低碳省和低碳市试点工作，确定广东、辽宁、湖北、陕西、云南 5 省和天津、重庆、深圳、厦门、杭州、南昌、贵阳、保定 8 市为低碳试点省市，标志着我国低碳发展和低碳城市正式进入实践阶段，这为推动我国的健康发展奠定了基础[①]。

二、我国能源利用的碳足迹与环境承载力

在过去的 30 多年里，我国有数亿人口脱离贫困，实现了人均收入提高 50 多倍的发展巨变。与此同时，快速的工业化、城镇化与农业集约化也增加了对能源资源的压力，同时能源消耗带来的污染物排放和温室气体排放也在急剧增加，由此带来了环境问题。我国近半个世纪的发展轨迹是经济与社会全面发展的轨迹，也是生态系统的承载能力不断提高与面临更大的生态需求和环境保护压力的轨迹。

在资源总量及其可再生能力有限的世界里，要实现可持续发展与人类福祉的提高，同时保证生态系统的良性循环，就要求人们在地球的生态环境可承受的范围内生活与发展。生态足迹是一个用来衡量人类对自然资源的需求与消耗的有效工具，它可将地区生物资源供需状况加以量化，从而强化各级政府的生态保护意识，为环境经济政策的制定和生产、消费模式的选择提供参考，为推进生态文明建设提供指导。中国生态足迹报告（2010）揭示，在全球尺度上，生态足迹呈现

---

① http://www.gov.cn/jrzg/2010-08-18/content-1683261.htm.

持续增长的态势,到 2007 年达到了 2.7 全球公顷。目前,人类对资源的需求需要一个半地球才能满足,或者说地球生态系统需要一年半的时间才能够生产人类在一年内所消费的可再生资源和吸收其产生的 CO_2;在我国,2007 年的人均生态足迹达到了 2.2 全球公顷,虽然还低于同期全球平均水平,但生态足迹总体上已是生物承载力的 2 倍,生态赤字还在逐年扩大。如果全球人口都采用我国的人均消费模式,全球则需要 1.2 个地球来支持消费。也就是说,人类不仅依赖自然资源的增量,而且动用自然资源的存量来支持人类的生产与生活。

全球生态足迹呈现持续增长的态势,主要是由于长期以来的资源过度使用和废弃物排放,尤其是二氧化碳排放大量增加。这导致碳足迹是我国增长最快的生态足迹组分,其占生态足迹的份额在 2007 年达到了 54%。碳足迹是用来吸收化石燃料燃烧、土地使用改变和化学品处理过程中释放的 CO_2 扣除海洋吸收的部分后所需要的林地面积,这是生态足迹所核算的唯一废弃物,也是我国生态赤字的发生与扩大的主要源泉。同时,由于气候变化是目前人类面临最具挑战的环境问题,也是当今影响最为深远的全球性问题。低能耗、低污染、低排放的低碳发展形态已经成为我国经济可持续发展的必然选择。因此,本书以 CO_2 的排放作为环境污染的替代变量,测度我国各地区能源消耗所产生的碳足迹,分析其对环境承载力的影响以及如何实现低碳经济。

本书选择能源消费的碳足迹面积对人均林地面积的占有比例、能源利用碳足迹、环境压力进行了评估。能源利用的人均碳足迹的计算公式为:

$$Cf = \sum_i Cf_i = \sum_i C_i / F_i$$

其中,Cf 为能源利用碳足迹,Cf_i 为第 i 种能源的能源利用碳足迹,C_i 为第 i 种能源的人均 CO_2 排放量;F_i 为第 i 种能源的土地转换系数,即将各类能源的消费物实量转化为碳排放量(能源利用量乘以能源相应的碳排放系数),再通过碳排放量与土地面积转换系数的比值计算出各类能源利用的碳足迹。土地面积转换系数为 $6.49 t/hm^2 -$(以林地吸收 CO_2 量计)。根据世界自然资源组织分析指出,全球共有 8163 处物种保护区,相当于全球 1.5% 的地表面积与 5.1% 的国家行政面积,作为哺乳动物与其他陆地动物栖息使用,全球仍有超过 1 亿以上的物种栖息在人类未能到达之处。再者,基于人类对世代与其他物种的公平性原则,Wackernagel 等人(2000)认为,人类有分配生物多样性的职责。因此,在生态足迹的分析方法上,已经预留 12% 的地球空间作为生物多样性保护面积,考虑生物多样性的人均能源碳足迹为 $Cf = \sum_i Cf_i / (1 - 12\%)$。

CO_2 排放主要来自化石燃料燃烧和水泥、钢铁等工业生产过程。化石能源燃烧的 CO_2 总排放量的计算公式为:

$$CO_2 = \sum_{i=1}^{7} CO_{2,i} = \sum_{i=1}^{7} E_i \times NCV_i \times CC_i \times COF_i^* (44/12)$$

其中，$CO_{2,i}$ 代表第 i 种能源消费的 CO_2 排放量。本书考虑了煤炭、焦炭、汽油、煤油、柴油、燃料油和天然气共 7 种能源消费种类（$i=7$），E_i 表示第 i 种能源的消费量（t，m^3）；NCV_i 为第 i 种能源的平均低位发热值（kj/kg，m^3）；CC_i 为第 i 种能源的碳含量（tc/TJ）。COF_i 是第 i 种能源的碳氧化率。由于生产主要利用电能作为动力，本书还根据电力消耗与 CO_2 的折算系数估算我国生产过程中产生的 CO_2。根据国家发改委 2008 年公布的中国区域电网的基准线排放因子，华东电网的电量边际排放因子为 0.954t CO_2/MWh，本书以此作为 CO_2 排放因子，对消耗电力产生的间接 CO_2 排放也进行估计。将化石能源燃烧产生的直接 CO_2 和电力消耗产生的间接 CO_2 加总，得到总的 CO_2 排放量。

2001~2009 年，我国能源利用的 CO_2 排放量逐年增加，表明虽然我国已经制定了节能减排的目标，也随之采取了一定的措施，但由于我国经济增长是依赖于工业化和城市化发展的，短时期内这种增长方式不变，随着我国经济的增长惯性，能源消耗量和 CO_2 排放量还是会有所增加的，CO_2 峰值还没有出现。我国 CO_2 排放量在省际间的分布不均，省际间的差异程度也在逐年放大。总体而言，我国东部地区的 CO_2 排放量最大，中部地区其次，西部地区最少。具体而言，广东、河北、山东、江苏、辽宁等经济发达省市的 CO_2 排放量位于前列，而经济发展省市中的天津、北京、上海、福建、海南等排放的 CO_2 量却较小。除此之外，青海、宁夏、甘肃、新疆、贵州等经济落后地区的 CO_2 排放量也很少。

由于能源结构的不合理，CO_2 的产生来源呈现"一枝独秀"的特征。煤炭所产生的 CO_2 占 CO_2 排放总量的比例很大，平均而言，比重已经超过了 50%，占据了"半壁江山"；其次是电力产生的 CO_2 占比较大，其余种类的能源使用产生的 CO_2 在总量中的所占比例较为零散。从时间变动趋势看，煤炭产生的 CO_2 占总量的比例在逐渐减少，这说明我国已经意识到以煤炭为主的能源结构和大量的燃煤发电是 CO_2 排放量增加的主要原因，我国正积极改变能源结构，不断开发和利用石油、天然气等其他清洁能源，减少碳排放，促进经济增长与生态环境的协调发展。

当然，能源结构对碳排放的影响总体上还比较小，这是因为调整能源结构在根本上受到能源资源禀赋的制约，各个国家在统计能源消费种类构成时数值一般比较一致。例如，中国和美国分别为全球第一和第二大煤炭消费国，大量的燃煤发电也使得两国成为世界上温室气体排放量最大的两个国家。因此，考虑到我国以煤为主的能源资源结构和消费结构，短期内我国通过调整能源结构来减少排放量和降低碳强度的潜力并不大，应从其他途径考虑经济增长与生态环境的协调发展。本书进一步计算了考虑生物多样性的能源利用的碳足迹，平均而言，我国

2001~2009年能源利用的人均碳足迹呈现上升的趋势，从2001年的0.81hm²/pen上升到2009年的1.763 hm²/pen。但我国大部分省市人均碳足迹的增长速度逐年下降，代表省市如北京。北京市人均碳生态足迹增幅的下降主要是城镇化水平相对稳定以及节能措施成效显现的结果，也与经济活动向服务业而非物质生产转型具有密切的联系。但在一些省份（如山东），由于正处于城镇化进程当中，人均碳足迹年均增长幅度依然呈上升趋势。在我国，人均碳足迹的平均值具有明显的空间分布不均衡性，呈现从东部—中部—西部逐级减少的阶梯形变动趋势，且差异程度呈逐年增大趋势。人均足迹较大的省份（该省份占全国人均碳足迹的比例在4%以上）有北京、天津、上海、山西、宁夏、内蒙古、辽宁、河北，合计占全国生态足迹的48%；人均足迹居中的省份（该省份占全国人均碳足迹的比例在2%~4%）有浙江、云南、新疆、陕西、山东、青海、江苏、吉林、湖北、黑龙江、海南、贵州、广东、甘肃、福建，合计将近占全国碳足迹的42.7%。而江西、四川、湖南、海南、广西、安徽的人均碳足迹合计仅占全国的9.3%。

根据能源利用的碳足迹，本书计算了能源利用的碳足迹产值、能源利用的碳足迹强度和能源利用碳足迹的生态压力，三者分别定义为人均GDP与人均碳足迹的比值、人均碳足迹的比值与人均GDP人均能源利用的碳足迹与人均拥有的林地（包括森林与草地）的比值。

当VCF较高时，经济发展良好，能源利用碳足迹创造的经济价值较高。我国碳足迹产值的变化趋势基本上是逐年增加的，这说明近10年我国总体经济发展良好，能源利用效率不断提高，单位土地面积产值与单位能源利用的碳足迹所创造的经济价值不断增加。CFI越大，则能耗越大，能源消费的碳足迹效益越差。碳足迹强度基本上呈现逐年下降的趋势，表明"十五"规划之后，我国能源利用碳足迹强度走势良好，这进一步证实了我国能源利用效率在逐年提高，并且还存在提升空间。无论是碳足迹产值还是碳足迹强度的省际差异都较大，碳足迹产值的省际变异系数保持在0.4左右。碳足迹强度的省际差异相对更大，在0.6左右，但两者一直都保持平稳，说明各省市对能源的利用效率参差不齐，没有有效的措施减少能源利用差距。

由于只找到2003年以后的草地面积，本书只计算了2003~2009年我国各省市能源利用的碳足迹环境压力。测算的环境压力值保持在15左右，能源利用的碳足迹面积远远超过人均绿地面积。我国的碳足迹大于其环境承载力，原因可能是超额排放CO_2（相对于本地生态系统的CO_2吸收能力），或通过进口将压力转移给外部环境承载力，或可能发生了本地生态资本退化。碳足迹的环境压力呈现先上升后下降的变动趋势，转折点是2007年。这主要是由于初始阶段，我国将经济增长作为首要目标,不断增加对能源的需要量,而林地(包括草地)面积一直处于减少状态,导致能源利用对自然环境造成的压力越来越大,降低了生存福祉。随着"十一五"规划中节能减排目标的制定,我国不断加大节能力度和增强森林碳汇功能,大幅度地降低了碳排放强度,提高了环境质量。环境压力的省际差异显著,其中上海市由于林地面积很小,测算出的环境压力非常大。本书去除了上海这一异常数据,利用变异系数计算了环境压力的省际差异,发现各省市的环境压力虽然差距较大,但一直都保持平稳。今后,应借鉴国外区域经济发展的先进经验,减少环境污染,提高环境承载力,缓解区域间环境质量差距,满足和谐社会对环境质量的要求。

三、我国环境产业发展现状

1. 环境产业类别及其特征

(1)环境产业。

环境产业是我国对新兴的经济门类的称呼。不同的国家对其名称表述有所不同。有的国家称为 Invironmental Industry,直译为环境产业;有的国家称为 Environmental Goods and Services Industry,直译为环境产品与服务产业,称呼更加具体;还有的国家称其为 Eco – Industry,直译为生态产业。虽然称谓不同,但核心内容是一致的,国际上通用的术语为环境产业(Environmental Industry)。本研究采用我国研究领域广为接受的专有名词——环境产业。

根据联合国(2003年)给出的概念,所谓环境产业是使生产对于水、空气和土壤环境损害以及与废弃物、噪声和生态系统有关的问题进行处理的产业。它包括使污染和资源使用达到最小的清洁技术、货物和服务,同时也包括与资源管理、资源开采和自然灾害有关的活动。该定义包括了各种环境保护活动,是类别列示最详细、覆盖面最完整的环境产业定义。根据以上定义,可以认定环境产业是以环境资源为劳动对象的,致力于环境资源的保护及其环境功能的合理开发和利用,并获取经济效益的产业,其生产和销售物质型产品和服务类产品。

在国际上,环境产业有广义和狭义之分。广义的环境产业是指涉及产品的生产过程、使用过程以及废弃物的处理和处置过程,并追求所有环节的循环利用,实现所谓的生命过程的低耗和高效。而狭义的环境产业主要是对环境污染进行处理、控制和减排以及在清理废弃物方面提供服务的有关行业,即主要针对环境的末端处理技术和环节。对这类狭义的产业,我们要求其环境功能与使用功能是一致的,如污水治理设备就是两个功能一致的。从两类定义来看,广义的环境产业涵盖了狭义的内容,还包含了清洁生产技术和清洁产品。从全世界来看,欧洲的许多国家,如德国、挪威、意大利、荷兰等,主要采用狭义定义;而日本、印度、加拿大则采用广义定义;美国所界定的环境产业的内涵介于两者之间。当前从环境产业发展的现状来看,狭义的环境产业是环境产业当前发展的核心内容。由于当今全球各国都越来越重视对产品生命过程的环境行为追踪和控制,因而洁净产品和洁净技术也被纳入环境产业的范围之内。由此可见,广义的环境产业概念势必成为未来大家的共识。从事实来看,世界各国现在也都越来越认可广义的环境产业内容。

我国的环境产业定义是根据国家环保总局于2004年给出的:"国民经济结构中为了生态保护与恢复、环境污染防治,有效地利用资源、满足人民对环境的需求,为社会和经济的可持续发展提供清洁产品和技术服务支持的产业。它不仅包括减排与污染控制、废物处理与污染清理等方面的狭义内涵,还主要包括提供产品与技术服务,包括与产品生命周期过程中的节能技术、技术与产品、生态设计以及与环境相关的各项服务等。"由此可见,我国的环境产业基本与国际上提出的广义概念一致,包括污染物管理防治、资源可持续管理及生态保护建设。本书研究的环境产业是指广义上的环境产业。

(2)环境产业的基本类别。

我国的环境保护产业主要指以改善生态环境、防治污染、保护自然资源等为目的进行的产品生产、资源利用、技术开发、信息服务、商业流通、工程承包、自然保护开发等活动的总称。

我们发现,环境产业的分类因国家而异,在不同的国家有不同的分类方式。在环境产业市场比较成熟的美国,其分类比较精细,先是按其构成分为环境服务、环保设备以及资源三大类,之后三大类下又分设几小类。而在环境产业同样很发达的日本,则根据环境产业依托对象的不同,将其分为:以工业技术为基础的环境产业和与社会、经济以及人类行为相关的人文系环境产业。

我国学者按照产品的生命周期理论,采用国际标准,并结合产品和服务的环境功能,把环境产业分为四大类:清洁生产型环境产业、自然资源开发与保护型环境产业、污染治理型环境产业和污染源控制型环境产业。

这种定义和分类便于我们的理论和实践更好地同国际接轨,还有利于研究我国的可持续发展战略所面临的形势,从而帮助我们制定强针对性和良好可操作性的发展战略和措施,还有利于进行投入产出分析。

我国环境产业主要涉及三个方面:一是环境保持设备的生产与经营;二是

环境资源的有效利用产业；三是环境服务。其中，环保技术服务目前主要包括环境咨询、信息服务、环境影响的评价、环境监控以及污染设备的商业运营等方面。

与此同时，水及水污染的处理、废弃物管理和循环利用、大气污染控制设备、消除噪声和环境事故处理或清理等活动，以及环境评价与监测、能源和城市环境美化、环境服务等是目前环境产业的核心内容。

（3）环境产业特征。

环境产业与一般的经济产业相比，具有明显的特征，主要体现在以下几个方面：

1）政策引导性。环境产业发展的初始阶段，以末端治理控制为主，需要设备和资金的投入。这对于处理污染的企业来说，不仅不会带来经济效益，还会造成生产成本的增加，降低企业的利润。此时，如果没有政府政策的引导，企业不会主动采取措施处理污染，那势必造成环境的进一步恶化，损害整个社会的利益。因而，从这一角度出发，环境产业是一个政策引导性的产业，需要政府的强制性政策来约束和规范企业的行为，督促甚至是强制生产企业使用环保设施来防治污染。

2）全方位渗透性。环境产业最突出的特征是与国民经济各部门联系密切，产业内容及产业边界模糊，部分环境产业的终端处理技术生产，如清洁技术及清洁产品生产，不可以独立于其他产业存在，需要其他产业发展到一定规模时才有市场和发展机会，因而环境产业与其他产业的发展密切相连。

3）专门技术性。环境产业的发展与环保技术显著相关。而技术创新又是环境产业赖以生存的基础。尤其是环境资源节约、废弃物的有效利用、污染物治理技术的采用、环境设备的生产运营以及清洁能源开发等方面，必须建立在专门的更先进的技术基础之上。

4）环境公益性。发展环境产业的目的在于促进人与自然关系的协调发展，要求人类在追求经济利益的同时，又不对环境造成损害。发展环境产业，能有效遏制环境的进一步恶化，达到环境、社会及经济效益的统一。环境产业与其他产业的不同之处在于，环境产业兼有公共物品和私人物品的属性，具有很强的公益性。

5）盈利性。环境产业尽管受政策的影响较大，但从本质上讲，仍属于经济活动，因而，具备经济活动的一般特征——盈利性。现阶段，我国的环境产业处于发展初期，实现盈利的可能性较小，多为非盈利或经济效益低微，随着环保的深入发展，必会实现盈利，成为新的经济增长点。

6）新兴性。环境产业属于极具发展潜力并拥有良好市场前景的新兴高新技术产业，故有"朝阳产业"之称。当前，环保理念正深入人心，绿色需求已逐渐成为世界范围内普遍存在并不断增长的需求热点，这必将推动环境产业市场化的全面启动和不断成长。

2. 我国环境产业发展现状及问题分析

(1) 我国环境产业现状。

经过多年的发展，特别是"十一五"和"十二五"的第一年（2012年），我国环境产业加大了对水泥、电力、钢铁、轻工、化工等重污染行业的治理，同时加强对城镇垃圾、污水以及危险废物的集中处置，加大了对环境保护基础设施的投资力度，拉动了环境产业的市场需求。因此，我国目前的环境产业总体规模得到了迅速的扩大，经营领域也不断拓展，产业结构也正逐步优化调整，整体水平有了较大提升，运行质量进一步提高。初期是以"三废治理"为主，现在发展为涵盖环保产品、环境服务、洁净产品、废物的循环利用等，跨行业、跨地区，产业门类较为全面的产业体系。

预计"十二五"期间，环境产业是我国经济转型需要发展的重要产业。我国经济发展已经进入工业化中后期，传统高能耗、高污染的生产模式已经不能适应可持续发展的要求，节能减排是我国经济发展的必然选择，也是环保行业发展的原始驱动力。从国外经验来看，政府对环保的重视和大规模投入一般发生在工业化后期。这个阶段经济发展进入平稳阶段，居民生活质量提升和环境改善逐步成为社会关注的焦点。政府工作中心逐步由保经济增长转向关注民生，其中环境保护是重中之重。

我国对环境产业的投资不断加大。在"十一五"期间，我国环保投资约占同期国内生产总值（GDP）的1.35%。在"十二五"期间，我国环保投资将达3.1万亿元，较"十一五"期间的投资额增长121%，未来5年行业复合增长率为15%~20%，到2015年将达到GDP的7%~8%。2020年环保将成为国民经济的支柱产业。近年来，我国环境产业表现出以下发展特点：

1）供给能力大幅提升。目前，国内环境产业的供给能力有了明显提升，基本上已经能够适应国家污染控制和经济发展的战略需求，具备了为治理城市污染、工业污染和生态保护提供各种污染治理装备和环境工程技术的能力。

2）环保技术水平不断提高。通过引进、消化、吸收，结合自主研发，我国的环保技术与国际环保技术的差距正在不断缩小，主导技术和产品已经基本满足国内市场的需要，并且自主研发了一批环保关键技术，在大型城镇工业废水处理、污水处理、垃圾填埋、除尘脱硫、焚烧发电、噪声和振动控制等方面已具备使用自有技术进行设备配套的工程建设能力。

3）产业领域逐步扩展。国内在环保设施的运营服务、清洁技术生产、循环经济技术支撑等支持性产业结构的优化升级方面得到了一定的发展。

4）市场化进程加快，环境服务业得到较快发展。通过城镇垃圾和污水处理等污染治理设施的市场化和社会化运营，环保投资来源得到了进一步的拓展，环境治理效益和效率得到了进一步的提高。

（2）环境产业园区发展状况。

环境产业园区又称生态工业园区。生态工业园区建设在我国起步较晚。1999年，我国第一个生态工业园——广西贵港国家生态工业（制糖）示范园区投入使用，标志着生态工业示范园区开始试点。随后，生态工业的思想进一步扩大，全国各地的生态工业园区项目得到了迅速开展。2001年4月，在国家自然科学资金项目的支持下，清华大学成立了工程与生态工业研究中心，率先开展生态工业的研究和探索。该中心研究的主要内容包括：物质和能量的集成、废物的资源化、工业生态的系统规划以及生态工业园区的建设规划等。同年，中国生态经济学会成立了生态工业经济与技术委员会。2002年，国家环保总局正式挂牌命名了广西贵港生态工业（制糖）园区和广东南海生态工业园区，这两个园区被确认为国家级生态工业示范园区。随后，环保总局还通过了黄兴国家生态工业示范园区、鲁北国家生态工业示范园区、包头国家生态工业（铝业）示范园区等生态园区的建设规划。截至2011年8月，我国国家级生态工业示范园区已经达到64个之多。

我国生态工业园分为三种类型：行业类生态工业园区、综合类生态工业园区和静脉产业类生态工业园区。行业类生态工业园区，是指在同一工业行业中以一个或者几个企业为核心，通过对产业中主要物质和能量进行集成，从而将范围扩大到更多同类企业或者扩大到相关行业企业，进而构成的共生关系的生态工业园区。综合类生态工业园区是指在高新技术产业开发区和经济技术开发区等工业区的基础上改建提升而成的生态工业园区。静脉产业类生态工业园区，是指将静脉产业（主要包括资源再生利用的产业）作为主体产业而建设的生态工业园区。静脉产业是以环境安全为保障前提，以保护环境和节约资源为目的，采用先进的技术，把生产过程中产生的废弃物转化成可利用的产品，从而实现废弃物资源化和再利用的相关产业。其内容主要包括两个过程：一是把废弃物转化成再生资源；二是把再生资源加工为新产品。

虽然实践起步晚，但我国生态工业园区发展态势较为集中，我国现有的生态工业园项目以实践类型较多，而且分布非常广泛。生态园区已成为当前我国区域经济发展和新型工业化进程中的崭新景象。经过短短几年的发展，我国生态工业园区的发展呈现以下特点：

1）政府重视。在我国体制环境的作用下，政府在生态工业园区发展中担着最为重要的责任。政府的高度重视是生态工业园区快速发展的最有力支撑。国家领导人高度重视循环经济的发展和生态工业园区的建设，同时地方政府也高度重视生态工业园区的建设。与此同时，我国大部分循环经济园区的规划都成立了规划管理领导小组，由园区所在市县的一把手为小组长。

2）示范带动。我国生态工业园区采取的是典型示范和以点带面的战略。其建设方式不同于其他国家，其显著特点体现在整体部署上。首先由园区自行申报，然后国家环保局论证，论证通过后予以挂牌确认。一方面，该方式使我国的生态工业园区从起步规划就有较高的起点；另一方面，园区的建设以及循环经济的发展积累了丰富的实践经验和有关教训，能够为国家制定循环经济政策提供现实基础和理论依据。

3）超越发展。生态工业园区作为第三代工业园建设模式，运用工业生态理论来寻找企业之间的关联度，进而实现产业之间的有机链接，构建企业之间的生态平衡，最终实现园区经济和环境的可持续发展。与前两类开发区相比，生态园区是更高层次的升华和优化。当然，虽然与发达国家相比，我国生态工业园尚有一定的差距，但是也有自己的具体实际，无论是我国生态工业园建设的道路选择，还是微观层面的运行机制，二者均有不同的特点。

（3）我国环境产业发展中存在的问题。

我国环境产业目前所面临的困难主要表现在：环境保护责任和费用以政府负担为主，企业负担较少，环保产业规模化难度大；环保服务业尤其落后，相关环境保护设施建设虽已起步，但由于缺乏配套的环保服务，设施设备处于半停滞状态；推动环境产业发展的政策不全面、不系统；环境产业的市场机制不完善；环境产业组织及产业结构不合理等。如何完善环境保护市场、如何促进环保企业合理融资、如何加速建立健康合理的政府和市场关系是当前环境产业发展过程中需要解决的主要问题。具体来说，我国环境产业面临的困难主要有如下几个方面：

1）市场机制不完善。一是市场规模过小，二是需求容量不足，三是进入壁垒高、风险大，四是运营模式欠合理，五是企业存在垄断性行为，六是市场管理欠佳。

2）环境产业结构不合理。综合来讲，我国环境产业经过几十年的发展，虽然取得了一定的成绩，初步具备了一定的规模，但是在产业结构方面仍存在不少问题。

一是环保产品的结构不合理。虽然随着经济的发展和意识的改变，许多环保企业逐步增多投资资金加大环保产品的开发和生产力度，但当前我国的环保产品性质、结构和功能的差别仍较小。此外,环保产品的开发、使用和生产环节相互脱节,导致其标准化、配套化水平低,难以满足不同地区、不同层次的需要,很多环保产品无法发挥应有的作用。二是产业结构不合理。虽然我国环境产业单位数量众多,但是大型单位不多,更是缺少骨干企业。中小型环保企业数量很多,而我国的小型企业中多为乡镇企业,呈现出分布广、规模小、研发能力严重不足、缺乏规模效益等特点,构成了目前我国环境产业发展所面临的另一主要问题。三是地区发展不均衡。我国环境产业主要集中在东部沿海、长江流域及中部经济较发达地区,我国61%的企事业单位都集中在东部地区,中部地区比例占25%,西南、西北比重较少,环保企业仅为14%。

3)环境产业融资困境。一是环境保护投资不足。环境保护投资包括污染治理投资和污染治理设施运营费用。其中,污染治理投资包括新建项目防治污染的投资、老工业污染源治理的投资、城市环境基础社会设施建设的投资。二是环保企业融资困难。由于信贷市场的种种限制,环保企业难以获得足量的低成本信贷;而资本市场的抑制,使得我国环境产业的市场融资能力薄弱,被边缘化,进而导致环保企业无法转向向社会资本融资过渡,从而严重影响和约束了我国环境产业的发展。

(4)约束环保产业发展的因素分析。

1)资源价格因素。目前,我国通过价格来调节资源的配置效率不高。某些资源型产品价格很难充分反映市场的供求关系和资源的稀缺程度。资源型产品的早期开发成本、环境的污染治理成本以及资源枯竭时的退出成本等目前还都没有在价格中得到充分体现,企业开发资源对应的外部成本没有内部化,资源型产品价格水平普遍偏低,水、煤炭等没有充分体现环境补偿和资源补偿的成本。价格偏低的资源型产品,导致企业忽视环境成本,进而造成环保产品与技术缺乏的市场需求。

2)政策法规因素。表面上看,我国已经形成了比较完善的法律体系,但很多现行的法律法规都是以转轨时期的经济体制为背景而提出的,伴随着不断健全的市场经济体制的发展,很多现行的法律法规已不能适应当今环境行业的发展需要;在环境税费制中,缺乏对破坏环境、污染等行为或产品课征的相关性税收,进而导致罚款不足以弥补其带来的环境损失,治理成本高于排污费;另外,抑制高排放、高能耗的产品以及激励研发、生产与使用环保节能产品的相关税收财政政策还不完善,对节能环保产品、设备的研发与推广造成不良影响;在我国,中小企业占大多数,总体的技术研发能力比较弱,对应的政策法规以及专门的管理与服务机构欠缺对中小企业的鼓励与扶持。

3)执法监管因素。我国目前针对官员进行的绩效考核体系存在着很多漏洞,招商引资、经济增长等方式仍是大多数地区对官员进行考核的主要方式，同时财政体制方面的问题，进一步促使地方一味追求GDP的增长，从而忽视了节能减排，尤其是一些市（地）和县（市）责任不明确，措施也不具体，甚至还没有制订有关节能减排的总体性方案。经济合作与发展组织公布的《OECD中国环境绩效评估》提出，中国"环境政策实施的最大障碍在地方"，因为"地方领导的政绩考核目标、提高地方财政收入的压力和对当地居民有限的责任与义务，都使得对经济发展的考虑优先于环境问题"。因为考核无法真正实施，导致监管部门与政府对环境执法不重视也不坚决。我国的各法律法规对环境污染行为的处罚主要是罚款，严重的会追究刑事责任，不过在执法中，执法力度不够，不能全面准确地理解环境政策法规，拘泥于形式，导致相关的政策法规不能落到实处，达不到监督与管理的效果。不严的执法造成企业和个人不经处理就直接排放污染物，企业就更不会产生足够的治污需求，导致企业规模不经济。

4）地方保护因素。由于地方保护，企业或个人对自己造成的环境事故可以逃脱法律责任，使得本来就难以确认的环境责任难度加大，限制环保物品和服务的需求范围。很多地方政府和部门通过各种方式进行地方保护，如通过非本地环保产品或服务进入本地市场，介入环保市场准入的审批和产品的营销和流通。通过以上方式达到对企业和个人进行限定的目的，使其仅能购买、经营、使用本地的或者固定的企业或个人所提供的环保产品和服务。地区内高度的信息不对称、严格的市场封锁、片面强调使用当地生产的环保建设产品和设备，这势必导致低水平的重复建设。

5）融资渠道因素。环境产业单一的融资渠道是造成我国环保企业融资困难、环境产业难以形成规模的主要原因。我国资本市场近年来发展迅速，直接融资渠道的开辟为环境产业发展提供了新的资金支持的可能。世界银行分析到2010年，我国环境投入中的政府份额降至59%，而非政府份额升至41%。我国的资本市场还不够完善，由于多层次的市场体系在股票市场还尚未形成，企业必须通过很多规定和严格的审查，才能上市发行股票进行融资。因而对于众多环保中小企业来说，通过股票市场筹得外部资金是一个非常难的融资渠道。

6）技术水平因素。从总体上看，我国环保技术水平仅处于国际20世纪70年代中后期水平，只有少数达到80年代末90年代初的国际先进水平。环保产品主要为常规产品，技术含量低。在烟气脱硫、城市垃圾资源化、城市生活污水处理和高浓度有机废水治理等重点领域的一些关键产品还没有自己的制造技术。我国有关综合配套、优质高效、自动化、智能化的环保产品还比较少，绝大多数技术水平高、产品质量精良的环保设备仍然需要进口。

环境保护企业技术低下的一个主要原因，是研发中心与企业的脱离。另外，环保技术水平低,中小企业的进入门槛不高,很易模仿复制,促使中小企业只能从事一些重复性、低端生产。由于技术水平的限制,在环保设施的运营中,很难对设施进行维修和维护,进而加大管理运营的难度,使运行难以持续,造成严重的浪费。目前,大专院校、研究院所是我国技术开发能力的主要集中地,企业还未与其结合,从而造成研发部门在技术开发投入上存在不足,企业又缺少以企业为主体的创新体系和技术开发。通过科研与企业的结合,把科研成就应用到企业的生产,把企业资金应用于科研,做到产学研相结合,是环境产业未来发展的可行之路。

第三节 环境资源约束与企业发展战略选择

一、环境库兹涅茨曲线应用于区域战略环评适宜性

1. EKC 的理论基础

20 世纪末,学术界提出环境库兹涅茨曲线(Environment Kuznets Curve,EKC),由此,环境质量与经济增长之间关系的探讨成为社会的焦点问题。对 EKC 假设的最早研究是由 Grossman 和 Krueger 提出的。1991 年,Grossman 和 Krueger 利用回归模型首次对人均收入和环境质量之间的关系进行实证分析,发现 SO_2 和烟尘存在倒 U 型曲线关系。他们将这种环境质量先恶化后好转,与收入水平呈倒 U 型关系的曲线称为 EKC。此后的许多研究通过对 EKC 的讨论,不仅将环境问题的研究上升到经济、产业发展与环境多因素指标量化阶段,更从内部本质揭露了工业发展各个阶段经济发展与环境问题的共性与个性特征,因而在环境问题的预警、产业经济调整和政策早期干预等方面发挥着重要作用。

2. EKC 形成的理论解释

随后,学者们围绕着此研究模式对 EKC 形成的内外机理进行了探讨。国际

上大量的统计数据被用来检验环境与经济的关系。目前学者广泛认同，政府政策、经济结构、科技水平、对外贸易、环境需求弹性以及市场机制是EKC形成的动因。

1）政府政策：当一个国家或地区的经济发展到一定水平后，政府环境政策力度的加强会改善环境质量，也就是环境质量随着经济实力的增强表现出先恶化后改善的倒U型关系。Torras和Boyce发现，一些发展中国家较少考虑环境的政策响应，环境友好政策易于在高效民主的国家中被采纳施行。

2）经济结构：Panayotou认为，EKC现象是经济结构和经济规模的作用结果：人均收入的提高，经济规模的扩大，一方面导致了资源投入的增加，另一方面提高产出的同时引发了污染的增长，从而使得环境恶化，引起环境的规模效应。而后，随着经济水平的提高，将最终引发以能源密集型为主的重工业向技术密集型产业和服务业转移，经济结构的转变，改善了环境质量。

3）科技水平：科技水平改善环境质量主要表现为两个方面：一是技术进步提高生产率，改善资源的使用效率，削弱生产对自然与环境的影响；二是随着清洁技术的不断开发以及对传统技术的取代，将使资源有效地获得循环利用，降低单位产出的污染排放。

4）对外贸易：Copeland和Taylo认为，对外贸易和国际投资实现了污染从高收入国家向低收入国家的转移，使发达国家环境质量好转，而发展中国家环境质量下降。

5）环境需求弹性：随着经济的发展，人类对环境质量的需求提升。Kwon构建了内生经济增长模型，证明了就经济个体而言，环境舒适度对物质消费的边际替代弹性大于1时，会出现EKC环境质量改善的阶段。环境需求偏好能正面促进环保预算的增加以及强化政府环境政策的严格执行。

6）市场机制：在市场机制调节下，减少资源消耗和污染排放能改善环境质量。在市场体系中，资源的稀缺促使企业内部寻求低原料消耗的技术来降低生产成本；公众选择购买绿色产品意识的增强，又从外部增加了企业改善环境质量的压力。

3. EKC模型的缺陷

EKC理论自提出以来，不同国家的学者纷纷对本国各地区的环境质量演变路径进行了实证检验，得到了不同的结果。首先，论证了环境与经济间存在倒U型曲线关系的数据往往来自发达国家（地区）。发展中国家（地区）关于环境与经济关系的研究结果并非只呈现倒U型，而是会出现U型、N型、倒N型等多种曲线变化趋势。例如，Selden在对空气污染物排放研究中发现，SO_2、CO_2、NO_2

以及空气中的悬浮物都与人均收入存在倒 U 型关系。蔡洛伽等研究湖北工业三废与经济增长的关系出现可单调递增型或 N 型。邢秀凤等对山东省的人均收入与不同环境指标的拟合曲线也呈现出倒 U 型、倒 N 型的不同。这些实证结果的多样化，引发了学者对 EKC 的质疑，认为 EKC 模型在模型的内生机制、指标选取、转折点的确定等方面尚存缺陷。

1）模型的内生缺陷。EKC 假定环境对经济没有反馈作用，只考虑了经济增长对环境质量的影响。而实际上环境与经济是互动的大系统，经济增长会引起环境质量的变化，同样环境的恶化会影响经济的增长。模型的单向性导致可能出现变量内生性偏差问题。

2）指标选取的问题。对于收入水平代表经济增长，争议不大，但环境质量指标的选取就出现了一些问题。一般采用环境破坏程度、资源消耗量和污染物排放量来表征环境质量的变化。然而，目前还没有一个环境指标能全面科学地衡量环境破坏程度，仅以森林覆盖率代表环境质量的变化显得极为肤浅，目前关于生态环境破坏与经济增长间关系的研究还很少。实证研究中，环境质量指标比较倾向于挑选污染物排放量、污染物排放密度或浓度等。对于这类环境指标时间序列数据的搜集比较复杂困难，数据是否全面可靠直接导致了实证 EKC 结果。

3）折点的讨论。就 EKC 呈现 N 型、倒 N 型、U 型等不同曲线特征而言，转折点的判断变得复杂多变。即使同一地区，由于指标选择的不同或者时间序列数据的不同，导致转折点出现的时间不同。例如，王宜虎和凌亢分别在南京市的 EKC 研究上得到相反的结论。赵细康、包群和范金等人对全国 EKC 的研究结果也不尽相同。

二、企业环境战略

1. 国外研究

1972 年，联合国人类环境会议发布的《人类环境宣言》，使全世界开始关注人类活动给全球生态环境造成的破坏，以及给人类自身生存发展造成的威胁；1983 年，联合国世界环境与发展委员会发表的《我们共同的未来》明确提出了可持续发展的思想，使越来越多的国家认识到经济发展与环境保护的高度相关；1992 年，联合国在《21 世纪议程》中进一步确立了全球可持续发展的实施计划。

国际社会对环境问题的日益重视，也激发了学术界对微观经济主体生产与环境问题的关注。20 世纪 90 年代以来，企业环境战略逐渐成为战略管理领域研究

的热点。通过系统的文献回顾和整理,发现学者们之前的研究主要围绕以下基本问题展开:

(1) 关于企业环境战略的含义及内容。

在环境条件日益恶化的背景下,学者们逐渐意识到,自然资源和生态环境会对企业竞争优势的持久性形成约束和限制,所以应将环境问题纳入企业战略的研究范围(Hart,1995)。Jennings(1995)、Russo(1997)、Sharma(1998)等众多学者也纷纷强调,应将环境问题对企业的影响以及企业应对环境影响的策略纳入企业战略管理。

关于企业环境战略的概念,学术界至今还没有统一的界定。比较有代表性的解释如 Sharma(2000)将其阐述为企业管理商业和自然环境界面的模式,即企业为降低生产经营过程对自然生态环境的负面影响而遵守规制以及主动采取环保措施的行动结果。这个概念的内涵较为宽泛,包含了两类环境行为:一是企业为遵守环境法规而实施的基本应对行为;二是企业为避免和减少对生态环境造成的影响而自愿主动采取的环境管理行为。

关于企业环境战略的内容,Hart(1995)认为,应涉及污染防治、产品管理和可持续发展三个部分;而 Sharma 和 Vredenburg(1998)又将范围扩展到产品"从出生到死亡"的整个过程,即包括产品研发、原材料采购、供应链管理、产品生产、分销、使用及废弃物的回收利用等。

(2) 关于企业环境战略的分类。

关于企业环境战略类型的划分,大致可归为以下几类:

1) 根据企业对环境问题的重视程度及环境责任意识分类。例如,Hunt 和 Auster(1990)将企业环境战略分为初始者、救火者、热心公民、实用主义者和前瞻者五类,形象地反映出企业对待环境问题由旁观漠视到积极应对的各种环境战略的主旨及特征;又如,Winn 和 Roome(1993)将企业环境战略划分为三类,即跟随者、服从者和优秀者。

2) 根据企业对政府环境规制的态度及行为意向分类。例如,Roome(1992)认为,企业环境战略包括不遵守、遵守、遵守+、经营与环境绩效双优和领导优势五类。由最低层次的消极逃避的"不遵守"到被动的"遵守"、积极主动的"遵守"、全面开展环境管理实现"经营与环境绩效双优",直到通过环境战略管理创建企业的"领导优势"地位,这种较精细的分类方法在学术界有一定影响力。其他相类似的划分还包括 Sharma 和 Vredenburg(1998)提出的便于对照的两大类型的划分,其中第一类是采取被动反应的反应型环境战略,第二类是采取自愿积极处理的前瞻型环境战略。此外,Henriques 和 Sadorsky(1999)将企业环境战略划分为反应型战略、防御型战略、适应型战略和前瞻型战略四种类型;

Christmann 和 Taylor（2002）又区分出主动型、适应型、防御型、能力构建型和反应型五种类型的企业环境战略。

3）根据企业制定环境战略的关注点和侧重点分类。例如，Hart（1995）总结出企业环境战略的四种模式，包括末端治理、污染预防、产品监控以及可持续发展；Sharma 和 Henriques（2005）针对加拿大制品行业，将企业环境战略区分为污染控制、生态效率、再循环、生态设计、生态系统管理和业务重新定义六类；Murillo Luna 等（2008）划分了被动反应、关注环境规制反应、关注利益相关者反应和全面环境质量反应四类环境战略。此外，Ilinitch 等（1998）区分出关注过程和关注结果两种基本类型的环境战略，多数学者认为第一种类型相对更加重要，认为企业首先要在过程管理上取得重大突破，这是实现可持续发展的前提（Hart，1995）；同时，关注过程的环境战略也比关注产品的环境战略更能够快速地实现成本节约，从而实现企业的经济效益（Christmann，2000）。

以上各种分类的一个共同点，就是反映出企业对环境问题关注程度逐步增强，对实施环境战略重要性的认识不断提升，从单纯将环境保护行为视为成本费用的增加，到发现"绿色战略中的商机"，真实地刻画出处于不同认识阶段和不同发展时期的企业所面临的情境和战略选择。

（3）关于企业环境战略的驱动因素。

企业之所以会选择不同类型的环境战略，与其自身能力条件和外部环境的影响是密不可分的。环境战略的形成过程就是企业自身能力与企业外部环境的匹配整合过程（舒辉，2010）。因此，学者们也对影响企业环境战略决策的驱动和影响因素进行了大量的研究和分析，认为这种驱动和影响主要来自五个方面，即政府环境规制、经济利益驱动、利益相关者压力、企业资源能力水平以及企业管理者的认知能力。

1）政府环境规制。Bansal 和 Roth（2000）认为，政府的环境监管是企业考虑环境问题时所面临的最大的单一压力来源，企业为了规避因不遵守环境法规而导致的惩罚会被动采取一定的环境行动。而企业之所以遵从环境规制，其更深层次的原因主要有三个：一是为了避免承担政府施加的处罚成本；二是为了避免违反规制而受到公众的负面舆论；三是为了避免降低企业内部员工的工作满意度。但是，如果单纯用制度理论来分析企业环境战略决策的驱动机制，在同样的政府管制标准压力下，企业所采取的环境管理行为应该是相同或相近的，只要符合规制要求就可以，而高于环境规制标准的前瞻型环境战略的出现显然就解释不通了。

2）经济利益驱动。研究企业环境战略决策的驱动因素，不能够脱离企业作为"经济人"的本质属性，因此，学者们也认识到，企业制定和执行环境战略，特别是前瞻型环境战略，经济利益的驱使是其根本原因。关于这一点，以 Porter（1995）为代表的学派观点最为鲜明，他们认为环境绩效为企业提供了"第一驱动优势"，企业通过主动实施环境战略能够创建竞争优势，从而获取经济利益。

3）利益相关者压力。除了环境规制和经济利益这两大驱动因素之外，学者们还普遍认为，利益相关者对环境问题的日益关注也是企业进行环境战略决策的主要驱动力之一，企业需要采取相应的环境战略以符合利益相关者对环境绩效的预期。Hoffman（2001）在其研究中详细列举了可能影响到企业环境战略决策的利益相关者群体，认为主要包括原材料供应商、产品消费者、企业股东、企业内部员工、企业竞争者、政府部门及监管机构、金融机构、当地社区及相关社会团体、非政府组织以及大众媒体等。Henriques 和 Sadorsky（1999）将利益相关主体划分为组织利益、管制利益和社区利益相关者以及媒体四类。此外，Buysse 和 Verbeke（2003）的划分更加具体并便于理解，他们将企业的利益相关者分为四大类，包括外部主要利益相关者、外部次要利益相关者、管制利益相关者以及内部主要利益相关者。其中，外部主要利益相关者包括顾客和供应商；内部主要利益相关者包括股东、员工以及金融机构；外部次要利益相关者包括媒体、竞争者和非营利性组织；管制利益相关者主要指政府及当地的公众事务机构。学者们认为，正是由于这些利益相关者的期望和诉求，才促使企业承担起保护环境的责任。

4）企业资源能力水平。从资源基础论和能力理论的角度来看，企业会根据对环境战略重要性的考虑，同时结合现有的资源和能力来制定最有利于企业获得竞争优势的环境战略。因此，Sharma（2000）提出，企业所拥有的技术能力、管理能力、持续创新能力、污染防治能力以及与利益相关者关系等企业可支配的资源能力水平在一定程度上影响着企业环境战略类型的选择，资源和能力雄厚的大型企业更有可能采取前瞻型环境战略，企业规模与环境战略的主动性呈正相关关系。此外，Christmann（2000）的研究也证实企业通过环境管理获得成本优势的前提，是企业具备生产流程创新和实施能力等互补性资产；Buysse 和 Verbeke（2003）也认为，企业采取环境战略主动型的提高，需要与之相匹配的资源；Delmas 和 Toffel（2004）还通过建立模型证明了企业已有环境绩效、竞争地位以及组织结构等会影响企业在环境规制压力下的环境战略决策。

5）企业管理者的认知能力。关于企业环境战略的驱动影响因素，Jennings 和 Zandberger（1995）得出另外一个结论，即企业管理者本人对环境问题的确认在很大程度上影响着企业制定和执行环境战略；Banerjee（2001），Del Brio（2001），David、Bloom 和 Hillman（2007），Julian、Ofori-Dankwa 和 Justis（2008）等的研究也进一步证实，企业管理者的认知和判断能力对企业面临环境问题时的反应具有非常重要的影响作用。同时，利益相关者的环境保护诉求也需要通过企业管理者进行确认和判断，从而做出适当的决策。管理者越重视环境问题，环境管理进入企业战略的层次就越高；可以说，企业选择反应型环境战略还是前瞻型环境战略，在一定程度上取决于管理者将环境问题解读为威胁还是机会。

2. 国内研究

相比国外较为丰富和成熟的企业环境战略研究成果，国内相关研究稍显贫乏，系统性的研究大约开始于 20 世纪 90 年代中后期，起步虽晚，但发展较快。学者们多在国外研究基础上，结合我国具体国情及企业发展水平，进行探索和研究。综合起来，国内学术界对企业环境战略的研究重点与国外基本一致，但视角和程度有所不同。

（1）关于企业环境战略的含义和内容。

在国内较早公开发表的相关成果中，《绿色营销——环境与市场可持续发展战略研究》（罗国民等，1997）和《绿色战略——21 世纪中国环境与可持续发展》（李政道等，1997）两本专著较有代表性。作者均主张将"绿色"引入企业战略管理。随后，关于企业环境战略的相关研究便迅速发展起来。与国外情况大体相似，涉及企业环境战略的概念，国内也没有形成统一的定义。学者们大多依据各自的研究视角和侧重点的不同对企业环境战略进行了如下阐释：

1）基于企业生产经营过程的定义。企业环境战略是企业为实现生产经营全过程绿化而制定的战略（刘彦平，2000）；是依据经济发展规律及生态环境优化的原理，以提高综合效益为总体目标，对企业的产、供、销等环节实行全面绿色化管理的企业经营发展战略（何苑，2004）。

从企业生产经营过程的角度来阐述企业环境战略的具体内容，主要涉及绿色经营理念、绿色战略目标、绿色技术创新、绿色产品研发、清洁生产、绿色市场开拓、绿色营销、绿色企业文化、企业绿色形象等。

2）基于企业价值链的定义。企业环境战略是企业为有效应对气候变化，尽量减少产品价值链全过程中温室气体等有害物质的排放，并创造绿色发展先机，最终实现企业的低碳可持续发展的经营管理活动（吴维库、李贞恩，2010）；企业环境战略要求企业在整个产品生命周期，即从利用资源开始，到经过生产将它们转化为产品用于消费，并最终将资源转化为废弃物，其分散、积累在环境中的各个环节都要有"绿色"意识（刘燕娜等，2007）。

3）基于企业与环境关系的定义。企业环境战略是企业处理生产经营活动与自然生态环境相互关系的一种行为模式（胡美琴、李元旭，2007）；是为谋求经济与社会、自然环境协调发展而制定的企业经营发展战略（桑金淡，2006）。

（2）关于企业环境战略的分类。

关于企业环境战略的类型划分，国内学者主要基于两个角度：

1）基于对环境问题的认识和态度。费显政（2006）基于企业对待环境问题的主动性，区分出追随环境战略、适应环境战略、改变环境战略和塑造环境战略四种类型的环境战略；曹暄玮等（2011）基于企业管理者对环境问题的认知，区分出领导战略、跟随战略、反映战略和预防战略四种环境战略；孙宝连、吴宗杰（2010）将企业环境战略分为主动型环境战略和被动型环境战略；马中东、陈莹（2010）划分出规制应对型、消极策略型、风险规避型和机会追求型四种环境战略；胡美琴、骆守俭（2008）区分出反应型、主动型、讨价还价型和合作型四种类型。

2）基于企业绿色化的不同进程。崔震宇（2008）将企业环境战略划分为绿色遵循战略、绿色竞争优势战略、绿色可持续战略和绿色战略联盟四种反映递进关系的战略层次。其中，执行绿色遵循战略的企业定位是遵守环境规制、治理污染的"守法者"；执行绿色竞争优势战略的企业定位是以业务流程再造为主的"好公民"；执行绿色可持续发展战略的企业定位是实现产品生命周期生态化管理的"领先者"；而企业绿色战略联盟则定位于最大限度的社会综合环境控制。类似的划分还包括谢向英（2005）提出的浅绿色发展战略、深绿色发展战略、生态战略和基于生态效益的战略联盟四种企业环境战略。

（3）关于企业环境战略的驱动和影响因素。

通过对国内相关文献的梳理，发现学者们关于企业环境战略驱动力的研究结论基本趋同，普遍认为我国目前影响企业选择环境战略的主要因素来自两个方面：环境规制驱动和经济利益驱动。具体观点列举如下：

1）环境规制驱动。具体到我国国情，政府部门是实施环境监管的主体，而企业实施环境战略的主要动因来源于政府机构的强制性环境要求（胡美琴、骆守俭，2008）；环保法规的约束对企业环境管理行为和环境绩效均存在显著和直接正向影响（李卫宁，2010；周曙东，2011）。

2）经济利益驱动。企业进行环境管理就是为了经济利益，如果不考虑经济因素，环境管理实践也很难成功（吴建祖、曾宪聚，2010）。关于进行环境管理能够给企业带来经济利益的相关论证主要包括：

第一，实现低成本优势。企业通过实施环境管理可以获取低成本优势，具体表现在：提高能源资源利用效率，从而降低消耗成本；尽量避免环境事件以减少罚款、诉讼费用等责任成本；提高生产管理效率，以降低管理成本；先行技术创新，从而提高竞争对手的服从成本；提高企业声誉，从而降低机会成本（陈莹，

2010）；改善与当地社区的关系，减少摩擦，降低运营成本；通过将绿色企业文化转化为人力资本，内化为企业价值，进而降低人力资源管理成本（谢创丰，2006）。

第二，获取差异化优势。企业通过实施环境管理可以获取差异化优势，具体表现在：进行绿色企业文化建设，塑造企业绿色形象，打造绿色品牌，确立绿色供应链主导地位，通过培育绿色资源要素，形成企业的资源与能力优势（孙宝连等，2010）。

第三，获得直接经济收益。企业通过实施环境管理可以获取直接经济收益，具体表现在：通过改善企业形象，增加客户忠诚度，从而增加市场份额，同时享受政府绿色采购优惠；利用差异化的生态设计产品开发市场利基；通过排污权交易获利（曹素璋，2010）；增强与政府讨价还价的能力，实现更多的绿色管理政府扶持政策收益（孙宝连，2009）。

除以上两方面驱动因素，杨东宁、周长辉（2005）通过构建企业对标准化环境管理体系进行自愿贯标的驱动力模型，并选取国内287家大中型工业企业进行实证研究，得出的结论认为，企业内部管理者的环境导向、企业的学习能力以及传统经验等驱动力，相比企业外部的环境规制、公众期望及同行行为等驱动力对企业进行自愿贯标具有更为显著的影响。

（4）关于企业环境战略的具体管理决策。

除了在总体上对企业环境战略或绿色管理进行研究设计之外，国内许多学者还对企业环境战略管理进行了大量的分项具体研究。这方面的研究范围基本涉猎了企业经营管理的每一个环节，为企业全面"铺绿"的学术浪潮不断涌现。

三、企业环境战略决策的机制分析

1. 企业环境战略的相关利益主体

在传统的企业战略管理理论范畴中，企业对经济利益的追逐促进了供应链理论的形成，处于供应链中的企业主要考虑直接消费产品的客户和保证产品持续生产及供应的原材料供应商。现在重新审视这种狭隘的相关利益主体观，可以发现，虽然供应链理论使得产品或服务的供给更加精细和高效，但由于对环境因素的忽视加剧了环境问题的恶化速度。随着环境的稀缺性逐步显现，消费者对企业生产经营所导致的资源环境问题也日益关注，因而企业在环境战略决策中不得不重新审视相关的利益主体及其利益关联方式。本章对利益相关者的分类借鉴了Hoffman、Buysse和Verbeke的方法,将利益相关者分为四类,即内部利益相关者(股东、员工和金融机构)、外部主要利益相关者(消费者、供应商和竞争者)、外部次要利益相关者(媒体和环保非政府组织)和外部管制利益相关者(政府和公众事务机构)。

(1)股东、员工和金融机构。

这类利益相关者对企业环境战略的影响,主要通过影响企业经营方向和效率来实现。企业实施环境战略会增加为服从政府环境规制,采取必要的环境管理行为所产生的成本以及因绿色业绩不足导致的机会成本。在所有者是唯一的剩余风险承担者和剩余权益享有者的基本假设下,实施环境战略首先会影响股东利益最大化的目标。在股东利益至上的理论基础上,传统的公司治理理论把内部治理结构抽象成股东与经理、经理与员工的委托代理关系,衡量环境战略成功与否的标准仍是股东利益最大化。由委托代理的理论可知,当委托方与代理方的目标不一致时,很难实现委托方的最优收益。

在企业环境战略下,即使企业的股东对环境战略充满信心,由于与环境有关的收益常常存在滞后性,更多关注自身利益的员工并不能完全将环境战略落实到产品生产的具体业务操作中。企业的环境战略在初期的成效主要是通过树立良好的企业形象从而扩大潜在的绿色产品市场,而企业的绿色形象一定程度上要通过员工的绿色形象来体现,企业通过从上至下提升环保意识,培育企业的绿色文化。

金融机构在促进企业实施环境战略方面的作用日益突出,并且也已经认识到自己作为贷款方、分析师、担保人和顾问在促进可持续发展上的作用。过去的几十年中,荷兰银行、瑞士信贷集团、巴克莱银行和汇丰银行等国际银行开始为可持续性的企业提供融资服务,鼓励其客户采用更高环境责任水平的措施,并制定了相应的环境政策框架以提升其金融服务水平。目前,影响最为广泛的可持续金融行动是赤道原则,即被世界上四十多家银行认可的国际金融公司的环境和社会准则。金融机构对于环境战略的支持已经不仅停留于企业承担社会责任的外在压力,更因为识别、分析及管理环境问题已经成为标准信贷和风险管理技术的内在组成部分。

(2)消费者、供应商和竞争者。

这类利益相关者对企业环境战略的影响,主要通过市场机制来直接实现。

消费者和供应商是传统供应链中企业最为关注的直接利益主体。但在企业实施环境战略的过程中,消费者的范围开始变化,对供应商的要求和影响也有所不同。企业往往通过提高产品价格而把实施环境战略中的环保负担转嫁给消费者,但是企业环境战略的隐形收益是改变当地居民的生存环境。由于环境的公共物品属性，环境战略下环境质量改变的收益却难以局限在环保产品的消费者内部，因而损害了产品直接消费者的消费积极性，对企业最终收益的影响取决于产品或服务的弹性。所以，企业实施环境战略的一个重要前提是形成一定规模的环保消费市场，消费者愿意承担相对较高的环保产品价格。这一方面取决于消费者自身环保意识的强烈程度；另一方面取决于消费者经济收入的水平高低。当上述前提条件不满足时，企业环境战略虽有助于实现社会福利最大化，但难以实现企业利润的最大化。

企业环境战略可以依托供应链对下游企业的环境战略产生"放大效应"，这是因为供应链上游的企业对环境的关注在产生经济和环境效益的同时，可以使其下游企业达到环境规制的要求所需支付的成本更小，从而获得更多的综合效益。具体而言，企业在产品设计和制造环节实施环境管理，可以使产品在整个生命周期中更容易达到环保标准，更容易循环使用和降解处理，有效减少环境管理和污染治理的后期成本投入，并降低原材料成本和后期运输成本。

企业环境战略存在两类竞争者。一类是同样实施环境战略的竞争者，这会促使旨在实现环境战略的技术创新和工艺流程改造更加低成本、快速和高效，有助于推动企业的环境战略；另一类是传统的竞争者，通过价格竞争而挤占产品消费市场。两种类型竞争者的比例在很大程度上取决于政府的环境规制政策。

（3）媒体和环保非政府组织。

这类利益相关者对企业环境战略的影响具有非强制性，主要通过报道、宣传来间接实现。

媒体对环境战略的作用在于，通过宣传引导顾客的消费取向，培育环保产品的未来市场。由于公众对自身生命的重视，使其在消费企业产品时会关注产品消费带来的效应。当产品的负面效应被宣传到足够强度时，就会促使他们从单纯的企业环境战略正外部性的受益者变成企业环境战略的共同利益创造者。这种利益形成有多种形式，最主要的是通过购买环保产品稳定环境战略的市场收益。这种宣传对于依靠价格取胜的非环保产品竞争者也会形成致命的打击，甚至导致其退出同类产品市场，如媒体对三鹿奶粉事件的报道。媒体从中的收益在于，其报道由于触碰到顾客的基本需求而得到自然的关注，从这种关注而聚集的收视群体出发，媒体可以通过进行商业运作（如广告、政府支持等）而获利。

环保非政府组织（NGO）与媒体的相同点在于，都会积极、富有兴趣地关注企业的环境战略，并试图通过努力影响企业的环境战略决策。但是两者之间存在不同，媒体属于商业性机构，盈利是首要目标；而非政府组织属于公益性机构，更注重追求环境问题的解决方法。这类公益性组织对环境战略的影响通常借助于环境类的评选，通过树立行业标杆而帮助企业建立良好的公众形象，或者通过研发可行的环境标准来推动企业的绿色改造，并通过向公众呼吁而强化其促进效果。

(4) 政府和公众事务机构。

这类利益相关者对企业环境战略的影响具有强制性，主要通过法律、法规等规制企业的环境战略。

随着消费者对环境问题的关注，各国的环境保护工作普遍采用政府主导的形式。具体的运作办法有两种，一是减免与环境保护相关的税、费，或提供财政补贴与技术援助，以经济手段激励企业采取环保措施；二是通过财政转移支付治理污染与保护环境。环境问题并不是政府所要解决的唯一难题，作为公众的利益代表，政府需要致力于社会福利的最大化，而社会福利最大化的实现需要资本投入，因而政府需要依靠企业积累资本，通过财政转移支付等方式实现社会福利的优化，所以政府不可能关停所有企业。政府对企业经济功能的依赖赋予企业一定讨价还价的能力，在利益倒逼的情况下，只能在一定程度上容忍企业的污染行为，或对企业提出较低的环保要求。无论是减少企业税、费，还是为其提供财政补贴与技术援助，都会形成较大的政府财政负担，进而影响环境以外的其他社会福利的改善。通过财政转移支付的治理面临同样的问题，通过增加税种或提高税率筹集环境治理资金必须权衡这一行为对企业在国内外的市场竞争力影响，只有真正调动起污染企业的环保积极性和主动性，才能有效遏制企业的环境违法行为。

从公众角度来看，他们是企业实现经济收益的基础，并从企业那里获取必要的物质产品，在企业实施有效环境战略时，还能保证环境效用不减；公众向政府提供政治支持，并从政府政策中提高整体福利水平，在政府实施环境保护措施时，保证一定水平的环境效用；公众对于媒体的作用在于提供基础的市场支持，而从媒体那里获得必要的信息，满足精神需求；环保非政府组织由环境效用在个人总效用中比重较大的公众构成，其行为具有较强的公益性，以组织力量影响公众对政府的政治支持内容以及企业经济收益的实现方式。

从政府角度来看，政府需要向企业提供必要的财政、科技、市场等政策保障，维持市场的稳定，进而借助企业实现国民经济的稳定增长；政府应该响应公众的福利需求，并以此获得政治的群众基础，通过环境保护措施，满足公众对于环境效用的需要；政府需要投入一定成本对媒体需要进行监管和政策保障，维持其行为的正确导向和市场稳定，而从媒体那里获得优先宣传的权力，对公众宣传其政治业绩和方针政策，稳定其政治地位。

从企业角度来看，企业响应消费者的产品需求，通过公众购买实现经济收益；企业需要政府提供相对稳定的，有利于最大化其经济收益的政策，并以税收等形式提供政府进行公众福利改善的手段和能力，增强国家的综合实力；由于媒体报道环境问题并不直接产生经济效益，即使有政府扶持，其收益率也明显低于企业产品的广告收益，因而企业与媒体的关系更多的是经济利益。企业向媒体支付巨额宣传费用，并借助媒体进行市场营销，扩大市场影响力。在企业对环境战略的选择上面临同行业企业的竞争，企业采取环境战略，会由于转型中的成本投入失去现有市场中的竞争优势，但可以抢占未来的绿色市场；如果未采取环境战略，会因政府规制和公众消费理念的转变而逐步弱化其成本优势。就企业内部而言，企业环境战略的目标需要企业股东、管理层和员工各自对于经济收益和环境责任的平衡，也需要三者之间在两个目标上的认知协调。

2. 企业环境战略的影响因素

企业的环境战略是一个由内而外共同激发的系统工程，单纯依靠一方的力量很难度过高投入、低收益的初期阶段。本节主要探究影响企业环境战略的主要因素，并明确这些因素对环境战略的驱动方式。

（1）企业环境战略的内部影响因素。

1）企业规模。企业规模对企业环境战略影响的实证研究结论表明，大型企业更重视环境管理，而中小企业则缺乏相应的环境战略和对环境问题的应对方法。产生这种情形的原因在于：

企业规模越大，能调动的资源和综合实力水平越高，从而有利于企业在环境保护领域搜寻生产革新的方法。由于受到资金、信息、技术、人员等多方面的限制，中小企业更多表现为消极、被动地应对环境管制；并且，考虑到过高的环保成本和与政府及相关机构的交涉成本，中小企业在选择使用环境设备时也不得不进行全面的权衡。

企业规模越大，拥有的市场影响力越大，在政府与公众事务机构通过环境培训等措施对企业环境战略施加影响时，能够凭借其资源和技术上的优势参与环境措施的制定或游说政府推行更高的环境标准，通过给竞争对手和潜在进入者设置更高的绿色壁垒保持和扩大企业的竞争优势。

企业规模越大，受到社会公众的关注程度以及相关部门的环境监管力度相对越高，企业的形象和口碑至关重要。为获取长期竞争优势，扩大市场份额，企业主动承担社会责任的积极性和主动性更高，在环保方面也愿意成为先行者和领袖。

2）外贸依存度。企业的外贸依存度越高，尤其是产品出口到发达国家的比例越高，企业越可能采取积极的环境行为。Meadows 在《增长的极限》中指出，一国国民只有在经济水平提高后，才能有精力去考虑除自身生存条件改善之外的宏观发展问题，如环境。在发达国家，较高的经济收入和环境意识使得消费者的绿色消费能力明显优于发展中国家，因而在产品选择上会更加关注产品的环境影响，这种关注的程度达到一定水平后，就会在政府的组织下形成绿色贸易壁垒。所以，外贸依存度越高，面向发达国家的出口贸易越多，为占领国际市场，企业在环境战略的选择上会更为积极主动。

3）所有制结构。企业的所有制结构也会影响企业的环境战略选择，这种影响表现在私营企业和国有企业的战略选择差异上。研究结论表明，国有企业或集体企业需要考虑社会福利，更容易采纳环境战略；而私营企业更多地考虑企业自身成本与收益，因而缺乏环保积极性。

形成这一情况的原因来自国有和私营企业的激励机制和产权差异。因为国有企业大多由非持股的代理人管理，利润最大化通常不是其经营的唯一目标，在决策过程中会支持政府有关环境管理的监管法规。而私营企业由在企业中投入个人资产的股东所拥有，关注利润最大化的私有企业经营者往往习惯于只在能取得真正利润的时候才在战略管理过程中考虑环境管理问题。由于环境管理的经济效应并不显著，至少在短期内是如此，所以基于委托代理理论，企业在制定实施环境行为时更容易采取短期行为，管理层更注重的是尽可能地完成短期业绩指标以及遵守最低限度的监管规定。

当环境管制的强制性提高到企业的环境外部性必须内部化时，国有企业在环境战略方面的优势变得不再明显，而私营企业则由于相对较高的经济效率使得污染治理的成本相比较低，更易于实施环境战略。

4）经营理念。经营理念对企业环境战略选择的作用反映在两个方面：一是企业管理层在决策过程中所体现的环境意识；二是透过企业员工的环境意识所流露的企业文化形态。

在企业环境战略的决策过程中，中高级管理者、股东的环境意识及其对企业环境属性的认识对企业环境战略的影响尤为重要，将直接影响到企业承担社会责任的意愿和积极程度。企业社会责任一般包含经济、法律、伦理以及慈善四个方面，这些方面均体现了社会公众的环境诉求。这种诉求应该体现在企业的环境战略中，要求企业必须从保护生态环境、尊重自然的道德责任感出发，不能因为单纯的经济效益追求而在生产经营活动中肆意污染环境。然而社会责任并不是一个具有很强约束力的因素，企业的股东或管理者最终还是要衡量环境战略的成本与收益，因而是否实施环境战略取决于他们把环境问题理解为威胁还是机会。

在实施环境战略的企业中，员工的环境意识以及员工对于企业环境决策的认识必然是企业文化的重要组成部分。事实上，这种理念上的认识会直接影响到企业采取的环境战略类型。这一方面是因为员工的环境意识会推动管理层选择相对积极的环境战略，通过价值观的融合加强员工对企业的认同感，从而提高管理的效率；另一方面，企业环境战略往往伴随计划系统、组织结构和管理控制的变革和调整，如果组织计划、产品和流程的变革符合个体的价值观时，组织成员更易于接受这种变革。

(2) 企业环境战略的外部影响因素。

根据影响的机制差异，企业环境战略的外部影响因素可以分为政策因素和市场因素。其中，政策因素主要集中在政府的环境规制和环保非政府组织的环境标准；根据波特的"五力模型"，市场因素可以归结为消费者、供应商和竞争者三个方面。

1) 政府的绿色政策。环境管制是政府绿色政策的主要实现手段，也是影响企业环境战略的重要外部因素。环境管制源于各地生态恶化引起的社会压力，环境事件的严重影响迫使政府采取严厉的法律管制以强制企业减少对环境的污染和破坏，采取的方式主要有两种：一种是对生产技术的限制，即规定生产排放的标准，禁止超过标准的排放；另一种是对产品总量的限制，即规定最高产量，禁止企业过量生产。

由于环境管制常常由政府对企业生产进行直接干预，缺乏弹性，结果缺乏经济效率。此时，企业将有限的资金投入不具备生产性的污染防治设备而减少投资于企业的生产设备，从而导致企业的生产力水平下降。

政府的环境规制提高了企业的风险成本。企业在违背环境标准时可能会由于罚款而影响正常生产，这种压力使得企业至少会遵循被动的环境战略。在理论上，环境管制具有生产率效应和利润效应两种效应，严厉的环境管制政策会激发企业技术创新，从而获得先动优势。在这种企业伦理理论的基础上，政府的环境规制也在采取严厉法律和环境控制标准的同时，逐步利用经济手段积极引导企业实施绿色经营。采取的手段通常有两种：一是经济惩罚，如发放污染许可证、征收排污税等；二是经济奖励，对实施绿色技术和产品研发的企业给予各种优惠，如资金奖励、信贷支持、优先考虑等诱导性政策。

2) 环保非政府组织的环境标准与环境评奖。环保非政府组织对环境问题的关注往往持续而强烈，虽然它们对于企业实施环境战略没有强制性的影响，却是影响企业环境战略的重要力量。一般而言，环保非政府组织对企业环境战略的影响主要表现在两个方面：一是研究、提供环境标准，并在企业中推广以形成行业标准或绿色贸易壁垒；二是通过最佳（最差）评选树立企业环境保护正面（负面）形象。

目前已被应用并具有较大影响力的环境标准包括：美国的 SA8000 标准、德国的 AVE 标准、英国的 ETI 标准以及国际环境标准认证 ISO14000 等。此类标准的初衷在于规范企业生产以保护环境，由于区域贸易的保护主义，往往依托这些标准形成绿色贸易壁垒。并且由于经济发展水平和科技发展水平的区域差异，绿色贸易壁垒在实际使用中还具有非对称性，发达国家或地区往往制定超出国际公认的环境标准，并以此为基础形成对其他国家和地区进口产品和服务的新型非关税壁垒。这种环保非政府组织环境标准下形成的贸易壁垒限制了企业的对外贸易，促使企业关注绿色消费市场，并将绿色设计和绿色工艺的思想融入企业生产实践，制定和实施环境战略。

环保非政府组织影响企业实施环境战略的手段是借助具有广泛影响力的媒体进行企业环境保护奖项的评选，如联合国的"环境保护成就奖"、《财富杂志》的"十佳环境卫士"、联合地球组织的"全球联合荣誉奖"等。事实上，环境保护奖的公开颁发对股票在纽约证交所和美国证交所上市企业的市值有着立竿见影的影响。一旦企业在消费者心目中留下"形态恐怖主义"的印象，再想根除形成的负面影响会变得十分困难，如"三鹿奶粉事件"。尤其是对以消费者为导向的行业，对环境问题的考虑终将成为企业获得市场竞争优势的重要因素。

3）消费者的绿色消费理念。消费者是市场竞争的核心。企业环境战略的成功与否就在于，能否在企业与消费者需求之间形成一个超越竞争对手的协调机制。粗放经济发展模式下的环境污染显著影响着人类健康，如臭氧层空洞引起皮肤病的增加、空气的污染引发呼吸道疾病、水污染引起体内及中枢神经疾病、有毒产品引发各种疾病甚至死亡等。这些现实的环境问题促使人们产生环境危机感，并进一步反映于日常产品或服务的消费选择中。消费者在潜意识中会排斥那些从事环境违法行为的企业而优先选择绿色企业生产的环保产品。

事实上，2001 年中国社会调查事务所对北京、上海、天津、广州、哈尔滨等城市的调查结果表明，超过 50% 的消费者倾向于购买绿色环保产品。2008 年，中国商务部发布的《绿色市场发展状况调查报告》也显示，90% 以上的消费者认同绿色市场。国际绿色产品市场交易额在 1997 年就达到 4260 亿美元，并且每年以近 10% 的速度增长（李会太，2007）。所以，无论是从消费者意愿还是市场规模而言，企业环境战略的前提条件都在不断地成熟。为了在未来市场中保持竞争优势，企业必须在产品设计、生产技术和工艺中贯彻环保理念，以迎合消费者的绿色消费需求。

4）绿色供应链。随着绿色供应链和产品生命周期理论的发展，供应商对环境友好实践的影响正在被越来越多的企业认识。在基于供应链的企业环境战略决策中，上下游企业对于环境战略可能会持有合作与不合作两种态度。对环保持积极态度的供应商会在生产中间产品的过程中更加注重节能减排，以满足甚至超过下游企业所提出的产品环保标准，而下游企业便能够以更低的成本实现环境保护的目标，由此形成环境战略的扩大效应。消极的供应商缺乏环境意识，其不合作的态度可能使负面的环境影响到供应链企业的环境战略态度，因而环境战略需要综合考虑到协同的关系。

绿色供应链中对企业环境战略产生影响的两个重要内容是逆向物流和生态重构。逆向物流通过建立与正向物流并行的信息平台和物流平台，使得供应链企业可以回收具有经济价值的可利用资源，从生产的源头减少采购成本，通过模块化的产品设计，这种成本优势还能够进一步扩大。与此同时，逆向物流的理念与国家目前推行的循环经济模式不谋而合，对逆向物流的实施可以在政府严格的环境规制中获得一定的讨价还价的余地或政府扶持。生态重构是绿色供应链的另一个重要内容，其主旨在于通过对企业物质能源结构和地理位置布局的再设计，形成上游供应商与下游企业在生产副产品或二次能源上的重复利用。在生态重构过程中，往往会形成新的供应链关系，开辟新的产品市场。

5）竞争者威胁。竞争者对企业的环境战略决策产生的影响也不容忽视，尤其当其影响力及其要求具有合理性时。从这一层面上，竞争者对企业环境战略的影响取决于企业的环境战略类型。对于那些采取反应型环境战略的企业，在市场上往往追求成本优势，更关注目前的短期利益，在环保企业一时难以降低成本响应消费者的绿色需求情况下，其环境战略主要受制于政府规制。采取主动型环境战略的企业发展战略着眼于对未来市场的引导和占领，这类企业相信随着消费者对环境保护的诉求日益增强，附加在产品上的环境价值会逐步得到消费者的认可。企业如果不积极响应这种产品环境属性的市场需求，就可能被竞争者抢得先机，进而损害或丧失竞争优势。面对竞争者威胁，采取主动型环境战略的企业通常凭借其在资金、技术、人员和信息等方面的优势响应政府或公众的环境保护需求，进而建立影响政府环境决策的力度，促使政府制定并推行严格的环境标准，提高潜在竞争者的市场进入门槛。

四、基于低碳经济的企业环境战略决策

1. 低碳经济对企业战略决策的影响

2003 年，英国政府在《我们未来的能源——创建低碳经济》中最早提出低

碳经济（Low-carbon Economy）的理念。其核心的内容和要求就是通过进行制度和技术方面的创新，最大限度地实现资源能源消耗的降低以及温室气体排放的减少，在不影响经济发展的前提下减缓气候变化，促进人类的可持续发展。在2009年的哥本哈根气候大会上，与会国家一致认为，未来的国际经济竞争将是低碳经济的竞争。

根据低碳经济的实现途径，低碳经济背景下对企业行为的要求主要表现在节能减排、能源替代、再生资源的回收与利用、碳汇交易四个方面。

（1）节能减排。

节能减排对企业的经济收益有直接的影响，节能可以降低生产成本，减排可以降低企业在政府环境规制中的风险成本。从具体实施上，低碳经济需要企业提高能源的利用效率，具体包含两个方面的改变：一是提高企业生产技术，使中间品和消费品在生产和利用过程中只需消耗较少能源；二是通过能源梯级利用，有效发挥那些较低品质的能源和资源的作用。在温室气体减排方面，逐步完善的温室气体排放测量方式也使得企业的灵活空间日益缩小。目前，用于测量的方法主要是基于碳足迹的测算。根据测度的范围差异，可以分为两种：一种是通过所使用的化石燃料排放量计算，仅包括使用化石燃料直接排放的CO_2；另一种是利用生命周期评估法，包含了在产品整个生命周期过程中排放的CO_2。

关于节能减排的具体任务和要求，国务院于2011年9月发布了《"十二五"节能减排综合性工作方案》，并对各地区的节能减排目标进行了整体规划。显然，节能减排已经是一个企业不可回避的发展趋势。

（2）能源替代。

能源替代主要是出于企业长期能源安全的考虑，逐步减少对耗竭性能源的依赖。目前，替代能源主要是水能、风能、太阳能、核能、氢能、生物质能、地热能等。由于新能源的研发和使用需要占用巨大的资源，相对于价格低廉的传统能源，企业缺乏进行能源替代的积极性。更多时候，这一行为取决于企业的行业特征、企业实力以及企业管理层对环境责任的认可。

（3）再生资源的回收与利用。

对于企业而言，再生资源的回收与利用能够使资源得到充分利用，减少温室气体排放量和其他环境污染，与节能减排具有同样的效果，也有助于实现节能减排的目标。

企业对再生资源的回收与利用程度取决于产品的设计和材料的技术回收性。根据企业在技术上和经济上的资源循环潜力，Robert Ayres（1994）将不可再生的物质细分为三个类别：技术上和经济上循环都可行的不可再生物质、技术上可行而经济上不可行的不可再生物质以及其他的不可再生物质。企业主要实现的是对第一类物质的回收与利用，可以采用的方式包括：

首先，资源化金属质固体废弃物。即在对金属质废弃物回收后，根据废弃物形状、尺寸的不同进行剪切、压块、破碎，并利用金属的密度、光性、磁性和电性等差异采用重力分选、电场分选等方法进行分选，再经过对金属表面杂质的清除和熔炼后得到再生金属。

其次，资源化无机非金属质固体废弃物。例如，冶金工业中高炉矿渣可用于加工制作水泥、碎石、骨料等建筑材料；钢渣在回收废钢及钢粒后可用于建材、筑路与回填工程材料等；矿业废渣和建筑垃圾可以做原料生产多种建筑材料等。

最后，资源化有机非金属质固体废弃物。例如，废旧塑料可用于直接燃烧以回收能量；废旧橡胶可用于制造汽车轮胎和皮带，或制成胶粉铺设跑道，废纸用作原料重新生产出高品质的纸浆生产再生纸，或与其他材料混合制成建筑材料；废纤维织物中的废植物纤维可做造纸、毛毯等原料，废化学纤维回收处理成新的化工原料，用于制造再生纤维或塑料等。

（4）碳汇交易。

虽然暂时还没有对企业形成明显的制约，但是其国际呼声与国内实践表明，碳汇交易将提高企业遵守成本的支出概率，也会在国际贸易中面临越来越多的绿色贸易壁垒。

2005年，《京都议定书》提出了实现"碳汇"的具体实施制度——碳交易。其基本理念是把二氧化碳的排放权当作一种商品，通过合同的形式实现温室气体排放量的市场买卖，从而实现减排目标。根据清洁发展机制、联合履行和排放交易三种碳交易机制，可将碳汇交易划分为配额型和项目型两种交易类型。配额型交易是一种基于《京都议定书》减排总量义务下的减排权交易，通常采取现货交易的方式。项目型交易是一种基于减排项目的减排权交易，通常采取期货交易。

目前，我国已经在上海、广州等11个地市开展了碳交易的试点。企业必须在发展战略中体现这一趋势，才不会在即将到来的环境规制中处于竞争劣势。

2. 企业环境战略决策的目标体系

企业战略是指企业制定长期的根本性、全局性目标，并为实现这个目标进行必要的资源配置及行动。环境战略的概念最早出现在经合组织于2001年环境部长会议中通过的《OECD二十一世纪前十年环境战略》。随着认识的不断深化，环境战略会逐步影响到产业的政策与发展，最终成为企业所接纳和运用的现实理念。在实践中,由于环境的外部性问题,环境战略更多的是政府基于全球环境的宏观角度提出的政策导向。即使在推行环境友好生产的企业中,企业的环境努力也大多归属于企业运营管理的一部分,很少被提升到战略高度。结合企业战略的定义和低碳经济的要求,本书定义企业环境战略为:在利益相关者的共同推动下形成环境友好的企业生产长期目标,并围绕此目标制定、实施资源投入与行动组合。

企业环境战略的目标。从企业环境战略的定义可以看出,企业环境战略的目标围绕一个中心、两个层次。其中,一个中心是企业竞争优势,两个层次一是经济绩效,二是环境绩效。具体而言,无论企业采取何种深度的环境战略,与一般战略理论相似,企业环境战略的核心问题仍是如何获取持续的竞争优势。这一核心问题在两个层次的权重分配,取决于企业家对于吸引消费者认识的差异以及对于可持续发展的理解。

企业环境战略对环境绩效的考虑通常都内化到经济绩效的框架中,因而在战略中,反映在企业的绿色管理方面。具体考虑三个目标:

一是产品或服务的绿色化。寻求市场中的绿色需求,设计、开发低能耗、低物耗、对环境无污染的优质产品。

二是资源利用的最大化。采用集约型的科学管理和生产工艺,促进物质和能源的高效利用,最优化单位资源的价值产出。

三是废弃物排放的最小化。实施全过程控制的环境管理,降低生产过程的废弃物排放,通过绿色管理相关认证,减少环境管制下的风险成本。

通过上述三个目标的协调,实现企业在政府环境规制下的经济绩效和环境绩效的统一,进而实现企业在不断变化的环境下的持续竞争优势。

绿色管理要求从技术、设计、制造、包装、营销、会计、文化等方面确立子目标以保证企业环境战略目标的具体实现,从而在企业内部形成包括绿色技术、绿色设计、绿色制造、绿色包装、绿色营销、绿色会计、绿色文化在内的全面绿色管理体系。

综合上述三个层面的目标,可以得到企业环境战略的目标体系。在制定企业环境战略的目标过程中,需要遵循以下几项原则:

一是动态性。在低碳经济中,对于企业环境责任的愿望逐渐变成依托市场机制的约束,因而需要及时对战略进行适当的调整以适应变化,实现资源与需求的匹配。

二是独特性。企业环境战略目标的独特性集中体现在向消费者提供绿色产品或服务等绿色价值。由于生产工艺和原料的差异,企业在绿色改造中应追求自己的技术特性,通过建立难以被竞争对手模仿的环保特点与环境资质帮助企业获取和保持竞争优势。

三是合法性。日益完善和明晰的政府环境管制法规要求，企业的环境战略目标要建立在环境法律法规的基础上。与此同时，由于环境的公共物品属性，还意味着企业行为要符合社会道德约束和规范。

四是可分性。企业环境战略目标应根据企业结构进行分解，指导企业的具体业务。可分性主要体现在空间和时间上，在空间上可表现为总目标在不同业务上目标和任务的分解，在时间上可表现为总目标在不同阶段中目标和任务的分解。

五是可检验性。虽然时间跨度越长、战略层次越高的目标越具有模糊性，但企业环境战略目标还是应尽可能地具体、明确和可检验。用定性化的术语来表达时间跨度长、战略层次高的目标应当达到的程度，而尽可能定量化空间和时间细分后的战略目标，以有效检验环境战略目标的实现程度。

3. 企业环境战略决策类型

根据影响企业环境战略的内部和外部因素分析，本书认为企业从自身角度对环境战略类型的定位应该主要考虑企业现有资源能力水平和资源环保措施与企业自身利害的相关程度。在这两个标准决定的二维空间中，企业环境战略的决策可以表现为四种不同的类型，即被动型、防御型、适应型和主动型。

（1）被动型。

被动型是指企业常常对环境战略持抵制态度，会尽可能地拖延遵守环境法规制度，目的是获得合法性，而不是为谋求竞争优势。在企业解决环境问题的资源和能力较弱，且环境问题对企业并不关键，甚至于实施环境战略对企业不利影响较大的情形下，被动型环境战略通常是企业会采取的一种管制推动方式。并且，企业的资源和能力水平越低，环境战略对企业不利影响越大，企业越是会采取这种环境战略类型；而随着企业资源和能力的提高，企业出于对外形象等方面的考虑，会较少采取这种环境战略类型。采取这类战略的企业可能是因为环境管理行为给企业产生额外的成本负担，主要损失来自环境规制的遵守成本以及由于资源配置而间接增加的企业成本。

（2）防御型。

防御型是指企业常常对环境战略持"不到非行动不可就不行动"的态度，会利用管制漏洞或以经济利益胁迫政府。在企业资源和能力较强，且实施环境战略对企业不利影响较大的情形下，防御型环境战略通常是企业会采取的一种讨价还价战略。并且，企业的资源和能力水平越高，环境战略对企业不利影响越大，

企业管理机遇、转型与发展

企业越是会采取这种环境战略类型。原因在于企业能力变大,使其对社会福利的影响越深,进而具备与政府讨价还价的余地,或者利用规模优势与管制部门制定行业标准,通过对中小竞争企业制造壁垒而获得竞争优势。

(3) 适应型。

适应型是指企业会根据市场和环境政策的变化适时调整企业行为,从而获取较好的经济绩效与环境绩效。在企业资源和能力较小,且环境战略对企业有利影响较小的情况下,适应型环境战略通常是企业会采取的一种效率推动方式。随着环境战略对企业有利影响的提高,企业会向更高的环境战略类型转变。企业环境管理决策常常受行业领先者或上下游企业的市场策略的影响表现出两面性。一方面,实施适应型环境战略的企业会主动跟随那些实施主动型环境战略的行业领先者的步伐,或者当上下游企业对环境保护有特殊要求时,在供应链利益的驱使下,"适应型"企业被迫实施积极的环境战略;另一方面,当上述企业对环境保护并不积极时,"适应型"企业也便没有了进行环保改造的主动性。

(4) 主动型。

主动型是指企业全面开展产品生命周期内的环境质量管理,创新生产工艺和产品,保持与利益相关者的良好关系,通过积极的环境管理建立竞争优势。在企业具备解决环境问题的资源和能力,且利益相关者对企业的环境绩效预期较高,环境问题对于企业十分关键的情况下,主动型环境战略通常是企业会采取的一种责任推动方式。选择"主动型"战略的企业环境管理能力高,通常以"商业领袖"的角色出现,将环境保护视为企业应当承担的社会责任,通过执行高于管制标准的环境标准改善企业与社会的关系,通过环境友好的企业声誉、技术壁垒和基于环境标准的贸易壁垒建立企业的竞争优势。

企业实施主动型环境战略主要包含污染防治、产品管理和可持续发展三个方面的内容。其中,污染防治主要通过技术创新或原料替代、循环利用降低污染排放量;产品管理主要在产品设计和开发过程中落实环境保护的理念,以对环境影响最小为标准设计产品、利用原材料;可持续发展要求企业在社会责任的高度执行积极的环境管理,对严重影响环境的业务进行重组或剥离。企业从这三个方面的努力中可获得的收益可以归纳为三个主要方面:首先是成本的节约,企业不仅可以避免高额的污染处理设备的购置,还能够通过提高原材料的利用率降低材料成本;其次是政府的税收补贴或优惠;最后是研发和生产环保产品所带来的绿色差异化优势。

第四节 环境资源约束与企业创新发展

一、资源基础观

1. 资源基础理论

最早的资源基础观可追溯到 Chamberlin（1933）和 Robinson（1933），他们在研究组织竞争行为的过程中发现特定资源对企业的重要性，并借此提出企业拥有的独特资产和能力是导致不完全竞争并获取超额利润的重要因素。1959 年，Penrose 在《企业成长理论》一书中赋予了资源基础理论的经济学理论基础。Penrose 将企业看成是一系列具有不同用途的资源联结而成的集合，并提出从企业内部视角来分析企业的竞争优势。在 Penrose 等学者研究的基础上，1984 年 Wernerfelt 在经典论文《企业资源基础论》中首次明确提出了"资源基础观"（Resource - Based View）。Wernerfelt 认为，企业的高利润来自于企业资源而不是产品，通过获取稀缺性资源，企业可以获得廉价且回报优厚的机会。随后，Barney（1991）、Conner（1991）、Prahalad 和 Hamel（1990）、Teece 等（1990）通过对企业资源的进一步研究，得出了资源是企业竞争优势最终来源的基本结论，其中资源包括企业的资产和能力。在这一过程中，资源基础理论也成为战略管理领域的主流理论之一。

资源基础理论的核心观点认为，企业是由一系列资源束组成的集合，在企业资源异质性和企业资源不可转移的前提假设下，企业的竞争优势取决于有价值的、稀缺的、难以完全被模仿的和被替代的企业专有性资源。但是资源的这些特性是动态变化的，为此 Barney（2001）和 Brush 等（2001）学者进一步深化了资源基础理论的观点。他们提出企业的竞争优势不仅来自于独特的企业资源，更重要的是企业能够进行更高级的资源整合，从而保持竞争优势甚至不断产生新的竞争优势。资源基础理论不仅说明了企业竞争优势的来源，还进一步揭示了竞争优势的产生过程。

从这个意义上说，资源基础视角对创业研究具有特殊的理论价值。由于新创劣势，新企业通常缺少资源而处于被动的竞争地位，但是根据资源基础理论的观点，新企业可以通过资源整合创造竞争优势，从而实现企业的生存和发展。在这种情况下，为了实现单个企业无法进行的、更高级的资源整合，新企业就会寻求企业外部的支持，如建立联盟合作。

在企业战略联盟研究领域，特别是针对新企业联盟合作的研究中，资源基础理论也是应用得最多的基础理论之一。基于资源基础观的联盟本质动机是获取其他企业的资源，而不是仅仅依靠自有资源，所以资源基础理论的观点能够区分合作战略（如联盟合作）与其他单企业战略。但是有学者的研究发现，这一理论虽然可以用来解释以互补资源为目的的联盟合作，但对另外一些联盟如技术型探索联盟却无法给出合理解释。因此，在对新企业创业战略与新企业联盟合作的关系进行研究时，仍需在资源基础理论的基础上进一步补充其他理论。

2. 资源管理

资源基础理论认为，企业拥有的特定资源是企业竞争优势的主要来源，这些资源具有价值、稀缺、难以被模仿、难以被替代的特性。但是资源的这些特性是相对的，会随着企业发展和环境改变呈现出动态变化。特别是在新的竞争格局下，由独特的企业资源形成的企业竞争优势往往是暂时而非持续的。在这种情况下，企业需要不断地更新和积累资源，提升资源的异质性，同时需要对这些资源进行有效的管理。

资源管理是企业管理的核心内容之一。企业通过资源管理过程将资源转化为自身的能力，获取竞争优势，实现价值创造。针对这一过程，学者们基于自己的研究主题也提出了不同的资源管理过程模型。Morgan 和 Hunt（1999）从价值创造视角提出了一个资源管理模型，主要包括资源的有效获取、资源整合、资源定位以及资源保护和维持四个过程。在此基础上，Hitt 和 Sirmon 合作进行了一系列具有代表性的相关研究。Sirmon 和 Hitt（2003）在对家族企业资源特性与企业竞争力关系的研究过程中，针对传统资源观点的不足，建立了企业资源开发过程模型，主要包括资源存储、资源绑定和资源利用3个互相关联的反馈过程，并随环境变化不断调整。在这一模型的基础上，他们提出了"资源管理"的概念，即通过识别与获取资源，在合理配置的基础上形成企业特有的能力，并通过能力发挥为客户和企业创造与保持价值的过程。随后，Sirmon 等（2007）从权变和组织学习视角进一步考察了动态环境中的资源开发特性。他们强调，企业资源管理过程是一个受内部、外部多重因素影响的动态过程，涉及一系列识别机会、开发竞争优势以成功实现机会的综合行为。因此，企业要根据环境变化不断调整资源管理活动，在这一过程中组织学习是重要的调节手段。在对资源管理过程系统分析的基础上，进一步构建了包括资源识别、资源获取、资源整合与资源利用的企业资源开发过程模型。

综合现有研究来看，Sirmon等学者对资源管理过程的研究有效地整合了资源和能力视角，揭示了由资源到价值转变过程的内在机制，并在此基础上将资源管理过程进行了细化和提炼。他们基于权变思想将资源管理过程和环境要素结合起来，突出了资源管理过程的动态反馈特性。但是由于这些研究多集中于大型或成熟企业，且提出的资源管理过程模型侧重于对成熟企业的资源管理活动进行分析，没有特别针对新企业的资源管理过程进行研究，因此缺乏对新企业和创业过程的理论适应性。

与成熟企业的资源管理不同，新企业的资源管理过程具有自身的特殊性。创业是一个复杂的动态过程，在这一过程中，新企业实现了从无到有的创建过程，同时也是新企业资源基础由弱到强的过程，因此基于资源视角的创业过程可被看作是新企业获取和开发资源的过程。随着创业研究的深入，新企业和创业过程中的资源管理问题也引起了学者们的关注。Brush等（1997，2001）最早对新企业的资源配置过程进行了研究。创业是从概念形成到战略制定，最后转化为执行的过程。结合这一过程，Brush等对新企业资源基础的构建过程进行了系统分析，建立了包括识别资源、吸引资源、整合资源和转化资源四部分的新企业资源开发模型。在此基础上，Brush进一步研究了资源类型、外部环境与新企业的资源开发过程的关系，指出当新企业快速成长或在动态环境中参与竞争时，资源开发过程是实现企业生存发展的战略选择（Brush等，2001）。随后，Parker（2006）结合新企业的生命周期分析了新企业的资源管理过程。他认为，在企业生命周期的不同阶段，新企业会采取不同的资源获取和整合行为。比如，在创建期，新企业受到严重的资源约束，更注重识别和获取资源；在快速成长期，新企业需要筹措更多的资源，不断优化资源结构并整合，以满足企业快速成长的需要；在成熟期，企业必须更加有效地利用现有资源和能力，以开发新的市场机会。国内学者柳青、蔡莉（2010）对新企业资源管理过程进行了比较深入的研究。他们基于创业动态过程深入分析了新企业资源开发问题，提出了由资源识别、资源获取、资源整合和资源利用四个环节构成的新企业资源开发过程模型，并在此基础上构建了一个受内部、外部影响因素共同作用的新企业资源开发过程研究框架。

目前，对新企业资源管理过程的研究多以理论研究为主，相关实证研究还不多见。朱秀梅（2008）针对创业过程中的资源管理过程进行了实证研究。对吉林省长春市46家新企业和78家成熟企业的研究表明，新企业与成熟企业的资源管理过程不同，在资源构建阶段，新企业从外部获取资源比较困难，主要依赖于资源的内部积累；在资源整合阶段，新企业的改进能力和创造能力均优于成熟企业；在资源利用阶段，与成熟企业相比，新企业的资源利用能力相对较差。

资源管理过程揭示了资源到能力进而到价值的转化过程，为分析企业竞争优势的形成和企业绩效的产生提供了一个有力的工具。从现有研究来看，对资源管理过程的研究多集中于企业内部，忽视了外部因素对企业资源管理过程的影响。对此，有学者提出应将组织内部、外部因素结合起来综合分析资源管理的动态过程。另外，目前对新企业资源管理过程的研究主要关注资源获取和资源整合过程，而很少涉及资源利用环节，实际上资源利用与企业绩效的关系最为紧密，是直接创造顾客价值和企业财富的过程。

二、要素集聚对区域创新能力的影响

在不同地区要素集聚规模和结构的不同必然导致区域创新能力的差异化。本书主要考虑物质资本和人力资本两种生产要素的集聚状况对区域创新能力差异化的影响，讨论物质资本集聚和人力资本集聚是否通过作用于区域创新能力影响区域经济发展。

1. 物质资本集聚对区域创新能力的影响

物质资本集聚与积累是相互依存的，物质资本在地理上的集中可看作是某地区物质资本积累的一种形式，而物质资本积累也可看作是物质资本在时间维度上的集聚。

以索洛为代表的新古典经济学家将物质资本积累作为经济增长的核心，因为在给定的、相同的技术条件下，发达国家和发展中国家收入水平的差别就表现在人均资本拥有量的差别上。但是如果技术不能进步的话，物质资本的边际报酬会趋于递减，导致经济增长不能持续。因此，从经济的长期发展来说，无论是发达国家为了达到持续增长的目标，还是发展中国家要摆脱"二元"经济的格局，均要依赖快速的技术进步。如何引致技术进步是经济增长和工业化水平提高的关键。区域创新能力直接导致区域技术水平的提高，而且最根本的实现途径是研发创新或技术引进活动，因此通过研发创新或技术引进活动提升区域创新能力是引致技术进步的重要途径。

Jorgenson 和 Griliches 指出了技术进步应包括两类：一类是资本体现型（Embodied），另一类是非资本体现型（Disembodied）。非资本体现型技术进一步反映了总量生产函数的整体移动，也就是说，经济增长不依赖于要素投入的整体改进，而是采用了要素节约型创新技术，从而提升了整个全要素生产率，非资本体现型技术进步将对经济增长有比较大的贡献。Agion 和 Howitt 构建了将资本积累和研发创新融为一体的理论模型，发现资本积累与研发创新具有动态互补性，这就是揭示了资本集聚和积累同样有利于创新能力和技术水平的提升。经济增长的可持续需要将技术水平内生化，从而普遍得出高创新能力需要高设备投资率的结论。非资本体现型技术进步方式多被发达国家或地区采用。对于发展中国家，技术进步主要是通过研发和技术引进两个途径。因为经济中的研发部门大多是高度资本密集型的，需要大量的资金投入到计算机、精密仪器及试验设备。研发创新活动中对这些固定资产的投资通过提高均衡利润流而刺激创新，更多创新也将通过提高产出增长率而激励资本进一步集聚。资金充足、金融环境优越的区域通过给创新活动提供良好的资金支持，大大增强区域创新能力。

由于发展中国家的资本密集度远低于发达国家，所以不大可能在资本投入极大、风险极高的高技术领域和发达国家竞争，而在现成的中间技术上搞研发则不如靠引进来得合算。研发是一项依赖高成本、高风险、密集资本投入的创新活动，给发展中国家带来的负担和风险较高，所以大多依赖低成本、低风险、低资本投入的技术引进促进发展中国家的技术进步。而处于转型期的大多数发展中国家和地区的经济增长主要依赖物质资本投资驱动。在大规模投资和技术设备引进过程中，对先进国家或地区的产品与技术进行模仿、消化和吸收后的再创新成为其主流创新形式。一个区域的创新能力决定于在一个经济的要素禀赋结构所决定的要素相对价格的条件下，其选择的产品和技术所在的产业区段是否达到最低成本的水平。在具有资本禀赋比较优势的地区其资本雄厚，投资在国外新技术设备的购买或更新中，技术引进领域内积累了大量的物质资本，获得较高的区域创新效率和生产率，从而进一步吸引外来资本的流入和集聚。而在劳动力相对丰富、资本相对稀缺的地区，一个企业只有选择劳动力相对密集的产业区段和技术才会具有区域创新能力。因此，发展中国家中经济相对富裕的地区在引进外资过程中购买了大量含有新技术的资本设备，这些内含在资本设备中的新技术又通过产业链逐步传导或扩散到相对落后区域，从而伴随着物质资本的流动和集聚，实现了整个社会范围内的资本体现型技术进步。政府应引导和充分发挥市场配置资源的基础性作用有机结合，营造招商引资、合作共赢的良好环境，调动各方面的积极性，拓展多元化融资渠道，努力提高市场化运作水平。

2. 人力资本集聚对区域创新能力的影响

新古典经济理论虽然提到了技术进步对经济增长的作用,但是将技术作为外生变量。阿罗在新古典经济理论的基础上,提出一个"知识积累的内生理论",并以此解释技术进步现象。他认为,知识的获得是"经验的产物",而不仅是时间的函数,知识的积累为提升区域创新能力奠定了基础。新古典经济学家认为,知识的创造是物质资本投资的"副产品",也就是厂商在生产过程中存在"边干边学"的效应。罗默将技术内生化,提出了更加完善的新模型——"内生技术进步模型",奠定了内生经济增长理论的基础。在内生增长模型中,劳动力被划分为简单劳动力和熟练劳动力两类,并且假设知识的生产只依赖于人力资本的投入和现有的知识存量。简单劳动力是一种传统的经济增长要素,它不能体现出劳动力所具有的素质。人力资本是指人们花费在教育、训练和信息获取等方面的开支所形成的资本,地区的人力资本存量与增量、人力资本的结构、人力资本的流动、集聚与配置,极大地影响区域创新能力及扩散效果。人力资本体现在劳动者身上的技能和生产知识的存量,直接反映劳动者的素质。随着现代科技的不断发展,创新中人的因素越来越重要,所有的创新活动都是以人为主的创造活动,承载高人力资本水平的劳动者是创新能力提高的最关键因素。熟练劳动力包括人力资本在内,是简单劳动力的叠加。人力资本存量越高,熟练劳动力的知识创造和技术创新能力就越强;人力资本增量越高,区域创新能力和经济的增长率越高。一个区域的技术状况必须与人力资本相适应,只有适应了人力资本的技术水平才能充分释放技术对经济增长的驱动作用,才能促使区域经济由多元向"一元"收敛。既然经济增长率取决于人力资本水平,那么不断创造知识、提高人力资本水平也是欠发达地区追赶发达地区实现经济长期增长的必由之路。内生增长理论的提出,使得人们都认识到人力资本积累对技术进步和经济增长的重要性。

卢卡斯则直接将人力资本引入经济增长模型,并使之内生化。他认为,人力资本积累是经济得以持续增长的关键因素和经济发展的真正源泉。卢卡斯不仅认为人力资本是一个独立的生产要素,除此之外,还认为人力资本具有正外部性。劳动力边干边学,使得人力资本具有溢出效应。一般认为,人力资本集聚是其溢出效应存在的前提,溢出效应降低了模仿企业知识创造与技术创新的成本,而溢出效应具有随距离衰减的特征,为了获取溢出效应,导致企业在地理上有集中的倾向,企业内部也会进一步积累人力资本。也就是说,反过来人力资本溢出效应的存在能促进人力资本集聚,并且将导致物质资本比人力资本更快地增长。人力资本集聚结构也是影响区域创新能力的一个因素。高、中、低层次的人力资本搭配合理，对区域创新能力的集聚效应才更有效。尤其是专业化人力资本存量的提高不仅提升人力资本层次，其集聚的溢出效应也更明显，对区域创新能力提升有决定性作用。因此，必须进一步加大教育（包括专业教育、职业教育、在职培训等）投入，扩大对外开放，使丰富的人力资源转化为专业化的人力资本积累，并以合理的结构集聚在某区域，从而促进区域创新能力。人力资本作为生产力要素，不仅具有生产要素功能，还具有知识创造与溢出的功能。所以，一个区域的创新能力要得到提高，必须依靠人力资本集聚，这样人力资本水平和结构都得到提升。

三、政府要基于生态文明理念促进企业创新发展

产业生态化作为建设生态文明的重要途径，各地在选择产业生态化实施路径上应根据国情、省情因地制宜，走适合自身发展的产业生态化发展道路。推进工业产业生态化发展，并不只是立足于在某单一的工业企业或产业内进行，而是要在依据政府的政策和指导方针下，根据科学的工业生态化理论和借鉴成功典范经验基础上，结合地区周边区域的资源优势和产业优势及主体产业构成结构，进行多企业或产业间的纵横连接与组合，走相互关联、相互促进、共同发展的工业产业生态化发展道路。

1. 完善政府生态政策管理制度

政府通过产业政策措施，以利益激励为主导，发挥企业作为产业经济活动主体、污染防治主体的积极性、自觉性，引导企业在生态效率最大化的内在动力驱动下，主动与其他企业进行质能循环等物质技术合作，真正从源头上控制和治理污染，实现产业发展与环境保护的协调。实现工业产业生态化发展，健全的政府生态政策管理制度所发挥的引导与激励功能比强硬的法律体系更行之有效。在完善工业产业生态化政策管理制度中，需要着重健全有利于产业生态化发展的税费政策与金融投资政策。

第一，税费政策的改进完善。目前，大多税收政策都不足以刺激工业企业尤其是中小型企业投入人力与财力到生态化发展的技术改进上。我国应在原有税收政策基础上改进并完善：其一，要用罚款、重税费等手段限制那些设备老旧、技术落后的重污企业，使企业能自觉逐步更新升级；其二，要以减免税收、返还税收及低税率等优惠税费政策刺激企业进行生态化创新发展；其三，在税收政策的

刺激下，政府再配合完善财政政策，用政府财政对工业行业中一些生态化转型发展的重要企业实行一定的财政补贴，同时对那些清洁生产的基础设施进行财政投资建设，使其生态化基础设施能够完善。

第二，健全金融投资政策。其一，政府通过政策性银行对生态产业和企业进行金融扶持，如完善对企业的低息贷款、贴息贷款等优惠金融政策规定；其二，支持符合条件的行业企业吸收外资，实现企业向生态化方向发展。

2. 健全生态法律法规保障制度

我国工业产业实现生态化发展，政府部门必须在严格遵循与执行国家相关法律法规的同时结合区域发展特点，建立健全一套严密、完整、具有可操作性的区域性生态化绿色法律法规综合体系，在工业产业生态化逐步推进时能够在原有基础上不断调整与完善。政府在制定完善生态化法律规章时必须清楚了解到，与产业生态化相关的法律制度不仅指专门为促进产业生态发展的法律制度，也包括符合可持续发展的内在要求，有利于规范和协调人们正确处理自然、资源、环境和发展问题的其他法律制度。法律法规体系要支撑工业产业生态化发展，需要从以下几方面着手：

适时修改完善促进工业生态化的配套法律规章制度。政府相关部门必须相互联系合作，从战略发展全局的高度重点研究产业生产、发展对环境的影响，适时推出符合产业发展又能从源头防止生态污染与破坏的配套法规制度，不能使法律规章制度的制定像传统模式那样将重点集中于已发生污染破坏的末端制裁上。例如，根据国家今后的工业产业布局与导向，有关部门就必须加快制定符合区域产业健康发展的高耗水、高耗能、高排放行业的市场准入标准，再根据实际发展的产业及时完善行业企业内用水取水定额及能源设备的能效标准；同时促进实现节水、节能及资源综合利用的绿色生态化循环技术与创新的有效法律法规配套制度。

在工业生态化中，必须加强对行业及企业的执法力度。法律通过实施才能展现功效，立法却不执法就如同虚设。加强执法力度需要加强执法队伍的建设，尤其是提高与产业生态化相关法律执法人员的各项素质，建立健全基层的执法人员与机构。

3. 提倡绿色 GDP 核算制度

传统工业化发展对自然生态的严重破坏程度让世界各国不容忽视，尤其为获得国民经济增长而造成资源与环境等生态问题的严重状况引起世界专家学者对国民经济总产值的核算研究。1993年,联合国有关统计机构正式出版的《综合环境与经济核算手册》,提出了生态国内产出GDP的概念。GDP就是"绿色GDP",简言之,就是从现行GDP中扣除环境资源成本和对环境资源的保护服务费用,实质上代表了国民经济增长的净正效应。在国外发达工业国家中,挪威最早从资源环境核算开始对绿色GDP进行研究与实施,随后美国、法国、芬兰等西方发达国家开始实施绿色GDP。我国在2001年将重庆市作为开展资源环境核算试点的第一座城市,开始有针对性地研究经济增长与水资源耗减成本及工业污染的相关关系。在2004年,国家将北京、广东、上海、吉林、陕西、四川6个省市列为全国首批推行绿色GDP核算制度的试点省市,这表明在核算地区经济发展时不再只依据单纯的GDP增长率,而是把经济增长与资源、环境等指标综合在一起。

根据生态化发展要求,改革现行评价体系,主要包括企业绿色生产制度、企业绿色会计制度、企业绿色税收制度、企业与政府绿色审计制度,将这些制度与绿色GDP核算体系相结合进行综合考核,并将综合考核数据结果作为企业税收、评定及政府与企业相关人员绩效、晋升的主要数据指标。

4. 在技术层面促进设备与技术的生态化升级

企业生产设备及生产技术的生态化升级,促使大型主导企业实现清洁生产。清洁生产是一种生态化、绿色化的生产全过程污染控制模式,它是通过绿色设计、生态工艺、技术评估等手段,实现尽可能接近零的污染物排放的闭路循环式生产,以期达到防止污染物产生即从源头制止或削减污染物排放的目的,主要包括清洁的生产过程和清洁的产品。主要措施是:其一,加大主导产业内工业企业的装备更新和技术改造力度;其二,重视先进设备与技术的研发与引进,特别应重视能在企业生产中实现无废或少废的清洁生产技术引进运用;其三,鼓励工业企业进行老化落后设备的淘汰与更新,采用无害或低害的新工艺设备、新生产工艺,降低原材料和能源的消耗。

在已具有规模性与经济发展能力的新型工业企业中,要鼓励支持运用现代化技术对企业生产进行升级改造,提高企业内数字化、自动化及生产含量科技化水平。通过推动企业实施清洁生产管理与绿色供应链管理,在企业工艺管理中重视加强对污染控制和废物资源化管理的力度,使企业在整个生产过程与管理中实现"低投入、高产出、低污染"生产,让企业把环境污染物的排放尽可能消除在生产过程之中,而生产的工业产品能在使用和最终报废处理过程中达到对生态环境危害的最小化效果，最终实现工业企业的生产生态化。

5. 引导工业产业集群化与生态化融合

产业集聚指同一产业或不同产业及其与价值链相关的支撑企业在一定地区集中、聚合的过程，由此带来劳动、资本、人才、技术、基础设施等生产要素的大量集聚和有效集中，从而实现生产力空间布局的优化。在区域范围内，当产业集聚发展到一定规模，各种经济发展要素不断优化组合形成具有竞争优势的经济群落后，各内部产业为实现最大收益而促使产业集群形成，即产业集群是产业规模化集聚的必然结果。

产业集群形成的规模效益与群体竞争优势，能极大改善区域内产业经济运行质量，提升区域产业竞争力，促进区域经济发展。要用新思路进行导向使工业产业不仅实现集群化，而且要让集群化与生态化结合发展，实现产业集群化与生态化的良性互动，构建出生态与产业融合型的优势特色产业集群。

政府在设计产业集聚具体政策、产业集聚布局，集聚发展联结、发展路线等助推产业集聚措施时，应从整体长远生态经济效益出发，将产业生态学原理与产业间生态共生理论运用到产业集群化的规划设计中，用生态理念引导工业产业集聚的形成。

产业集群是一种为实现竞争发展优势而自动聚集形成的产业空间组织形式，它具有空间聚集性与专业分工协作特征。要运用生态技术与循环发展模式设计构建产业集群中的产业链。

根据产业布局在集群化的产业内根据产业自身特色，促进形成企业、资源、环境、信息、人才等的相互联结，最终形成一个具有产业衔接关系的企业联结体。通过对旧式生产流程的改造来提高废水、固体废弃物及废气的循环综合利用率，并且根据自然生态系统的循环方式模拟构建产业集群中企业间的共生网络，让一个企业产生的副产品或者废料能够成为另外企业生产的原材料，使企业之间资源与能源能够实现梯级循环利用，从而使产业集群内不同产业间、统一产业上中下游行业间及各相关工业企业间形成高效运行的生态化共生系统。

参考文献

[1] 汪鹏. 环境资源约束与我国化工企业竞争力的关系研究 [D]. 武汉工程大学, 2010.

[2] 王怀成, 张连马, 蒋晓威. 泛长三角产业发展与环境污染的空间关联性

研究 [J]．中国人口·资源与环境，2014（S1）：55-59．

[3] 符鹏．长株潭产业发展与环境污染的灰色关联分析 [D]．湖南农业大学，2010．

[4] 周龙．云南省经济发展与环境污染关系研究 [D]．云南大学，2010．

[5] 闫逢柱，苏李，乔娟．产业集聚发展与环境污染关系的考察——来自中国制造业的证据 [J]．科学学研究，2011（1）：79-83，120．

[6] 张震．我国环境产业发展的制度分析 [D]．山东大学，2012．

[7] 云光中．资源型城市产业发展新模式研究 [D]．武汉理工大学，2012．

[8] 齐亚伟．环境约束下要素集聚与区域经济可持续发展 [D]．江西财经大学，2012．

[9] 余芳．生态文明背景下昆明工业产业生态化发展路径探析 [D]．昆明理工大学，2013．

[10] 阎兆万．论产业环保化及其实现机制 [D]．北京交通大学，2007．

[11] 唐索莉．我国高能耗产业的环境效率评价及规制研究 [D]．广东商学院，2013．

[12] 黄瑞芬．环渤海经济圈海洋产业集聚与区域环境资源耦合研究 [D]．中国海洋大学，2009．

[13] 白云朴．环境规制背景下资源型产业发展问题研究 [D]．西北大学，2013．

[14] 杨茜．我国地区经济发展与环境污染状况的主成分分析 [J]．统计与决策，2005（18）：74-77．

[15] 张复明．资源型经济理论解释内在机制与应用研究 [M]．北京：中国社会科学出版社，2007．

第四章　企业社会责任与企业管理

第一节　企业社会责任概念

一、企业社会责任的内涵

企业社会责任这一概念最早是由西方学者欧利文·谢尔顿（Oliver Sheldon）于1923年提出的，他在《管理的哲学》中的描述是企业社会责任概念的最早定义。在他的定义中，生产商品不能成为企业的唯一目标，企业生产经营必须与满足行业内外的需求联系起来，而且企业社会责任包含道德的东西，企业的生产经营服务于社区的话，能够增加社区利益，从社区利益来衡量，这种利益是高于企业的盈利的。

1971年，《工商企业社会责任报告》由美国经济发展委员会发布。该报告将企业社会责任解释为"三个中心圈"，即报告内容中的"内圈"、"中间圈"、"外圈"。其中，"内圈"指企业提供的社会产品、服务等基本责任；"中间圈"指企业在经济职能具体执行中，包括在环保、员工等领域对社会以及环境承担的责任；"外圈"指企业在更大的范围内其他能够促进社会和谐的责任，如消除阶层间的歧视、缩小贫富差距等。

第四章 企业社会责任与企业管理

首次明确给出企业社会责任定义的是美国学者 Howard Bowen。他在《商人的社会责任》一书中认为，企业社会责任就是要企业的管理者以社会目标和社会价值观制定企业的发展战略，做出相应决策并最终采取行动。这一里程碑式的著作开启了企业社会责任的新时代，人们也因此尊称 Howard Bowen 为"企业社会责任之父"。

对企业社会责任的研究到了 20 世纪 70 年代又取得了里程碑式的成果。Carroll 于 1979 年提出了企业社会责任新的定义，这一定义将企业社会责任分为四个部分，分别是经济上、法律上、伦理上和资源方面企业对社会的责任。1991 年，Carroll 又对之前给出的定义进行了一定的改善，并正式将之前定义的"自由决定的社会责任"定义为慈善责任。他根据这些社会责任的重要性对其进行排序，得出的结论是企业社会责任呈现金字塔结构，经济责任所占的比重最大，也是其他社会责任的基础，而法律、伦理和慈善责任依次递减。

2003 年，世界经济论坛定义了企业社会责任的概念，它认为企业社会责任有四个方面，它的基本出发点是企业公民理论①。首先，企业的治理和道德标准要好，这要求企业遵守法律法规、商业准则等最低要求。其次，企业社会责任应涵盖于人的责任，包括员工薪酬的公平合理、生产安全等。再次，企业对环境的责任，如减少废气废水排放，使用清洁能源等。最后，企业对社会发展的责任，如公益捐赠、慈善活动等。

到了 20 世纪 80 年代，人们研究的重点已经不再是对企业社会责任的定义，而是开始研究企业社会责任和企业绩效之间的关系，并采用各种数据和指标通过实证来进行研究，使企业社会责任相关的指标体系不断发展。

我国学者对企业社会责任的相关研究由于起步晚，其理论和实证研究均还在起步阶段。刘俊海在研究中认为，企业社会责任指的是企业在生产经营中不能单纯地把为股东赚取更多的利益作为唯一的目标，而是还要最大限度地满足其他利益相关者的需求，给他们带来更多的利益②。

中国台湾地区学者刘连煜在他的研究中认为，企业社会责任是指营利性企业在经营决策中如果确定某事是社会中大多数人的期望，那么该企业应放弃盈利的想法来满足大多数人的期望。企业的社会责任不只是在遵纪守法的基础上生产经营，还需履行其伦理责任，也就是说，需根据自身情况来履行其社会责任③。

王楠楠（2008）在其对企业社会责任的研究中认为，企业社会责任指的是企

---

① 万莉，罗怡芬. 企业社会责任的均衡模型 [J]. 中国工业经济，2006 (9): 117-124.
② 陈旭东，余逊达. 民营企业社会责任意识的现状与评价 [J]. 浙江大学学报（人文社会科学版），2007 (2): 69-78.
③ 徐尚昆，杨汝岱. 企业社会责任概念范畴的归纳性分析 [J]. 中国工业经济，2007 (5): 71-79.

业一方面要实现股东利益最大化,另一方面还要尽量增加其他利益相关者的利益,包括债权人、顾客、企业职工、政府部门等。

发展到今天,关于企业社会责任的内涵也一直都没有明确的定义。企业社会责任的问题在理论界和实务界都存在很大的争论,这可能是由于各方面学者在对企业社会责任定义研究方面的角度和背景不同①。欧盟定义企业社会责任时,站在资源的角度并把自然环境也融入企业日常的生产经营中,然后与其他利益相关者进行互动。世界银行则认为,企业的社会责任可以看作是企业的一种可持续发展承诺,它能够提高利益相关者的生产生活状况。这是站在利益相关者方面,企业的价值观,尊重人和自然并与所属社区相关的一系列政策和行为的集合。

从上面的理论分析可知,虽然国内外学者对企业社会责任的内涵有诸多不同的理解,但其本质是基本一致的,即企业在追求利润的同时,还要对员工、顾客、债权人、政府、社区等利益相关者承担社会责任。

二、企业社会责任的内容

企业要承担社会责任,首先就必须明确其应该承担的社会责任包括哪些内容。企业社会责任内容的界定是企业承担社会责任的核心问题之一。从企业、社会和企业社会责任的关系出发,借鉴国内外对企业社会责任内容界定的有关方法,根据我国的现实情况,从经济、法规、伦理和自愿性慈善等方面对企业社会责任的内容进行界定。

1. 企业的经济责任

追求合理利润是企业承担社会责任的必要条件,企业若不追求合理利润,它所应承担的一切社会责任将难以持续。企业的经济责任主要有如下几个方面:

(1) 提供多元化的产品和服务。

企业的作用是满足社会需要,提供多元化的产品和服务。企业在履行社会责任的过程中应充分根据社会的需求,提供丰富的产品和服务,以满足广大消费者各种不同的需求。企业承担这方面社会责任的具体途径和方法是:提高生产或服务能力,最大限度满足社会广大人民的物质和精神需要;提供多层次产品和服务,满足不同社会阶层的需求;开发新产品或提高服务水平,推动人民生活水平

---

①赵颖,马连福. 海外企业社会责任信息披露研究综述及启示[J]. 证券市场导报,2007 (8):14-22.

的提高和促进社会进步。

（2）提供更多的就业机会。

企业提供充分的就业机会，有利于维护社会秩序的稳定，对提高全体人民的生活水平和促进社会的和谐发展都有相当重要的作用。企业承担这方面社会责任的具体途径和方法是：努力提高经营效率和创新能力，把企业做强做大，最大限度地扩大就业规模；积极为人们提供就业的知识技能，鼓励帮助失业人员独立自主地从事经济活动；对企业职工进行培训，帮助和提高企业职工的工作技能，创造条件为企业职工提供晋升机会；帮助和支持其他企业发展壮大，增加就业岗位；积极参与社会和政府的就业规划和政策制定工作，及时提出有利于扩大就业的建议和思路。

（3）提高社会资源的利用效率。

企业的经营活动占用了社会的大部分资源，企业的生产方式和经营理念决定了社会资源的利用效率。因此，企业必须努力提高各种资源的经济效率。企业承担这方面社会责任的具体途径和方法是：在企业内部方面，制定节约资源的规章和准则，严格按照有关法规、条例进行生产控制和管理，提高资源的使用效率；制订具体的节约资源计划或规划，建立严格的资源使用奖惩制度和资源使用效率的责任追究制度；做好宣传和培训工作，提高全体工作人员的高效利用资源意识；加强资源节约型技术的研发和推广应用，加大对资源技术开发资金的投入；积极开展循环经济生产。在企业外部方面，遵守相关的法律、法规、制度和规范；积极参政议政，促进和维护所有提高资源利用效率的法律、法规、制度和标准规范的完善，使提高社会资源的利用效率逐步成为企业经营管理的常规化和制度化工作；推动和促使社会建立能够反映资源稀缺程度和环境治理成本的价格形成机制，在产品价格中体现污染治理的成本，使污染治理成本内部化；推动社会积极发展循环经济，推行清洁生产，治理环境污染；推动社会实行环境质量公告制度，定期公布企业的有关环境保护指标；积极检举和揭发各种环境违法行为。

（4）促进企业利润和社会财富的共同增长。

企业经营活动只有获得一定的利润，才有能力扩大规模进行一再生产，才能向社会提供更多的商品和服务，也只有利润的增加才能有可持续发展的实力，为社会多做贡献。企业利润积累的同时，就是社会财富的积累。企业承担这方面社会责任的具体途径和方法是：通过创新管理制度，提高企业的盈利率；通过扩大经营，提高产品或服务的总量；通过提高生产效率或服务水平，降低运营成本。

2. 企业的法规责任

企业承担法规责任是企业本来就必须承担的社会义务，也是企业基本的社会责任。这种社会责任要求企业依法经营、按章纳税和承担政府规定的其他义务，并接受政府的管理和监督。企业承担法规责任也是履行其他社会责任的前提条件，具体包括如下几个方面：

（1）遵守国际公约。

为了约束企业国际化的经营行为，规范国际贸易秩序，国际公约对成员国的企业来说都有约束力，如《国际劳工组织宪章》、《联合国儿童权利公约》、《世界人权宣言》等。企业承担这方面社会责任的具体途径和方法是：一切经营管理行为必须严格遵守这些公约，把跟自己企业有关联的所有国际公约作为企业管理制度制定的基础和前提条件，积极向企业的所有员工和社会各界宣传和推广国际公约。

（2）遵守国家的法规。

企业对法律的遵守和执行将有利于规范企业的经营活动，保护企业及其利益相关者以及社会其他各界的合法权益。国家法律从根本上规定企业所要承担的最基本的社会义务，如我国颁布的《公司法》、《中华人民共和国安全生产法》、《产品质量法》等，以法律的形式规定了企业对社会所要承担的基本的社会义务。除了国家法律，政府还公布了一系列规范企业各种经济行为的条例和规定，包括《建设工程安全生产管理条例》、《工伤保险条例》、《集体合同规定》等。这些条例和规定进一步规范企业的经营活动，对法律没有涉及的社会义务做了进一步的补充和完善。现实生活中的国家法律、政府条例和规定也构成了企业社会责任最基本的法规约束，企业严格执行这些法律规范是企业履行社会责任的基本要求。企业承担这方面社会责任的具体途径和方法是：把国家的法律和规定作为企业一切经营行为的最基本准则，贯穿于日常的经营管理工作之中；把普法工作日常化，积极向全体员工和社会各界普及相关的法律知识；经常开展遵纪守法自查自纠活动；积极配合政府执法部门的执法行为。

（3）执行国际通用标准。

随着全球化的进一步发展和国际贸易的不断扩大，为了规范某个领域或某种行业的行为，由具有一定代表性和广泛性的国家和地区共同参与制定的向全世界颁布的国际标准，如 ISO9000、ISO14000 等。这些国际标准浓缩了工业发达国家许多年来的管理经验，融合了当今诸多优秀的管理方法，并用最简洁的方式将企业运行过程加以概括，规范了企业管理的基本流程，同时本身还具有弹性，容许每个企业根据自身特点加以灵活运用。这些国际标准对成员国的企业经营行为同样具有约束力。由于考虑到各国的经济社会环境存在很大的差异，经众多成员国协商后才颁布的这些标准的要求往往不是很高，应该作为企业经营行为的基本规范。况且，通过对国际标准的贯彻实施，企业既可以消化吸收国外先进的管理手段与方法，又可以规范、夯实管理基础，并结合企业管理的实践，进行管理创新，使企业具有先进的管理水平，使企业生产的产品和提供的服务具有国际竞争力，有利于企业开展对外贸易。企业承担这方面社会责任的具体途径和方法是：把国际通用标准作为经营管理的基本准则，融入到日常的管理工作之中；及时跟踪和把握国际通用标准的变化；向企业职工普及国际通用标准知识；向相关的合作伙伴推介国际通用标准的要求。

(4) 执行行业规范、行业标准和行业道德准则。

企业是在特定的行业中生存的，每个行业都具有自身的特殊性，因而每个行业具体的社会责任也各自不同。每个行业的行业规范、行业标准和行业的道德准则是针对特定行业在提供产品或服务过程中可能出现的问题而制定的。这些规范、标准和道德准则进一步规定了企业在所属行业内具体的经济行为，为企业履行行业内特定的社会责任提供了依据。企业认真执行行业规范、行业标准和行业的道德准则，有助于企业承担本行业应承担的责任。从企业的长期可持续发展来看，企业与同业竞争者之间应本着和平共处、坚决避免无休止价格战等恶性竞争行为，保持友好，相互学习，走共同发展之路。企业承担这方面社会责任的具体途径和方法是：严格执行行业规范、行业标准、行业道德准则的具体要求；严格执行各类经济合同的约定，恪守合同的要求，保持企业良好的信用与商誉；积极配合行业学会、商会、同行公会等行业组织的行业性统一行动；积极参与行业规范、行业标准和行业道德准则的制定、修改和推广工作；积极按行业规范、行业标准和行业道德准则的具体要求监督、检举或谴责其他企业的非合理行为等。

(5) 执行企业内部的规章制度。

企业的内部规章制度是企业根据本单位的具体情况而定的行为准则。企业内部的规章制度必须在企业伦理道德的高度上对企业的管理者、员工行为进行约束。国际公约、国家法律规范、行业规范、行业标准和行业的道德准则是从外部对企业行为进行约束，而企业内部规章制度则是从内部自身的角度规范其经济行为。建立良好的企业内部规章制度，有助于加强企业的内部控制，防范和化解企业的经营风险，完善企业的监督机制。同时，企业的内部规章制度也是在国际公约、国家法规、行业规范、行业标准和行业道德准则的基础上对企业经营行为规范的具体化。企业承担这方面社会责任的具体途径和方法是：在严格遵守国际公约、国家法规、行业规范、行业标准和行业道德准则的前提条件下，制定和不断完善企业的各种规章制度；加强各种规章制度的实施和监督力度；严格要求全体员工执行有关规章制度。

3. 企业的伦理责任

伦理责任是基于伦理道德规范的责任，是企业社会责任的核心内容。企业的伦理责任有如下几个方面：

（1）维护股东权益。

企业与股东的关系是企业与投资者的关系，股东是企业最基本、最重要的利益相关者。维护股东的投资权益是企业最首要的伦理社会责任，企业应为股东提供较高的利润，确保股东在企业中的利益、企业资产的保值与增值。对于企业来说，建立良好的股东关系，努力承担好对股东的经济、社会、法律等方面的责任，对于企业的生存和发展具有决定性的意义。企业承担这方面社会责任的具体途径和方法是：维护法律所规定的股东合法权益；承担对股东的资金安全和收益的社会责任；及时向股东提供真实的投资、经营和管理的全面信息；维护股东参与企业管理或监督的有效机制等。

（2）维护消费者权益。

消费者是企业产品与服务的最终接受者和使用者。企业作为一个社会成员，应尊重消费者主权，维护消费者利益。尤其在买方市场状态下，由于市场竞争的日益加剧，尽量消除用户在商品交换中的损失和不满，使买卖双方权利均等，对向消费者提供的产品质量或服务水平应承担其保证的责任，做出并履行对消费者在产品质量、产品安全或服务质量方面的承诺，不欺诈消费者和谋取暴利。同时在产品质量或服务质量方面，接受政府职能部门的管理和公众监督。企业承担这方面社会责任的具体途径和方法是：为消费者提供有安全保证的产品和服务，保证消费者在消费时的人身安全；为消费者提供质量可靠的产品和高水平的服务；尊重消费者的知情权和自由选择权，及时为消费者提供信息真实、性能详细的产品广告、宣传材料和产品说明书；保障消费者的消费权益；不牟取暴利，不欺诈消费者；建立产品回收制度和赔偿责任制度等。

（3）维护职工权益。

企业的可持续发展依赖于企业职工的艰辛劳动，职工是企业重要的利益相关者之一。企业利益与职工的个人利益是一致的。企业对职工如果仅以精神激励，不给予物质鼓励，就不能保证企业的良好效益。在企业职工的生活中，很长一段时间是在企业中度过的。企业是人们群居和与他人交往的主要活动空间，企业的工作氛围和文化氛围影响着从业人员的身心健康和社会大众的精神面貌。企业职工的生活状况基本上反映了一个社会和一个国家人民的总体生活水平。企业承担这方面社会责任的具体途径和方法是：不雇用或不支持雇用强迫性劳工的行为，雇用职工时不要求职工缴纳押金或押物；为职工提供安全、健康的工作环境，并采取适当的措施，最大限度地降低工作环境中的危险隐患，消除可能危害职工健康与安全的潜在威胁，保障职工的身体健康和生命安全；遵守适用法律和行业标准的有关工作时间的规定，保证所有的加班是自愿的，保证所有的加班都有合理的补贴；保证工资和福利至少能达到法律和行业规定的最低标准，而且能满足职工最基本的生存需要，杜绝为了惩戒的目的而扣减工资；提供平等的就业机会、升迁机遇和接受教育的机会；提供职工民主参与企业管理的权利，培育职工工作的热情和积极性；杜绝任何基于种族、社会阶级、国籍、宗教、残疾、性别、工会会员资格或政治关系的歧视行为，尊重所有职工尊奉信仰和风俗习惯的自由；不进行或支持肉体上的惩罚、精神或肉体胁迫以及语言凌辱；尊重所有职工自由参加工会以及集体谈判的权利。

（4）积极参与社区建设。

社区是企业赖以生存和发展的外部环境。企业的经营活动都在社区中进行，企业和社区是息息相关的，建立和谐的企业社区关系对企业的生存发展和社区的繁荣以至整个社会的和谐发展都有着重大的意义。企业承担这方面社会责任的具体途径和方法是：合理宣传企业相关先进文化和专业知识，为社区人员提供实习、培训和就业的机会；协调好企业的发展与社区资源的合理利用之间的关系；利用自身的产品优势、信息优势、人才优势、技术优势、资金优势和社会关系网络扶持社区的文化教育事业，帮助失学和有困难的青少年接受教育；积极参与并资助社区公益事业，救助无家可归和待需要帮助的人员。

（5）承担公共设施使用成本。

企业的壮大发展离不开公共设施的高效运行，保证公共设施的高效运行的前提条件就是对其大量投资，而公共设施普遍都具有投入回报率低以及企业和公众在公共设施使用方面不均等的特点，这就客观上要求对公共设施使用程度高的企业承担高于公众的费用。企业承担这方面社会责任的具体途径和方法是：支付高于公众的水、电、天然气等公共设施使用价格，保护或维护公共设施的正常运转；拥护和配合公共设施规划和实施等。

（6）保持资源、环境与社会可持续的发展。

资源开发过度、资源浪费和环境污染是社会可持续发展所面临的重要问题，而企业活动是造成这些问题的重要因素。解决企业发展与社会发展在资源、环境方面矛盾的合理选择在于，企业履行保护资源和环境的社会责任。企业承担这方面社会责任的具体途径和方法是：严格按照有关法规的要求尽可能合理地利用资源，杜绝对自然资源的掠夺式开发利用，保持自然界的自我平衡发展；减少经营活动对环境的污染程度，倡导绿色经营和消费理念，阻止全球范围内自然环境的进一步恶化；承担治理由企业所造成的资源浪费和环境污染的相关费用；积极支持全球范围内环境保护的各项工作。

4. 企业的自愿性慈善责任

企业的自愿性慈善责任主要有：一是扶贫帮困，主要是指帮助工作或者生活上有困难的人、帮助贫困的人脱离贫困、帮助贫困的人获得受教育和培训的机会、帮助贫困的人获得独立生存的机会等；二是救死扶伤，主要是指帮助有灾难的人承担部分额外的支出、帮助处于灾难的人解脱暂时的困难等；三是安置残疾人，主要是指帮助残疾人获得教育或工作的机会、帮助残疾人获得面对生活挑战的自信心等；四是赡养孤寡，主要是指帮助孤寡群体解决生活上的困难、投资福利院、设立赡养孤寡基金等。除了以上四种责任之外，企业还应当根据当时当地的人情、风俗习惯等方面以及社会经济发展的变化对企业的新要求而履行其他相关的社会责任。

以扶贫帮困、救死扶伤、安置残疾人、赡养孤寡等为主要工作内容的慈善机构和社会福利机构的活动费用是由政府和社会共同承担，有能力的企业给予这些机构的资助是政府和社会对企业的迫切期待。企业承担自愿性慈善社会责任的具体途径和方法是：通过直接设立慈善基金或以向社会慈善机构和福利机构捐款、捐物方式来资助社会慈善事业，以示对社会的责任心；以企业名义直接出资承担其他公益事业的义务，如城市绿化、修路建桥、保护动植物、资助知识竞赛和群众性娱乐活动及体育运动等、向突发性灾难直接资助或提供相关的帮助。

三、企业承担社会责任的基本原则

企业承担社会责任的基本原则既要有利于企业竞争力的提高和可持续发展，也要有利于社会的繁荣与进步。因此，<u>企业应该根据生存与发展、自身能力、经营权限、不同发展时期等实际情况，选择有利于企业可持续发展的社会责任承担的途径和方法</u>。

1. 有利于企业生存与发展的原则

任何一个企业的首要责任就是生存与发展。为生存与发展，企业履行市场经营主体的职责，在提供产品和服务的同时获取利润，实现其各项营运目标，为进一步发展积累资本和财富。企业尽其所能谋求利润，由此维持其效率，并利用机会进行技术革新，加速发展。市场竞争使企业自始至终追求其自身的利益，而又使利润保持在一个合理或适当的水平，并在不知不觉中增加了公共福利。如果是因为承担了社会责任，而使企业不能获得利润，就是企业对社会不负责任的表现。正如前面所述，企业的最根本目的是实现自身的利润和为社会提供保证质量的物质产品和高层次的服务。假如企业这个最根本的目的没有达到，那么企业就会失去其存在的意义。因此，企业承担社会责任的首要原则就是生存与发展原则。

2. 基于企业自身能力的原则

任何一个企业要承担社会责任，都要以自身能力的局限为前提。由于企业经营行为产生的社会问题，企业应该积极地承担解决这些社会问题的责任。但对那些不是由企业经营行为产生的社会问题，其责任的承担要受企业自身能力的限制。另外，企业承担社会责任将不可避免地增加经营管理成本，这种成本的增加要在其有效的控制范围之内，如果因为承担社会责任引起的成本增加而导致企业竞争力的下降甚至丧失，这表明企业承担社会责任过多。企业承担社会责任应该是有限制的，只能承担某些自己力所能及的社会责任。因此，企业承担社会责任的途径和方法是要根据自己的现实情况，不能超越自己承受能力的限度。

3. 不超越企业职权限度的原则

权利和责任历来就是密不可分的，任何人要求职权就意味着承担责任，而任何人承担责任就要有相应的职权。因此，承担社会责任就必须有一定的职权做保证，企业也不例外。如果企业没有某项职权，它就无法承担与此相适应的社会责任，自然地企业就该拒绝承担这样的责任，否则，就是不负责任的表现。权利与责任的关系是企业社会责任应有的基础。权利到位则是这种责任的逻辑前提，权利缺位或不到位也就必然构成企业保持道德缄默的逻辑理由。如果为了解决某些社会问题，而要求企业超越法律或道德伦理的范围进行不法或不道德的经营，违反了企业社会责任的要求，也是不允许的。

4. 企业不同发展时期应承担不同社会责任的原则

企业在刚成立时期与成熟发展时期承担社会责任的途径和方法是有所不同的。根据企业不同发展时期的情况来确定企业怎么承担社会责任，也是确保企业所设定的社会责任目标能否实现的重要条件。

第二节 企业社会责任理论与现状

一、企业社会责任的理论基础

回顾企业社会责任运动的发展历程,这一概念是伴随着资本不断扩张,进而引起诸如两极分化、社会贫困,特别是劳工问题和劳资冲突等一系列社会矛盾的背景下提出的,也是跨国公司在追逐高额利润的过程中,为了改善自身形象而践行的理念。如今,企业社会责任已成为国际社会关注的焦点,并形成了一种崭新的管理理念,即企业已不再被看作是为股东创造利润和财富的工具,它还必须对整个社会的政治、文化和经济发展负责,如员工利益、消费者利益、商务伙伴、当地社区利益、环境利益、社会弱者利益及整个社会公共利益等。面对这场发展迅速的国际企业社会责任运动,不得不让人们去思索其背后的理论支撑点。因此,本节主要是从企业伦理理论、社会契约理论和利益相关者理论分析企业承担社会责任的理论基础。

1. 企业伦理理论

近20年来,西方发达国家普遍意识到企业伦理的重要作用,通过对管理与伦理的整合研究,形成了一系列新的管理理念,给管理思想带来了深刻的变革。企业伦理最初是围绕利润先于伦理还是伦理先于利润、企业是否具有道德地位等企业社会责任问题而进行的研究。但随着研究的不断深入,进而扩展到企业与其有关的环境和社会等领域,包括经济制度和政策方面的伦理问题的研究。在以人为本的新社会价值观的影响下,企业伦理必将成为企业经营管理中一个不容忽视的重要问题,它对企业的生死存亡、社会经济健康发展和精神文明建设具有重要的理论和实践意义。

(1)企业伦理的含义。

企业伦理(Business Ethics),有人将它称为"管理伦理"、"商业伦理"、

"经营伦理"、"经济伦理",是管理学和伦理学交叉研究的一个重要课题。

企业伦理是指企业在其经营活动过程中处理相关利益者的、符合伦理道德标准的、具有可持续战略意义的行为规范。也就是说,企业伦理是发生在企业的经营活动过程中;企业伦理调整的对象是企业利益相关者的利益;企业伦理的依据是伦理道德标准;企业伦理的目的是促使企业的可持续发展;企业伦理说到底是一种行为规范。

(2) 企业伦理的主要内容。

现在的社会是多元化的社会,不同行业会产生不同的伦理问题,不同时空也会有不同的伦理问题发生。为了便于了解企业伦理所研究的主要问题,本书更倾向于把企业伦理研究的主要问题的描述简单化,从探讨范围上分为微观、中观和宏观三个层面:

1) 企业伦理对微观层面的研究。企业伦理微观层面主要探讨企业中的单个人之间,即股东、员工、消费者、商务伙伴等这些企业利益相关者的单个人的伦理关系问题。由于这些单个人对企业的经营管理乃至于生存和发展而言,担当着不同的角色并发挥着不同程度的作用,就某一项管理行为或经营策略也由于他们处于不同的角度而有不同的行为思路,怎么能把日常管理工作中的正确决策和团队行为观念传递给他们,从而规范这些人的个体行为以符合企业的宗旨、价值观和道德伦理要求就显得特别重要。

2) 企业伦理对中观层面的研究。中观层面主要研究各种经济性组织之间的伦理关系问题。尽管这些组织始终还是由多个个人组成的,但是具有自己的目标、利益和行为方式,并具有一定的自治性,这种自治性具有超越个人行为的特征。由于社会分工不同,各种经济性组织在社会中也同样扮演着不同的角色,这些组织的自身观念、处理同贸易伙伴、竞争对手的关系等问题是企业伦理中观层面研究的主要内容。正如霍夫曼(Hoffman Michael)和莫尔(Moore Jennifer)所说:"我们应该讲究企业伦理,不是因为讲伦理能带来效益,而是因为道德要求我们在与其他人交往时采取道德的观点。"企业也不例外。

3) 企业伦理对宏观层面的研究。企业的创立和发展是以一系列的规章制度为依据的,其一切经营活动离不开赖以生存的社会以及相关的系列制度,也受社会和这些系列制度的影响和约束。反过来,企业的经营活动不仅从经济方面,而且还从社会、文化、技术、环境、政治等多方面影响着这些社会或系列制度。企业伦理规范作为规章制度的重要补充与其相互依存,并对企业的经营活动发挥各自不同程度的作用和影响。企业伦理宏观层面就是主要研究社会或制度层次上(包括经济制度和经济形态,如经济秩序、经济政策、社会政策、国际商务活动等方面)的企业伦理问题。

(3) 企业伦理与企业社会责任。

1) 企业伦理与企业社会责任的目标一致。企业伦理的出发点是杜绝企业经营中反人性、反社会的行为，并努力促进社会的进步和人的全面发展。仅就企业伦理与社会责任观都注重企业同社会的关系，把经济目标与社会目标相统一，而不是把企业的经济效率作为企业追求的首要的、唯一的目的来看，可以说两者的目标是一致的。

2) 企业伦理的人性化特征强化了企业以人为本的社会责任。企业伦理与社会责任相比，是更深层次的、涉及人本身的问题，它把人类社会中以公正与正义为基础的价值观作为企业经营的前提。因此，企业伦理更强调和注重对人的处理以及物质待遇背后的人的思想意识和人生观问题。也就是说，企业伦理在强调企业社会责任的同时，也充分包含了重视人性和尊重人的思想，而不是像社会责任观那样，主要是强调企业同社会的外部关系。相比之下，企业伦理更重视企业利益相关者的个人本身的思想和价值观，即更从人性角度尊重人性和尊重人权，充分发挥伦理激励机制在企业经营活动中的作用。

3) 企业伦理促进企业承担社会责任。首先，企业伦理有利于建立企业的经营秩序，提高企业的经济效率；其次，企业遵循企业伦理有利于自觉抵制损人利己的不道德行为，加强诚信经营理念建设，增强企业的信誉，树立企业的良好社会形象；最后，企业伦理是维护经济运行秩序的软制度和重要条件，其广泛推行有利于提高宏观经济运行效率，减少不规范经济行为和经济摩擦。以上这三个方面的企业伦理作用将贯穿于企业的一切经营活动，最终促使企业在企业伦理要求的基础上去承担社会责任。

综上所述，企业伦理在规范企业经营活动的同时，也促进企业社会责任观的形成和进一步的完善，为企业社会责任的发展提供了坚实的文化基础。由于企业伦理是伴随着企业的产生而出现的，有着深远的历史和丰富的内涵，也形成了较为成熟的理论体系，这就为企业社会责任提供了理论上的支撑。同时，企业社会责任的发展也将对企业伦理理论产生影响，对企业伦理的观点也进行不断的检验、修复和完善。

2. 社会契约理论

(1) 社会契约的含义。

社会契约（Social Contract Theory）或盟约概念的起源，可追溯到苏格拉底和希腊诡辩论者活跃的时期，是中世纪以来对西方国家有着重大影响的一种社会学说。它的兴起与西方的契约文化传统、社会变革和契约经济的发展等因素有着密切的联系。

契约一般是指由行动各方签订的或认可的一系列用来规范行动的行为条款，但自从有人将契约作为社会规范来分析，并提出社会契约概念后，学者们对社会契约的理解就有了很大的差异。

本书将社会契约定义为：一套约束不同社会成员的行为模式的规则和假设。社会契约不是一种正式的书面合约，而是一种关于行为准则的非正式协议，或者说责任是契约各方所能共同接受的共同义务，即契约各方既要对各自的行为负责，也要有能力关照自身的利益。企业与社会之间的社会契约就叫企业社会契约，即约束企业及其利益相关者的行为模式的规则和假设。本书是研究与企业社会责任有关问题的，因此主要是探讨企业社会契约。

（2）社会契约理论的主要内容。

本书要探讨的企业社会契约的主要内容是企业经营活动中对社会的责任和承诺。由于企业经营活动中要平衡和处理的关系是多方面的，因此，企业社会契约研究的对象也是多元化的。企业社会契约分为企业内部社会契约和企业外部社会契约。

1）企业内部社会契约。企业内部社会契约，是指企业对员工及管理者等内部利益相关者的责任和承诺，包括企业对股东、管理者、员工等所有企业内部的利益相关者的人身安全保证、劳工权益、自由和尊严、收入权益的保障等。企业内部社会契约的研究内容最主要的有以下几个方面：

首先是企业与员工的社会契约。主要包括：企业应根据劳动法规与工人签署劳动合同，明确雇用条件，不附带任何限制性的、不合理的条件，更不能有强迫性劳动，包括契约劳动、抵债劳动、奴役劳动和以惩罚为恐吓手段的、被强迫的或者非自愿的劳动；企业应提供一个安全、健康的工作环境，并采取必要的措施，在可能条件下最大限度地降低工作环境中的危害隐患，以避免发生危害健康的事故；企业应尊重并保证所有员工自由组建和参加工会以及集体谈判的权利；企业对员工不得有国籍、种族、宗教、社会等级、身体健康、性别、性取向、年龄等歧视；在工作时间和薪酬方面，企业应该执行法规和行业标准有关规定等。

其次是企业与管理者的社会契约。由于企业委托代理制度的存在，使得股东与管理者之间存在一定的信息不对称，所以企业与管理者的社会契约要求管理者主动披露企业经济活动的相关信息，以对股东和企业负责任的态度管理企业的各项经济活动。同时还要求管理者在目标上取得与企业股东的一致性，防止管理者以权谋私，损害企业和股东的利益。

最后是企业与股东的社会契约。该契约要求股东按照委托代理制度的约定，履行股东出资等职责和维护其合理权益，不能违规干预管理者的经营活动。

2) 企业外部社会契约。企业外部社会契约,是指企业对消费者、其他企业组织以及社会管理者等企业外部利益相关者的责任和承诺,包括对消费者产品和服务质量保证、信息发布准确保证、对其他企业的诚信经营保证、对政府的遵纪守法保证等。由于企业的外部利益相关者较多,企业的外部社会契约研究的内容也比较广,主要的内容有:

首先,企业与消费者的社会契约。它主要是消费行为的发生产生了企业与消费者之间产品或服务的契约关系,同时也产生了企业要维护消费者权益和平等交易的社会契约。包括:企业提供的产品和服务不应侵害消费者的基本权利,不得提供假冒伪劣产品;企业应对消费者诚实不欺、信守承诺、保证相关信息透明,商品的用途、使用方法、有效性、质量等方面的信息准确,无欺骗,无价格欺诈,信守平等交易原则等。

其次,企业与其他企业组织的社会契约。这是指企业应当公平地对待所有的商务合作伙伴以及其他的利益相关企业组织,履行对其他企业组织的责任和承诺,包括:按期付款、信守合同、公平交易等。

再次,企业与公众的社会契约。该契约要求企业切实维护公众的基本权益。包括:企业的生产经营活动不得污染社会环境和破坏自然环境、企业的生产经营活动不得危害公众的安全与健康、企业的生产经营活动不得破坏社会的可持续发展、对社会公众发布的生产经营信息保证真实无欺骗等。

最后,企业与政府的社会契约。该契约要求企业严格遵守法规和政府的规章制度并进行生产经营活动,并尽量按政府的经济社会发展规划的政策导向从事生产经营活动。同时,企业要尽量承担其外部不经济行为引起的成本,也就是要使负的外部性成本内化,减少政府宏观经济管理的压力。

企业的社会契约会受到文化、历史、制度等人为因素的影响而有所变化,不同地区或不同历史时期企业所面对的社会契约会有所不同。企业社会契约的变化反映了社会对企业期望的变化。另外,由于企业外部的利益相关者也是变化的,这也导致了企业社会契约约束的对象也在不断变化之中。

(3) 社会契约与企业社会责任。

1) 社会契约为企业社会责任奠定了理论基础。社会契约理论是一种非常抽象的概念,但它暗含着企业必须符合公众的期望,契约主要是企业责任的一种扩展概念,因为它不加任何严格限制地增强了企业对许多社会因素的义务。从哲学上讲,企业可能要被赋予比今天它们乐意承担的种类更多的义务。

2) 社会契约尊重人权的核心内容与企业社会责任的以人为本理念一致。很多社会契约都体现在社会风俗习惯之中,其行动目标就是要让各个社会成员的单个行为符合社会发展和大部分成员的需要。所有契约论方法的核心乃是承认并尊重人的主权。而尊重人权、以人为本也是企业社会责任的核心理念。

3）社会契约维护了企业社会责任所提倡的社会公平。企业与社会之间也存在着一种契约关系，企业有义务遵守这种契约。企业社会契约要求企业的行为必须符合社会的期望，要求企业有责任为社会和经济的改善尽自己的义务。社会契约理论着眼于整个社会的利益和发展，社会公平是社会契约所维护的重要内容之一。而维护社会公平也是企业社会责任的重要目标之一。

4）社会契约促进了企业社会责任运动的发展。企业正被要求对社会承担起比以前更多的责任，在更广意义的人文价值上起作用。2000年7月，《全球契约》论坛第一次高级别会议召开，参加会议的50多家著名跨国公司代表承诺，在建立全球化市场的同时，要以《全球契约》为框架，改善工人工作环境、提高环保水平。《全球契约》行动计划已经有包括中国在内的30多个国家的200多家著名大公司参与。随着经济全球化的不断发展，联合国的影响也越来越大。联合国这次提出的《全球契约》号召，已经对全世界的企业尤其是跨国公司的经营活动产生了巨大的影响，促进了企业社会责任运动的发展。

3. 利益相关者理论

利益相关者理论是社会学和管理学的一个交叉领域，是研究社会各相关群体与企业的关系。该理论对传统的公司治理模式和企业管理方式产生了巨大的冲击。利益相关者理论最先是针对在企业投资收益分配问题上，以企业所有权和控制权分离理论为基础的股东至上理论而提出来的。利益相关者理论也是公司治理机制长期发展变化的产物，它是对"股东至上"传统理论的一种否定和修正，其存在和发展反映了现代市场经济的现实要求和发展方向。从理论渊源上看，利益相关者理论与企业社会契约理论和产权理论有着密切的关系。

（1）利益相关者的含义。

传统管理理论把利益相关者（Stakeholder）只看作是那些供应资源或购买产品、服务的个人或群体，现代管理理论却赋予其更为丰富的内涵。利益相关者概念的演变是与企业和社会的发展进程同步的。

本书将企业利益相关者定义为：与一个企业利益相关的个人或群体。可分为直接的利益相关者和间接的利益相关者，前者包括股东、员工、顾客，后者则包括一切商务伙伴、行业协会、社区、非政府组织、媒体、政府、竞争对手、外部董事和一般公众等。

（2）利益相关者理论的主要内容。

综合起来，利益相关者理论研究的主要内容有：

1) 企业与其利益相关者的关系。企业的利益相关者分为首要和次要两个层次。其中，企业与其首要层次的利益相关者之间的具体关系就是：企业需要实现的首要目的是为社会提供优质的产品和服务。投资者（股东）和债权人为企业提供充足的资金供应；员工贡献其工作技能和知识；供应商为企业提供所需要的原材料、能源和其他物资；同时，批发商和零售商帮助企业把产品从工厂转移到销售机构，再转移到客户手中。所有的企业都需要有愿意付钱购买其生产的产品和服务的客户，并且大多数企业还要与其他向同一市场提供类似产品和服务的企业进行竞争。这就使每一个企业和其利益相关者有着互动关系。

实际上，企业与社会的联系大大超出了首要利益相关者之间关系所涵盖的范围。当这种利益相关者之外的群体对企业的活动关注并表示出兴趣时，就会出现次要的利益相关者。次要利益相关者，是指社会中受企业的基本行为和重要决定直接或间接影响的个人及团体，包括社会公众、各级政府、社会团体及其他人群。将这些互动关系和利益相关者称为"次要"，并不意味着其与首要的利益相关者相比不重要。同时，首要和次要之间在大多数情况下，它们互有交叉。

2) 企业的投入主体。传统主流企业理论认为，股东是企业的唯一所有者。利益相关者理论却认为，股东不是企业投入的唯一主体，企业的股东也是多元的。在企业的所有生产经营要素中，股东的出资只是其中的一部分。除此之外，企业管理人员、企业员工、供应商、顾客、债权人甚至消费者等利益相关者都做出了关系性专用资产投资，企业的成长和利润的获取特别是企业竞争力的提高也往往更依赖于这部分资产的投入程度，而不是仅仅靠股东的出资。因此，利益相关者理论认为，任何一个企业的发展都离不开企业所有利益相关者的投入或参与。

3) 企业治理模式。传统主流企业理论按照股东至上的逻辑而安排的企业治理结构是一种单边的或者说是"股东治理"的结构。在传统的公司治理结构模式中，股东是企业唯一的所有者。利益相关者理论却认为，公司治理结构不能只局限于股东与经理的关系，而应处理所有不同利益相关者之间的关系，因为除股东承担企业经营活动的剩余风险外，企业管理人员、企业员工、供应商、顾客、债权人甚至消费者都承担了相应的风险。所有利益相关者对企业投入的专用性资产都在企业的经营活动中发挥了作用，为了激励更多的专用性资产进入企业，应让所有的利益相关者都参与公司治理。所以，基于利益相关者理论的公司治理结构应向除股东以外的其他利益相关者提供相应的激励、责任和权利，在企业治理结构方面，应以双边或多边的"共同治理"模式取代传统企业理论治理中的"股东至上"模式。利益相关者理论的不断完善，极大地冲击了传统主流企业理论,也修正了传统公司治理结构模式存在的缺陷。

4)利益分配——剩余索取权的分配。治理结构有效率的前提是剩余索取权与控制权的对称分布,即责、权、利的统一。但传统主流企业理论认为,股东利益至上是天经地义的事情。利益相关者理论却认为,企业的经营管理活动要为综合平衡各个利益相关者的利益要求而进行。从契约理论上看,企业本质上是各利益相关者缔结的一组契约,它包括股东与企业签订的实物资产合约;管理人员和员工与企业签订的专用性人力资本合约;债权人与企业签订的资产使用合约;顾客和供应商与企业签订的市场交易合约等。利益相关者理论还认为,出资者投资形成的资产与债权人的债权,以及企业营运过程中的财产增值和无形资产共同组成企业相对独立的法人财产,不同于股东的资产,因而忽视股东以外的其他利益相关者对企业财富的创造是不合理的。因此,在剩余索取权分配时,除要为股东争取合理回报外,也要为企业利益相关者争取合理的回报。

(3)利益相关者理论与企业社会责任。

1)利益相关者的利益关系是企业维护各利益相关者合法权益的纽带。利益相关者共同治理结构不仅要求股东、债权人参与公司治理,也要激励管理人员、员工、供应商、客户等各利益相关者积极参与公司治理。在企业中,各企业利益相关者在不同的位置上都掌握着不同的资源。在这些资源中,往往是某一些资源的价值依赖于其他相关的资源、依赖于利益相关者之间的持久合作,任何一方的随意退出或实施机会主义行为都可能使对方的利益遭受损失。在这种条件下,即使各利益相关者存有私心,也意识到只有长期共同合作,才能确保一个可预期的补偿。因此,利益相关者管理确保了所有利益相关者坚持长期共赢的合作关系,使企业重视整个企业利益相关者团队成员各自的贡献和权益。

2)利益相关者共同对公司治理的参与,促使企业承担更多的社会责任。在经济全球化和信息化的背景下,企业的竞争进入了利益共享的合作竞争时代。企业间的相互渗透,不仅改变了市场资源配置方式,也改变了企业的治理结构。企业内外部资源的整合,迫使企业将追求的目标从单纯的企业自身价值最大化向企业间的利益共享转变。同时,传统的以股东利益为核心的公司治理安排也不能适应企业发展的要求,企业的剩余索取权和剩余控制权也将不再单独为企业的内部资源所有者享有。在这种情况下,强调外部资源所有者对公司治理的参与,实现所有利益相关者的共同治理就是必然的选择。这种共同治理的管理模式将使企业的发展更加关注社会利益多元化的追求。

二、企业承担社会责任的现实依据

1. 市场机制的缺陷与企业社会责任的关系

市场机制存在明显的固有缺陷,总的来说是市场不能自我有效地配置资源,由此对社会造成许多问题。这种固有缺陷的解决需要市场之外的干预手段的介入,因为市场不完全竞争、外部性和价格信号失真等问题是市场自身的产物,即市场失灵无法完全通过市场手段来使之内在化,而是需要借助于市场之外的力量(政府、法律、伦理道德等),利用"看得见的手"(政府和法律)以及"另一只看不见的手"(伦理道德)来消除缺陷的存在基础,进而解决失灵的问题。企业社会责任正是通过一定的伦理道德手段,即"另一只看不见的手"来解决企业可能给市场带来的失灵问题的重要手段。企业社会责任的产生和发展,以及企业承担社会责任的多与少、主动与被动、消极与积极的不同态度均受供求机制和竞争机制等市场机制的影响。由于企业社会责任与导致市场失灵的主体都是企业,所以企业承担社会责任的内容应包括市场失灵引起的一些社会问题。

在市场经济运行中,各主体之间的经济行为会发生相互影响或相互冲突。一个经济主体任何最大化自己利益的行为都可能影响其他经济主体的利益,这就使其他经济主体成为自己利益最大化的一个"约束条件"。这种经济主体之间的相互影响或相互冲突是通过价格和供求而发生的。企业承担社会责任,可以平衡或协调企业与其利益相关者的利益关系。

2. 法制的不完善与企业社会责任的关系

法制上的缺失是由法律的本质特征及其固有的局限性所决定的,也是不可避免的。在一个民主的社会中,法律可以说是代表了这个社会最低的道德标准,而这些最低的道德标准存在明显的缺失,这就需要法制以外的伦理道德约束组织和个人行为作为重要补充。企业承担社会责任正是企业在伦理道德的调节下保证其自身经营行为不仅在法制框架内,而且在法制框架外也要符合社会和最广大人民的意愿和需要。企业社会责任从伦理道德上弥补法律的缺失,同时也与法律制度共同维护经济社会的发展。

首先,企业是社会最主要的经济组织,也是市场的活动主体,对市场经济活动进行规范的法制要求企业严格执行和遵守；其次，法律制度和企业社会责任共同成为企业的行为规范；最后，企业社会责任与法制共同促进经济的可持续发展。

3. 政府失灵与企业社会责任的关系

市场失灵就会导致政府干预，但有些市场的功能缺陷是政府干预难以弥补的，或者政府干预的结果就是低效率。也就是说，政府也同时出现失灵。在这种情况下，可以通过进一步完善市场机制，发挥企业社会责任来克服这些缺陷。企业社会责任可以弥补政府在纠正市场失灵过程中的某些不足。

首先，企业与政府是相互作用的有机体。从整个社会的运行体系来说，企业、政府以及其他社会机构高度依存、相互作用构成一个有机的社会系统。企业与政府彼此关系和相互影响构成了社会运行的两股主要力量，社会则为企业与政府的运作提供了空间和环境。其次，企业承担社会责任可以增强政府的政策导向职能。企业一方面为维护良好的社会秩序，在政策和法规的指导下被动地开展经营活动，为社会提供产品和服务；另一方面则为了追求其利润最大化的目标而主动地力争营造有利于自己运营的社会环境，尤其是其处于市场经济运行的主导地位，使其便于与各种公共政府部门进行沟通和协商，通过一系列的经营活动，对政府的政策和法规进行检验，及时把政府实施的不合理政策措施反馈给政府，为政府制定政策和法规献计献策，从而扭转政府失灵继续发展的趋势，减少政府的失灵。再次，企业承担社会责任可以弥补政府社会公共管理职能。政府虽然在整个社会中充当着非常重要的统筹管理角色，但它不是实施社会管理功能的唯一主体，更不可能包办一切社会公共事务。最后，企业承担社会责任可以弥补政府资源配置功能。企业是直接利用社会资源进行生产活动的市场主体，企业承担一定的社会责任，可以解决社会问题，可以弥补政府资源配置功能失灵而导致的社会危害。

4. 伦理道德与企业社会责任的关系

伦理道德对企业经营活动的规范作用是由其特征所决定的。虽然伦理道德存在非强制性的缺陷，对违反伦理道德的组织或个人只能谴责，无法采取强制性措施，但对企业经营行为仍有约束作用。

在规范交易行为中，伦理道德机制比法律更加有效；在协调社会成员关系中，伦理道德调节比法律更加有效；在规范社会经济活动中，伦理道德比法律所规范的范围要大得多。

伦理道德调节具有市场调节、政府调节和法律调节不可替代的补充作用。即使在市场经济中，在市场调节与政府调节都起作用的场合，在法律产生并被执行的场合，伦理道德调节不仅存在着，而且它的作用是市场调节与政府调节所替代不了的，也是法律所替代不了的。有了伦理道德调节，市场调节与政府调节的效应就越明显，也越有效，而法律的作用也将发挥得更好。

伦理道德、法律、市场机制是规范企业经营行为的三个必不可少的手段。伦理道德与法律在内容上相互渗透。伦理道德是不成文的法律，法律是最低程度的伦理。伦理道德规范往往是法律制定、修改、废止的依据。道德与法律在作用上相互补充。道德可以引导人们尊重和信守法律，而法律可以作为维护道德的威慑力量。道德可以用来防范尚未发生的违法行为，而法律可以用来制止已经发生的违法和严重不道德行为。

5. 经济全球化与企业社会责任的关系

经济全球化导致国际企业社会责任运动蓬勃发展，具体表现在如下几个方面：

一是经济全球化导致了劳资冲突的激烈和劳工地位的下降，劳工运动加剧。20世纪70年代以来的经济全球化对劳动过程、劳动体制、劳工权益以及劳工运动都产生了巨大的冲击。首先，劳资双方在自由流动上的不对等性也加剧了劳动力对资本的依赖、资本对劳工的控制的趋势；其次，资本在全球追求利润最大化的活动，造成了工作条件和劳工利益的不断恶化；最后，跨国公司根据不同地区的生产成本的差异化特征重新安排生产环节，把过去在本国的生产线变成全球化的生产链，这种新的全球化生产格局使跨国公司能够规避国际劳工法规和东道国劳工法规的制约。在这种趋势下，全球劳工保护运动如火如荼，迅猛发展。

二是经济全球化导致了市场无国界化，消费者保护运动加剧。消费者运动是一场消费者的利益保护运动，目的在于改善消费者的权益。消费者强烈要求产品供应链上的每个参与生产的企业都必须保证消费者的权益，并对不符合要求的产品和权益发起一系列的谴责运动。

三是经济全球化导致了环境保护的国际化，环境保护运动加剧。随着全球化的深入和各国经济的发展，日益扩大的非持续性的生产和消费活动逐渐超出了自然环境的承受力，造成了自然环境的退化，甚至威胁到了人类的生存和发展。发达国家在经济大幅增长的同时，不仅不注意从根本上解决这一问题，反而还将经济增长的代价转嫁给发展中国家。针对以上这些情况，全球化的环境保护社会责任运动也愈演愈烈。

6. 企业可持续发展与企业社会责任的关系

在经济全球化进程中，企业的可持续发展是以经济、社会和资源环境的可持续发展为前提条件的。企业社会责任是企业可持续发展的重要途径，企业承担社会责任可以促进企业与经济、社会和资源环境共同发展。

一是企业社会责任为企业带来新的发展机遇。越来越多的企业实践和众多的研究成果充分说明，企业承担合理的社会责任与企业的经济绩效呈正相关的关系，所以企业履行社会责任对其自身的发展是一种机会。大量的研究成果显示，企业越注重社会责任，其产品和服务就越有可能获得更大的市场份额，提高业绩。

二是企业履行社会责任，有利于提高企业的市场开拓能力。在以人为本观念的影响下，企业管理者和劳动者之间的共识，是企业激励机制得以建立和运行的基础。企业社会责任作为一种约束机制，对企业管理来说，是一场新的革命，更是提高企业开拓能力的源泉。

三是企业履行社会责任，有利于树立企业形象，增强企业竞争力。企业承担一定的社会责任，虽会在短期内给增加经营成本带来一定的影响，但无疑有利于企业形象的树立，赢得广大消费者和投资者的认同。这也将形成企业的无形资产，进而形成企业的竞争优势，最终给企业带来长期的、潜在的利益。

四是企业履行社会责任，能促进企业创新，实现经济增长方式的转变。在竞争的市场上，以牺牲产品质量、劳工利益或是社区利益为代价，仅仅依靠廉价获取的产品竞争力不能保证企业长期稳定的成长和持续发展。而对社会责任的关注将促使企业转向对产品、设计、流程、管理和制度等环节进行创新，促进其盈利方式和增长方式的转变，而不是靠一味地压榨员工或用假冒伪劣欺骗消费者来获取利润和取得发展。

五是企业履行社会责任，使企业、政府、社会之间形成良性互动，从而为企业的可持续发展赢得良好的外部环境。企业主动承担社会责任为自身创造了更为广阔的生存空间。

六是企业承担社会责任，有利于推动企业文化建设。企业文化是指企业在发展过程中形成的理想信念、价值体系与行为规范的总和。从价值属性来看，企业社会责任是企业文化的外在表现，二者相互作用，相辅相成。企业社会责任既为企业文化注入了新的活力，又推进了企业社会责任的建设。企业社会责任作为企业文化的新内容，重新塑造和创新了企业文化的价值观念，推进了企业文化的相关建设。

三、我国企业社会责任标准

我国现有法律、法规对企业社会责任的规定比较模糊，没有明确社会责任的具体内容。比如，新《公司法》规定："公司从事经营活动，必须遵守法律、行政法规，遵守社会公德、商业道德，诚实守信，接受政府和社会公众的监督，承担社会责任。"《上市公司治理准则》第八十六条规定："上市公司在保持公司持续发展、实现股东利益最大化的同时，应关注所在社区的福利、环境保护、公益事业等问题，重视公司的社会责任。"

随着企业社会责任运动在我国的快速发展，相关部门开始陆续出台推动企业社会责任的各项倡议文件，对企业社会责任内容的界定逐渐清晰起来①。2006年发布的《深圳证券交易所上市公司社会责任指引》第三十六条的内容是："上市公司可将社会责任报告与年度报告同时对外披露。社会责任报告的内容至少应包括：（一）关于职工保护、环境污染、商品质量、社区关系等方面的社会责任制度的建设和执行情况；（二）社会责任履行状况是否与本指引存在差距及原因说明；（三）改进措施和具体时间安排。"2008年1月，国资委出台的《中央企业履行社会责任指导意见》中指出，中央企业履行社会责任的主要内容包括：坚持依法经营诚实守信、不断提高持续盈利的能力、切实提高产品质量和服务水平、加强资源节约和环境保护、坚持自主创新和技术进步、保证安全生产、维护员工合法权益、参与社会公益事业等。2009年1月，上交所发布的《〈公司履行社会责任的报告〉编制指引》规定，公司在编制社会责任报告时，应至少关注如下问题②：

①公司在促进社会可持续发展方面的工作，如对员工健康及安全的保护、对所在社区的保护及支持、对产品质量的把关等；②公司在促进环境及生态可持续发展方面的工作，如如何防止并减少污染、如何保护水资源及能源、如何保证所在区域的适合居住性以及如何保护并提高所在区域的生物多样性等；③公司在促进经济可持续发展方面的工作，如如何通过其产品及服务为客户创造价值、如何为员工创造更好的工作机会及未来发展、如何为其股东带来更高的经济回报等。

近年来，我国政府和行业协会等机构积极推动企业社会责任，陆续发布了一系列企业社会责任倡导文件，包括《中央企业履行社会责任的指导意见》、《中国工业企业及工业协会社会责任指南》、《中国企业社会责任推荐标准和实施范

---

①董军. 企业社会责任研究 [D]. 东南大学，2005.
②黎友焕. 企业社会责任研究 [D]. 西北大学，2007.

例》、《深圳证券交易所上市公司社会责任指引》、《中国纺织企业社会责任管理体系》等。《中央企业履行社会责任的指导意见》、《中国工业企业及工业协会社会责任指南》、《中国企业社会责任推荐标准和实施范例》都以"三重底线"为逻辑框架，《深圳证券交易所上市公司社会责任指引》以利益相关方为内容框架，而《中国纺织企业社会责任管理体系》着眼于建立企业社会责任管理体系和保护员工权益。

由此可以看出，国内社会责任倡导机构、推动者和研究者的探索也基本以利益相关方或社会责任议题为逻辑，并具有一定的系统性，但在内容框架的全面性方面还有所欠缺①。比如，部分指标体系只纳入了绩效指标，未考虑到企业的管理水平，但企业治理结构、发展战略、管理制度和措施等都是体现企业社会责任水平的重要方面，应当作为信息披露内容框架的重要组成部分，因为缺乏规范管理的企业是难以防范社会、环境风险的。此外，明确社会责任理念、建立社会责任领导和管理机构、开展社会责任信息沟通等也应当是企业履行社会责任和社会责任信息披露的重要内容②。

根据我国企业社会责任信息披露框架理论模型和国内外企业社会责任信息披露的内容框架，我国企业社会责任信息披露指标体系由3个层级构成③，各行业的一级指标与二级指标均相同，三级指标有所区别。一级指标包括责任管理、市场责任、社会责任和环境责任。其中，责任管理包括3个二级指标，分别是责任治理、责任推进、责任沟通；市场责任包括3个二级指标，即股东责任、客户责任、伙伴责任；社会责任包括政府责任、员工责任和社区责任3个二级指标；环境责任由环境管理、节约资源能源、降污减排构成。

我国企业社会责任信息披露指标体系的12个二级指标分解为超过100个的三级指标④。责任治理包括核心业务的风险与机遇、关心世界性问题、企业社会责任理念、社会责任领导机构等指标；责任推进包括社会责任工作规划、社会责任主管部门、社会责任指标体系、企业社会责任培训、推动下属企业和其他企业履行社会责任等；责任沟通包括利益相关方期望及回应措施、企业内部责任沟通机制和企业外部责任沟通机制等指标。股东责任包括投资者关系管理，以及企业的成长性、收益性和资金安全性等指标，在2008年全球金融危机的影响下，许多国内企业的生产经营遭受了巨大的冲击，因此，企业有必要向股东说明宏观经济环境变化对企业财务绩效的影响以及企业的对策；客户责任包括产品创新、产

---

①李正.企业社会责任信息披露研究[D].厦门大学，2007.
②胡京波.企业社会责任对企业绩效影响的实证研究[D].兰州商学院，2012.
③崔丽.当代中国企业社会责任研究[D].吉林大学，2013.
④胡贵毅.企业社会责任理论的基本问题研究[D].上海交通大学，2010.

品质量、产品信息说明、客户关系管理、客户满意度等指标;伙伴责任包括战略合作、责任贸易、责任采购、反不正当竞争、信用评估等级等指标。政府责任包括守法合规、响应政府宏观政策、纳税、吸纳就业等;员工责任包括基本权益保护、公平雇用、职业安全健康、员工培训与职业发展、员工关爱、员工满意度、员工流失率等;社区责任包括评估运营对社区的影响、本地化采购与雇用、捐赠、员工志愿者等。环境管理包括环境管理体系、绿色采购、环保产品研发与销售、环保投资、环保公益等指标;节约资源能源包括节能、节水、使用可再生能源、循环经济、绿色办公等;降污减排包括减少"三废"排放、减少温室气体排放等指标。

根据实质性原则,披露的社会责任信息要反映企业运营对利益相关方产生的主要影响,披露的内容要与利益相关方的权益密切相关。因此,考虑到行业经营特性的差异,客户责任、员工责任和整个环境责任板块下的三级指标在各行业之间有所差别。比如,在各类制造业企业的员工责任下含有多个与安全生产相关的三级指标,而银行、保险等行业的企业员工责任则不包含安全生产指标;再如,工业企业的环境责任所包含的三级指标数量远多于服务业企业,根据各行业的运营特点,具体的节能减排相关指标又有所区别。

四、我国企业社会责任的履行现状

企业社会责任于20世纪90年代初期进入中国,短时间内得到了迅速发展。原因主要表现在以下几个方面:

首先,中国经济的高速发展,加大了对国际市场的需求。中国在外贸出口活动中,不可避免地会与国际贸易保护主义发生摩擦。因此,发达国家在提出和推行包含劳工标准与贸易挂钩内容的企业社会责任时,其主要目标指向中国也是自然的。中国是劳动密集型产品的生产和出口大国,在国际市场上有竞争力的行业主要集中在服装、纺织、鞋类、玩具、工艺品等劳动密集型行业。随着中国国际贸易的日趋频繁,贸易大国地位不断攀升,在这样的情况下,其他国家的贸易保护主义行为势必产生。

其次,跨国采购商逐渐将生产线转移到了中国。美国《财富》杂志报道,由于中国的劳动力与技术等优势,加上东亚新兴国家以及美、日、欧等厂商的大量投资,中国内地已经能够生产大部分类型的工业产品。中国有成为"世界工厂"的趋势,对几乎所有国家的制造业展开了强大的攻势与挑战。许多跨国采购商在中国生产产品,已经不单是满足中国市场的需要。他们看好的,不只是13

亿人口的庞大购买潜力，更有中国市场的辐射作用和全球分工角色。

再次，中国相当一部分企业的劳工条件问题一直备受发达国家诟病。劳动保障法律法规在非公经济部门，尤其是沿海地区出口加工企业实施情况普遍不理想，个别地方存在严重侵犯劳动者基本权益的问题，成为跨国采购商对中国企业进行指责的主要证据。中国经济逐步与世界接轨，在成为"世界工厂"的同时，中国劳动者权益保障问题日益突出，引起国际社会关注。客观上讲，中国大量中小劳动密集型企业确实存在违背劳动法的做法，如延长工时、不合理支付加班工资、雇用童工、不提供给工人应有的福利和保障等。

最后，加入WTO使中国不断扩大国际市场份额，劳动力成本优势使一些产业的国际贸易竞争更加激烈，影响到部分发展中国家的利益，成为发达国家实行企业社会责任的又一借口，加重了我国面对企业社会责任的压力①。

1. 企业社会责任在中国的有关活动情况

企业社会责任活动自20世纪90年代初期开始在中国出现。早期企业社会责任大多以跨国采购商要求中国生产企业需满足其提出的工作条件和工人待遇要求的形式出现，数量不算多，主要集中在东南沿海地区的出口加工区②。自20世纪90年代中后期，大致从1996年开始，企业社会责任在中国的活动开始进入加速发展阶段。这与国际企业社会责任活动的进程大体同步。在这一阶段，越来越多的企业遇到社会责任问题，跨国采购商对企业的劳动条件和安全卫生标准也日趋严格，成为必须满足的条件。此外，跨国采购商等除对中国企业直接提出企业社会责任要求外，还开始通过与政府主管部门等接触推动企业社会责任活动在中国的开展，如耐克公司和迪士尼公司就曾向我国政府部门提出推广企业社会责任标准的要求。同时，出现企业社会责任活动的地区也从华南到华东乃至北方扩大，如北京民航企业在2000年就开始遇到欧洲航空公司要求出具机上配餐不涉及童工和强迫劳动证明的情况。随着企业社会责任活动力度的加大，对企业的经营活动和外贸出口的影响也开始显现。

进入21世纪以来，企业社会责任在中国的活动达到新的高峰。在这期间，跨国采购商对中国企业的社会责任要求开始成为惯例，主要集中在沿海省份，如广东、福建、浙江、江苏和上海等。几乎所有劳动密集型出口加工企业都无例外地遭遇企业社会责任问题，因企业社会责任审查不合格被"退单"的情况时有

---

①黄群慧，彭华岗，钟宏武，张蕙．中国100强企业社会责任发展状况评价［J］．中国工业经济，2009（10）：23-35．

②彭华岗．中国企业社会责任信息披露理论与实证研究［D］．吉林大学，2009．

所闻。企业为应对企业社会责任付出的精力越来越多,成本越来越大,很多企业对是否能继续承受这种负担感到十分担心。这与发达国家企业社会责任活动日趋成熟,并实行以中国为主要目标的战略,对我们施加更大压力有直接关系①。

企业社会责任活动在发展中国家主要采用推行企业"行为准则"的两方验厂和社会责任第三方认证两种方式,在中国也是这样。中国企业对跨国采购商以"行为准则"进行的两方审查有不同说法,包括"验厂"、"查厂"、"社会责任查厂"或"人权查厂"等,一般多称"验厂"。这是目前在中国使用最广泛的企业社会责任活动方式,涉及企业至少应在9096家以上。第三方认证,即跨国采购商要求中国企业通过国际上某一个企业社会责任组织的审查并取得其证书,以此作为采购条件。这种方式虽然经媒体报道影响很大,但在企业社会责任审查活动中目前只占很小部分。

(1) 跨国采购商依据其制定的"行为准则"进行两方"验厂"。

当前,跨国采购商以及欧美国家有一定规模的企业在中国开展采购活动或确定生产商时,都会拿出自己的企业社会责任"行为准则",要求按照其中的规定条款对企业进行评估,符合标准者才可签订采购合同。随后,跨国采购商还可在任何时间不事先通知对中国企业及其外包加工企业执行标准的情况进行实地检查。另外,几乎所有跨国采购商都要求中国企业必须在每个生产车间的显著位置悬挂张贴其"行为准则",中英文本并用。

在初次"验厂"的情况中,跨国采购商的审查范围一般包括企业的质量控制、环境保护和劳工标准执行等方面情况。审查程序一般是首先通过问卷调查了解工厂基本情况以进行初步筛选。随后,由跨国采购商派出的质量检查员、社会责任审核员或者第三方审核机构,对初选合格的企业进行现场评估,根据评估结果将工厂分为不同的级别择优录取。对发现问题的企业要求限期纠正并复审通过才能下达订单。对已获得订单的企业,跨国采购商继续审查的重点一般放在两个方面:一是劳工标准,包括工资、工时、福利待遇和生活条件;二是安全生产和环境消防。对前者的审查通常以中国《劳动法》和有关法律法规为准,后者则以采购商提出的标准为依据。

在"验厂"过程中,外方检查人员需查看企业人事档案、劳动合同、工资表、工时卡、工伤记录、社会保险单据等资料;要巡视厂房、宿舍、食堂、洗手间、医疗室、紧急出口等场所;依据企业的不同类型,还需要对空调设施、危险品处理、吸烟管制、医疗急救设备、消防设备及通道等进行检查。此外,检查人员还要与企业负责人、人事财务主管人员以及工人分别进行面谈了解情况。与工

---

① 劳动和社会保障部课题组.企业社会责任运动有关资料 [C].2005.

第四章 企业社会责任与企业管理

人的面谈人选由检查人员随机确定,面谈时其他人员不得在场。最后,检查方与厂方商定"整改计划",列明所有存在的问题并提出"整改措施",由双方签字确认。

"验厂"的时间间隔由跨国采购商决定,通常为一年,如通用电气(GE),沃尔玛、锐步等均要求每年进行定期审查,以确保企业持续符合标准并不断改进。据沃尔玛公司公布的资料,2002/2003 财年,沃尔玛公司在全球共进行了 13192 次"验厂",其中,27%合格或基本合格,1%未通过,其余有不同程度的问题并被要求整改。

尽管 SA8000 等认证标准宣传声势很大,但调查表明企业社会责任对中国企业实际影响最大的是"验厂"的做法。根据企业反映,当前跨国采购商"验厂"活动(以及为通过认证进行的审验)主要有以下几个特点:

1)"验厂"频繁。一般情况下,采购商的"验厂"要求先于订单到达。生产企业每接一笔订单,必须接受采购商的开工前审查以及生产过程中次数不等的定期或不定期重审。如沃尔玛公司规定,对相对固定的生产商除初验合格外,每年还需复验一次;迪士尼规定每 3 个月复验一次。企业如果只为一两家采购商供货,接受审验的次数还不算多,但很多企业为占领市场和分散风险而同时面对多个客户,再加上初验不合格可进行复验和第 3 次审查的规定,"验厂"次数和密度就十分可观了。

2)"验厂"要求苛刻。与"验厂"频繁的情况相比,外国客户在验厂手段和要求方面之苛刻更为突出。"验厂"人员握有绝对权力,对企业软硬件各方面可随意干预,挑剔指责,企业只能被动接受整改要求。

3)"验厂"方式和手段不受限制。跨国采购商"验厂"从以前的主要由本公司派人为主,到现在多数委托香港公证机构进行。这些机构一般是委派其国内办事处的"验厂"员实施,也有从香港直接派遣的。企业对"验厂"毫无抗拒能力,对方提出任何要求都不能拒绝,有涉及商业秘密的环节也只能任其拍照带走。

4)"验厂"人员以"有罪推定"方式对待企业。"验厂"人员经常用"我怀疑你们如何如何"的口气讲话,如在一次实地调查中有企业反映,"验厂"人员在审查工时记录时直截了当地提出,你说星期天没有加班我不信,你要给我说实话。厂方坚持事实,"验厂"员立即终止工作,几天后企业收到"高危"通知单。

5)"验厂"标准过高。虽然两方"验厂"强调要以国家现行法规为基础,但在具体"验厂"过程中,审验的很多要求,尤其是在安全卫生和工人福利方面的要求,是按发达国家水平提出的,企业难以做到。江苏苏豪国际集团服装分公司举例说,国家标准规定的服装车间照明为 500~600 照度,而跨国采购商要求达到 800 照度,企业花费很大努力做了整改,但实际上照度太强工人受不了,

· 189 ·

只好"验厂"时打开，验完再关掉。浙江省外经贸厅公平贸易局举例说，一个丝绸厂8000平方米厂房，原安装有壁挂式空调就可以保证空气和产品质量，沃尔玛"验厂"却要求必须改为中央空调，如果是小企业根本负担不起。

（2）第三方企业社会责任认证。

目前，发达国家的非政府组织和社会团体推出用于认证的企业社会责任标准，主要有英国的道德贸易行动（ETI）标准、国际玩具协会（ICTI）标准、德国的外贸零售商协会（AVE）供货商社会责任标准、荷兰的清洁服装运动（CCC）认证标准、美国的社会责任国际（SAI）SA8000认证标准和环球服装生产社会责任组织（WRAP）认证标准等。据国际劳工组织统计，企业社会责任认证标准近年来增加较快，从1998年的3个增加到2003年底的24个，推广企业主要分布在轻工、纺织、服装、制鞋、农业和食品加工、玩具、林业、渔业、药品、旅游等行业。企业社会责任认证标准有几个特点：一是虽然相关组织自称以社会效益为目标，但实际属于企业性质，即带有盈利目的；二是关注点主要在劳工领域，有些认证标准如美国FLA和SA8000完全集中在劳工问题；三是与公司行为准则相比内容设计更有系统，强调管理行为、保障体系、投诉和处理机制等。

企业社会责任认证的审核内容与行为准则基本相同，重点是劳动条件和生产安全。但操作程序更为规范。一般包括企业提出认证申请、为接受审核而做准备、建立企业社会责任制度体系、实施审核和定期复审几个阶段。在准备和建立体系阶段，提出申请的企业应指定专人负责认证工作，首先根据企业社会责任组织提供的审核标准和指导文件进行自查和评估，随后开始建立本企业的企业社会责任体系，包括制定各项规章制度和员工培训计划等。在审核阶段，企业社会责任组织委托专业认证机构（在中国有6家经国家认证认可监督管理委员会批准进行管理认证的国际知名机构，如挪威船级社等开展了SA8000、ETI等社会责任标准的认证活动）对企业进行初审，包括对企业社会责任体系的审查、对企业规章制度和执行情况的审查、与管理人员和员工的面谈等。对初审存在的问题给一定整改时间再进行复审，合格后发给证书，如SA8000证书、ETI证书、WRAP证书等。证书有效期一般为3年，到期需重新申请。在有效期内还要进行复审，一般每半年或1年复审一次。

目前，中国获得认证的企业不多（截至2005年3月31日，通过SA8000认证的有94家，ETI200多家，此外WRAP、ICTI等有少量认证）①，原因有多方面，除了标准高、审核严、收费多之外，一些大的国际采购商不认可也是重要原因之一。

---

①SA8000——面对是为了应对［EB/OL］．北京市商务局网站，http：//www.bjmbc.gov.cn．

(3) 中国企业自身存在的社会责任问题。

中国企业难以达到企业社会责任标准,跨国采购商的不合理要求是一方面,但中国企业在遵守国家劳动保障、安全生产法律法规方面普遍存在问题也是一个主要原因。在 2004 年上半年的调研中发现,企业在工时、工资、参加社会保险和生产安全方面普遍存在问题,其中问题最大的当属工时问题。对这类问题多数企业的态度是承认其存在,但普遍认为不好解决。地方政府部门的态度也大致如此。这些问题涉及面广,原因也比较复杂。但无论如何,非常多的企业由于不能切实贯彻国家法律规定而无法达到跨国采购商的要求,对企业社会责任的一些关键性审查标准既不能拒绝接受又无力执行,确实是中国企业应对全球企业社会责任压力的最大软肋。

国际企业社会责任组织和跨国采购商指责中国出口企业存在的劳工标准问题主要集中在以下方面[①]:①收取押金、扣压身份证和限制人身自由,侮辱体罚工人,侵犯工人人身权利;②超时加班加点、工资低于最低工资标准、不依法支付加班费、存在扣押和拖欠支付工资现象;③社会保险覆盖率低,有的企业甚至没有医疗和工伤保险、没有提供法定的福利待遇,有的企业不依法提供带薪年假、法定节假日、带薪产假等福利待遇;④工人住宿条件不符合相关标准、工作条件差、个人防护用品缺乏;⑤厂房安全出口不足、消防器材不足、消防技能常识训练不够、有毒有害化学品保管使用不当、特种作业人员和设备安全管理差;⑥没有工会组织或者组织形同虚设,职工权益没有很好地被保护。

由于中国企业不同程度地存在上述问题,因此面对两方"验厂"和第三方认证,要么难以过关,要么不得不造假。比如,针对"验厂"人员查工资表的要求,编制假人事工资账;针对"验厂"人员随机性的与员工面谈的做法,提前向员工打招呼说假话或实行连坐制度(若有一人反映真实情况,全部面谈者受罚);针对生产环境和劳动保护条件的审查,转移部分生产环节,临时关闭部分车间;针对宿舍的检查,临时封闭宿舍或称本厂没有宿舍等方法。

2. 中国政府有关部门及各地方开展的工作

随着企业社会责任活动在中国的逐步扩展,中央和地方政府等有关部门也提高了对问题的重视程度。从 2003 年开始的 SA8000 集中在中国推行其认证标准,包括一系列舆论宣传活动,可以认为是国内对企业社会责任问题做出反应的分界点。在这之前,企业面临的问题没有引起充分重视,对相关情况的了解主要是在

---

① 周国银,张少标. SA8000:2001 社会责任国际标准实施指南 [M]. 深圳:海天出版社,2002.

行业和企业组织的范围内，基本上没有上达中央政府主管部门。SA8000 的集中宣传使人们对企业社会责任的关注迅速升温。政府主管部门有针对性的调查和政策研究活动等实际上也正是从 2003 年年底到 2004 年年初陆续开始的。商务部、劳动保障部、国家认监委，以及全国总工会和中国企业联合会等多次到东南沿海各省以及其他地区进行企业调研，召开座谈会了解情况，初步掌握了企业社会责任在中国的进入和发展过程，对企业的影响和压力，对问题的症结有了比较清楚的认识。另外，国家认监委于 2004 年 6 月参加了国际标准化组织召开的关于企业社会责任问题的代表大会，随后又有中国 6 位专家被推荐为国际标准化组织制定企业社会责任指导原则的国际工作组成员，使中国能够密切跟踪了解相关领域最新国际发展情况。

地方政府部门活动则受 SA8000 宣传的影响，不少集中在推动对企业社会责任标准的了解和帮助企业通过认证方面。广东、福建、浙江、上海、江苏等省市外经贸和商检部门都多次与国外企业社会责任组织共同举办各种推介和培训班、研讨会等，参加企业一般都在几百家以上，在短时间内形成一个高潮。但各地方政府开展此类活动仍比较慎重，一般还是由政府下属的协会、学会或行业组织等牵头。

目前，中国在应对企业社会责任方面有这样几个特点。一是缺乏统一安排和沟通，各相关部门和地方在开展调研和其他活动时只能各做各的事，互不通气，没有一个单位能了解掌握全面情况，效果受到影响，这种情况从中央到地方都有。二是主管部门在政策和应对措施方面仍未做出具体部署，国际上在中国的企业社会责任活动又进一步推进，在这种情况下，各地方和单位只能通过与国际企业社会责任组织合作开展活动，等于为外方做工作。三是一些地方把解决企业社会责任的思路定位于建立我们自己的企业社会责任审核或认证标准上面，即用中国的企业社会责任标准体系代替国外标准。但跨国采购商和其他跨国企业是否能接受用中国标准代替他们的标准，现在并无把握。而且从国际上看还没有哪一个国家由政府出面制定这类标准，因此各部门对此看法并不一致。以上情况根本原因还是在于缺少国家立场和政策。

五、国外企业社会责任履行现状——以美国、英国、日本为例

1. 美国企业社会责任实施现状

美国是世界上最早研究和实践企业社会责任的国家，目前美国对企业社会责任的理论研究和实践已进入经济全球化领域。针对企业是否应该承担社会责任，

早在1981年，由美国200家最大企业的领导人参加的企业圆桌会议就给出了明确的答案：追求利润和承担社会责任并不矛盾。这一观点在一定程度上得到了证实，因为很多承担社会责任的企业获得了较高的利润，如强生、可口可乐、IBM、3M、施乐等。在20世纪50年代到90年代期间，这些承担社会责任的企业，其增长率达到11.3%，而同期道琼斯行业平均增长水平约为6.2%。综观美国目前实施企业社会责任的现状，其特点主要表现在以下几个方面：

第一，完备的法律规范体系为企业承担社会责任提出了最低要求。美国是较早颁布法律、法令、条例等强制性手段并对企业社会责任行为进行规范的国家。这些法律规范涉及信用管理、环境保护、利益相关者的合法权益、决策伦理、社会福利等社会责任的方方面面，向企业提出了最低社会责任要求。企业要想持续经营，就必须遵守这些法律规范，否则就会受到强制性惩罚。

第二，企业将社会责任制度化促进了企业社会责任的实施。法律规范只是最低要求，要想更好地实施企业社会责任还得靠企业自身的主动性。美国的很多企业都自主制定有详尽的企业行动宪章（Business Conduct Code）或类似的道德守则（Code of Ethics）来规范企业自身的行动。企业按照这些制度经营就会逐渐养成承担社会责任的习惯，这一习惯将为企业文化注入新的元素和活力。

第三，内部、外部监督机制为企业社会责任的实施把好了关。美国的一些企业为了更好地对有关社会责任的问题进行管理，纷纷设置了直属董事会领导下的企业道德委员会或道德责任者等专门机构，由这类专门机构对企业的经营行为进行监督构成了企业社会责任内部监督机制。另外，来自企业外部的社会责任审计机构（主要是投资基金组织、环境保护协会和消费者权益保护协会等社会公益监督机构），对企业的社会责任审计构成了企业社会责任外部监督机制。这两种监督机制相互配合，共同督促企业承担社会责任，在这种情况下，越来越多的企业主动向外公布自己的社会责任报告，接受公众监督。

2. 英国企业社会责任实施现状

英国作为一个发达的资本主义国家，其企业发展的历史比较悠久，有着很多世界著名的跨国企业。这些企业正在以其实际行动承担着它们的社会责任。英国目前的社会责任的实施主要由三股力量推动着：政府的努力、非政府组织的努力以及企业自身的努力。

第一，英国政府在积极推动着企业社会责任的实施。在英国政府推动企业社会责任的进程中，贸易工业部与国际发展部发挥着重要的作用。作为全球推动经济合作与发展组织（OECD）规则的领头羊，英国贸工部建立了国家联络中心

(NCP) 监督规则的实施并向公众通报进展情况。1997年，英国国际发展部制定了新的革新战略——"主动道德交易"，帮助改善全球劳工工作环境。2002年，英国伦敦证券交易所推出"FT-SE4GOOD"道德指数，旨在提倡和促进道德投资。英国政府还想了很多办法促进企业社会责任实施，如发布 CSR 指数让公司进行比较；请部长出面奖励行为良好的公司；为公司的 CSR 计划提供场地、设施或资金；成立 CSR 学院和为中小企业网站提供 CSR 资讯等。

第二，非政府组织在促进企业社会责任实施过程中扮演着非常重要的角色。英国的非政府组织不仅历史悠久，而且渗透在社会生活的各个方面，发挥着政府和企业所发挥不了的巨大作用。这些非政府组织通过定期向社会公布未按要求提供有关社会责任等方面的报告的公司名单，从而号召社会公众怀疑企业社会责任的真实程度，从而影响市场、影响消费者的选择。

第三，企业为了实现其长远发展的目标更加重视对社会责任的承担。为了保持和提升企业的市场竞争力，很多英国企业，尤其是一些大的跨国公司正在进行着一场"软实力"的竞争，其中一个关键的指标就是企业社会形象。而要想提升社会形象，最好的办法就是承担社会责任，并通过各种渠道，在英国尤其是非政府组织，让公众了解企业的社会责任理念，提升企业的知名度和美誉度。

3. 日本企业社会责任实施现状

日本最早提出企业社会责任是在1956年，由日本产业界的经济同友会在其通过的"经营者对社会责任的觉悟及实践"的决议中首次提出，并把"经营——企业的社会责任"作为经营者的"新理念"。之后，在1973年，日本经济团体联合会制定了《行动宪章》，明确提出了完成企业社会责任的七条原则：向社会提供有用的财富和服务；努力实现职工的精神与物质两方面的富裕；在注意保护环境的前提下开展企业活动；通过各种活动积极为社会做贡献；通过各项事业活动，努力提高所在地区的社会福利水平；不参与破坏社会秩序及安全的活动；努力使企业的行动原则与社会常识一致。这七条原则对日本企业社会责任的实施起到了很大的推动作用。统观日本目前企业社会责任的实施现状，虽有可圈可点之处，但相对前两个国家而言还有很多问题，其特点主要有以下几个方面：

第一，企业社会责任实施深受日本传统文化的影响。日本是一个非常传统的国家，日本企业社会责任的实施带有很重的传统文化色彩。日本传统文化中蕴含着重"恩"的思想。"恩"是指"感恩"，是一种报德思想。这种报德思想包括"天道人道论"，它是关于人与自然关系的阐述，对现代企业履行保护环境的社会责任具有积极意义；还包括"一圆融合论"，它认为即使是对立、矛盾的事物也可以互相融合、转化,这也与"企业与社会双赢、共荣"的现代企业社会责任理论相契合。这种报德思想的文化内涵对日本企业社会责任的实施有着非常积极的意义。然而,日本文化里还有"忠"和"和"的思想。"忠"源于对天皇的忠,延伸到企业就是对企业的忠。这种"忠"在很多情况下是一种无条件的服从,这就会导致其他利益相关者(如少数股东、新闻媒体等)的权益很可能遭到忽视。所谓"和",是一种从众心理,就是要求既不出类拔萃,又不低于平均水平。这就会导致企业漠视消费者的权利、少数股东的权利、社区公众的权利等。这两种思想又对企业社会责任的实施产生了不良影响。

第二,企业社会责任实施"以人为本",高度重视员工利益。这是日本社会责任实施中最为突出的部分。日本企业一般都实行终身雇用制及年功序列制,努力把企业变成员工的大家庭,关注员工的工作、生活以及个人价值的提升,不断为员工创造良好的工作生活条件,大大提升了员工的满意度和对企业的忠诚度。然而,在日本企业对企业外部社会责任的承担则很有限,对企业社会责任内涵和承担企业社会责任的认识还有待提高。

综观以上三个国家企业社会责任的实施现状,可以发现,在企业社会责任实施过程中政府扮演着非常重要的角色。政府的正确引导和督促会对企业社会责任的实施起到巨大的推动作用。而完善的监督约束机制和企业自身对承担社会责任的深刻认识则是企业社会责任实施的重要保证和内在动力。

第三节 企业社会责任与企业发展战略选择

一、企业发展战略理论

1. 企业战略研究综述

由于历史、经济等多种原因,企业战略管理思想的启蒙和发展最早出现在西方国家。20世纪初,法约尔提出了管理五大职能:计划、组织、指挥、协调和控制。其中，计划职能是企业管理的首要职能，这是最早出现的企业战略启蒙思想。

1938年，美国经济学家在《经营者的职能》一书中首次使用了战略概念，将战略概念引入到企业管理中，认为管理工作重点在于使企业组织与环境相适应、创造组织效率。1962年，美国著名管理学者钱德勒出版了《战略与结果》一书，首次从大型企业成长史中研究了企业战略与组织结构的相互关系，正式拉开了企业战略理论研究的序幕。到20世纪80年代，战略管理实践与研究名家辈出，形成了战略理论十大学派：设计学派、计划学派、定位学派、企业家学派、认知学派、学习学派、权力学派、文化学派、环境学派、结构学派；80年代之后，逐渐形成以谋求竞争优势为主的竞争战略理论三大学派：行业结构学派、核心能力学派和战略资源学派；进入20世纪90年代中期后，既竞争又合作的创新战略逐步形成了顾客价值中心理论、商业生态系统理论、组织生态学应用理论等新理论。

战略理论，其主要内容是战略计划的理论和实践研究。截至20世纪60年代中期，企业战略的理论框架体系就基本形成了，其理论的发展也不过就是添砖加瓦的问题。但这种理论使得企业在战略管理的实践过程中，由于其体系性而在应用上受到了局限。因此，理论与实践需要某种程度的相脱离就成为理论发展的主要障碍。波特在前人基础上总结提出的竞争战略就具有克服上述脱离问题的作用，所以，他的理论备受重视与关注就有其理论和实践上的深厚背景。

随着企业实践的深入，企业战略研究重点逐步转移到企业竞争方面，特别是20世纪80年代以来，西方经济学和管理学界一直将企业竞争战略地位置于学术研究前沿，有力推动其发展。通过对竞争性环境的认识，选择具有针对性的战略，以充分发挥企业的自身潜力，创建并保持竞争优势。提高企业的市场竞争力，特别是确保行业竞争地位，一段时期以来，自然成为企业战略研究最紧迫的课题，由此促使了竞争战略的正式诞生，安德鲁斯的SWOT分析框架得到了更深入和体系性的发展。

波特在其20世纪80年代两本著作《竞争战略》和《竞争优势》中，阐述了他基本的战略思想。他认为，竞争战略的选择是由行业吸引力和行业中企业所处竞争地位这两个中心问题决定的，企业的竞争优势归根到底产生于企业为客户所能创造的价值。他提出的价值链的分析方法，通过确定不同价值链的成本和差异特性，选择适当的战略方案——总成本领先战略、差异化战略以及聚集战略，使战略研究得到新的发展。

波特的战略思想首次明确提出了如何制定竞争战略和取得竞争优势，但他着眼于企业的外部行业环境，对企业的内在因素未做深入研究，不能突破把企业视为黑箱的局限。正是基于此，从 20 世纪 80 年代中后期开始，汉默、普拉哈拉德等人提出了企业战略的核心竞争力与核心能力观。他们强调组织内部的技能、集体学习以及组织的管理技能，认为竞争优势的根源在于组织内部，新战略的采取会受到公司现有资源的约束，因此强调应以企业生产、市场营销能力和核心产品发展过程中的特有能力为出发点来制定和实施企业竞争战略。

核心能力学派在弥补波特的缺陷的同时，带来了自身的缺陷，即极少关注企业外部环境。经过 20 世纪 80 年代中期到 90 年代初期的发展，战略管理的资源观出现了。资源观既承认公司特别资源与竞争力的重要性，也承认产业环境分析的重要性，认为企业能力只有在相应环境中才能体现出重要性，并认为能力与资源作为企业竞争地位的核心，要考虑需求、稀缺性、适宜性等要素。

尽管波特的行业分析以及后来出现的能力和资源观在企业战略研究的侧重点上各有不同，但鉴于他们把市场以买方市场为主要经济特征，环境呈现复杂多样性的变化作为战略研究的时代背景，而将市场竞争作为战略研究的主要内容，以谋求建立和维持企业的竞争优势作为战略目标，本书将它们统称为竞争战略。

20 世纪 90 年代后，随着顾客需求个性化及竞争全球化、产业环境动态化，产业界限日益模糊，技术创新日新月异。20 世纪 90 年代中期，企业为了生存和健康发展，必须通过与其他企业既竞争又合作，通过各种创新和价值创造来满足市场需求，已逐渐成为企业战略研究的一个新焦点。围绕它，出现了顾客价值中心理论、商业生态系统理论、组织生态学应用理论等新理论。

利特勒于 1999 年把顾客价值称为顾客让渡价值。以顾客价值为中心的战略思维扩展和超越了传统战略理论的内容，顾客价值成为企业间竞争的焦点。以顾客价值为导向的战略思维适用于结构化的产业市场，要准确、全面了解顾客需求并非易事。要想取得未来产业的领先地位，企业还必须超越顾客导向，挖掘顾客潜在需求，变被动追随为主动创造。

商业生态系统理论及组织理论、生态学理论都强调了企业作为社会网络中的组织必须在战略制定与实施过程中，要考虑到股东、政府、社会等网络关系。

2. 企业发展战略的内涵

对于企业发展战略的定义，理论界至今未能形成统一观点。安索夫认为，企业发展战略管理是将企业日常业务决策同长期计划决策（战略）相结合而形成的一系列经营管理任务；拜亚斯认为，战略管理是指对一个组织未来方向做出的决策以及实施这些决策的活动，可分为战略计划与战略实施两个阶段；约翰逊则认为，战略是如何适应环境，利用资源，并获得竞争优势的行动计划。

本书认为，企业发展战略是企业根据其外部环境及内部资源和能力的状况，为求得企业生存和长期稳定地发展，为不断地获得新的竞争优势，对企业发展目标、达成目标的途径和手段的总体谋划，具有全局性及复杂性、未来性及风险性、系统性及层次性、竞争性及保密性和相对稳定性等特点。

企业发展战略的正确与否直接决定着企业发展的前途与命运。只有依靠正确的战略指引，明确企业的愿景和使命，建立战略目标体系，制定公司发展总体规划和业务规划、职能规划，借此统一企业上下的思想，并在不断变化的环境中以不变应万变，才能保持企业科学、健康、快速和长远发展。

（1）描述企业愿景。

企业愿景就是企业愿望的景象，它是根据企业现有阶段经营与管理发展的需要，对企业未来发展方向的一种期望、一种预测和一种定位。企业愿景要回答"企业是什么"这一基本问题，告诉人们企业将做成什么样子，从而给社会公众和企业员工、合作伙伴一个清晰的企业认识。企业愿景一般由核心理念和未来展望两部分组成。核心理念是企业存在的根本原因，未来展望代表企业追求的方向和目标。核心理念和未来展望既对立又统一，共同构成企业发展的内在动力。伟大公司都会制定宏伟的企业愿景来凝聚人心，鼓舞斗志，促进企业长远发展。例如，力诺集团提出的"铸国际品牌，建百年力诺。打造世界最大太阳能生产基地"愿景，既回答了企业是太阳能专业制造商的定位，又反映了做世界最大专业制造商的目标，还表明了企业致力于国际品牌和百年企业的核心理念，得到了员工和社会公众的广泛认同。

（2）明确企业使命。

企业使命是指战略管理者确定的企业发展的总方向、总目的、总特征和总体指导思想。它回答"做什么样的业务"、"为谁创造价值"、"创造什么样的价值"等基本问题，是企业存在的理由和价值取向。它反映了企业管理者的价值观和企业力求为自己树立的形象，揭示了本企业与同行业其他企业在目标上的差异，界定了企业的主要产品和服务范围，以及企业试图去满足的顾客需求。不同的企业因其规模、发展阶段的不同，具有不同的战略使命。由于企业的使命一般涉及多方利益，各方利益的主次轻重必须在使命陈述中得到明确界定。例如，中大集团提出"开发健康产品，推销健康理念。经营健康人生，促进健康发展"的企业使命，反映了企业生产健身器材的业务方向，体现了关爱健康、关爱生命的企业使命和促进个人、企业、社会健康发展的价值取向。

（3）建立目标体系。

战略目标是企业在既定的战略经营领域展开战略经营活动所要达到的水平的具体规定，同时也是企业愿景的展开和具体化，又是企业使命的进一步阐明和界定。战略目标可从平衡计分卡的财务、客户、创新、管理四个维度出发,对宏观目标做具体的分解、细化、衡量和考核。财务类指标用来衡量企业持续创造价值的能力;客户类指标是用来衡量企业为客户提供精细化服务的能力;创新类指标是反映企业创造市场需求及应对环境变化的能力;管理类指标反映企业组织管理和资源配置的能力。企业的目标可以有长期与近期之分。长期目标体现了企业的长远利益,近期目标则是企业的短期效益。在建立战略目标体系的过程中,一定要坚持"实事求是,积极可行,立足当前,放眼长远"的原则,全面分析企业的外部发展环境和内部竞争资源,既要避免故步自封,又要切忌好高骛远。

(4) 制定总体战略。

企业战略是为了实现企业整体发展方向和发展目标所需采取的实现目标的方式,以及为此进行的资源在不同业务之间分配的决策。它是统筹各项分战略的全局性指导纲领,是企业最高管理层指导和控制企业的一切行为的最高行动纲领。企业战略具体内容应包括:明确企业多元化的产业进退;选择企业不同业务之间的关联方式;建立相关业务之间的协同作用;确定企业的投资先后序列和各业务单元间投资资本的分配方式;提高企业所涉足的各个多元化业务的联合业绩;寻找加强企业竞争地位和盈利能力的有效途径等。其中,企业战略的一个关键问题就是企业应该把资源投入到哪一个产业以及投资的优先序列。这是因为资源投入不同产业效益也大不相同,而内部各个部门之间往往都在相互争夺有限资源。企业高层管理者的一项重要任务,就是确定产业进退和投资顺序。

(5) 提出业务战略。

为了提高协同作用,加强战略实施与控制,企业一般会从组织上把处于同一行业中、具有共同经营特征的若干事业部或其中某些部分组成一个战略经营单位,这些战略经营单位所共同遵循的战略就是业务战略。业务战略主要研究该业务如何在特定的行业内取得竞争优势,所以也经常被称为竞争战略。分析业务战略时,最重要的前提是要针对特定的行业来进行。虽然不同的企业根据不同的内部和外部环境所采取的竞争战略有很大差别,但一般区别最明显的战略有成本领先战略、差别化战略和重点集中战略。成本领先战略强调以很低的成本价格为客户生产标准化产品。差别化战略是指为客户提供与竞争对手有差异的、独特的产品与服务。重点集中战略是指在一个细分化的市场上,提供满足小客户群体需求的产品和服务。不同的企业应根据自身的特点采取不同的途径和战略去营造自己的竞争优势。

(6) 配套职能战略。

职能战略是指管理者为特定的职能活动、业务流程或业务领域内的重要部门所制定的,支持企业愿景、战略目标、业务战略实现的职能性活动战略。职能战略描述了在执行公司战略和业务战略的过程中,企业中的每一职能部门所采用的方法和手段。它将企业的总体战略转化为职能部门具体落实的行动计划。相对于市场营销、财务会计、研究开发、品牌管理、生产运营、人力资源开发等企业主要职能部门而言,相应的职能战略分别为市场营销战略、财务投资战略、研究开发战略、品牌建设战略、生产运营战略以及人力资源开发战略等。职能战略比之企业战略的时间跨度要短得多,且更具体和专门化,具有行动导向性。由于职能战略是为企业战略和业务战略服务的,所以必须与企业战略和业务战略相互配合。只有通过制定并实施职能战略,不断提高企业的核心竞争能力,才能实现总体战略目标和业务发展战略。

3. 企业战略管理理论基础

战略本身是一个十分古老的概念,我国在公元前7世纪就有了在策划和指挥战争方面具有战略含义的"庙算";公元前4世纪,孙武写就了影响无数个将帅领袖的《孙子兵法》;到公元3世纪,西晋史学家司马彪正式以《战略》为名写了专著。在西方,"战略"(Strategy)一词源于古希腊的"诡计"或"将道"。作为军事概念的"战略",毛泽东在《中国革命战争的战略问题》中做了精辟论述,如"战略问题是研究战争全局的规律的东西","凡带有要照顾全面和各阶段性质的,都是战争全局"。由于全局性的东西都是一时难以实现的,因而又带有长远性,故此"战略"就是对全局性、长远性重大问题的谋划与决策。在当代,和平与发展逐渐取代战争成为世界生活的主题,"战略"一词也随之越来越多地被应用于经济、社会发展理论中。最早专门论述经济发展战略的是美国经济学家艾伯特·赫希曼于1958年出版的《经济发展战略》一书,书中系统论述了经济发展中的产业不平衡增长、联系效应和淋下效应等经济发展战略的重要内容;而最早使用经济社会发展战略概念的是我国著名经济学家于光远,他在1982年出版了名为《经济、社会发展战略》的著作。他认为,经济不是也不能孤立地发展,它必须同与之相关的科学、技术、教育、环境保护、人口控制和文化观念等结合在一起,提出了国内生产总值的核算应考虑环境损失扣除的精辟见解。

随着现代企业的出现和发展,人们对于企业行为的研究也逐渐深入。20世纪60年代,美国著名战略管理学家安索夫于1965年出版其成名作"企业战略论","战略"在企业管理中的意义真正受到重视。"战略"的概念在企业管理领域当中的广泛应用,源于企业间竞争与军队间的对抗的众多相似之处。从狭义上讲,战略就是组织的管理者决定实现的一整套目标,以及为实现这一目标而制定的一组政策或规划,并将其作为指导企业各项经营活动的一般准则。从广义上讲，战略是指任何一个组织的有关组织未来发展的全局性与长远性的谋划。企业战略就是围绕企业生存和长远发展的目标，以及为自身和竞争对手实力的充分分析为基础，结合对客观环境的清醒认识和对未来发展的预测，对企业资源做出合理配置与规划，对企业各项活动具有指导作用的、全局性、长期性的行动方案。

（1）企业战略管理的内容。

1）战略分析。战略分析的主要目的是评价影响战略主题目前和今后发展的关键因素，并确定在战略选择步骤中的具体影响因素。战略分析是通过对自身及外部环境的分析，制定战略远景和业务使命，指明未来业务范围和前进方向，从而提出一个长期的发展目标。

2）战略制定。战略制定是战略主题在了解分析了外部环境和内部环境，确定了本身所有的优势和劣势以及面临的机会和威胁后，应拟订并设计赖以生产和发展的经营战略方案，对经营战略方案进行评价，做出最终决策。同时，围绕经营战略的要求阐明经营战略的政策，为经营战略实施提供条件。战略制定是战略管理的重要任务，它主要解决以下几个问题：如何完成战略目标，如何获取持续的竞争优势，如何实现可持续发展。

3）战略实施。战略实施是战略管理的行动阶段，是使既定的战略转化为实际行动并取得成果的过程。它是指通过一系列行政的、经济的、法律的手段，为达到战略目标所采取的一切行动。战略制定的关键在于其正确性，而战略实施的关键在于其有效性。战略实施的成败取决于能否把实施战略所必要的组织、资金、人员、技术等资源及各项管理功能有效地调动起来加以合理配置。

4）战略的评估和控制。战略的评估和控制是要确定战略实施过程中在其达到目标上取得多大成效。战略的制定过程属于主观认识范畴，其真正的价值只有经过实践才能得到验证。在战略实施过程中进行评估，将进一步辨认对外界环境的分析是否正确，所制定的战略途径和手段是否有效等，从中发现战略差距，分析产生偏差的原因，根据变化的环境修改变化着的目标，使战略行动更好地与环境及所达到的目标相协调。

每个企业为了自身的生存和发展，为了增加本身的实力和财富，就不得不在激烈的商业竞争环境中，想方设法争取主动，争夺顾客，抢占市场。因此，把军事用语的战略概念、理论和方法，移植于企业的经营管理，因而公司战略概念、理论和方法也应运而生了。企业战略管理是企业面对激烈变化、严峻挑战的经营环境，为求得长期生存和不断发展而进行的总体性谋划。它是企业战略思想的集中体现，是企业经营范围的科学规定。更具体地讲，企业战略管理是在符合保证实现企业使命的条件下，在充分利用环境中存在的各种机会和创造新机会的基础上，确定企业同环境的关系，规定企业从事的经营范围、成长方向和竞争对策，合理地调整企业结构和分配企业的全部资源，从而使企业获得某种竞争优势。

公司战略是价值创造的决定因素，战略管理活动是最重要的价值创造活动，对公司价值创造力具有重大长远的影响。通过公司战略管理，企业管理者更加关注企业外部环境对企业资源进行合理配置，实现企业资源和环境的动态适应；能够有效避免企业短视行为的发生，为企业赢得持续发展的空间；能够使企业形成统一的目标，极大地协调各部门、各环节的工作，充分发挥企业的协同效应，最终使得价值创造和一些决定市场竞争程度与公司竞争地位的价值推动要素之间建立明确的关系。

（2）企业发展战略理论实践。

目前，我国的一些知名企业也在探讨自己的发展战略，制定适合自己特色与发展的战略，进行相应的战略管理。尤其是一些大型的国有或民营企业，已经认识到战略管理对企业发展的重大意义，并且开始着手进行企业的战略管理实践，明晰企业的发展方向，促使企业步入良性发展的轨道。但是，还有一些企业，特别是一些中小企业对战略管理的重视程度不够，要不没有明晰的战略管理，要不在战略管理实践过程中出现了诸多问题，导致战略管理的有效性大为降低。

国内理论界在战略管理方面，越来越受到关注和重视，并著书立传。但总体来讲，我国目前对战略管理的研究仍处于初步阶段，还需要更多地引进和借鉴西方的战略管理思想和方法，有待进一步系统地针对我国国情并结合企业现状进行深入研究。

4. 企业战略管理在我国的发展历程与应用现状

我国企业的经营管理实际上也经历了从生产导向到推销导向，直到战略管理等几个阶段，战略管理的出现是社会经济发展的必然。我国企业战略管理存在一个初创、推进和新发展的过程，也是一个不断摸索、不断积累、不断前进的过程。我国企业战略管理发展的不同时期大都是交错进行的，大致可以归纳为以下几个过程。

（1）企业战略管理的初创时期。

20 世纪 80 年代初，国家对宏观经济的数量及结构进行了大幅度的调整，很快就波及企业的生产经营活动。随着时势的逆转，政府的保护效用大幅降低，原来的供需关系完全改变，企业被迫参与到全行业的争夺市场份额的竞争，每个企业不知不觉重新考虑生存问题。同一时期，一些抗良性较强的国有大中型企业开始转变生产经营管理方式，直接或间接地学习国际先进管理技术，尤其是企业战略管理的最新理论、方法和技术，并根据企业自身的实际情况将其直接应用于管理实践，从而初创了少数企业在经济结构大调整中的企业战略管理雏形。这里的战略管理还处于模仿和不断探索的过程。

（2）企业战略管理的推进时期。

20世纪80年代中期，我国改革开放政策的步幅进一步加大，企业既增强了活力，也面临着市场竞争的巨大压力。为了在国内市场站稳脚跟，并能在竞争中保持着优势地位，企业在战略管理的实践上进行探索。在这期间，不少企业根据当时宏观经济形势，结合自身优势，应用科学预测、数量计算的方法来确立新的企业战略。在企业战略管理的实践逐步推进的同时，结合国外的理论和我国企业的实际，大量有关企业战略管理的研究方向的书籍也陆续问世。战略管理理论的出现与各个领域的拓展，对战略管理的实践起到很好的指导作用。

（3）企业战略管理的新发展时期。

20世纪80年代后期以来，在国际、国内经济形势的影响及制约之下，我国企业势必将使企业战略管理推进到一个新的发展时期，即我国企业逐步由国内经营转向国际经营，由为数很少的企业外向经营转向更多企业的外向经营，它们将在更广阔的世界经济舞台上实施其企业战略管理。在这一阶段，企业战略管理的研究在各方面做了有益的探索和补充。借鉴国外的经验，我国企业战略也做了公司战略、事业战略和功能性战略的区分，在战略概念上也有较大发展，战略管理正在为越来越多的企业所重视，对它的研究也越来越深入，应用也越来越广泛。

5. 我国企业战略管理存在的问题

经过近20年的发展，我国的企业界和理论界在战略管理方面有了很大的进步，并且有一些企业通过战略管理取得了成功。但是从总体上看，由于我国传统战略思想的影响，计划经济体制的惯性，加上接触西方战略管理理论的时间不长，对战略的认识也不是很深刻，目前我国企业的战略管理水平还不高，在实际运作中还存在很多问题。主要表现在：

（1）企业缺乏战略意识。

由于受发展历史、所处行业或企业经营管理水平等影响，企业对战略管理缺乏系统的了解。由于对战略管理存在茫然或狭隘的认识，缺乏客观科学的认识，企业战略管理也自然无法提升到企业必须考虑的经营领域，无法利用战略管理对企业的重要作用。

（2）企业战略缺乏可行性。

企业战略的有效性在很大程度上取决于战略制定人员对企业战略目标的确定是否明确，对企业外部环境的分析评价是否准确以及企业内部条件的分析是否完整、透彻。企业的外部环境错综复杂,如果企业缺乏系统、科学的分析难免会出现失误;对企业自身条件的分析不当,企业内部的资源及能力必须满足企业所制定的战略的要求,对企业自身资源与能力处于何种状态的界定,又取决于企业的自我判断。

(3) 企业战略实施过程中缺少相应的组织结构调整措施。

企业的战略目标需要相适应的组织结构。战略目标与组织结构的匹配程度将最终影响企业的绩效。这是因为企业组织结构不仅在很大程度上决定了目标和政策的如何建立,而且还决定了企业自身的资源配置。企业的组织结构与企业战略不配套必然妨碍战略的实施,使战略偏离预期的目标,直接影响企业的经营业绩,最终导致战略的失败。

企业在战略实施过程中必须清醒地认识到,有了正确的经营思路和匹配的组织结构后,还要有相应能力的管理者及员工才能实现公司的战略意图,否则在执行过程中会偏离方向,不仅无法实现战略目标,反而很可能会给企业造成重大损失。

(4) 企业战略的实施缺少权变性。

众所周知,企业战略是基于环境对未来发展的规划,然而环境总是处于不确定的、变幻莫测的趋势中。企业经营环境变化的时间和内容往往是不可预测的,人们不可能事先准确预测经营环境变化的方向和幅度来进行战略的调整。因此,当企业经营的环境发生变化时,特别是影响到企业战略目标实现的关键外部因素发生重大变化时,企业的战略管理者必须果断地对现有的战略方案进行及时修正调整。如果企业不能做到,必将导致其败于竞争对手。

二、企业发展战略选择与企业社会责任相关性辨析

企业发展战略选择是企业在复杂多变的经营环境和日益激烈的市场竞争环境中对未来全局的筹划,它是企业获得持续经营成功的关键。企业社会责任是指企业在生存与发展过程中必须在企业利益与社会利益之间进行平衡,在获取经济利润的同时承担相应的社会义务,维持与创造企业可持续发展的外部环境。两者都在关注企业可持续发展的同时,重视与外部环境的关系,它们之间的联系与结合点将吸引研究者与管理者的兴趣。

曾经在很长的一段时间内,企业的社会责任被视为一种边缘化的经济学观点。弗里德曼曾说:如果职业经理人为股东以外的群体谋求利益,那么他们就有违信托精神。这种观点在企业社会责任的争辩中曾一度占据上风,社会责任因而被企业等同为公益慈善而成为经营战略中可有可无的装饰品。

然而，迈克尔·波特教授在文章《战略与社会：竞争优势与企业社会责任的关系》中指出：国际上越来越多的评级机构已将企业社会责任绩效作为企业优劣的参考指标之一，这足以证明企业社会责任的重要性，任何企业的高管都应对此有充分认知。面对弗里德曼对社会责任的责难（即职业经理人浪费股东钱财做公益），波特措辞严厉地说：公益活动之所以未能解放企业生产力，是因为这些企业犯了两类错误：第一类错误是它们把企业与社会对立起来看待，而这两者事实上是相互依存的；第二类错误是它们只是泛泛而谈公益慈善，从未将其与企业自身的战略需求相结合。波特进一步指出：成功的企业离不开和谐的社会，反之亦然，两者之间如唇齿相依。企业只有找到与社会共同发展的契合点，才能踏上通往可持续发展之路。

因此，企业发展战略与企业社会责任有着密切的联系，主要表现在以下方面：首先，企业发展战略与企业社会责任都有共同的关注点，即在重视企业与外部环境关系的基础上，着眼企业的可持续发展；其次，企业发展战略与企业社会责任都蕴含丰富的系统管理思想，即在管理决策中存在思维的一致性，均关注系统优化；最后，企业社会责任与企业发展战略存在作用与反作用的关系：一方面，企业社会责任作用于企业发展战略，另一方面，企业发展战略一旦定型，即反作用于企业社会责任，要求相应的企业社会责任决策与之配合。

伴随企业社会责任运动在全球不断地展开，企业管理的实践也经历了从质量管理阶段、环境管理阶段发展到以企业社会责任管理为核心的全面管理阶段。企业的可持续发展必须兼顾经济、社会和环境的平衡，已经成为长寿企业发展的共识。企业社会责任如何转化为企业竞争优势，怎样从企业发展战略的角度来实施企业社会责任，获取社会责任竞争力，实现企业的可持续发展，也就成为当前企业管理研究与实践的前沿课题。

本书认为，企业战略性地承担社会责任，可以通过作用于企业环境、企业资源以及企业能力等环节来形成企业的竞争优势。

1. 企业环境的角度

企业的竞争优势从环境的角度而言，来源于企业对外部环境的分析、理解、适应以及改善。

第一，改善企业竞争环境。企业社会责任行为被认为是为改善竞争环境最具成本收益的一种方式，有助于企业突破市场壁垒和贸易壁垒，使企业可以在改善竞争环境的基础上获取竞争优势。

第二，形成企业社会责任壁垒。企业履行社会责任，有助于使企业的产品或服务形成相对于竞争对手而言较高的转换成本,为企业创造优越于竞争对手的超额利润,形成竞争对手难以模仿的竞争优势。简单地讲,社会责任壁垒 = 社会责任消费 + 社会责任投资。

第三,提高企业的抗风险性以及企业在危机状态下的自我恢复性。负责任的企业因自身原因爆发危机的概率极低,从而大大降低了企业对于危机管理的成本投放,并且能够在危机爆发后用最短的时间平复危机而降低损失。

2. 企业资源的角度

按照企业资源基础论的观点,企业的竞争优势来源于企业长期积累而成的、能为企业创造价值的、为企业独享的、比竞争对手优越的、难以被模仿和被复制的战略资源。

第一,提升企业声誉和企业形象。企业实施社会责任活动,会对消费者头脑形成的企业印象产生影响,从而影响企业形象和企业声誉。研究结果表明:企业社会责任优于财务业绩等因素而对企业声誉有重要影响。

第二,树立企业品牌。企业履行社会责任,有助于赢得消费者和客户的好感与信任,是一种企业社会形象的投资、企业信誉的投资和企业品牌的投资,有利于企业品牌的传递和知名度的提高。

第三,把握人力资本。企业通过履行社会责任所形成的良好的劳资关系,有助于企业员工对企业发展产生责任感,提升员工的满意度和忠诚度,有助于吸纳与保留优秀人才,提高工作效率和工作质量,并且可以最大限度地减少管理成本和监督成本,降低员工流失率。

第四,获取社会资本。企业履行社会责任所表现出的符合关键利益相关者期望的行为和相应的社会规范,从而建立起企业声誉和信任关系,并在此基础上构建企业所独有或独享的社会资本网络,有助于企业降低交易成本、减少因信息不对称或不完全所带来的风险和不确定性,改善企业经营环境,提升企业获取和配置利用稀缺资源的能力和效率,从而使企业能够获取超越于竞争对手的竞争优势而获得长期的可持续发展。

第五,企业与高质量的利益相关者的互动共赢关系。企业履行社会责任,有助于企业战略被那些可为企业带来持续竞争优势的企业资源、知识与能力的所有者或提供者认可与接受,从而获取有利于企业发展的竞争地位。

3. 企业能力的角度

优越于竞争对手的、为企业专属而又稀缺的企业竞争优势能力能够为企业带来超额价值并且能够使一个企业在战略高度与其他企业相区别,并带给企业竞争对手难以模仿与替代的、无法发现的显著竞争优势。

第一,提高战略预见能力与公共政策影响力。企业通过承担社会责任,往往能够准确地预测顾客的需求变化以及所在行业的竞争合作的焦点所在,从而可以有针对性地决策如何配置资源、怎样配置资源以及配置资源的数量及其结构比例,从而发挥企业资源的效能,提升企业的竞争力。企业公共政策影响力是企业通过社会责任的履行来预期利益相关者的期望与要求,主动预测并适应社会和环境的发展与变化,进而影响公共政策的制定以获取竞争优势的能力。标准的制定、行业竞争规则的制定以及相关法规法则的参与制定或改变的能力,是企业竞争优势最典型的反应。

第二,提高基于学习与创新能力之上的新的市场机会发现及价值实现能力。将企业社会责任战略与企业的研发战略、人力资源战略、营销战略等职能战略相结合,对于企业而言意味着通过创新而发现新的市场机会并通过价值实现而实现企业可持续发展。

第三,构筑企业社会责任文化。优秀企业的企业文化中充分体现社会责任的理念。悠久独特而又有价值的企业社会责任文化,使得企业以社会责任价值理念为导向,为利益相关者创造价值,并追求企业长期价值最大化。

第四,影响长期经济绩效。企业社会责任对经济绩效的调节作用仅仅一小部分表现在企业短期收入的影响上,更多的是通过企业声誉与企业形象、企业品牌以及企业竞争力的作用而对长期经济绩效产生影响。企业社会责任与企业经营业绩之间存在正相关关系,企业社会责任履行可以转化为企业的竞争优势。

三、企业社会责任的发展战略选择

在分析了企业社会责任形成企业竞争优势的机理后,本书尝试进一步探索企业社会责任发展战略选择的实施,可从以下方面着手:

第一,将企业社会责任理念融入企业的愿景与使命中,构建企业社会责任战略观。企业社会责任战略选择的第一步,就是要求企业在其愿景中体现社会责任的战略观,并以此来指导企业的发展方向。而在企业使命中构建社会责任战略观,将促进企业对其存在意义的思考,并且真正能够从系统的角度来审视自己,指引企业战略思维和战略理念的转变,重塑或者强化体现社会责任的企业价值观,优化企业的资源配置,指引企业发展战略的制定和执行。

第二,规划企业社会责任战略。企业社会责任战略的规划,要在充分考量企业所处的环境，特别是企业所在的行业背景基础上，使企业社会责任战略能够主动与企业的资源、企业的能力及企业的发展战略相匹配。企业要将社会责任融入其发展战略之中，使企业社会责任成为其实现长期战略目标的工具与支撑。

第三，以迈克尔·波特的"钻石"模型为工具，探索企业如何通过社会责任战略管理来改善企业的外部竞争环境，提升企业的竞争力。迈克尔·波特的"钻石"模型理论认为，决定一个国家的企业能够获得成功的四个外部因素条件分别是：生产要素条件、需求条件、支持产业与相关产业的表现以及企业的战略与竞争状态。这四个外部因素各自独立但有系统地组合成企业外部竞争优势的"钻石"体系。从企业外部环境的变化分析入手，企业可以借助"钻石"模型寻找到有利于提升企业社会责任竞争优势的社会问题，并通过企业的专长在解决社会问题的过程中提升企业的责任竞争力。

第四，将企业社会责任发展战略管理纳入其治理结构范畴，融入其组织结构中去，建立社会责任管理系统，形成企业社会责任战略管理的组织结构支持与系统支持体系。对于国外优秀企业承担社会责任的实现方式主要有两种：董事会决策模式和董事会承担、经理决策模式。这两种模式的关键点是将企业社会责任落实到具体的责任人，从而使企业社会责任落到实处。

第五，构建企业社会责任战略的绩效管理与评价体系。企业对社会责任绩效进行管理与评价的过程，是一个识别、评估与抵御未知风险的过程，通过跟踪、检查、改善与整合企业社会责任管理，使企业能够在激烈的竞争与变幻莫测的环境中赢取可持续发展绩效。企业社会责任绩效评价方法主要有声誉指数法、内容分析法、强制性调查工具法、案例分析法、KLD 指数法等。

四、优秀案例分析——以河北金音集团为例

金音集团位于河北省衡水市武强县，是一家中美合资的专业乐器生产企业。经过 20 多年稳健而迅猛的发展，如今已发展成一家集生产、研发、销售于一体的大型企业。金音集团是中国目前最大的管弦乐器制造企业之一，旗下拥有 8 家子公司，在职职工 2300 多名。在过去的 20 多年中，金音集团凭借中国改革开放的春风，坚持科学发展观，秉承敬业奉献、锐意创新的企业精神，从无到有，从小到大，从大到强，迅速发展成为中国乐器产业中的佼佼者。金音集团主要生产木管、铜管、提琴、吉他四大系列 400 多个品种的西洋乐器，从乐器制造种类方面，基本涵盖了管弦类乐器的所有品种，乐器年产量超过 80 万件，乐器箱包类年产量超过 100 万件，85%以上产品出口 80 多个国家和地区。目前是全国最大

西管乐器生产基地、中国乐器协会西管乐器专业委员会会长单位、中国乐器协会第六届副理事长单位、国家文化出口重点企业、国家文化产业示范基地。

1. 以人为本，惠泽员工，回报社会

金音集团之所以能够又好又快地发展，是与企业坚持"以人文本"理念、关爱员工、加强和谐劳动关系建设密不可分的。

（1）依靠组织建立和谐劳动关系。

公司党支部和工会于1997年建立，董事长任党支部书记，党支部副书记兼公司工会主席，成员新老结合，懂生产经营会管理，有群众工作经验和组织能力。党工班子认真贯彻党的路线方针政策，党工共建，结合本单位实际建立健全了一整套有金音集团特色的民主管理制度，充分调动了广大员工为企业发展献策出力的积极性。

（2）员工维护权益有制度保障。

集团现有职工2300人，试用期满的正式员工100%与公司签订劳务合同。集团从2002年就实行全员劳动合同管理，多年来劳动合同签约率、履约率都是100%，没有发生一起劳动纠纷事件。集团长期坚持民主协商制度，已取得了良好效果。特别是2012年按照全国总工会和省、市、县总工会的文件精神和工作部署，在贯彻落实《河北省企业职工工资集体协商条例》和《河北省办公厅关于进一步推进集体协商工作意见》中，实施工资集体协商、集体合同制度上又有新突破，使民主协商认识更高、流程更加规范、落实更加自觉有效。

（3）员工建功立业安心。

集团发动广大员工，以企业生产经营为中心，以创建"爱岗敬业标兵"为载体，以国际著名的雅马哈乐器公司为目标，广泛开展全方位对标管理竞赛活动，从而促进了企业生产标准化、程序化的有效开展；以科技创新为内容，每年都广泛开展劳动竞赛和合理化建设活动，从而促进了企业生产标准化、程序化的有效开展；2012年共提出合理化建议96条，被采纳78项，当年实现56项，增加经济效益48万元，38人受到公司奖励表彰。在此基础上，近3年成功申报了专利25项。公司职能部门合作组织各工厂员工，区分工种，开展技能培训、岗位练兵和技术比武竞赛，活动有声有色，其成绩记录个人档案，成绩优秀者给予表彰。大力继承和发扬工人阶级好传统、好品质，争当改革创新的时代先锋，推动企业发展、促进科技进步的行动已形成热潮。除集团内部评比表彰外，还有些集体和个人先后获得衡水市"职工创新示范岗"、"职工创新能手"、"金牌工人"、"优秀科技工作者"、"第三届职工劳动模范"等荣誉称号。

(4) 员工生活福利放心。

在公司党组织领导下,由公司工会运作,制定了和谐建设制度,认真开展劳动关系和谐单位创建活动。公司每年都会为员工办理工伤保险和养老保险,至今已有 50 多名员工办理了退休,按月领取退休金安度晚年。公司坚持开展"救助困难职工一日捐"活动,今年参加人员达 95% 以上,捐资达 10 万元。平时出现伤病员工,该单位领导派人看望、照顾,帮助解决困难,每年两节期间开展送温暖活动,重点人、困难户公司老总都亲自慰问,不让一户员工有解决不了的困难,"一人有难,有人管、大家帮"已蔚然成风,公司上下亲如一家,团结和睦,共同为企业建设出力。

特别是从 2010 年年初开始,在衡水市和武强县的大力支持和帮助下,公司组建了"群众工作室",设一名专职人员具体负责接待,已先后接待了 50 人次,使反映的问题和矛盾得以及时解决,对创造和谐企业、优化生产工作环境起到了不可替代的作用,从没发生过重大安全责任事故和群众上访事件。连年来被评为公司级的和谐班组 18 个、车间 6 个、工厂 3 个,爱岗敬业标兵 52 名;县级"职工先锋号"集体 3 个,市级和谐车间 5 个;集团公司也先后获得"河北省 AAA 级劳动关系和谐企业"、"河北省职工代表大会三星级企业"等荣誉称号。

(5) 员工业余生活丰富、开心。

各分公司的职工之家、阅览室、卡拉 OK 厅进一步得到装饰,更加豪华雅致。集团公司新建的研发中心,设置了音乐厅、培训厅、健身房、书法绘画室、卡拉 OK 舞厅等设施,灯光音响先进齐全,为员工提供了便利的娱乐场所。除经常举办职业培训、文体活动和自娱自乐比赛外,还曾邀请河北省歌舞团、西班牙吉他演奏大师何塞、国际小号协会会长小号演奏家——比尔等国内外音乐名家来公司献艺,使全体员工大饱耳福。

(6) 社会和员工满意度高。

集团领导坚持致富思源,富而思进。认为金音集团能有今天的发展,都在于党的好政策,社会的支持和员工的奉献,所以善待员工、回报社会是对企业的最大投资和应尽的社会责任。公司现有 2300 名员工,绝大多数都是本地周边乡镇的农民工,每年公司将支付薪酬 4800 万元,帮助一大批农村富余劳动力解决就业问题,增加收入。他们白天在厂工作,业余下地干活,亦工亦农两不误,收入增加了,照顾家庭也方便,使早期外出打工人员纷纷返回本地来厂工作。同时,公司还帮助农户家庭办起了 50 多个配件工厂,吸纳了 2000 多人,每年支付配套加工费 5000 万元,其中有的家庭掌握了新的生产技术,扩大了生产,开始走上富裕之路。并且,还带动了周边基建、运输、服务等相关行业的发展。

金音集团多年来先后出资过万元回报社会,在武强县周窝镇建立了金音小学、金音幼儿园和老年活动中心，并积极参与乡镇修路架桥、捐资助教、文化娱乐等多种社会公益活动，受到公司员工和社会各界的广泛赞誉。

由于企业持续发展，不断回报社会，集团董事长周国芳多年来不断得到社会的肯定，先后获得衡水市"十大民营企业家"、"全国乐器行业优秀人物"、"河北省优秀企业家"、第五届"乡镇企业家"等称号。现为武强县、衡水市政协委员。总经理陈学孔近年来也屡获殊荣："中国乐器行业优秀人物"、"中国乐器协会副理事长、中国乐器协会西管乐器专业委员会会长"、"河北省十大经济风云人物"等，现任衡水市人大代表、衡水市工商联副主席。两位老总具有开放性思维、全球视野，瞄准世界科技前沿，不断改革创新，积极践行科学发展观。目前，集团正在积极筹划加快和谐美好建设的发展蓝图，决心把金音集团继续做大、做强、做优，争取为社会做出新的、更大的贡献。

2. 诚信为本，合作互惠，创新发展

今天的金音集团，已成为河北省衡水市乐器行业的龙头企业，成为衡水市对外开放的窗口和亮丽的文化名片。从具有独立自主知识产权的箱包产品，到百台具有国际先进乐器科技的 CNC 数控机床，再到提琴静电喷涂流水线，都标志着金音集团已彻底脱胎换骨，跻身现代化管理乐器企业。在历经 OEM 外向型企业成功转型后，金音集团在独立自主品牌研发创新，提高抗市场风险能力，吸纳先进乐器科技的决策上，都引人注目。

金音集团一贯将提高产品质量视为企业发展的原动力，早在 2001 年就率先通过了 ISO9002 国际质量体系认证。金音集团为了加强内部资源管理，于 2002 年引进了 ERP 信息化管理系统。科研人员将一系列高新技术成果成功地运用于乐器的制作工艺中，从而使金音乐器在国内市场拥有了较高的知名度和良好的企业形象。

金音集团于 2004 年推出的 EVA 系列中、高档产品，得到了许多演奏名家与乐器发烧友的一致好评。其部分制造工艺已达到了国际知名品牌标准和技术参数。早在 2008 年，金音集团就向国内外市场推出了全新的"金音 2009"系列。这一系列的乐器将更好地满足乐器初学者的使用需求，一经推出就得到消费者的认可，具有广大的市场潜力。

面对全球性的金融危机和严峻复杂的国际贸易形势，金音集团坚定信心，迎难而上，经全体员工共同努力，取得了可喜的成绩。年实现销售收入 43470 万元，同比增长 30%；利税 5000 多万元；纳税 1500 多万元，同比增长 13%。同时带动了周边乐器生产企业 60 多家，从业人员 3 万多人，有力激发了当地的文化创新活力,形成了区域特色文化产业群。同时,金音集团被列入河北省文化产业振兴纲要,成为全省重点扶持的21家文化产业龙头企业之一,被国家商务部、文化部、国家新闻出版广电总局授予"国家文化出口重点企业","金音"管乐器、提琴和吉他出口被列入"国家文化出口重点项目"。之所以能取得以上成绩,主要是采取了以下几项措施:

(1) 及时调整经营方针。

在重点抓好国内市场的同时,继续加强国际合作,推动产业升级。金音集团始终瞄准世界科技前沿,2009年通过扩大与电贝司行业的世界第一品牌德国握威、美国凯利金等国际大公司合作,引进国际上最先进的抛光、焊接、除尘和激光打标设备,最大限度地改进工艺、提高生产效率和技术水平,基本实现了数控流水线自动化加工生产,使产品规范化、标准化,加快了公司向规模化、系列化、国际化龙头企业的发展步伐。大力开拓国际市场,新建了3家国外销售公司,并与世界最大的零售商沃尔玛公司进行产品销售合作,还成功与欧洲第一大电子商务零售商托曼公司建立了供销合作关系,从而使集团出口量增长8%。

(2) 加强企业管理,制定企业新战略,不断引进人才。

创业无止境,追求无止境。为了跟上21世纪音乐文化产业的前进步伐,应对信息时代、网络社会和知识经济的挑战,金音集团新引进了18名专业人才,充实各重要岗位,发挥关键作用。公司制定了全新的战略:在区域经济、国内市场和国际市场运营三大板块齐头并进,与国内外同行强强联合,互惠互赢,构筑起一个具有国际竞争力的研发、生产、销售与服务体系,实现生产现代化、管理规范化、运营国际化、规模集团化;全力打造新型企业文化,以创造艺术人生为宗旨,努力转型成为创造艺术生活的公司,而不再仅是乐器生产销售商。

目前,金音集团正在全面进军音乐文化产业,大踏步地向集乐器生产、音乐教育和音乐文化经营于一体的音乐产业集团迈进。

在北京市举行的2011年首届中国西管乐器(铜管类)制作比赛中,金音集团生产的铜管乐器捧回4项金奖、6项银奖和18项铜奖,成为这次比赛中的大赢家。这是金音集团多年来致力于产品创新和提高产品质量取得的又一殊荣。

(3) 加大投入,不断新增项目。

为进一步提升企业的发展后劲,金音集团创建了生产一代、储备一代、研制一代的产品格局。多年来坚持每年拿出销售收入7%~15%投入研发,不断上新项目。先后对乐器抛光、模具制造、产品改型等关键工序进行重大改造;之后,又投入1200万元新上了静电喷涂生产线和物流中心,均收到了良好的效果。

3. 履行责任，继往开来，持续发展

目前，在经济全球化的背景下，经济运行节奏在很大程度上取决于现代物流业的发展水平。金音集团已经注意到现代物流对乐器制造业升级至关重要。乐器制造业之间竞争的焦点已不仅仅是价格的竞争，而是适应市场需求、客户快速反应、准时供货等方面的竞争。所以，谋划乐器物流配送基地十分必要。集团经过多次与德国 GEWA 乐器公司洽谈，已经敲定该项目由德国 GEWA 乐器公司投资 8.9 亿元建设，占地 230 亩，目标是建设国内第一个集仓储物流、世界分销于一体的现代化乐器集散市场，汇集乐器产业人流、物流、资金流，也将加快乐器产业的国际化和多元化发展步伐。

集团还要引导更多人的音乐教育和乐器消费，因为西洋乐在国内的认知度需要一个过程，学习的人多了，音乐氛围浓了，市场自然就扩大了。集团和中国吉他学会、北京路德文化艺术中心投资 1.8 亿元共同建设了路德国际艺术学校。路德国际艺术学校将为乐器产品生产基地、乐器物流配送基地提供人才支撑、增加人文气息，并共同打造相辅相成、互为补充、相互促进的发展新模式。目前，学校已经投入教学。

金音集团还在企业所在地周窝村打造特色音乐小镇。在政府支持下，周窝村率先成为武强音乐示范基地，让村民成为音乐小镇的经营与服务人员，也成为音乐小镇的受益者。特色音乐原民居为音乐节游客提供消费、休息服务场所。在这里，通过每年定期举办大型音乐演出，既可以为当地的演艺人才提供展示的舞台，又可以为来自全世界的知名音乐人提供交流的机会。通过音乐小镇的打造，将提高金音集团的影响力，形成音乐教育演出、音乐主题旅游、餐饮服务等产业链，推动武强县、衡水市乃至全国的音乐教育和乐器消费。

另外，还要建造一个以音乐为题材的旅游目的地，到时候通过每次的大型演出提高武强人的音乐影响力，带动音乐人才输出、音乐创作、乐器销售、当地特产销售、餐饮酒店等相关产业。

金音集团经历了几十年的风风雨雨，而今已迈上了新的发展历程。多年来金音人一直在思索，什么样的音乐才是最具震撼力的音乐？我们想，一是作曲家灵感的迸发，二是演奏家高超的技巧，三是乐器本身优异的音质。只有这三者的完美结合，才会有震撼人心的音乐。否则，无论风靡过去的帕格尼尼还是流行现代的凯丽金，如果缺少了具有表现力的出色乐器，他们的音乐天才都将无从体现。

责任使然，使命使然，金音人丝毫都不敢懈怠。孜孜以求的不仅仅是质量二字，因为，这种物理上的要求在优秀的乐章和出色的演奏家面前显得过于苍白，

企业管理机遇、转型与发展

乐器本身的人性化,也就是器、乐、人三者之间的相互理解和统一,这就是金音文化,也是金音集团在履行自己的社会责任中的一种企业发展战略选择。

第四节 企业社会责任与企业创新发展

一、创新对企业发展的影响

创新是一个民族进步的灵魂,是国家兴旺发达的不竭动力。创新是企业长盛不衰的源泉,是新经济的核心。纵观社会经济的发展,创新引导着人类文明的进化历程;创新开创着人类社会的前途未来;创新蕴藏着人类发展的无限生机。

新经济时代的竞争首先是科技的竞争、人才的竞争、创新能力的竞争,它一改以往那种以资源、资本的总量或增量为主的竞争模式,使创新优势弥补资源、资本上的劣势。在新经济时代,随着全球大市场的形成,企业普遍奉行成本—质量战略。全球性信息网络的形成,使得技术扩散的速度加快,因而造成产品和工艺在技术上的趋同化。企业间的竞争实力就体现在创新能力上。唯有大力创新,不断推出新技术和新产品方能在市场中站稳脚跟。与此同时,技术贸易壁垒也必然随着市场竞争的加剧而日趋强化。在这种形势下,开发自己的技术,提高本国和本企业的创新能力,就成了新经济时代的基本要求。如此一来,企业管理就不再是一般意义上的信息管理,而是创新管理,并把通过管理提高企业的创新力和创造力作为经营的核心。

正如杰克·韦尔奇所说的,在目前这个竞争激烈的新经济时代,一个企业家最差劲的表现就是缺乏创新、不思进取。没有知识和技术创新,对一个企业是非常危险的致命信号,西方企业界流行一句话:"不创新,即死亡。"

美国《财富》杂志每年评选美国最受推崇的公司,其标准除了要有良好的管理、产品质量和财务状况外,更重要的一条是还需要有一种不可缺少的要素——创新精神。他们认为,创新是一种对新思想、变化、风险乃至失败都抱欢迎态度的企业行为方式,这种行为方式必须渗透于企业上下才能发挥作用。正是由于这种创新,美国企业多年来在高科技领域保持领先地位,新产品层出不穷,以此推动以美国为发源地的"新经济"浪潮在全球发展。

没有不朽的名牌，没有永存的企业。创新才能带来活力，创新是企业驶入新经济高速路的通行证。

1. 产品创新：企业发展的核心

作为企业，技术创新永远是生存必不可少的手段。技术创新的结果便是促动企业不断设计、不断生产出市场需求的各种新产品，而产品创新是技术创新的延续和深入。

一个企业，即使它有辉煌的昨日，也不意味着它有成功的明天。设想一下，如果今日的家用电脑仍旧和 50 年前一样是成吨的庞然大物，怎么可能有今天的网络普及和 PC 业的革命呢？产品创新是今天每个企业致力追求的目标，也是每个企业得以成功发展的保证条件。

一个企业能否持续不断地进行产品创新，开发出适合市场需求的新产品，成为决定该企业能否实现持续稳定发展的重要问题。尤其是在科学技术发展日新月异、产品生命周期大大缩短的新经济时代，企业产品面临的挑战更加严峻，不及时更新产品，就可能导致企业的灭亡。市场上没有永远畅销的产品，任何一种产品在市场上的存在都有时间长短之分，这是由产品生命周期理论决定的。

首先，产品创新是企业持续发展和成长的基础。在新经济社会，经济的发展是可持续的，企业的持续发展是企业的最高目标。产品创新与企业持续发展之间存在密切的关系，可以说产品创新是企业持续发展的基础。这是因为，产品创新在促进企业自我成长过程中发挥着极大作用。多数企业都重视开发新产品，力图向市场投入更多的新产品，扩大本企业的产品市场份额。某类产品市场占有率的提高，可以使企业获得更高的利润。特别是新开发的产品，一般技术含量高，多为高附加值产品，这种新产品投入市场，必然使企业获得高收入，这对企业的成长无疑会起到很大的作用。

其次，产品创新可以维护企业的竞争地位。一般来说，产品竞争双方都力图通过新产品开发去取得某一特定市场的主导或支配地位。例如，当加拿大的米勒公司推出了 lite 啤酒获得成功后，几乎所有的啤酒公司都相继投入了自己的类似产品，参加市场竞争，在几个月之内类似 lite 的新产品就有 40 多个，但由于米勒公司不断创新产品，结果其他公司都无法取代米勒公司在这一市场上的领导地位。

最后，产品创新是企业适应环境变化的基本手段。当企业发现消费者需求发生变化或者环境条件改变的时候，预示着企业的现有产品正出现衰退的可能，则必须采取产品创新的方法开发出新产品为企业寻找新的机会。近些年，在工业市场上由于能源的短缺和人们对环境污染的愈加重视，很多厂家都把新产品的开发方向放到了高效、低耗、无污染的绿色产品的开发上。由于产品创新适应了市场和环境的变化，因此，也使企业能够在变化的环境中得以生存和发展。

新经济贵在一个"新"字。抱残守缺，困于陈规陋习，不思进取注定将被新经济大潮冲刷殆尽。

2. 营销创新：企业开拓市场的利器

企业拥有了新的技术、新的产品以后，如果仍沿用传统的方式去营销运作，那么创新的意义和作用就要大打折扣，甚至前功尽弃。企业还必须把生产的产品用创新营销方式推向市场，让市场和消费者更快地了解、接受，才能真正对企业的生存和发展起到有益的作用。而要使产品在市场上成功地被消费者接受，则必须依靠不断创新的运作手段，为其尽快打开市场。

新经济给市场带来的巨大变化，莫过于传统市场的萎缩和新兴空间的扩大，这为企业营销带来了极大的困难和空前的机遇。

在当今的市场环境下，许多的市场销售人员都在感叹生意难做，都在苦苦地追寻出路在哪里。通常的观点认为，生意不好做最主要的原因是市场疲软，消费者消费不足。但是，转换一下思考方法，在市场营销上做一些创新，则企业会惊奇地发现，原来生意并不是那样难做，在营销上进行创新，从而使市场不断得到扩大，也不是不可能的，这是一个突破传统营销思维、因地制宜、迂回占领市场的难得的机遇。现在的市场是不断流动的、变化的，它是守旧者的华山之路，它也是创新者的天堂之门。其难易、大小、好坏完全因企业而异。由此可以看到，从来就没有一套现成的公式或固定的市场操作方法能够适应不同的市场情况。在不同的时间、不同的地点，企业的市场营销要从白热化的竞争中脱颖而出，只有通过想别人所不想，做他人所不做，也就是说，企业只有突破传统，突破旧有的观念，大胆创新，才能在夹缝中求生存、求发展。即企业必须适时地进行市场营销创新，才能不断扩大市场，扩大市场占有率。同时，一方面，市场竞争激烈程度的提高，使某一企业独占市场机会的可能性越来越小，尽管顾客的收入确有提高，但由于他们选择的范围扩大以及所需要消费的项目越来越多，难以想象在某一单项上消费和使用的水准会单独提高，更何况就一般的大众市场来讲，消费能力依然十分有限。另一方面，随着总体社会消费水准的提高，消费的层次越来越多，无论是行业用户还是最终消费者，他们的独立性都得到了大大的增强，口味和专业化需求也十分不同和苛刻。因此，在这种情况下，市场营销创新对于企业产品市场的扩大具有尤为重要的意义，真正成了企业扩大其产品市场占有率的利器。

3. 服务创新：企业问讯国际市场的筹码

服务是企业今天探讨不尽的经营主题，也是解决不完的管理难题。其实，服务的标准和服务的动力都是一样的回答：那就是连续不断地创新。

从 20 世纪 70 年代以来，国际市场上的服务就开始成为企业竞争的重要内容，服务与产品的质量价格和交货期等一起共同构成产品的竞争力。我国随着改革开放的进行、市场竞争的加剧以及消费者权利意识的觉醒和发展，服务也日益成为企业在市场竞争中取得胜利的重要"筹码"。企业不但要为消费者提供价廉物美的产品，还要为其提供优质、高效的售前、售中以及售后服务。因为在买方市场上，企业要得到生存和不断发展，就必须不仅在产品上做到人无我有、人有我优，而且在服务上也同样如此。同时，消费者的需求是不断变化的，企业要在适应消费者不断变化的需求，不断推出新产品的同时，也必须不断推出新的服务，要不断做到服务创新，这样，就在市场开拓与巩固的激烈竞争中，为自己取胜不断增加"筹码"。

任何企业，服务都是一个坚持不懈的经营方针。其创新程度会直接导致服务质量的优劣。一个真正的企业家，他的经营方针或多或少都有个远大的目标。这一远大的目标，不是以赚钱为目的，而是要完成他心中长久以来形成的抱负。换言之，这些企业家们虽然开始时是以利己为出发点，但最终的境界却是利人的。当然，这种思想的形成，有的是与生俱来的，有的则是后天养成的。

本田汽车之所以能赢得美国人民的喜爱，除了产品质量一流之外，注重服务也是一个重要原因。在日本，成功的本田经销商很懂得"额外服务"的意思。你买了他的车，他便开始了对你漫长的服务历程：经销商会给你和家人寄来生日卡和晋升、毕业、结婚等人生大事的贺卡。如你的车子坏了，一个电话打过去，他们便会派人来取车，修好再送回来。这种优质服务在经销商看来是顺理成章的，如果没有这些，就不可能成为一名优秀的经销商。本田汽车打进美国市场时，公司员工都要学习如何为顾客服务。本田汽车非常强调：经销商必须在所有领域（包括销售、服务、零件及旧车等）样样满足每一位顾客。当经销商做到这一步时，利润保证会提高。美国本田公司副经理艾略特说："我们一而再、再而三地向我们的经销商强调：卖车只是个开始。我们不断地重复：'服务、服务、再服务，给顾客足够的服务，让顾客即使只是想到要和别的经销商打交道，都觉得是种罪过。'让经销商懂得，它是长久之计。"

企业管理机遇、转型与发展

4. 组织创新：企业活力的源泉

企业是构成新经济的基本单位，具有一定的社会生产功能。现代社会生产是社会化的协作生产，从资源配置角度来看，企业是组织生产、配置资源的基本单位。企业选择组织形式的基本准则，即谋求成本最低、效用最大，采用最恰当的组织形式以及各种经济手段，利用有限的资源，以获得最大的效应。

新经济时代是经济高速发展的时代。企业若能在高速发展和激烈竞争的今天，与环境发展保持同步，就必须不断地调整自身结构，改变自己的经营策略，提高自身的水平与素质，增强适应能力，这不仅是环境发展的需要，同时也是自身生存和发展的需要。企业组织创新成为人们普遍关注的问题，其重要性也越来越突出了。

现代市场经济使企业自身的地位和利益受到多种复杂因素的影响，包括外部环境和自身条件处于经常的变动之中，没有组织的变革创新，它就不能保持原有的地位和相对稳定的市场份额。因此，创新的动力和愿望是以保持企业生产和发展为出发点的。

组织创新意味着打破原有的组织结构，并根据环境和条件的变化对组织的目标加以变革，并对组织内成员的责、权、利关系加以重新构置，形成新的结构和新的人际关系，并使组织的功能得到发展。其内涵在于组织从形式到内容、从结构到制度的全面更新。

组织创新在新经济企业发展中具有举足轻重的作用，它是新经济企业保持活力的根本。具体来讲，体现在以下几个方面：

一是组织创新是企业组织自身发展需要产生的行为。企业组织作为一个追求利润最大化的经济组织，必然存在不断发展与扩大的内在动力。面对外部环境的变化，企业必须不断地完善和调整自己，以适应发展的需求。科技发展、企业成长壮大，企业战略的不断调整，原有的结构不能适应发展的需要和企业战略的发展要求，组织结构就必须相应地变革与创新。这是企业自身生存发展的必然行为，是企业组织的内在需要。

二是组织创新是企业外界压力共同作用的要求。社会经济环境的变化，科技的发展，市场需求的变化，企业市场占有率的变化，日益激烈的竞争，为获得生存和发展，企业不得不认真研究外部因素的作用，调整自身的发展成长战略，重构组织结构，以增加企业适应能力，提高企业的整体素质。

三是组织创新是历史发展的必然要求。在组织成长发展的过程中，每一种形式的组织结构都与当时社会生产发展水平密切相关，与企业管理水平的发展相一致。

企业组织每次较大的调整和变革，都凝结着理论和实践的结晶，如泰勒的计划与作业职能分离、法约尔的统一指挥原则、斯隆的事业部制的提出都是不断实践、不断创新的结果。组织理论在实践经验总结的基础上得以丰富和发展，反过来又推动实践的前进，促进社会生产的发展。创新不是自发的演变，而是历史发展的必然。

四是组织创新是企业生存发展的关键。通用汽车公司通过组织创新，在5年内就占据美国汽车行业的领先地位。而福特公司则满足现状，无心变革，导致濒临破产，不得不实行组织改组，才重新得到繁荣。实践证明，没有适应性强的强有力的组织结构，企业则难以保持竞争力和生命力。伴随着企业组织的成长与发展，创新则意味着企业未来的兴旺。

5. 管理创新：保持新经济惊人活力

管理创新本身是由经济发展、技术进步导致企业生存与发展问题需要解决而产生的。正像钱德勒所指出的："现有的需求和技术将创造出管理协调的需求和机会。"新经济企业保持活力的唯一途径就是创新，其中最重要的和最直接的创新方式是技术创新和制度创新，而管理创新对技术创新和制度创新都起着巨大的推动作用。

管理创新在新经济企业发展中具有很大和多方面的作用，具体可归纳为：

一是能提高企业经济效益。管理创新的目标是提高企业有限资源的配置效率。这一效率虽然可以在众多指标上得到反映，如资金周转速度加快、资源消耗系统减小、劳动生产率提高等，但最终还要在经济效益指标上有所体现，即提高企业的经济效益。提高企业经济效益分为两个方面：一方面提高目前的效益；另一方面提高未来的效益，即企业的长远发展。管理诸多方面的创新，有的是提高前者，如生产组织优化创新；有的是提高后者，如战略创新与安排。无论是提高当前的效益还是未来的效益，都是在增强企业的实力和竞争力，从而有助于企业下一轮的发展。

二是可以降低交易成本。钱德勒曾认为："在一个企业内把许多营业单位活动内部化所带来的利益，要等到建立起管理层级制以后才能实现。"即管理层级制的创新，使得现代企业可以将原本在企业之外的一些营业单位活动内部化，从而节约企业的交易费用。这就很明显地证明管理及管理创新对企业发展和企业效益提高的重大作用。

三是企业稳定与发展的重要力量。企业管理的有序化、高度化是企业稳定与发展的重要力量。常有人说，管理与技术是企业发展的两个轮子，倘若管理是如此的话，管理创新自然更是如此，因为管理创新的结果是为企业提供更有效的管理方式、方法和手段。管理创新对稳定企业、推动企业发展的作用可以从诸多方面来看。管理层级制一旦形成并有效地实现了它的协调功能后，其本身也就变成了持久性、权力和持续成长的源泉。因为用来管理新型多单位企业的层级型具有持久性，它超越了工作于其间的个人或集团的限制。当一名经理去世、退休、升职或离职时，另一个人已做好准备，他已受过接管该职位的培训。因而人员虽有进出，其机构和职能却保持不变。管理层级制的这一创新，不仅使层级制本身稳定下来，也使企业发展的支撑架稳定下来，而这将有效地帮助企业长远的发展。

四是拓展市场，帮助竞争。管理创新若在市场营销方面进行，则将帮助企业有力地拓展市场、展开竞争。企业在进行市场竞争和市场拓展时，将遇到众多竞争对手，即厂商和顾客。因此，这一竞争过程实为多个博弈对象的动态博弈过程。一个企业若能在这一过程中最先获得该博弈的均衡解，即管理创新具体方案，便能战胜对手，获得胜出。这个解无非是在能预见对手们的相应对策条件下寻找出最佳的、新的市场策略和运行方式而已，这就是一种管理的创新。许多跨国公司在瞄准中国市场后，所采取的一系列市场行为均有其战略意图，这一意图本身就是一种创新。

五是有助于企业家阶层的形成。现代企业管理创新的直接成果之一，按照钱德勒的看法是形成了一支高薪的职业经理，即企业家阶层。这一阶层的产生，一方面使企业的管理处于专家的手中，从而提高了企业资源的配置效率；另一方面使企业的所有权与经营管理权发生分离，推动了企业更健康的发展。钱德勒曾指出："当多单位工商企业在规模和经营多样化方面发展到一定水平，其经理变得越加职业化时，企业的管理就会和它的所有权分开。"职业经理层的形成对企业的发展有很大作用，因为对支薪的企业家而言，企业的存续对其职业有至关重要的作用，他们"宁愿选择能促使公司长期稳定和成长的政策，而不贪图眼前的最大利润"。职业企业家从这一角度，必然更进一步关心创新，关心管理创新，因为他们知道管理创新的功效，因此他们往往成为管理创新的重要主体。

以上五个方面不过是管理创新对企业发展的诸多具体作用的一部分，但足以证明其在企业生存与发展中的地位。正因如此，研究管理创新，探讨管理创新的未来，既有理论意义又有非常重要的现实意义，特别是目前中国的企业正在进行制度改革和创新，尤其需要管理创新加以配合，以便成为真正的市场主体。

6. 制度创新：企业高效运行的保障

制度创新是企业发展的基础，是企业各种创新的前提，同时也是实现一个企业不断创新的保障。没有一个不断创新的企业制度，企业的其他创新活动就不会是有效的，也不会是持久的。

首先，适时的制度创新能够使企业"趋利避害"，"起死回生"。企业的外部环境总是处于不断发展变化之中，随着世界经济一体化、网络化格局的形成，企业比以往任何时候都更为开放，企业只有和外界保持良好的关系，才能经久不衰，站在发展的前沿。

其次，制度创新是搞好企业各种管理的基础。企业制度，从广义上讲就是管理的制度化，管理本身便是强制性和艺术性的统一，"宽严相济"是搞好管理最根本的办法。

再次，制度创新是技术创新、市场创新、产品创新的基础。目前，我国结束了短缺经济时代步入了竞争时代，其特点便是创新已成为企业的生存之本，尤其是随着我国对外开放脚步的加快，大型跨国公司不请自来，在这场角逐和较量之中，谁胜谁负关键在于创新。所以，我国企业必须在经历了"生产型管理"和"经营型管理"的转型后，适时转向"创新型管理"，形成有效的创新机制，将创新体现于企业制度当中，更好地发挥投资者、经营者、生产者甚至消费者创新的积极性。

最后，新经济时代，关键是人才的竞争，而发挥人才积极性的关键在于制度创新。告别了资源经济时代，智力资源作为经济发展中的第一战略资源，其作用比以往任何时代都要突出。知识经济致力于通过智力资源开发来创造新财富，逐步代替工业经济的命脉——已经短缺的自然资源。例如，信息科学技术的计算机芯片来自石头，新能源和可再生能源科学技术的受控热核聚变原料来自水中的氢。与此同时，对于稀缺自然资源可以通过知识和智力进行科学、合理、综合、集约配置。所有这些，都需要对知识和智力资源进行开发和利用。然而，智力本身又不会独立存在，而是存在于劳动者的大脑之中。人作为有感情的社会性动物，其情绪对智力的发挥具有极大的影响。如何发挥其积极性、主动性、创造性，归根到底要通过制度创新。

二、企业社会责任影响企业创新

企业是社会的细胞，社会是企业的依托；企业发展是社会发展的一个环节，也是社会整体的一部分。因此，企业对整体社会有一层权利与责任的关系。所谓企业社会责任，是指企业不能仅仅以最大限度地为股东们营利作为自己的唯一存在目的，而应当最大限度地增进股东利益之外的其他所有社会利益。这种社会利益包括职工利益、消费者利益、债权人利益、中小竞争者利益、当地社区利益、环境利益、社会弱者利益及整个社会公共利益等。企业的社会责任就是企业在争取自身的生存与发展的同时，对社会履行的职责、应做的奉献和应尽的义务表现为企业对社会的适应和发展的参与。企业应承担的社会责任包括两部分：对社会利益集团承担责任，对解决社会问题应负的责任。企业的社会责任主要是企业为社会的福利、稳定、发展等方面必须关心的责任，包括对员工的责任、环境保护、生产更多更安全的产品等。企业的社会责任是我国落实科学发展观、构建和谐社会的基本要求。

伴随着当今经济全球化、网络化发展趋势，创新已成为全球竞争的焦点和新时代的灵魂，要解决我国经济社会发展中的突出问题，根本要靠自主创新，要通过创新，促进产业结构优化升级，提高经济增长的质量和效益，实现经济增长方式由粗放经营向集约经营的转变；提高能源资源利用效率，实现从资源消耗型经济向资源节约型经济的转变；保护生态环境，治理环境污染，实现以生态环境为代价的增长向人与自然和谐相处的增长转变，促进经济社会全面、协调、可持续发展。而企业作为自主创新的主体，其自主创新能力已经成为其自身核心竞争力的决定性因素，成为其生存发展的源泉和不竭动力。

企业的自主创新是指通过企业自身的学习与研发活动，探索技术前沿，突破技术难关，研究开发具有自主知识产权的技术，并快速使之商品化，进而提高企业的核心竞争力，适应市场和社会的发展，完成企业的经营目标，为落实科学发展观提供知识基础和技术支撑。

企业社会责任对企业自主创新的影响如下：

1. 企业社会责任的培育能增加企业员工的归属感，为自主创新提供人力保障

自主创新的主体是企业，而企业自主创新的关键是人才。企业社会责任特别强调对员工工作环境和条件的保障。给员工营造一个良好的工作环境，让员工对企业产生归属感，从而增加忠诚度，对于激发员工的创新性和保证其工作的持续性都是至关重要的。尤其是一部分中小企业，过于追求短期利润，无视员工的工作条件和需求，造成人员的频繁流动，员工对自身工作产生抵触情绪，这些都不利于企业自主创新的正常展开。

对于中小企业而言，最了解企业的就是员工，最熟悉企业运转的也是员工。单纯通过引进新的技术人才，淘汰技术落后的员工，不仅增加了社会的负担，同时也加大了企业的生产成本，把中小企业引入了一条与大企业、跨国企业拼技术的发展歧途。

中小企业在自主创新的过程中还是应该多思考自身优势，鼓励员工对自身工

作进行思考、探索，让员工致力于提高工作效率，减少资源浪费。对于绩效突出的个人和团队不仅给予奖励，同时还可以加大培训力度，让在第一线工作的优秀员工能把实践性的内容转化为企业更核心的竞争优势。同时融洽的工作环境和良好的工作条件，不仅可以激发员工的企业自豪感，营造良好的创新环境，为企业的发展、创新储备符合企业需要的人才，也可以吸引更多优秀人才加入，弥补中小企业在技术创新方面的部分劣势。

2. 企业社会责任使自主创新的自主性得以体现，为自主创新提供原动力

企业社会责任要求企业不仅只关注产品的数量、质量，订单的多少，更要重视与合作商、消费者的关系，关注合作商、消费者的需求。这就要求企业以更开放的姿态与合作商、消费者进行融合，既让合作商、消费者了解企业的发展宗旨，增加其对企业的信任度；又使企业更多地从合作商、消费者的角度去思考、创新，去提升产品性能。

对于中小企业而言，其在市场中的份额不可能与大企业、跨国企业一样，完全实现多样化、全面化。因此，企业社会责任给中小企业提供了另一个自我发展的思路，走个性化发展的道路，定位于自身市场，生产创造只符合企业特定合作商、消费者要求的产品。企业有了真正属于自己的产品，这样既避开了与大企业的激烈竞争，避免了单纯的模仿跟风，又为企业的自主创新指明了发展的方向，增强了企业创新的自主性，也使得创新的产品即使技术壁垒不高，但也不会很快因为被模仿而失去其价值，使众多中小企业能在自主创新中发掘创新的积极意义，主动地进行创新活动。

3. 企业社会责任使中小企业关注自身品牌，立足本地市场，不断寻求拓展

企业社会责任对于企业品牌形象的树立是十分有益的。企业通过更多参与社会公益活动，在现今的社会中往往比单纯广告投入的效果更直接。尤其是中小企业，无须花巨资参与全国甚至是全球性的公益活动，可以立足于其所在的城市、区域，通过参与一些公益事业，关注区域及其居民的切身利益，尽可能减少企业发展对周边环境的影响，缓和与周边居民的矛盾，提升自身的形象和消费者的认可度，提高当地的市场占有率。

中小企业本身就要依托其所在地区进行发展，良好而融洽的社企、民企、政

企关系是中小企业获得持久发展的基石。良好的口碑不仅可以使中小企业在当地获得更多的资源,而且也为中小企业寻求更大的发展市场提供了良好的保障。

在前面我们已经了解到,企业社会责任在西方企业发展过程中的重要性及其对西方企业的影响,企业社会责任对西方企业的影响是十分深远的,对企业社会责任的承担也就成了我国中小企业与西方企业寻求合作的基础。通过更多地承担企业社会责任,树立符合企业特色的品牌形象,中小企业可以改变欧美企业对我国中小企业只生产以成本为向导、没有内质的产品的传统认识,从企业声誉、品牌出发,增加海外企业对我国中小企业的信任度,为其产品拓展海外市场提供更坚实的品牌保障。

4. 企业社会责任要求企业创新发展

企业要尽到自己的社会责任,一定要创新。创新是没有止境的,创新在每一个时代都是新的起点。企业的社会贡献表现于它有更多的自主知识产权,简单来说,企业对内部员工的责任、对社会的诚信、对公共环境的责任都要求企业进行创新。

(1) 企业对内部员工的责任要求企业进行创新。

企业首先要实现自身利益的发展,才能实现对员工的责任乃至全部社会责任,而对当前的市场竞争,企业必须通过自主创新,拥有自主知识产权才可能具备特有的核心竞争力,才能持续发展企业对员工的责任。企业通过管理的创新、制度的创新、文化的创新激励员工的创新能力,为员工提供创新的平台,使员工充分发挥个人才干,在工作中得到满足;反过来,企业创新的成果带来的巨大效益再回馈到员工的身上,对员工形成激励,同时进一步改善经营环境和确保生产安全,这样,形成一个员工的发展要求企业进行创新、创新促进员工发展的良性循环。

(2) 企业对社会的诚信要求企业自主创新。

企业对社会的诚信要求其研制消费者真正需要的产品,保证产品质量,降低成本,提供货真价实的产品给消费者。企业在产品的生产经营过程中,要具备适应消费者需要的产品研发体系,建立符合国家规定的产品质量管理、监督制度及质量标准,保证产品的质量。提供安全有效的产品,就对企业的生产技术、经营管理方法提出了创新要求。企业只有通过自主创新才能生产出拥有自主知识产权的新产品,具备核心竞争力,提高劳动生产率,在市场中获取超额利润,使消费者分享其利益,满足消费者的要求。

(3) 企业对公共环境的责任要求企业进行创新。

企业对环境的责任是其对社会资源的合理使用和生态环境的保护责任。社会资源和自然环境是有限的,特别在我国,资源短缺严重、能源危机、水资源危机、环境恶化等已成为制约我国经济发展的重要因素。资源和环境的合理使用和保护不仅关系到当代人利益的满足，而且关系到子孙后代的生存和发展的利益，是社会可持续发展的保证。而我国不少企业仍处于一种能耗高、产出低、收益小、污染大、环境治理能力弱、环境保护意识差的状态，能否解决环境污染问题，将是企业发展的关键。这样就要求企业不仅执行好国家的强制标准，而且尽量创新和提高生产及环保技术水平，通过技术的创新和管理创新等降低消耗、节约资源、减少污染，提升环保水平，实现肩负的社会责任。

三、企业创新影响企业的社会责任

当今世界瞬息万变，唯一永恒不变的就是"变化"了。应对变化，只有不断创新，企业才能求得长远的发展。当今时代是知识经济时代、网络经济时代，也是信息经济时代，以创新谋求发展已经成为企业发展的必由之路。而且变化的速度也越来越快，"不创新就死亡"已经悄然成为世界商业的游戏规则。

对企业而言，创新不是在实验室很美妙、在市场上一败涂地的构想，而是一个能转化为收入和利润的想法。爱迪生曾说："卖不出去的东西，我本不想去发明。销售是有用的证据，有用代表着成功。"伊尔梅特说："没有客户的创新是毫无意义的，那根本不是创新。"因此，真正的创新应该能够改变企业所处的情境，包括市场、顾客、竞争和社会等方方面面。

创新与企业的发展有着密切的联系。企业的发展是一个符合生命周期理论的周期性循环过程，一般要经历创业期、成长期、成熟期和衰退期，而企业创新能力的变化通常要比企业经济状态的变化早一个相位。创业期，创新是企业的主题，企业因创新而成立。在成长期，企业发展的重点是体系设计、新领域的选择和产业多元化，而这些正是制度创新、技术创新、结构创新的具体表现。经过前期的创新和积累，企业步入生命周期的高峰状态，即成熟期，逐步在生产技术、产品质量、销售渠道等方面取得相对竞争优势，抵御市场风险的能力也大大提高。进入衰退期以后，企业的经济业务出现停顿和下滑，直接或间接反映出企业创新能力存在的问题。企业要想在未来的商业竞争中获胜，就必须高度关注自身创新能力的变化，并逐步强化自身的创新能力。

创新可以改变而且正在改变世界商业的格局。一些新兴的企业利用创新迅速崛起成为世界大佬并且制定业内的游戏规则。比尔·盖茨正是凭借开发个人微型计算机这个创新的想法和包括电脑操作系统在内的一系列创新受到广泛的欢迎，使个人计算机成了日常生活用品，并因而改变了每一个现代人的工作、生活乃至交往的方式，使得微软赢得计算机软件业的霸主地位。至今，比尔·盖茨缔造的微软帝国仍然创造着巨额的利润，它的霸主地位仍然没有一家公司能够撼动。马云由于创新性地把 B2B 与互联网结合起来，迅速地建立起一个阿里巴巴商业王国，2004 年已经日进百万。永业集团旗下刚成立不久的永业农丰科技有限责任公司创造性地从劣质煤中提炼出能使大多数经济农作物增产 20% 的生命元素，已经于 2008 年 4 月在美国纳斯达克 OTCBB 成功上市，融资 3000 万美元，可以预见生命元素必将改变中国农资行业的现状，并改变农资行业的游戏规则。

创新可以改变企业的经营方式。一些老牌的企业正在强化自身的创新能力以创造更高的利润。中国的万向集团创立于 1969 年，能够在 40 多年的经济大潮中存活到现在不是一个偶然，主要是因为万向走的是有自己特色的创新之路，始终坚持把提高自主创新能力摆在增强企业核心竞争力的首要位置，因此实现了 40 多年持续稳定的经济增长。而该集团的创始人鲁冠球也被称为"企业家常青树"。雷富礼自从 2000 年 6 月出任宝洁公司 CEO 以来，就把"让创新融入到宝洁所开展的一切活动"作为自己的主要任务，从而挽救了正在衰落的宝洁，到 2007 年已经创造了营业利润率提高 4%、利润额增长 2 倍多、营业额翻倍达到 800 亿美元的业绩，并且使宝洁"十亿元级品牌"从 10 个增加到 23 个。

创新可以让企业主动出击并且更快更深地切入市场。诺基亚在印度针对农村消费者的独特需求，通过创新性地增加一些功能创造了 2 亿的顾客，从而登上了市场老大的宝座；戴尔借助创新的业务模式，向消费者直销并且按订单生产，取得了巨大的成功；招商银行通过服务创新、产品创新和思路创新赢得了巨大的客户和"本土最佳私人银行"等奖项。

创新不仅是实现可持续成长、创造超群价值的主要推动力，而且是改造一家企业的战略、组织能力、文化和领导力的催化剂。一个企业要想做大做强，要想获得长远的发展，必须营造起一个创新的文化。中国的海尔在张瑞敏的带领下营造一个创新型的海尔文化，才会从众多的竞争者之中脱颖而出，并逐渐成为一个世界级的品牌；宝洁公司在雷富礼的领导下复苏了沉寂已久的创新文化，所以在过去的 8 年多中取得较大的内生性增长。

可以预见，不能持续稳定地进行创新的企业必将走向灭亡，所以企业的领导者除了创新别无选择。但大多数企业的创新观念仍然十分落后，这些企业的生存年限也十分短暂。因此，中国的企业要想走出中国、走向世界，还有很长的一段创新路要走。为了营造创新文化，企业领导者必须建立一个长远的战略、一个创新的团队、一个把创新推向市场的流程和一个支持创新的组织机构。在中国，海尔、华为正是因为做到了这些，所以取得了成功。

当今，日益复杂的社会环境，如全球经济一体化、能源稀缺、环境保护等问题给企业提出了更高的要求和挑战，也赋予了企业更多的社会责任。本书认为，企业的社会责任建立在企业的能力基础上，而企业的核心能力就是自主创新能力。自主创新能力的提高是企业实现可持续发展、履行社会责任的重要手段，企业通过自主创新，开拓思路，发现和捕捉社会信息，顺应市场要求，转换思路，产生新的构思和创意，通过创新资源的投入和企业组织制度的保障，最终形成新产品、新服务，实现了创新的企业，拥有了自己的核心竞争力，才能更好地立足于日益激烈的社会竞争中，谋求企业自身的发展、员工的发展、对社会的诚信以及对公共环境的贡献。

1. 企业自主创新与企业社会责任之间的关系

企业持续不断的发展和经济利益的获取都依赖于企业自主创新能力。自主创新能力越强的企业，盈利就越多，竞争力越强，越能获得更好的发展；相反，不具备自主创新能力的企业或自主创新能力较弱的企业在市场的激烈竞争中就会比较吃力，获得持续健康发展的机会就会比较小。企业要履行法律责任、伦理责任和慈善责任，必然是在其持续健康发展的前提下才能得以实现，没有企业持续健康发展，没有经济责任的履行就无从谈起法律、伦理或慈善方面责任的履行，而企业持续健康发展来自于其自主创新能力。因此，企业承担经济、法律、伦理、慈善的社会责任的状况和效果是由企业的自主创新能力所决定的。虽然企业自主创新能力的提高并不必然代表其法律、伦理、慈善等方面社会责任的履行，但企业自主创新能力的提高却是企业履行其他社会责任的必然基础。

另外，自主创新也是企业的社会责任。企业是社会发展的重要组成部分，它对社会是负有责任的。企业在激烈的竞争中，不仅要维持自身的持续健康发展，还要对社会履行自己应尽的义务和责任。要履行社会责任，就必须让自己足够强大，获得能够履行社会责任的实力。中国有古语说"仓廪实而知礼节，衣食足而知荣辱"，要让自己知道并且能够对他人负责，就必须先让自己强大起来，因此企业要履行自己的社会责任，就必须利用自己所能利用到的资源进行自主创新。

2. 我国企业自主创新的现状与问题

改革开放以来，我国经济迅速增长，科学技术水平与创新能力随之不断提高，我国企业自主创新能力显著增强。随着企业对自主创新活动的不断重视，企业中专门从事科技研发的人员数量不断提高，科研创新经费也大幅提高，出现了许多骄人的成果，专利申请和发明专利逐步上升。国家统计局调查结果显示，

2007年国家级技术中心所在的499个企业全年研发投入1239亿元，比2006年增长了31.7%，占企业销售收入的1.7%。由于重视科技创新，2007年新产品实现的销售收入达到20699亿元，比2006年增长了38%；占主营业务收入的比重为28.5%，增加了2.4%。在国内发明专利申请中，来自企业的申请占48.3%，比上年提高了2.1%。在不断的竞争与发展中，我国企业出现了很多自主创新的成功案例，如海尔、华为、联想、中兴等一大批自主创新能力强、拥有重点领域核心专利的骨干企业，形成了一批具有自主知识产权的技术和产品。目前企业已经成为推动我国科技进步的重要力量，发挥着不可替代的作用。

但是，我国企业自主创新仍然面临很多问题，在技术合作、知识产权的保护意识、掌握信息技能的水平等方面，与发达国家有很大的差距。第一，我国大部分企业虽然采取自主创新与技术引进相结合的模式，但技术引进的比重远远超过了自主研发创新，对引进先进技术有很强的依赖性。2002年，我国用于购买国外技术的费用达到372.5亿元，而用于消化吸收引进技术的费用只有25.7亿元，并且在引进同等技术的同时，我国用于吸收后再创新的费用更低，与日韩国家相比，只达到日韩国家的0.7%。对技术引进的严重依赖，使得我国企业自主研发创新的能力低下，从而陷入了恶性循环。第二，我国企业研发创新的投入经费明显不足。根据国际惯例，企业要生存，其研究开发费用必须占到企业销售收入的3%左右，要想保持领先优势，研究开发费用必须达到销售收入的5%以上。但是，我国研发费用离这些标准还有相当大的差距，即使是在我国500强企业中研发费用投入也只占销售收入的1.6%。第三，企业对内部从事科技研发的专业人才缺乏激励机制。在我国100多家中央级企业专业技术人员中，具有硕士以上学历的人员只占总数的2%，高级技师仅占全部工人数额的0.16%。而且一方面高级科技人才如此缺乏，另一方面企业科技人才还面临着严重的流失问题。很大一部分原因是在企业内部，尤其是国有企业内部，科技人员的个人能力和研究成果与劳动报酬相关性不大，企业内部缺乏适当的激励，导致科技研发人员的流失。同时，企业内部不仅缺少科技研发的专业人才，也缺乏具有创新精神的高级管理人才。企业内部专业人才的缺失，导致企业创新能力低下。第四，我国多数企业都缺乏自主核心技术。据统计，我国拥有自主知识产权核心技术的企业大约仅占0.3%，将近99%的企业没有申请专利，没有自主知识产权核心技术。并且我国发明专利授权中有3/4为外国人所有，在一些高科技领域，关键技术的专利申请基本上都被国外企业垄断。缺乏自主核心技术，已经成为我国企业自主创新所面临的严重问题之一。其实，我国企业自主创新所面临的问题还有很多。因此，如何采取措施提高我国企业的自主创新能力，为更好地履行社会责任奠定坚实基础，是一个很值得思考的问题。

3. 增强企业自主创新，为其履行社会责任奠定坚实基础

第一，加大科研经费投入，加强政策支持。企业自主创新需要建立在良好的物质条件基础上，没有充足的科研经费，就无从谈起技术创新，因此企业应当重视科研经费的投入，尽可能做到多投入与合理投入，以掌握先进的核心技术为目标来为企业创造更多的经济效益。国家和政府也应提供充分的物质支持，加大对自主创新重大课题、重点课题和一般课题的资助力度，支持有条件的大企业建立科技研发中心，通过对基础好、创新能力强的领先企业的支持，提高领先企业创新能力，以推动整个行业的技术进步。另外，政府应对科研创新给予多种政策支持，为企业自主创新创造良好的制度环境。企业虽然是自主创新的主体，但由于创新具有高投入、高风险的特点，政府应适当给予科研经费的资助，尤其是对有市场前景或科技投入很高的重大项目要给予财政方面的大力支持。国家应制定有利于调动企业自主创新积极性的税收优惠政策，将减免的部分税收用于企业的科技研发。此外，政府应加大对知识产权的保护力度，完善知识产权服务体系，加大对侵权者的惩罚力度，建立健全有关科技创新方面的法律法规，为企业自主创新提供一个良好的法律环境，保障企业能够获得自主创新的收益。

第二，注重创新人才的培养，建立与创新相关的激励机制。企业是自主创新的主体，企业中的科技人才是企业自主创新的关键因素，一个企业要想进行自主创新就必须具有相应的专业人才。因此，企业一方面要大力吸引各个方面的专业人才为本企业服务，另一方面要正视人才的重要性，注重人才的培养，提升员工的创新能力。企业应当加大对员工培训和再教育的投入，提高工人的文化知识和工作技能，创造科技人员培训学习的机会。为了激发员工的创新意识与防止企业专业人才的流失，企业应当建立健全激励机制。要落实自主创新技术按贡献参与分配的政策，能者多得，增强企业技术创新的内在动力。同时，要引进股票期权、利润分成等新型报酬形式，加大对创新型管理者的激励力度，激发企业高层管理者的创新精神。另外，对我国国有企业，还可以将提高企业自主创新能力的指标纳入国有大中型企业的考核体系，将科研经费投入占销售收入的比例和每年的专利发明数量纳入国有大中型企业领导人的考核体系，激励国有大中型企业的领导人重视企业的自主创新，提升国有企业的核心竞争力。这样不仅能为国有企业带来更多的收益，并且还能引导私企、外企为了在激烈的竞争中不被淘汰而重视企业的自主创新，从而提供一个良好的自主创新竞争环境。

第三，注重品牌建设。在市场竞争中，品牌已经成为企业的核心竞争力之一，越是深入消费者心里的品牌产品越是能获得更好的销量，从而为企业创造经

济价值。目前市场竞争的方式已从单一的价格竞争逐步转向品牌竞争。因此，企业应当为自己的产品打造强有力的品牌，充分发挥品牌优势。老品牌也要进行创新，提高自己的竞争力。企业应当实施品牌竞争，提供优质服务，实现品牌价值。要以诚信为基础，以产品质量和产品特色为核心，不断培育社会对企业品牌的认知度，加大企业品牌建设，提高产品的市场占有率和产品竞争力，从而为更好地履行社会责任奠定坚实的基础。

四、优秀案例分析——以中国航天科技集团公司为例

1. 概况

中国航天科技集团公司是根据国务院深化国防科技工业管理体制改革的战略部署，经国务院批准，于 1999 年 7 月 1 日在原中国航天工业总公司所属部分企事业单位基础上组建的国有特大型高科技企业，是国家授权投资的机构，由中央直接管理。前身为于 1956 年成立的我国国防部第五研究院，曾历经第七机械工业部、航天工业部、航空航天工业部和中国航天工业总公司等发展阶段。

中国航天科技集团公司承担着我国全部的运载火箭、应用卫星、载人飞船、空间站、深空探测飞行器等宇航产品及全部战略导弹和部分战术导弹等武器系统的研制、生产和发射试验任务；同时，着力发展卫星应用设备及产品、信息技术产品、新能源与新材料产品、航天特种技术应用产品、特种车辆及汽车零部件、空间生物产品等航天技术应用产业；大力开拓以卫星及其地面运营服务、国际宇航商业服务、航天金融投资服务、软件与信息服务等为主的航天服务业，是我国境内唯一的广播通信卫星运营服务商；是我国影像信息记录产业中规模最大、技术最强的产品提供商。作为我国航天科技工业的主导力量，集团公司是国家首批创新型企业，创造了以载人航天和月球探测两大里程碑为标志的一系列辉煌成就，在推进国防现代化建设和国民经济发展中做出了重要贡献。

当前，中国航天科技集团公司正在加快构建航天科技工业新体系，加速发展宇航系统、导弹武器系统、航天技术应用产业和航天服务业四大主业，积极推进国内外交流与合作，致力创新，勇于开拓，全力铸造国际一流大型航天企业集团，努力为国家现代化建设和人类和平利用空间的伟大事业做出新的贡献。

战略使命：中国航天科技集团公司是我国航天科技工业的主导力量，承担着探索开发宇宙空间、保障武器装备供应、推动经济社会发展、引领创新型国家建设的历史责任，肩负着推动我国发展成为"空间基础设施完备、军事航天装备强大、导弹武器系统精良、科技创新能力领先、产业带动作用明显、自主保障体系健全、人才队伍实力雄厚、国际竞争实力突出"的世界航天强国的神圣使命。

奋斗目标：到2020年，中国航天科技集团公司要全面完成"构建航天科技工业新体系，建设国际一流大型航天企业集团"的战略部署，努力成为世界航天技术发展的引领者、全球航天产业的排头兵和我国战略性新兴产业发展的生力军，实现经济规模、效益和人均收入倍增，全面建成由若干个核心产业集团和大型专业公司组成的国际一流大型航天企业集团。

社会责任管理：一是建立职责明确的社会责任组织管理体系。集团公司社会责任管理体系由集团公司社会责任工作领导小组和办公室，以及各成员单位社会责任管理体系构成。集团公司社会责任工作领导小组由董事长任组长，主要负责确定集团公司各部门社会责任职责分工和成员单位社会责任工作任务，审定集团公司社会责任工作规划，协调集团公司社会责任工作的重大事项，审定集团公司年度社会责任报告。集团公司社会责任工作领导小组办公室设在办公厅，成员由总部各业务部门组成，主要承担集团公司社会责任日常工作。二是建立、完善保障有力的社会责任管理制度。制定社会责任工作管理办法，从顶层规范全集团社会责任工作，修订对外捐赠管理制度，定期向国资委报告对外捐赠情况。三是高度重视、不断提升社会责任工作绩效。评选十大航天新闻，评选社会责任优秀案例，开展内控体系建设，梳理管理流程，抓经营绩效，抓节能减排。四是积极做好内外部沟通与交流。建立健全企业信息披露制度，加强集团公司互联网门户网站体系建设，做好新闻宣传工作，做好外部参观接待活动，定期召开职代会，落实职工参与民主决策、民主管理、民主监督的权利。举办丰富多彩的员工活动和青年活动，加强员工关爱，丰富员工文化生活。五是开展CSR课题研究。2013年，集团公司开展了《中国航天科技集团公司企业社会责任体系》课题研究，对集团公司社会责任管理现状进行了分析，从组织建设、制度建设、能力建设、利益相关方沟通和参与、监督体系、考核体系等多方面提出了集团公司社会责任全面管理体系的基本架构和具体内容。六是参与社会责任研究与交流。广泛关注国内外、行业内外社会责任发展的最新动态，参与了中国工业经济联合会、中国社会科学院等举办的社会责任研讨和交流，学习、借鉴社会责任最新理念和最佳实践。

2. 集团国家责任与和平发展

中国航天科技集团公司始终坚持以"探索外层空间，扩展对宇宙和地球的认识；和平利用外层空间，促进人类航天文明和社会发展，造福全人类；满足经济建设、国家安全、科技发展和社会进步等方面日益增长的需要，维护国家利益，增强综合国力"为己任，全力以赴确保国家重大航天工程任务的圆满完成，积极推动航天技术向国民经济应用领域转化，努力推进国际市场开拓与交流合作，为推动我国航天科技发展，提升人民生活水平，增强我国综合国力、科技实力、国防实力和民族凝聚力做出了贡献。

（1）维护国家安全。

2012年，集团公司一大批武器型号关键技术攻关取得重大突破，抓总的重点武器型号进展顺利，任务发射密度之高、难度之大、影响之深远，创下了中国航天发展史新的纪录。同时，圆满完成武器型号产品交付任务、重大军事演练及武器装备保障任务，有效提升了部队战斗力与我国国防实力。

（2）和平探索利用太空。

2012年，载人航天与探月工程、北斗卫星导航系统、高分辨率对地观测系统、新一代运载火箭等国家重大专项和重大工程进展顺利。特别是我国首次载人空间交会对接任务取得圆满成功，实现了我国载人航天发展新的里程碑。

资源三号01星等民用卫星成功发射并在轨运行，丰富和完善了我国民用空间基础设施，有效增强了我国民用航天高分辨率立体测绘、气候预报、全天时全天候对环境与自然灾害的监测和预报能力。

（3）服务经济社会发展。

2012年，集团公司不断推动航天技术服务社会经济发展。在卫星应用和运营服务领域，资源三号等一批重要卫星投入运营。在航天技术转化应用上，全力配合广播电视业务正常安全播出。积极拓展卫星影院、卫星数字农家书屋业务覆盖区域；启动国家卫星专用通信示范网建设工程，创新卫星专用通信应用。

在战略性新兴产业方面，在导航电子地图和动态交通信息领域加大投入，积极开展北斗卫星导航系统示范应用工程。

（4）提升中国航天国际影响力。

2012年，以委内瑞拉遥感卫星成功发射、亚太七号卫星发射服务如期履约等为标志，集团公司国际化经营成效显著。

2012年，集团公司国际战略资源并购顺利实施，海外研发机构建设实现突破，中国航天国际竞争力和国际影响力不断提升，国际话语权明显增强，有力服务于国家外交大局和支撑航天强国建设。

3. 集团经济责任与持续发展

长期以来，集团公司积极推动经济发展，确保国有资产保值增值。通过深化改革调整，加强自主创新、科学管理和风险管控，经济规模和经济运行质量不断提高，持续经营能力不断增强。

（1）实现经济较快增长。

2012年，集团公司经济规模和经济效益继续保持平稳较快增长态势，经济运行质量良好，资产总额达2580亿元，同比增长15.1%；实现营业收入1233亿元，同比增长21.1%；利润总额100.7亿元，同比增长10.2%，实现净利润90.1亿元，其中归属于母公司的净利润84.5亿元；圆满完成了国资委年度经济考核指标，连续8年获得国资委业绩考核A级，连续6年财务绩效评价"优秀"。

2012年，金融服务业充分发挥以融促产、产融结合的作用，为产业发展提供有力资金支撑，全面推进航天成本工程建设和降本增效工作。

（2）提升自主创新能力。

2012年，集团公司继续稳步推进技术创新体系建设。2012年，集团公司继续加强重点实验室运行管理，重点专业研发中心进一步充实，进一步推进产学研合作创新。

同时，持续加大技术创新投入，提升自身可持续发展能力，围绕建设创新型国家的战略目标，深入开展技术创新体系建设；自主创新成果突出，加速向现实生产力转化。

2012年，集团公司获得国家科学技术进步奖3项，国防科学技术奖51项，省部级科学技术奖97项，申请专利3910件，获得授权1572件。6个专利项目获第十四届中国专利奖优秀奖。

（3）深化改革调整。

2012年，集团公司积极稳妥推进事业单位分类改革工作。集团公司将改革作为发展的根本动力，力求通过事业单位分类改革，建立和完善适应市场经济要求的体制机制，有效解决长期存在的一些深层次矛盾和问题。

2012年，集团公司继续加大公司清理力度，结合产业发展规划，通过关（停）、并、转等方式清理整合资源，将资源从辅业向主业、优势企业、高端业务集中，从低效领域向高效领域集中；对连续多年亏损的公司和低效无效资产采取切实有效的清理措施，降低资产占用，提高产业资源集中度。

（4）加强风险管控。

2012年，集团公司继续深化全面风险管理体系建设，加强内部风险识别，明确风险管控职责，推进内部控制体系建设，完善监事长重大事项报告制度。

4. 集团社会责任与和谐发展

集团公司始终坚持以人为本，保障员工权益，注重员工发展；主动与用户、供应商、投资者以及政府、社团、社区等保持联络，真诚沟通，平等相待，共同发展；遵守法律、法规和行业规则，遵守相互间的承诺和约定；关心社会公益，关爱社会贫困群体，积极参与航天科普、定点扶贫和捐资助学等公益活动，努力促进社会和谐发展。

（1）促进员工发展。

集团公司始终把人才作为事业发展的第一资源，注重遵循人才成长规律、创新人才工作机制、突出实践成才特色，依托重大航天工程、重点型号任务，大力吸引凝聚人才、锻炼培养人才、激励发展人才。在此过程中，加强人才队伍建设，深化民主管理，保障员工权益，加强职工关爱。

（2）确保用户满意。

2012年，集团公司继续深入完善质量管理体系，全面开展质量管理体系评估，加强质量信息系统建设工作，加强质量监督。

同时，加强供应商管理，建立了集团公司型号外包产品供应商质量认证制度，组织开展了外包供应商的试点认证工作及总结工作，开展了型号配套物资合格供应商2011年度供货的绩效评价。

（3）实现伙伴共赢。

2012年，集团公司进一步深化了与神华集团、中石化、华能集团等企业的战略合作，深入探索双方互利共赢的战略合作关系，同时继续推进与林业、国土资源、民航、安监、粮储等行业用户的合作。

（4）助力地方经济。

2012年，集团公司全面推进与地方政府的战略合作，积极寻找航天产业融入地方经济的着力点，进一步拓展双方合作领域，同时推动建立健全协调评估机制，加快推动战略合作的深入发展取得实效，促进航天军工经济与地方经济社会的融合发展。

（5）加强诚信建设。

集团公司始终坚持依法合规经营。2012年，集团公司进一步推进了总法律顾问制度建设，法律工作机制体系逐步完善，法律顾问队伍进一步壮大，规章制度、经济合同、重要决策的法律审核率不断提高,法制工作的水平和效率显著提升。

同时,加强反腐倡廉建设。以廉洁风险防控为切入点,深入推进惩防体系建设,促进党风廉政建设责任制落实,积极开展廉洁文化建设,深化"三重一大"决策管理,逐级建立完善了决策管理规定、决策议事规则等制度,全面组织开展了对决策制度建立、执行情况的监督检查,促进各级领导班子科学决策、依法经营。

(6)参与社会公益。

2012年,集团公司通过航天科普、定点扶贫,带动社会就业、捐资助学、赈灾救危、社区建设等多种形式回馈社会。

5. 集团环境责任与绿色发展

集团公司始终积极承担环境责任,充分发挥航天技术优势,大力研究、开发和推广新能源、新材料和节能环保技术和产品;采用资源节约型发展模式,提高资源利用效率,全力推行降耗减排、清洁生产、绿色办公,发展低碳经济,努力促进经济、社会发展和未来可持续发展的统一,更好地为建设资源节约型、环境友好型社会服务。

(1)发展节能环保产业。

2012年,集团公司继续积极开发新能源,加大对太阳能产业和风力发电等新能源的投入。集团公司成为目前国内唯一一家既拥有永磁直驱技术又拥有电励磁直驱技术的风机厂商。

同时,积极开发节能环保技术和产品。以技术升级改造与更新为牵引,积极鼓励所属单位研发拥有市场竞争力和自主知识产权的节能环保新技术、新工艺、新产品和新设备,涌现出了航天粉煤加压气化技术、气动脱硫脱硝技术、高效集成冷冻站、水处理产品和污水处理技术等一批先进的技术和产品。

(2)实施节能减排战略。

集团公司按照中共十八大提出的"美丽中国"生态文明建设的要求,坚持科学发展观,通过调整产业结构,优化生产工艺,加大技术改造,全面加强了节能减排各项工作,取得了良好效果。

2012年,集团公司共开展170项节能减排技术改造项目,投入技改资金约1.51亿元。2012年,集团公司统计范围内企事业单位万元增加值能耗为0.17。同时,2012年排放量继续减少。

在节能减排方面,集团公司不断健全机构,强化组织;完善制度,规范管理;规范统计,提升能力;强化考核,落实责任;创新能力,拓展市场,取得了良好的经济和社会效益。

(3) 积极参与环保公益。

与此同时,集团公司积极投身社会公益,开展义务植树活动、环境保护宣传活动,倡导步行、自行车出行等低碳生活方式。

参考文献

[1] 万莉,罗怡芬. 企业社会责任的均衡模型 [J]. 中国工业经济,2006 (9):117-124.

[2] 陈旭东,余逊达. 民营企业社会责任意识的现状与评价 [J]. 浙江大学学报(人文社会科学版),2007 (2):69-78.

[3] 徐尚昆,杨汝岱. 企业社会责任概念范畴的归纳性分析 [J]. 中国工业经济,2007 (5):71-79.

[4] 赵颖,马连福. 海外企业社会责任信息披露研究综述及启示 [J]. 证券市场导报,2007 (8):14-22.

[5] 董军. 企业社会责任研究 [D]. 东南大学,2005.

[6] 黎友焕. 企业社会责任研究 [D]. 西北大学,2007.

[7] 李正. 企业社会责任信息披露研究 [D]. 厦门大学,2007.

[8] 胡京波. 企业社会责任对企业绩效影响的实证研究 [D]. 兰州商学院,2012.

[9] 崔丽. 当代中国企业社会责任研究 [D]. 吉林大学,2013.

[10] 胡贵毅. 企业社会责任理论的基本问题研究 [D]. 上海交通大学,2010.

[11] 周国银,张少标. SA8000:2001 社会责任国际标准实施指南 [M]. 深圳:海天出版社,2002.

[12] 黄群慧,彭华岗,钟宏武,张蒽. 中国 100 强企业社会责任发展状况评价 [J]. 中国工业经济,2009 (10):23-35.

[13] 彭华岗. 中国企业社会责任信息披露理论与实证研究 [D]. 吉林大学,2009.

[14] 劳动和社会保障部课题组. 企业社会责任运动有关资料 [C]. 2005.

第五章 我国企业管理未来发展趋势

第一节 国内企业管理现状

一、我国现代企业管理的人本检讨

当前"以人为本"的企业管理思想已被我国大多数企业管理者认同,但由于理解上不够深入、认识上不够到位、理念上不够成熟,从而导致有很多问题存在于企业管理的实践中,且出现一系列不尽如人意的实际效果和现象。我国现代企业经营的管理模式是在不断实践中建立起来的一套管理模式。其中,有很多管理模式还达不到真正意义上的人本管理,甚至有些企业在经营管理活动中违背人本管理的基本原则,对企业管理造成不良影响。

1. 新中国成立以来我国企业人本管理的历史沿革

在党的七届二中全会上,毛泽东同志就提出,工人阶级在城市工作中应该作为最主要的依靠力量。1949 年 5 月,《关于在国营工业企业中建立工厂管理委员及职工代表会议的决定》和《实施条例》在华北解放区第一届员工代表会议表决通过，对解放区内职工代表会议、工厂管理委员会、企业管理民主化等事宜做了明确的规定。如工厂管理委员会根据上级的具体要求商讨企业日常经营管理、生产等其他主要事项；职工代表会议要确保定期举行，职工代表会议对工厂管理委员会的日常工作有权进行检查和讨论，对存在的有关问题职工代表有权提出改进方法和相关意见。在华北解放区推广和试行的这种企业管理制度，让职工参与企业管理是在企业中推行人本管理最初的理论尝试。在1949年9月召开的中国人民政治协商会议通过的《共同纲领》这一文件中，还载入了这种在华北解放区已经得到采用的企业日常经营管理制度，正式开启了我国国营企业在日常管理经营过程中实施的人本管理、民主管理的建设。我国于1950年6月正式颁布的《中华人民共和国工会法》以及后续法律也逐步地贯彻执行这一制度的基本思想。"人本管理"和"以人为本"的基本含义，在当时并没有得到明确的提出，但是工人的主人翁地位在企业日常管理经营中已经开始得到全面的认同，相关的日常经营管理实践以及全心全意依靠工人阶级的思想已经开始具备人本管理的倾向。

自主管理和民主管理是我国企业在日常管理经营中在此方面做的相关努力与尝试，这些努力和尝试与我国当时的社会主义政治一样具有反复性和波动性。我国工厂矿山国有企业的管理作风和一长制管理制度在1956年前后处于主导地位，职工代表会议在相关方面所发挥的作用不断受到削弱。为此，中国共产党第八次代表会议决定，党委领导下的职工代表大会制和厂长负责制要在国营厂矿企业中得到全面推行。中共中央在1957年发出的《关于研究工人阶级几个重要问题的通知》中明确规定，将现有执行的职工代表会议改为职工代表大会，这样在企业日常管理中，职工代表大会发挥了比以往更为重要的作用。同时还对职工代表大会的日常运作情况，职工代表常任制，职工代表全体职工负责制，职工有权撤换不合格、不称职的代表等制度做了具体规定。从此，人本管理的实践、民主管理在我国企业中又回到了正常轨道。这对于端正国有企业内部领导干部的作风、缓解企业内部存在的矛盾，特别是在提高企业日常经营绩效、激发企业广大职工的工作热情方面发挥了重要作用。在"文化大革命"中，我国企业建立的各项管理制度遭到彻底摧残，企业管理只作为行政管理在企业里的延伸。

实行改革开放后，我国企业的人本管理得到进一步发展。邓小平在1978年4月，主持各相关部门制定了《关于加快工业发展若干问题的决定（草案）》（即《工业二十条》），并提出要恢复在国营企业中实施，在中国共产党党委全权领导下的厂长总责任制和在国营企业中实施职工代表大会制度。在党的十一届二中全会拨乱反正后，职工代表大会制度在我国国营企业中逐渐恢复。中共中央、国务院在1981年7月颁布的《国营工业企业员工代表大会暂行条例》中，明确地提出了企业职工代表大会的各项职权，明确了职工代表大会的工作机构是企业基层工会委员会。从此，自主管理和民主管理在我国企业人本管理的实践中又迈进了一步。

进入20世纪90年代，随着社会主义改革的不断深入，为求得发展和生存，在日益激烈的市场竞争环境中，我国企业特别是国有大中型企业开始学习和借鉴西方企业人本管理的经验，并结合我国企业管理的实际进行理论探索和创新，人本管理在企业管理中的指导作用越来越突出。在企业的发展中调动人的积极性，关切人的发展占据了企业管理中十分突出的位置。但就我国企业管理的总体而言，在人本管理方面的实践仍然还有诸多缺陷。

2. 我国企业实践人本管理取得的成就

经过新中国成立以来60余年尤其是近20多年的发展，我国企业实践人本管理取得了一系列的成就，这主要表现在以下一些方面：

（1）以人为本成为企业管理最基本的价值导向。

在实施改革开放以后，我国的经济体制由计划经济向市场经济转变，企业管理越来越注重人本管理。1979年，国家将企业自主权试点的规模逐步扩大。1984年，十二届三中全会通过《关于经济体制改革的决定》，开始把增强企业活力作为经济体制改革的中心环节，并提出政府职能和企业经营分开、企业所有权与经营权分开的设想，企业的自主经营权得到了进一步扩大。承包经营制逐步在企业实践中被采用。1987年，中共十三大明确提出企业自主经营、自我管理的原则，将经营权下放到企业，政府只是按照规划和政策为企业服务并对企业进行相应的监督。1992年，由于中共十四大对劳动力商品的肯定，人力资本正式成为市场化的重要生产要素。1993年，十四届三中全会明确指出，建立产权明晰、权责明确、政企分开、管理科学的现代企业制度是我国企业改革的方向，更加明确了政府与企业之间的关系问题。企业管理开始摆脱行政命令式的管理，管理理念也随之产生变化。一些企业开始尝试使用一些人性化的管理方式来促进企业经济效益的实现，在一些大型企业和"三资"企业中也出现使用人本管理的理论来指导企业的经营管理。

（2）企业管理的人本化整体水平取得了较大幅度的提升。

改革开放30多年来，我国企业管理的人本化水平取得了较大的进步。许多企业摒弃传统的经验管理方法，运用了人本管理这一科学管理方法，致力于企业的持续发展。我国企业管理人本化水平的提高，体现在以下一些方面：第一，大中型企业作为市场主体，在管理中大力推行以人为本的管理理念；第二，企业组织结构的多元化发展，在传统企业直线职能制的基础上，事业部制、母子公司制、矩阵制等新的企业组织结构方式开始被企业采用，增加了企业对外部环境的综合适应性；第三，人本管理的一些因素在企业中普遍应用。年薪制、五险一金、股票期权、员工持股等激励方式在一些企业中得到充分运用，企业决策程序朝着科学化、民主化的方向发展，加强对企业员工的培训，注重人力资源开发与创造在企业发展中的关键作用等。人本管理在我国企业中的运用，也使得我国企业在发展过程中摸索出一些优秀的管理方法并与人本管理相结合，对企业起到了很好的作用，为企业的发展提供了切实有效的方法论①。

（3）在人本管理理念的指导下，我国企业国际竞争力明显提升。

改革开放，尤其是中国加入 WTO 以后，中国企业对人本管理越来越认同，对人本管理所带来的现代企业管理模式运用自如。部分企业逐渐培养出一批掌握人本管理知识的专业化人才，派往分支机构对经营管理人员进行培训和指导，人本管理理念得到进一步的提升。随着我国企业的管理水平的提高，企业的整体竞争力和市场占有率也得以迅速提升。一大批企业特别是大中型企业在市场竞争中的优势越来越明显，经济实力得到大幅提升。以人为本的企业管理理念逐步取代以管理者经验为本的企业发展理念，这是我国企业在其发展中使用正确管理理念的结果，企业中人的作用得到了全面自由的发挥，促使了企业内部效益最大化，从而提升了企业竞争力。

3. 我国企业在人本管理方面存在的问题

长期以来，我国企业管理大多采用以行政命令为主的管理模式，而造成在认识上轻视以人为本、在用人上淡漠人的道德品质、管理上缺乏人性化、激励上忽视人的心理和精神需求，导致企业整体发展与企业员工的个人发展相脱节，没有得到有机的统一的发展。我国企业中对人缺乏合理有效管理的情况，正是实践人本管理所存在的问题，主要表现在以下几个方面：

一是认识上轻视以人为本。目前，虽然人本管理得到了愈来愈多企业的认可与运用，但很多企业还没有把人本管理放在突出的位置，普遍对人本管理思想认识不足。国内企业实践人本管理还没有形成一套完整的人本管理理论体系，用人本管理统领企业管理中的一切工作。大多数企业普遍认为，人本管理是一项可有可无的工作，对企业发展有好处的时候就做，对企业发展用处不大的时候就舍弃，缺乏理论的前瞻性和战略性。这种"人本管理"不是真正的人本管理，单纯从效率的角度来谈人在管理中的作用，带有一定的功利色彩，只是从提高工资起到作为企业文化的整合和控制功能，因而企业的管理工作注定不会取得人本管理的绩效。

①汪鹏．环境资源约束与我国化工企业竞争力的关系研究［D］．武汉工程大学，2010．

二是用人上淡漠人的德行品质。有些企业在用人上，只看重这个人能给企业带来多大的经济效益，而轻视其道德品质。这样就导致企业在发展的过程中会陷入一种恶性循环。一方面，企业的眼前利益虽然得到了实现，但从长远来看其发展必将遭受损失，甚至可能导致经营失败面临破产。另一方面，其他员工的道德品质会受道德品质低下的员工的不良影响，而导致企业员工总体素质的迅速下滑，最终致使企业的生产效益下滑。这种用人的实质是把人当作"经济人"，违背了以人为本的管理理念。

三是管理上缺乏人性化。企业管理的发展从"以物为本"到"以人为本"，是现代企业管理理论的一个飞跃，为现代企业的飞速发展奠定了基础。人是生产力各要素中最活跃的要素，现代企业管理也只有真正地重视人才，在企业中牢固树立以人为本的管理思想，企业才能在正确理念的指导下得到发展。近年来，我国一些企业开始意识到企业经营管理中人的核心作用，但由于对人本管理的相关概念的认识还存在许多不足，在具体的实践中没有得到足够的重视。这样就导致很多企业虽然制定了一些涉及人本管理的管理制度，但是仍然没有取得应有的成效。最终企业人本管理缺失了个性化的内容，将员工视为"经济人"和"社会人"，导致在真正落实相关管理措施时，很难达到应有的效果，也难以激发员工的工作积极性。

四是激励上忽视人的心理和精神需求。虽然目前很多企业提出了"以人为本"，但一些企业管理者仍然使用传统的管理模式，没有破除行政命令式管理的干扰，使用强制的手段、硬性的制度、严格的纪律、森严的等级来维系企业的管理，管理与被管理仍处于不平等地位，人格上的平等意识还只是停留在理论意义。而且，所谓的"以人为本"还局限于利用人的物质需求方面，常常采取单一的物质刺激，而忽视用精神和社会方面的需求来调动人的创造性；在激励人的方式上，只注重货币一次性分配，而不善于利用股权、期权和其他手段综合激励；对人的管理针对的只是广大员工，管理者成了名副其实的特权阶层，对企业各层次人的管理缺乏统筹安排、整体考虑。这显然不符合以人为本的管理理念，而是把人当作物来处理。

二、我国企业管理中道德建设现状与存在的问题

1. 我国企业管理中道德建设的现状

（1）企业道德之于企业管理的价值维度。

1）企业道德是企业管理的一种重要控制方式。企业道德通过舆论、习惯、

价值观等发挥其作用,培育一种内在的威严和力量,从而实现其对企业的管理职能。企业道德建设试图使道德规范深入人心,成为人们的信仰、意识、价值观念,在精神层面形成一种道德的普遍引导和约束力。这种管理职能可以渗入企业生活的每一个角落,可以涉及企业员工的一言一行,最终形成良好的企业文化。企业道德面向整个企业,对任何员工都一视同仁,比法律和规章制度更具普遍性。企业道德建设具有的柔性力能在企业制度触及不到的地方发挥作用,通过软性约束或潜移默化地调节各种关系。它调节不同成员在企业活动中的正式关系、非正式关系,以此来弥补企业制度控制的不足,实现制度层面控制与道德层面控制的有效结合。

2) 企业道德营造企业管理的和谐环境。道德所具有的独特的调节作用,使企业管理者能有效地利用这个特点来调节个人与集体之间、个人与个人之间的矛盾,它提倡和弘扬真、善、美,摒弃和批判假、恶、丑,体现了企业员工的自觉性和内在性。随着现代企业制度的不断完善,道德化成为企业管理手段完善的重要趋势,良好的企业人际关系和团队凝聚力所具有的社会价值和经济效益日益彰显。以企业道德为手段协调企业内部人际关系,通过强调企业内部成员之间的团结协作,营造企业员工之间互帮互助、坦诚相待、亲密无间的和谐关系。

3) 企业道德为企业自身发展提供人力支持。企业道德建设有利于形成优秀的企业文化,能增强企业对于内部员工以及外部潜在员工的凝聚力、向心力和吸引力。企业要实现最终的目标,必须依赖其全体成员共同的价值取向、道德标准为具体的行为规范。企业道德作为一种有效的管理手段,通过道德教育和文化环境影响人的思想,渗透道德观念,提高企业成员的道德素质,达到一定的道德境界,增强他们的责任感和义务感,使他们能人留企业、心留企业,发挥自身最大潜力服务企业。同时,企业可以凭借吸引富有创造性的、精力充沛的员工进入并为之服务,这样能最大限度激活企业内外部的人力资源为企业发展提供人力支持。

(2) 我国企业管理中道德建设的概况。

不少企业管理者简单地认为,企业道德建设与企业发展二者之间是相互矛盾的。企业存在与发展的目的是追求商业利润,而企业道德建设势必增加企业的成本支出。从表面上看,这种分析不无道理,二者间似乎存在着此消彼长的关系。然而,这种观点忽视了一个重要因素,就是企业道德建设并非只有支出而没有收益;相反,企业道德建设对内是企业健康、高效运营的基本保证,对外可以树立良好的企业形象,从而提高企业的市场竞争力,而且能够为企业进一步发展开辟更为广阔的空间,给企业带来更多的商业机会和利益。尽管企业道德所带来的商业利益多为隐性利益,其效果并不能立竿见影,但是不能由此而忽视道德建设的重要作用。企业由于道德缺失而使其市场竞争力受到重挫，甚至退出商业舞台的事件屡见不鲜。从国际市场上来看，近年来，欧美、日本的许多大型企业连续爆出经济丑闻。在我国市场，企业由于缺乏自律而造成的恶性事件频发，尤其在近两年表现得尤为突出。

所以，企业道德建设的重要性，使我们认识到企业道德建设迫在眉睫。但是，由于企业道德建设产生的收益并不是立竿见影的，因此，目前我国许多企业对此并不重视，开展进程十分缓慢甚至被忽略。

从正反两个方面通过例证简述我国企业道德建设的基本概况。

1）当前我国企业道德建设取得的进步经验。一是正确的企业价值观的指导。企业价值观，是指企业在追求经营成功过程中所推崇的基本信念和奉行的目标。在每一个成功的企业内，同时并存着两套价值观体系，一套是员工个人所信奉的价值观。每一个人都会有自己的价值观，当他进入企业后，会用自己的价值观来看待企业的一切。他的价值观会影响到他的态度和行为。一个企业是由许多人组成的，每个人所信奉的价值观是千差万别的。因此，企业应有意识地通过建立一套共同的价值观，从而统一员工的思想，使他们按同一方向努力，推动企业前进。这种价值观，就是企业价值观。企业中并存着的这两种价值观是相互影响的，因而对于企业来说，建立正确的价值观是至关重要的。

改革开放以来，我国一些企业尤其是国有大企业和"三资"企业都开始重视企业精神和价值观念体系的建设。中国优秀的企业，通常都十分重视企业的价值观建设，也取得了一系列的成效。比如，首都钢铁公司的"首钢精神"是"开拓进取，当家做主，顽强拼搏，主动创造，只争朝夕"。第二汽车制造厂的"二汽精神"包括：艰苦创业的拼搏精神，坚持改革的创新精神，顾全大局的主人翁精神；"献身汽车，实现第二次创业"的事业心；"面向市场，勇于改革，争创一流"的竞争意识；"质量第一，用户第一，信誉第一"的价值观；"改变现状，视今天为落后"的企业哲学；"厂兴我荣，厂衰我耻"的主人翁精神。

优秀企业在其发展过程中都树立了负责任、重承诺的价值观。有了这种正确价值观的指导，企业必能坚持质量第一、信誉至上、顾客第一，精诚服务，自觉承担起社会责任的企业道德，并把此贯穿于生产经营的始终。这为企业信誉的提高和形象的塑造提供了很好的基础，也是企业取得成功的基石。因而，树立正确的企业价值观，并以此来规范和指导企业各种行为是我国企业道德建设的首要经验①。

二是道德制度化建设的完善。制度化是把企业所倡导的道德规范转化为具有

---

① 金美佳. 海南省经济发展与环境质量协调性分析［D］. 海南大学，2013.

操作性的管理制度的过程,企业道德必须转化为制度或者说企业制度必须体现其道德意识和伦理理念。企业道德制度化,是通过制度化、法律化的道德规范,依靠强有力的制度力量来规范和约束人们的道德行为。它是以现实利益为中介,利用人的喜赏畏罚的心理,直接作用于主体的行为层面。因此,它的作用具有直接性和快捷性,正好弥补了企业对员工进行单纯教育作用较软、较慢的缺陷。此外,道德制度所规定的主要是道德主体的具体行为,昭示人们社会提倡什么、反对什么,何种行为会受到惩罚,具有较强的可操作性。例如,百年老字号同仁堂在严格按传统质量管理方式进行生产经营的同时,逐步完善并形成了一套适应现代发展要求的"同仁堂"质量管理制度,先后建立了三级质量管理网,建立了"质量否决权"制度。"同仁堂"总是以高于颁布工艺标准的要求制定自己的药品内在质量标准,同仁堂人可以自豪地说,别人可以盗去我们的配方,分析出药品的成分,但学不去我们精湛的炮制工艺,照样制不出好药。这是同仁堂养生济世的宗旨在其质量管理制度上的鲜明体现。

再如,宝钢集团出台了国内第一部员工需求管理规章。其中规定了:建立员工健康档案;员工体检纳入基层单位工作评价,增设相关体检项目;实施员工体育锻炼计划;严格执行员工休假制度,对特殊岗位采取弹性休假;根据每位员工的体检报告提供个性化膳食建议。

这些企业把企业价值观融入各种制度之中,把企业道德要求具体化为成员必须遵守的一系列可操作的规范和制度,取得了一定的成效,也为我国企业的道德建设提供了途径。

三是吸取中西方优秀传统文化和成功经验。中国的传统文化根系深厚,博大精深,有丰富的内涵。在五千多年的发展史上,中华民族形成了以爱国主义为核心的团结统一、勤劳勇敢、自强不息的伟大的民族精神[①]。厚德载物、以人为本、以和为贵等中国传统文化的基本精神可以为中国企业的道德建设提供可借鉴的文化资源。日本就曾经利用我国的儒家文化,创造了具有日本特色的企业文化,促进了日本经济的腾飞。我国一些企业在道德建设中也注重继承和吸取中西方传统文化的精髓,塑造了具有中国特色的现代企业文化。

例如,同仁堂特有的"炮制虽繁必不敢省人工,品味虽贵必不敢减物力"的价值观念,杭州胡庆堂"戒欺"的精神都是这些老字号企业在长期发展中和我国的传统文化、民族精神融合而形成的。再如,长虹集团吸取了我国爱国主义和民族主义的思想,提出了"以产业报国、民族昌盛为己任"的企业价值观和文化。又如,海尔集团领导人张瑞敏学习毛泽东,钻研老子、孔子与孙子,并学

[①] 王静峰,李柏年. 基于灰色预测模型的安徽省经济发展与环境污染关系研究[J]. 价值工程,2009(10):24-27.

习松下幸之助、韦尔奇等人的管理智慧，造就和推广了海尔的企业文化。他喜欢三本书：《老子》、《论语》、《孙子兵法》。他认为，《老子》可以帮助他确立企业经营发展的大局观；《论语》培养他威武不屈、贫贱不移、勇于进取、刚健有为的浩然正气；《孙子兵法》帮助他形成具体的管理方法和企业竞争谋略。

在具有深厚的传统文化基础的当代中国，我们的企业不仅应该借鉴发达国家优秀的文化，而且应该从本土的优秀文化中汲取营养，更要不断地汲取时代精神，从而形成独具特色的企业道德建设。

四是企业领导人的优秀素质。企业领导人作为企业的决策者和带头人，他们的素质和能力对企业的兴衰起着至关重要的作用。作为企业的最高领导人，他必须有一定的创新能力和决策能力，同时还应该具备科学文化素质、思想道德素质、社会心理素质等优秀素质。特别是道德素质，对于中国的企业家和中国的企业来讲尤其重要，而事实也证明了这一点。我国很多企业发展迅速，这与其优秀的领导人是分不开的，海尔集团的张瑞敏是其中的杰出代表之一。

张瑞敏，海尔集团党委书记、董事局主席、首席执行官。1984年受命接手青岛电冰箱厂，与员工共同缔造了今日的海尔集团。他每天在公司工作12小时以上，无节假日。出差常选在周四，充分利用双休日办事，周一准时回公司上班。在接手海尔以后，他先后提出了"有缺陷的产品就是废品"、"海尔定律（斜坡球体论）"、"只有淡季的思想，没有淡季的市场"、"先卖信誉后卖产品"、"用户永远是对的"等一系列的经营伦理思想。在他的带领下，海尔从1984年年底到2000年，创下了营业额年均增长80%的神奇速度，营业额406亿元，出口创汇2.8亿美元，利税30亿元。张瑞敏个人也成为"全球30位最受尊重的企业家"之一，成为登上哈佛大学讲台的第一位中国企业家，个人的影响力在不断扩大。英国《金融时报》认为，张瑞敏"有坚定独到的经营策略，使消费者满意度和忠诚度达到最大化，坚持以人为本的管理，在行业领先，具备持续稳定的盈利表现以及成功的应变管理能力和市场全球化能力"。不可否认，张瑞敏和他所领导的企业正因为其出色的业绩和影响力而成为中国企业的杰出代表。

必须要承认，海尔集团的今天和张瑞敏自身的优秀素质是分不开的。他承认人的价值、尊重人的才能，在管理过程中提倡"人情化"管理；他重视企业的社会责任，提倡企业的用户意识和服务意识；他以身作则，具有强烈的事业心和责任感；他把自身对伦理道德的认识带到了企业发展中，重视企业的伦理道德建设，并把它贯彻于企业发展的每一个环节中。

2）当前我国企业道德建设的弊端。不可否认，我国在经济体制转轨的过程中，各种企业失德行为不断上演，各种商业欺诈、投机取巧、违反公平正义等现象屡见不鲜。从毒粉丝、特氟龙、苏丹红、毒水饺事件到骇人听闻的毒奶粉等企业失德案件不断充斥着人们的生活；一些上市公司也丑闻频发，欧亚农业的杨斌案、格林柯尔的顾雏军案、"蓝田神话"、"深证原野"、"琼民源"、"银广夏"、"德隆系"等都深刻地反映出当前商人无道、企业败德的现象。尤其在近几年，我国企业失德行为的发生概率明显提高，涉及各个行业，尤其在金融、食品、卫生等领域表现得更为突出。例如，利用上市公司重组进行内幕交易的黄光裕案，就造成了金融市场的紊乱。类似的，发生在2001年的"亿安科技"股价操纵案、银广夏会计信息虚假案、"蓝田神话"等也都引起了市场的轩然大波，造成的经济损失难以用简单的数字衡量。2008年，昔日的乳业龙头，因生产内含三聚氰胺的问题奶粉致使婴幼儿面临生命和健康的危机，三鹿的食品安全事件给社会经济造成了巨大的负面影响，不仅巨型企业毁于一旦，而且整个中国的乳品行业都受到了致命打击。在短期内与之相关的企业的利益均承受了不同程度的损失，乳制品行业的竞争主体、产品结构、企业架构、产品销售链和供应链等也都发生了相应的变化。整个行业的发展进程进入一个延缓期，在这一阶段，我国乳品销售额和出口额都严重削减，国人对我国乳制品生产厂家的信心疲软；而大量外国品牌奶粉、其他乳制品却趁机抢占我国市场。距三鹿"毒奶粉"事件仅仅一年多，2010年2月，在我国部分地区，一些未经销毁的问题奶粉又重新流入市场；同年，一些失德企业，如陕西金桥乳品有限公司、上海熊猫乳品有限公司、渭南市乐康乳业有限公司、宁夏吴忠市天天乳业有限公司又被发现生产和销售内含三聚氰胺的问题奶粉，虽然问题产品已被召回，但是"毒奶粉"事件的重现仍让人们心有余悸。除此之外，其他领域的企业失德行为也在不停地上演：有些企业老板，拿了下游客户交付的定金后偷偷"半夜逃逸"，留下一堆债务和被拖欠几个月薪水的员工，将包袱直接甩给了社会；有些企业为了规避《劳动合同法》的约束，寻找种种借口突然大幅度裁员，令当地政府措手不及；也有些企业为了获取利润，制假贩假、以次充好而扩大市场份额。这类现象引发了社会的不安与焦躁，也引起了学术界的极大关注。2009年，中国企业联合会企业文化专家委员会主任委员、清华大学教授邹广文明确表示，整个社会都过多强调和时间赛跑，强调更高、更快、更强，这虽然带来了巨大的财富积累，但副作用也十分明显：环境污染、人心浮躁、急功近利。结合当前我国的经济和社会发展状况来看，我国依旧存在相当一批道德意识低下的企业。企业经营道德尚不被他们接纳，只要能获利，其他因素都可以抛之脑后，丝毫没有任何责任意识，这些企业对经济生活和经济活动中出现的一系列道德问题均缺乏正确的认识。因此，企业要重视企业与社会、企业与员工、员工与员工之间的相互理解和沟通，以此促进企业的良性发展，搭建起良好的公共平台，才能为员工和企业自身创造更为广大的发展空间。

综观我国诸多知名、成功企业，无一不是具备良好的企业道德，将企业道德建设作为企业发展战略步骤之一。企业道德建设已经成为保证企业健康发展、维护市场稳定的重要途径。许多学者对企业道德以及企业道德建设的重视程度与日俱增；但是，我国的理论研究相较于西方国家起步较晚，尚不完善，而许多企业管理者尚未意识到企业道德建设的重要性。总体来说，我国企业道德建设仍处于较低水平，很多企业道德建设有待加强。我国企业的失德行为造成的经济、社会、名誉等多方面的损失已经成为社会的焦点。近年来，随着全球化经济交往的日益频繁，我国市场受国际市场和国际经济态势的影响不断扩大。因此，不少企业为了追求高额的经济利润、品牌效益或盲目扩大市场占有率，导致企业失德行为频发，尤其是2008年的三鹿"毒奶粉"事件，更为国人敲响了警钟。

2. 我国企业管理中道德建设存在的问题

（1）企业管理者伦理道德缺失。

我国是一个缺少商业伦理传统的国家，古代长期"重农抑商"，近代又长期处于被压迫、被剥削的半殖民地半封建社会，新中国成立后又经历了30年的计划经济时代。一提到商业或商人，首先蹦出来的词语就是"无商不奸"、"无商不恶"、"商场如战场"，就是和短斤少两、以次充好、假冒伪劣、霸王条款、吃回扣、骗等联系在一起的。再看我国的家庭教育，商业伦理是完全缺失的，在学校教育中，商业伦理几乎也是一个空白。即使是在MBA、EMBA等专业的商业教育中，强调最多的就是战略、经营、管理，商业伦理道德课也是缺席的，或者仅仅是象征性的，而没有得到应有的重视。从商亦如从文，"商者"，同样应承载道义、责任、使命与良心；推动商业伦理的重建，复兴商业社会之人文精神。从许多500强外资企业的高管那里听到，他们员工入职的第一天就要接受的培训不是人事制度，也不是财务制度，而是"BusinessConduct"，这就是我们通常所说的"商业伦理"。而且，员工每一年都要接受商业伦理的培训，并且签字认可。反观国内企业界，商业伦理的研究工作却相对滞后。现实中，无论是在职场生涯或个人生活，都很难做到为了一个正确的动机去做适合的事情。但困难的存在并不意味着我们不需要尝试着去做，或者我们真的力所不能及。商业伦理是在我们的日常生活中，无论私人领域还是公共领域，以"正确的原因去做正确的事情"。

企业管理者作为企业中的决策制定者和行为带头人，其自身伦理道德问题不容忽视。在企业人员的招聘和内部人员的提拔问题上，有些管理者往往以个人情感为出发点，用人唯亲，优先照顾自己的亲人、朋友等，完全不顾其能力是否与其所要从事的工作相当，结果造成企业中一些人员素质低下，身在其位而不能谋其职。这样不仅影响了企业的发展，也会影响到企业的形象以及管理者自身的形象。为了管理企业中的活动，管理者被赋予了相应的权力，但有的管理者不是正确地使用这些权力，而是滥用职权，有的越权行事，侵犯下属的合法权益，或是对不属于自己职权范围的事横加干预，造成不必要的损失；还有的管理者利用手中的权力打击异己，公报私仇。如果长期容忍这类行为的存在，一方面会造成企业正常运作程序的混乱，使个人权力凌驾于企业利益之上；另一方面也会威胁到那些不肯同流合污、敢于站出来说真话的员工的权利。长此以往，在企业内会形成人人唯权是尚，以权力取代真理，甚至用权力来衡量一切的坏风气。有的管理者缺乏必要的责任感，处处为个人的私利着想，因此，贪污受贿、损公肥私、腐化堕落等现象屡见不鲜。管理者的个人作风会影响到企业风气，因此必须加以重视。

（2）企业社会责任感欠缺，企业对社会欠缺"诚信"原则。

中国古代儒家对"诚信"极为重视，将其作为一种基本的道德规范和要求。《大学》中说："欲修其身者，先正其心。欲正其心者，先诚其意……所谓诚其意者，毋自欺也。"对于企业的经营活动来说，首先要诚实自己的信念，不自欺欺人，做到表里如一。松下幸之助就将诚信作为企业经营成功的保证。他说："在少有妙案、妙策的世界里能发挥特色，促使销售成功的秘诀是什么呢？我认为需赖彼此的诚心诚意。最重要的是如何使顾客感到高兴，以何种方法接待能使顾客感到满足。如果内心有这样的诚意，此人的言语、态度上自然会出现某种感人的东西。销售能力也会随之提高。"企业在"诚"的指导下，首先要追求信誉的确立。无信则不立，一个不讲信誉的企业是无法长期在社会上立足的，因为无信不为经商事，有信总得故人来。经济活动中不讲信誉，人们之间相互不信任，生意则无从谈起。其次是信誉的维护。信誉是企业经过多年辛勤培养的结果，必须时刻注意加以维护，在现代信息传递快捷和企业竞争十分激烈的情况下，一个小小的错误很可能会使辛苦建立的信誉瞬间即逝而不可挽回。在企业的经营过程中要树立诚信的信念，建立并保持良好的信誉，就要处理好义和利的关系问题。有人认为，市场经济的出发点是个体，追求的是效益，就应该少说义多言利，甚至可以见利忘义。诚然，合理的利润是企业生存的物质保证也是社会繁荣的基础，但是那种失去了义的保证的利，如是在他人正当利益丧失的基础上得到的，在得到利益的同时，也就丧失了道义和败坏了信誉。现在我国很多企业完全不顾及手段是否正当，采取非常手段疯狂竞争牟利，人人只讲利，不讲义，唯利是图，金钱至上。那么整个社会将是物欲横流，陷入一片混乱，经济无法健康发展，利益的获得也就得不到有效保障。

现代市场经济从本质上说是一种竞争经济。企业间的竞争不应该陷入你死我活的误区,而应依据互助、互惠、互利的原则展开。在进行经济往来时,要讲诚信,在自己获利的同时,还要为对方的利益打算。竞争中也存在义利关系,如可靠的质量、合理的价格、完善的售后服务。以合法手段赢得的市场,这就合乎义。相反,即使质优价廉,如果采取非法手段也是不合义的。

(3) 企业管理者对于企业道德决策的忽视。

企业的价值观涉及广泛的内容,核心价值仅仅是其中的一部分。一些企业经营活动中的道德决策、职业化素养、人际关系与沟通、产品质量意识和企业对待员工的态度等方面也需要确立基本的价值指引。在这些价值中,许多是与伦理相关的问题。不过,由于经营管理活动中涉及的道德问题显得很复杂,许多企业管理者干脆就予以搁置,结果时常导致员工忽视道德决策,许多不良及不道德行为也持续发生。

企业内部的伦理问题则涉及广泛的领域。有时候,伦理问题是显而易见的。例如,企业中所有承担管理责任的人是否有义务培养下级员工?虽然培养下级会给上级管理者带来表面看起来额外的负担,但是,指导下级成长是企业开发人力资源的基本环节,这个环节的实践对于企业来说是非常重要的,而其所涉及的义务也是其他人无法代劳的。而有的时候,这些伦理问题则比较隐性,也容易被忽视。例如,有些善于与主管交涉的员工就容易获得更高的待遇,而忠厚老实的员工却可能吃亏。这种不公平问题常常被忽视,因而得不到有效的解决。

重视企业伦理原则有时是满足社会道德义务的要求,有时是构成提高经营管理水平的重要环节,有时则是二者的结合。例如,除非企业妥善处理道德问题和道德冲突问题,否则,企业的价值观建设就难以解决立身处世的原则问题。默克公司的例子就是一个典型的例证。默克公司曾经研发一种新药,尽管这款治疗痛风的药品很畅销,但是,由于药品的副作用可能导致部分服用该药品的心脏病人遭受死亡的后果,因此,它需要有关人员跟踪患者服用药品之后的反应。但是,由于没有及时处理出现的危害警报,结果造成一些服用该药品的心脏病患者死亡,药品全面被召回并且企业因此遭受了上百亿美元索赔的损失。不仅如此,它还导致该公司的企业形象严重受损。假如企业高层重视该问题,就可以通过改进管理环节避免严重的后果。又如,分众集团无线公司长期给手机用户发送垃圾短信,而不是通过改进商业模式为手机用户服务,在2008年遭到公众的一致谴责。假如该企业高层重视消费者利益,并且通过与顾客合作建立短信会员制的商业模式,如发展手机报服务,就可以避免这种违背伦理道德的做法,对企业可持续发展也会产生积极影响。

一个问题是,假如一个公司做了坏事,如果对它进行惩罚,其中的那些无辜者也会受到牵连；或者反过来，假如公司受到谴责或者惩罚，但是真正的责任人却并没有受到应有的惩罚，这也会让这些管理人员没有真正履行道德责任。再一个问题是，如果要把公司的道德责任归结到主要的管理者身上，又假如管理者们是集体领导的方式，那么最后这个责任到底归结到谁身上也不是很明确的。

（4）企业员工对道德规范认识模糊。

企业员工职业道德培训属于成人教育的范畴。成人教育与普通教育最大的不同点是，它本质上属于社会教育，具有鲜明的社会性及社会包容性，在运行机制上具有开发性、灵活性的特征①。据国家2000年调研发现，目前我国大部分企业的员工职业道德培训现状不容乐观。具体表现为：

1）员工认识上存在"三大误区"。一是"敷衍了事"状。部分员工对职业道德培训缺乏足够的认识，认为这种培训是企业领导怕员工"闲"出毛病走走形式而已。有的员工在参加培训时表现出"身在曹营心在汉"的应付心理。二是"与己无关"状。部分员工对企业所进行的职业道德培训不感兴趣，认为"事不关己，高高挂起"。一部分员工甚至认为，今天这个教育、明天那个教育，有什么用？既不能改善生活，又不能增加收入。三是"消极逆反"状。当前社会上不同程度地存在着官僚主义、腐败现象、分配不公问题。一些员工因此而对职业道德培训有着较强的逆反心理。

2）传统的培训教材不能引起员工的兴趣。传统的培训教材注重理论的讲解，缺少身边的典型案例，对于学历较低的企业员工，感到培训内容遥不可及，接受难度较大。因此，急需开发出适合本地企业员工职业道德培训的教材。

3）传统的培训模式单一。传统的职业道德培训是"一人讲，众人听"的接受型培训模式，授课内容不够生动、活泼，缺少互动交流，不能激发员工参与培训的热情。

因此，近些年来企业员工对于职业道德规范认识模糊，不能规范职业伦理道德的现象屡屡出现，成为我国企业管理中伦理道德建设的重要问题。

三、我国制造企业对现代管理模式的探索

新中国成立以来，我国制造企业一直是推进我国企业管理科学化、现代化的主力军。从20世纪50年代末60年代初的以"两参一改三结合"的民主管理模

---

①符鹏．长株潭产业发展与环境污染的灰色关联分析［D］．湖南农业大学，2010．

式为主要内容的"鞍钢宪法",到 1976 年、1977 年两年在北京内燃机总厂、清河毛纺厂等企业进行全面质量管理试点;从 20 世纪 70 年代末期开始的全国企业学习北京内燃机总厂、首都钢铁公司、武汉钢铁公司三个企业,分别解决质量意识、责任意识和效益意识问题,到 20 世纪 90 年代中期全国学习以"模拟市场核算、实行成本否决"为核心的邯钢经验,我国的制造企业创造了许多管理经验和模式,推进了我国管理科学化和现代化的进程。尤其是改革开放以来,大多数制造企业逐渐感受到了市场竞争的压力,开始意识到通过加强管理、推进管理创新、提高管理科学化水平来提高企业竞争力的重要性。如果对第五届到第九届(1998~2002 年)国家级企业管理现代化创新成果的行业分布的粗略统计,从行业排序看,排在第一位和第二位的行业分别为机械及交通运输设备制造业和冶金业,都属于制造业企业,创新成果数量为 79,仅这两个行业的企业创新的成果数就约占总创新成果数的 25.7%。如果再考虑到化工、食品及饮料制造、服装及皮革制造、医药制造等行业的企业管理创新,制造企业管理创新成果数要占到总数的一半以上。

与我国经济体制由计划体制向市场体制转变相适应,制造企业管理创新呈现出市场化导向趋势,如何适应市场成为制造企业管理创新的核心内容。进入 20 世纪 90 年代中后期,我国制造企业开始探索以市场为导向,形成以现代信息技术、管理技术和制造技术相结合为特征的现代生产制造系统和管理模式。具体表现在生产制造系统方面,自 1995 年我国开始研究、应用和推广现代集成制造系统(CIMS),到现在实施现代集成制造系统应用示范的企业已经有 201 家,覆盖机械、电子、航空、石油、化工、轻工、纺织、冶金、兵器等制造行业。现代集成制造系统是以信息集成和企业过程、资源优化为特征,通过现代信息、管理和制造技术的结合实现物流、信息流、价值流的集成和优化运行,加快企业产品研制周期、提高质量、降低成本、改善服务、优化环境,从而提高企业的市场应变能力和竞争能力。对试点企业调查表明,实施 CIMS 使产品开发周期平均缩短 35.8%,库存资金占有平均减少 12.8%。一些学者还提出了 21 世纪的中国制造业的先进制造战略。其中,"精简—灵捷—柔性"生产系统是这方面的一个代表。"精简—灵捷—柔性"生产系统试图全面吸收灵捷制造、精简生产和柔性生产的精髓,包含全面质量管理、准时生产、重组工程和并行工程等现代生产管理经验,通过组织创新和调动人的积极性,全面集成技术、组织、人员等资源,从而实现快速、灵捷适应市场变化,高效率满足消费者需求。具体在生产管理模式方面,制造资源计划 MRP II、企业资源计划 ERP 管理模式正在我国得到逐步应用和推广。20 世纪 80 年代初,我国机械工业系统中一些企业,如沈阳第一机床厂、沈阳鼓风机厂、北京第一机床厂、第一汽车制造厂、广州标致汽车公司等先后从国外引进了 MRPII 软件。20 世纪 90 年代以后，随着改革开放的不断深化，我国的经济体制已从计划经济向市场经济转变，我国企业已进入体制转变和创新阶段，这使得 MRPII 在中国的应用与推广取得了较好的成绩。这不仅表现在 MRPII 的应用领域已突破了机械行业而扩展到航天航空、电子与家电、制药、化工等行业，还表现在一些典型的企业，如成都飞机制造工业公司、广东科龙容声冰箱厂、山西经纬纺织机械厂、上海机床厂、一汽大众汽车集团等，应用 MRPII 系统取得了非常好的效果。其中，北京第一机床厂的管理信息系统实现了以生产管理为核心，连接了物资供应、生产、计划、财务等各个职能部门，可以迅速根据市场变化调整计划、平衡能力，效率提高了 30 多倍，为此于 1995 年 11 月获得了美国制造工程师学会（SME）授予的"工业领先奖"；广东科龙容声冰箱厂的 MRPII 项目，经美国生产与库存管理协会（American Production and Inventory Control Society Inc.，APICS）的专家认定达到了 A 级应用水平。

四、我国制造企业管理与世界先进水平的差距

第一，我国制造企业管理模式还处在从传统向现代转型的时期，还没有形成适合企业自身发展的现代管理模式。虽然我国多数制造企业在市场竞争的压力下，不断引进大量先进的生产管理理论、方法和技术，如全面质量管理、工业工程 IE、计算机辅助制造和管理，有些企业也引入了 MRPII、JIT、ERP 等，管理水平已有了一定程度的提高，但从总体上看，多数企业并没有从根本上改变传统管理模式，各种现代管理、技术和方法也没有发挥应有的作用，产生应有的效益。从企业内部看，存在的问题包括："以产品为中心"的组织生产方式无法适应多品种要求，生产管理工作的非制度化、非程序化、非标准化，机构臃肿、管理效率低，企业内信息沟通迟缓、决策速度慢、不适应市场变化，以高库存保证连续生产、难以降低成本，员工的积极性得不到充分发挥等。从企业外部看，存在没有规范的业务往来关系、企业间缺乏明确和真正密切的协作关系、市场不成熟、供货及时性难以得到保证等问题。

第二，我国制造企业管理水平与世界先进水平的差距突出表现在管理信息化水平低。从总体上看，虽然我国企业日益重视企业信息化建设，对信息化方面的投资日益增多，但信息化水平还较低。根据国家经贸委经济信息中心在 2001 年对 638 户国家重点和地方骨干企业（其中制造企业约占 50% 以上）的调查统计分析：全部实现基础性管理系统（OA、MIS 等系统）的企业仅有 48 户，仅占总数的 7.5%，部分实现的企业占 59.9%，尚未实施的企业 208 户，占 32.6%；全

部实现综合性管理信息系统（包括 CIMS、ERP 等系统）的企业只有 30 户，仅占 4.7%，部分实现的也只有 196 户企业，占 30.7%，尚未着手的 412 户，占 64.6%；基本实现电子商务的企业只有 8 户，仅占 1.2%，尚未着手的 482 户，占 75.5%；虽然有 435 户企业建立了网络，占 68.2%，但只有 18.3%（117 户）的企业做到每周更新一次信息；只有 21.6% 的企业（138 户）开展了初步电子商务，但电子商务销售额仅占 638 户企业 2000 年销售收入总额的 0.19%。从制造企业信息化建设投入看，还不能满足企业的需要。据一家资讯公司对 25 个省市自治区百余家大型企业信息化建设现状调查表明，大型制造企业拥有的计算机只达到实际需求的 61.2%，联网的计算机只达到实际需求的 50.7%，已经铺设网络的业务部门只达到实际需求的 54.3%，且多在财务部门和设计部门。另外，从信息化应用领域看，我国企业真正在生产制造过程中采用信息化管理的比重较低。中国企业家调查系统于 2001 年对 1000 家企业的调查表明，企业信息化的主要应用领域是各种财务会计报表（68.6%），生产手段采用计算机控制的只占 24.9%，其中大型企业该比例为 31.9%，中型企业该比例为 8.7%，小型企业该比例为 18%；国家经贸委于 2000 年对 100 家重点企业的网络应用情况调查表明，在制造管理方面，完全使用和部分使用网络的比例分别为 8% 和 65% 左右，未使用的占 23% 左右，其应用程度低于经营决策、研究开发、采购管理、客户关系管理等领域。

第三，我国制造企业管理水平低，还表现在制造企业管理国际化程度低、海外投资少。虽然从 1992 年开始，我国政府明确提出国内企业要"利用两种资源、开发两个市场"，一些生产性企业集团开始向国外投资建厂，但迄今为止真正意义上的制造业大型跨国公司还几乎没有。因此，我国制造企业积累跨国管理经验的机会较少。一项研究表明，如果从国际化战略、组织结构、人事管理、财务管理、生产或服务管理、市场营销、研究开发、当地化及经济指标 9 个方面构造指标，综合测量企业的管理国际化程度，在采用 5 分制的情况下，对处于我国制造企业"领头羊"位置的海尔集团公司的管理国际化程度进行评估，其得分只有 2.18 分。

总体而言，我国制造企业管理正处于由传统管理模式向现代管理模式转变的阶段，还没有形成自己独特的企业管理模式，我国制造企业还不具备作为现代世界制造中心所应该具有的企业管理的现代化水平，而且差距还比较明显。因此，通过管理创新提高制造企业管理的现代化水平、推进向现代管理模式的转变，对于提高我国制造企业的国际竞争力、实现中国制造的强国梦十分必要。

第二节 国外企业管理的优秀经验

一、国外企业运用科技进步和创新手段对中国的启示

1. 政府启用科技资金引导企业增加研究与开发

国际上通常采用 R&D（研究与开发）的规模和强度指标来反映一国的科技实力和创新能力，同样也可以用 R&D 指标来评价一个企业的发展水平，也从两个方面体现着一个企业的竞争力。R&D，指在社会各领域，在增加知识总量和创新意识后，运用这些知识去创造新的活动，从而为该领域进行系统的、创造性的改善，包括基础研究、应用研究、试验发展三类活动。世界国际著名企业经常把 R&D 视为企业的生命，投巨资引进、开发 R&D。据资料显示，1996 年，通用汽车的 R&D 经费为 64.13 亿美元，占销售额的 5.6%；朗讯的 R&D 经费为 41.19 亿美元，占销售额的 11.6%；如海尔集团就是靠 R&D 形成了企业自主品牌和核心竞争力。在过去半个世纪的企业发展过程中，世界各国政府对企业 R&D 的投入具有以下几个特点：

（1）发达国家对 R&D 的投入迅猛增长。

2000 年，全球的 R&D 达到 6800 亿美元，目前全球 R&D 支出增长约 5.2%，2012 年已超过 14 万亿美元。美国在 1953 ~ 2001 年，R&D 投入增长 55.7 倍，2012 年美国 R&D 投入又增加 2.1%，达到 4360 亿美元；日本在 1965 ~ 2001 年，R&D 投入增长高出 2.5 倍；韩国在 1975 ~ 2001 年 R&D 投入增长高出 7 倍。以美国为例，政府对企业 R&D 经费的投入比例从 20 世纪 50 年代已连续多年高达 50% 以上，1959 年达到最高点 58.6%。但是随着企业实力的提高，政府的投入力度逐渐下降，这些年为企业寻找投入 R&D 比例指明了方向、打好了基础。在美国，自 20 世纪 90 年代开始，美国企业在科技进步与创新投入方面呈现出了新特点和新态势。企业在内部除了加大科技投入力度外，政府的 R&D 投入更加突

出国家目标,突出对战略性产业的引导和支持。

(2) 一国的科技投入水平采用 R&D 占 GDP 的比值来衡量。

统计表明,发达国家 R&D 占 GDP 的比重在 2% 以上,世界平均水平在 1.6% 左右。发达国家在历史不同时期,R&D 投入结构中存在着不同比例,是有一定统计规律可循的:在全球实现工业化的第一阶段及第二阶段,政府在 R&D 方面的投入比例超过了企业投入;但是随着环境的改变,政府对企业的关于 R&D 的投入比重也在不断地变化。目前我国在 R&D 活动中的投入比重较低:1990 年,全国 R&D 投入为 125 亿元,R&D 投入占 GDP 比例仅为 0.68%;1998 年,我国 R&D 经费支出总额为 551 亿元,占 GDP 的比重为 0.69%;同期美国 R&D 经费达 2279.3 亿美元,占 GDP 的 2.79%;德国 1997 年 R&D 经费达 875.4 亿马克,占 GDP 的比重为 2.33%;日本的 R&D 经费占 GDP 的 2.92%,韩国的为 2.89%。折合美元进行比较,我国的 R&D 经费支出额不及美国的 1/30、德国的 1/7、日本的 1/18、韩国的 1/2。近年来,我国 R&D 经费虽有所增长,2000 年,我国国内 R&D 总支出为 896 亿元,占当年 GDP 的 1.0%,企业 R&D 的比重也由 1998 年的 44.8% 达到 2000 年的 60.3%,但与发达国家的企业相比,差距还是很明显的。鉴于 R&D 在一国经济中地位的显著,以及我国企业的现状,企业组织应把目光多放到 R&D 投入上,加大在理论研究方面的学习。

(3) 鼓励企业加大科技进步与创新的财税优惠政策。

世界一些发达国家在激励本国企业科技进步与提高创新意识的同时,提出了相关财税激励政策,包括税前抵扣和税收优惠。税前抵扣是大多数国家都采用的政策。例如,澳大利亚在加快企业科技进步与增加创新投入时实行 125% 的税前抵扣,在此基础上又对企业 R&D 投入增长给予 175% 的税前抵扣;匈牙利企业将科技创新研究与开发实验室建在大学城或科研机构,这种情况将给予 100% 的科技 R&D 税前抵扣等。另一项政策:企业在加快科技进步与企业创新的同时,R&D 所需的费用允许企业以某一年度的费用抵消以后年度的盈利,或者抵消以前年度的盈余。发达国家的政府还了解到企业研发高新科技投资风险大,这种做法既提升了企业自身的水平,又有激励企业的作用。例如,美国税法规定,企业当年没有上缴所得税或发生亏损的,对于科技创新 R&D 的费用扣除额,可以向前追溯 3 年,往后顺延 7 年。

(4) 对中小企业的财税政策。

美国:在 1982 年开始启动"小企业创新研究计划",政府要求国防部和国家科学基金会等部门,每年针对企业科技创新的 R&D 预算进行 2.5% 的经费拨款,对科技创新型的中小企业实施无偿资助。该计划具备 4 个特点:①由国会立法,要求政府按规定比例向具有高科技研发能力的小企业提供政府 R&D 经费;②推进科技进步与创新和高风险研究,同时提供相应机制使理论变成技术应用到产品生产,增加政府 R&D 计划的商品化效益;③鼓励中小企业负责研发的科技人员提交研发课题,促进新工艺的诞生,增加企业的竞争力和知名度;④吸引大企业的资金加盟。目前,该计划的投入与大企业的资金匹配率为 1:5,促进了企业发展,更加促进了就业。

德国:联邦政府对中小企业的 R&D 投资补贴 15% 的经费,企业因科技进步与创新开发用于购买专利的,联邦政府还要补贴 30% 的费用支持其专利购买。

日本:政府专门制定了促进企业科技创新开发的补助金制度。

(5) 政府通过采购推动本国企业进行科技进步与创新。

美国政府通过采购保护本国产业,支持企业掌握领先科技研发自主知识产权。在政府采购项目的报价中,美国中小企业的供应商可以享受优于外国供应商 12% 的报价优惠。政府在签订 10 万美元以下的采购合同时,要首先考虑中小企业,对有科技创新能力和创新目的的小型企业提供高达 85 万美元的政府采购合同,以此来激励中小企业。

2. 运用创新思维促进产品开发

(1) 日本推行全面质量管理。

在全球经济高速增长时期,日本企业推行了全面的质量管理系统。该系统是把行政管理、统计方法和科技创新结合起来,保证能最大限度地满足用户对产品的需要。这个质量管理系统包括产品设计、生产、外部协调、销售和对用户售后服务的各个环节,并把用户使用产品后的意见及时反映到生产部门,作为提高产品质量的依据。该系统要求从企业的首脑管理者到作业者和工人都参加到质量管理工作中去,由此日本在全面质量管理方面取得了巨大的进展,推动日本质优价廉的商品大量涌向了国外市场。

(2) 改善宏观环境,颁布法律促进产品的成果转化。

为了给企业创造良好的宏观环境,最大限度调动管理者科技创新的积极性,发达国家的政府为企业可持续发展借鉴了许多有效的战略。美国为把企业科技与创新成果的潜在价值转化为现实效益,美国国会早在 1980 年便通过了《史蒂文森·威尔德勒法》。该法要求政府的一项重要任务就是推进企业积极引进技术和创新效应,并且将国家实验室经费总额的 0.5% 用于科技创新成果的转化和推广。澳大利亚政府则采取减税、拨款等优惠政策激励企业科技研发,对新兴技术商业化项目给予双倍资金的帮助,使公司能够将新技术产品顺利投入市场。同时,澳大利亚政府每年还拿出 3 亿~4 亿美元,扶持企业建立公共经济技术信息库,向企业提供免费服务;韩国企业在进行科技进步与创新的一个显著特点,也是建立社会科技服务体系,使得科技创新成果在企业中迅速被转化。

3. 全球合作创新模式

(1) 管理法则:要合作、不对立。

随着全球经济一体化的发展,国际间促进跨国企业合作已成为当今时代的必然,企业间的合作从市场营销、科技进步与创新、企业转换机制、资本结构的调整、建立现代企业制度到企业员工素质的提高6个方面展开,推进集团公司的发展。在这个过程中,企业之间突出优势、扬长避短,处理好数量和效益的关系,抓住机遇,抢占市场。由于世界市场的开拓,一切国家的生产和消费都成了世界性的,国际上企业产业结构的调整和国际资本的大规模兼并重组,也使得企业向外求得更广阔的市场来赢取丰厚的利润,并求得竞争优势成为必然,这些都为国际上的企业发展提供了有利市场和发展机遇。企业间通力协作,增进彼此之间的了解,促进共同发展。

成都发动机有限公司是我国专业化的航空发动机制造厂家,在中国航空技术进出口总公司的领导和帮助下,走上了通往国际合作促进企业科技创新发展的路子,这就是最好的例子。在20多年的发展中,公司与国外创新企业合作的道路越走越宽,已累计创造外汇6000多万美元,成为国家批准的金牌产品出口基地和有外贸自主权的企业,公司与世界20多个国家的厂商建立了合作关系,外贸航空技术产品已成为成都发动机有限公司的支柱产品之一,有力地促进了企业的发展。

(2) 集群企业的全球网络化。

企业集群在随着全球化进程日益加快的形势下开始不断地涌现,逐渐成为一种空间组织模式。企业集群也不再是一个封闭的系统,而是需要不断创新和发展合作机会,以获取有价值的生产、管理和市场等资源和知识的集群。集群企业就是要在全球化背景下不断拓展与国外企业合作的机会,学习外企优秀的科学技术创新成果,以此作为其拓展能力的重要动力来源。而网络化的演变也正是连接现代企业相互协作的纽带,网络化可以有机地将地球两端的企业连接起来,利用这些企业可以更加方便地开展科技创新活动,网络资源更是广大集群企业的现实选择。企业开始接受从国外大公司引入新的产品概念、设计工艺和设计流程,而愈来愈少的企业会选择从国外企业直接购买原材料和机器设备,与外国企业合资建厂的比重也在明显地下降。

二、GE 公司和海尔公司企业文化与管理模式的分析和对比

当今世界中国和美国在全世界具有广泛影响力的跨国公司有很多,在最新 2011 年公布的《福布斯》全球 500 强企业的名单中,美国和中国分别以 132 家和 74 家成为上榜企业最多的两个国家。海尔、GE、联想、摩托罗拉、苹果,一系列中美著名跨国公司的名字和其产品已经涵盖了我们日常生活的方方面面。在这里,本书选择最具有代表性的两家企业:GE 公司和海尔公司。GE 公司是一家百年老店,特别是在过去的 40 多年中,经历了信息、能源、全球化、IT、资本运作等数次引领世界经济浪潮的历史时期,经久不衰,特别是其 CEO 杰克·韦尔奇几乎可以被认为是美国企业中实践企业文化和企业管理模式最具权威的领导者。海尔也是国内最早接触和建设企业文化,并白手起家成为世界 500 强的中国民营资本企业的代表。由于来源于草根,排除了国有企业中的一些行政行为的干扰,可以更直观地反映出过去 40 多年中国企业文化的建设和进程。在美国著名的哈佛商学院的案例中,张瑞敏和其团队创造的海尔传奇也是被提及最多的中国企业。

因此,本书通过对这两家最具代表性企业做深入的分析,总结出一些代表性的特质,做出对美国和中国企业在企业文化与管理模式方面的分析和对比。

1. GE 公司企业文化和管理模式的分析

通过对 GE 公司各种案例和杰克·韦尔奇本人自传的学习,不免让人既有对杰克·韦尔奇本人坚毅的性格和独特魅力的崇拜,也有对 GE 这艘商业航母在其领导的 20 年中所取得的成就感到惊讶和鼓舞。韦尔奇通过 20 多年的传奇生涯向其本人和 GE 公司交了一份漂亮的成绩单,也真实地展现了韦尔奇本人和 GE 公司在沉浮的商海中学习、进取、探索的过程。在这场为期 20 年的考试中,韦尔奇运用丰富的真实案例和系统的商业管理模式简单地介绍了他领导 GE 将蛋糕做大 35 倍(GE 市值由其 1981 年上任的 130 亿美元发展到其退休时的 3500 亿美元)的核心方法,即解决了企业应该做什么和找谁做的问题。

(1) 做什么。

1968 年,韦尔奇在加入 GE 8 年后成为公司最年轻的部门经理。2 年后的 1970 年,他领导的塑料业务增长了 2 倍多,而就在同一年,麦肯锡管理顾问公司被 GE 委托参与其策略事业组合(SBU)的顾问工作。事后证明,这一年发生的

两件事情对韦尔奇本人和 GE 公司都有着十分重要的意义，前者使韦尔奇第一次进入 GE 核心管理层的视线，为其参与最终的候选人竞争打下了基础；而后者在实施过程中结合 BCG 矩阵所开发出来的 GE/Mckiency 矩阵，则可以被看作韦尔奇驱动 GE 乘风破浪 20 年的核心竞争力和驱动力。

利用二维四象限的理论，我们可以看出，GE/Mckiency 矩阵的核心是寻求企业内部竞争力和外部市场吸引力的平衡。像 GE 这样拥有众多策略性事业单位（SUB/StrategicBusiness Units）的大公司，按照当时经济全球化的热潮盲目地追求多样化和所谓的均衡发展，无疑是一个高内耗、低效率的思维方式，然而通过 3×3＝9 个象限的矩阵的划分，则可以及时地根据市场、全球技术和经济的发展趋势匹配自身的资源，从而对每个相关的策略事业单位进行评估和定位，在统一的平台上促使整个集团健康快速发展。

通过对外部环境和自身实力的认识、学习和改进，使我们可以清楚地、有逻辑地定位自己。同时随着外部环境的变化，及时准确地进行再定位，做到持续性发展。有了这个操作手册，韦尔奇就可以自如地站在需要他的每一个十字路口准确地亮出红色、黄色和绿色的信号灯了。

1）大力发展，追求卓越。针对市场吸引力高且部门竞争力高的业务。案例：强大而优秀的专业人才团队，在制造业中累积起来的丰富的项目管理经验和经济全球化提供的广阔行业舞台，使得 GE 的金融业务具备了成为其业务增长发动机的所有必要条件。通过一系列的投资运作（1984 年，收购美国抵押保险公司；1985 年，收购安裕再保险公司；1998 年，收购价值 11 亿美元的泰国汽车贷款业务等），GE 金融服务集团从设立初期 1980 年时的仅仅 10 家子公司，资产约 110 亿美元，服务范围局限于北美地区的规模壮大到 2000 年的 24 家企业，资产规模上升到 3700 亿美元，在全球 48 个国家设立了服务机构。

2）维持现状，认清局势。针对市场吸引力高且部门竞争力低的业务。案例：20 世纪 60 年代，GE 上马的三大风险项目之一的核能在经历近 20 年的发展后，已经成为拥有 72 座反应堆，身价几十亿美元的部门。然而在 1981 年，正当部门的领导班子准备给新上任的 CEO 展示乐观的市场预期和雄心勃勃的扩张计划时，韦尔奇则坚决地要求该部门停止接受新订单，而只依靠向现有客户出售核燃料和提供核技能服务来发展，正是清楚地认识到盲目扩张的风险和服务技术中可提升的空间（即市场吸引力和自身竞争力都居中），才使得该业务的盈利能力在短短的 2 年内从亏损 2700 万美元上升到 1.16 亿美元。在之后的 20 年内，部门更是只接受了 4 份订单，而正是得益于其不断对反应堆技术的研究和提升（细化市场＋部门专业化），该部门每年都有可观的盈利。

3）整顿、出售或者关闭。针对市场吸引力中等且部门竞争力低的业务。案例：一方面，在 GE 中央空调业务中，安装之后产生的应用问题经常会被客户简单地作为品质问题进行投诉，这种无法控制的因素逐步削弱了空调市场对 GE 的吸引力。另一方面，GE 只有 10% 的市场占有率和较低的盈利能力，使得对手可以得到最好的分销渠道和安装承包商，该部门自身的竞争力又十分有限。从这两点就不难理解在刚刚推出"整顿、出售或者关闭"这一概念后不久的 1982 年，韦尔奇就顶着全公司上下巨大的压力，将曾经创造辉煌的中央空调业务部门卖给了特灵公司，所获得的 1.35 亿美元资金则被直接用来帮助其他更适应市场需要而更需要发展的其他业务部门。而专注于空调市场的特灵公司则可以最大限度地发挥 GE 原有的 5 个工厂和 2300 名专业雇员的能力，从而进一步巩固其主导的市场地位。可以说，这是一个双赢的案例。

其实，不光是韦尔奇和 GE 是这一突破性思维模式的受益者，即便是在该分析工具诞生 40 多年后的今天，我们仍然可以从中受益良多。回顾管理经济学理论过去 40 多年的发展，我们也可以清晰地从那些新的理论中找到一些 GE/Mckiency 矩阵的影子。

（2）找谁做。

除了组织性核心竞争力外，企业人才的培养和储备也是无法忽视的核心竞争力之一。在对企业人才或者说经理层面的培养和管理方面，韦尔奇选择了将能够保持无边界的理念和业绩考核作为评判的依据结合起来。同样，利用二维四象限的分析方法，我们可以清楚地观察到，其实他是将经理人依据这两个尺度划分为四个类型，同时根据其所在类型的特点采取不同的处理方法；相应的，不同状态的经理人在韦尔奇所领导的 GE 也会面对不同的命运。

对于韦尔奇来说，当然希望并极力推动所有的经理都能够志同道合地进入第一象限，即既能和他持有同样的 GE 价值观，又能在实际的业务中完成指标。同时，他也对其他状态的经理人进行区别的对待，如在韦尔奇看来，由于第二类经理在业绩特别是对企业文化和价值观的认同度上无法达到要求，这部分人是应该先被排出的；第三类经理则非常有可能在部门和业务方面获得更多被锻炼的机会，让他们在了解 GE 的企业文化和行文方式后激发出更大的能量，因为我们在判断其个人业绩方面时，应考虑这一情况是否都是由其个人原因还是和 GE 文化的契合度不够造成的；对于第四类经理，则需要先在公司内部改变对其"不管黑猫白猫，只要能抓老鼠的就是好猫"的中性甚至欣赏的态度，因为在韦尔奇的公司仅以做大做强为愿景是不能被容忍的。

著名的美国顾问公司麦肯锡的主要顾问彼得斯和经理沃特曼曾经在访问和调查了 GE 公司后，归纳出了 GE 企业文化的八大要素：①重视价值观；②专注于主营行业；③尊重员工；④顾客至上；⑤行动迅速；⑥支持创新；⑦宽严并重；

⑧精兵简政。在 GE 的制度建立、经营活动、决策执行、人员构建的一些系列活动中，上述八大要素构建起来的 GE 文化体系随处可见，也是 GE 之所以能够持续成功、基业长青的重要原因。

2. 海尔企业文化的分析

海尔经过短短十几年的发展，从一家濒临倒闭的小企业迅速成长为具有世界声誉的国家特大型家电企业，它的成功并不是偶然的。从最初的学习借鉴国外先进管理方法，发展到以自己的创新管理进入国际管理界的前沿，海尔的管理模式特别是企业文化建设这一块已经得到世界的认可，也可以被理解成为中国企业在改革开放 30 多年摸索中结合外国先进的经验和自身文明特点总结出来的切实可行的新型管理文化体系。

在海尔，企业文化被认为是全体海尔人共同认可的企业领导人创新的价值观，其核心是创新，它是在海尔 20 多年发展历程中产生和逐步勾勒出其框架和特点的企业文化体系。海尔文化概括起来是以创新为先导，以战略创新为方向，以组织创新为保障，以技术创新为手段，以市场创新为目标，伴随着海尔从鲜为人知到逐渐壮大走向世界的舞台。海尔的产品增多了，创新模式多层次了，规模增强了，海尔的企业文化本身也在不断发展和创新，并为分布全球的各种文化背景的员工所普遍接受，使得每一名员工都愿意将追求自身价值和使海尔发展成世界名牌的目标联系在一起，形成企业最核心的竞争力。本书列举其最具代表性的 OEC 管理模式、"市场链"负债机制和 80/20 责任原则等企业管理和运作模式，通过一些概念框架、行文规范来体会海尔的企业文化特点。

（1）OEC 管理模式。

海尔借鉴国外先进的管理方法，创造了 OEC（Overall Every Control and Clear）模式，即由目标系统、日清系统和激励机制共同组成的管理模式，被称为海尔的管理模式。企业在市场上所处的位置，就如同斜坡上的一个球体，它受到来自市场竞争和内部员工惰性而形成的压力，如果没有停止动力，就会下滑。为使海尔在斜坡（市场）上的位置保持不下滑，就需要强化内部基础管理这一动力。

著名的"斜坡球体定律"，在海尔内部被奉为宝典，大家称其为"海尔发展定律"。它也比较客观地反映出了现代企业在发展和成长中的一些规律。"斜坡球体定律"的公式是：$A = (F_{动} - F_{阻})/M$，即企业发展的加速度，与企业发展动力之和与阻力之和的差值成正比，与企业的规模成反比。其中，A 代表企业发展的加速度。$F_{动}$ 代表企业发展的动力之和（$F_{动1} + F_{动2} + F_{动3}$）。企业的动力有三个：一是基础管理的止退力；二是优质产品、优质服务、科技发展的提升力；三是创建国际名牌、市场占有率扩大的推动力。$F_{阻}$代表影响企业发展的阻力之和（$F_{阻1} + F_{阻2}$）。海尔常谈到的阻力有两个：一是来自企业内部自身惰性的下滑力；二是来自企业外部竞争对手的压力。M代表企业的质量，即规模。海尔认为，日事日毕解决基础管理的问题，使 $F_{动1} > F_{阻1}$；日清日高解决速度的问题，使 $F_{动2} + F_{动3} > F_{阻2}$。

海尔的管理模式——OEC（日事日毕、日清日高），就是解决企业面临经济下行通道的问题。生产制造过程中到处是成本和利润，转换可能只在一个细小的行为变化之中，从表面数据上看是生产和投入产出比不合理，形成了生产制造过程中的资源浪费，实际原因是管理模式的问题。为了尽快改变现状、解决问题，海尔首次提出了日日清的工作要求，即各生产部门对于生产制造过程中形成的材料消耗和高不良率进行实时的分析，明确责任单位或个人，并当场进行整改。这一工作方法就是OEC管理法的雏形。起初，这是某一部分生产部门的工作方法，通过内部学习和交流，张瑞敏发现这是一套效率非常高的管理模式，并在管理层中进行了学习和推广。在通过相关企业的管理体系认证后，这一管理模式由于得到了内容的补充和完善，最终形成了现在的海尔特有的OEC管理法。

目标系统是指产品的目标层层分解，量化到人，做到人人都管事、事事有人管。从每个岗位的各个环节到车间的每一项细小工作都落实到责任者，当日事当日毕，同时要找出差距，提出改进目标。每一个班组有一个"日高栏"，每人每天的工作数量、表现情况一目了然。而这一切又与每个员工的工资收入挂钩，同样登上"日高栏"。海尔的每个车间都有一块印着两个脚印的地板，叫"6S"的大脚印。它代表的内容是：整理、整顿、清扫、清洁、素养、安全。每天班次轮换和交接工程中，各班组班长就会站在"6S"脚印上，组织讲评前后班次生产中的问题。最初是做得差的员工站在"6S"脚印上反思工作，在以后大家素质普遍提高，就改为优秀员工站在"6S"脚印上介绍经验体会。

（2）"市场链"负债机制。

更多的创新机制从1999年开始被引入海尔。比如，由从1999年开始海尔实行"索酬"、"索赔"、"跳闸"市场链式的负债机制进行内部管理。这种创新的管理模式是海尔在基于国内市场的发展逐步走向全球进行学习和发展的过程中感悟并提炼而成的。其核心是让每一个海尔员工在日常的工作中都充分意识到外部市场中无时不存在的竞争，在企业内部建立起相互竞争的体系，提升企业员工和管理机制淘汰落后方法的能力。具体的内容是：各部门、各道工序所有员工之间模拟一种市场关系，每个员工不再是仅仅对自己的上级负责，而是对自己的市场负责，上道工序是下道工序的供应商，下道工序是上道工序的市场，相当于客户。如果上道工作完成得不好，半成品的质量或服务的质量影响了下道工序，下道工序要向我索赔，如果既不好又不索赔，第三方就会跳闸，由他负责解决前两者的问题。这样"人人都是一个市场，人人都面对一个市场，每个员工都成为市场创新的主体，同时感受外部市场竞争的压力"。海尔认为，企业给员工使用的资源，如设备、工具、材料、科研经费等，就是员工对企业的负债，你经营这些资源就要使这些资源增值。如果资源增值了，就应该得到相应的报酬；如果没有获得预期的增值，就应该索赔损失。

（3）80/20 责任原则。

海尔集团灵活地将"马特莱法则"（又称 80/20 法则）运用于干部管理。即从管理学角度，按照 80% 和 20% 的比例进行管理侧重点的划分，明确项目中的重要负责人、重要事件节点，通过管理者队伍，以 20% 关键问题的把控引导剩余 80% 的运作和管理工作，提高管理的时效性。运用该法则于管理，即职务越高，责任越重。对于发生问题时的责任认定方面也遵循该原则，即领导干部承担 80% 的责任，而具体负责实施的员工承担 20% 的责任。"谁掌握多大权力，谁就承担多大责任"。虽然管理人员是少数，但是，赋予了职权，就要承担相应的责任。因此，海尔的管理是到位的，事无巨细，均有人管；海尔的运转是高效的，职权利责，赏罚分明。

3. GE 公司和海尔公司企业文化的对比

在这里，本书利用上文提到的丹尼尔森的组织文化模型，通过包括参与性、一致性、使命性、适应性以及其下细分的 12 个维度进行分析。

（1）参与性。

虽然两家公司都十分注重以市场为导向，决定战略来确定企业集团注重发展的相关业务，但由于 GE 公司采用模块式的 SBU 管理模式，相对于海尔统一在集团下的子公司和子业务部的形式授权度较高。在团队导向方面，两家公司具有同样的问题，即在各业务部门间都非常出色，而纵向的不同业务部门之间很难做到较好的交叉合作。在能力发展方面，GE 公司拥有独特的学习体系和系统，相对于海尔公司领导主推式的培养方式无论在平台搭建和投入上都具有明显的优势。

（2）一致性。

在核心价值观方面，由于 GE 公司为了规避风险的 SBU 模式，充分授权，其各个业务部门依照其各自的业务形式对其核心价值观有一定的演绎；相对来说，海尔公司的核心价值观相对较为一致和集中。在配合方面，GE 公司最大的问题是不同业务部门在某些产业链方面存在着一定的竞争和制约关系，如其核能业务部和新能源事业部就存在着能源行业中相互竞争的状态，以至于后期其核能业务部只能以后期维护为主而停止了核能电站的建设。就这方面而言，在大而统的海尔集团中一致性就相对较高，但也存在着一旦某些决策失误造成巨大损失的可能性。

（3）使命性。

作为现代企业管理制度运作下的两家公司，都有十分明确的企业使命感，有明确的长期愿景和短期目标。同时，它们非常注重企业战略的制定和执行。只是由于企业发展时间长短和时期的不同，在具体的定义上略有不同。GE 公司强调创新和充分的竞争，强调员工和团队的自我学习能力，以强烈的忧患意识和危机管理理念赋予企业一种创新和竞争的紧迫感和敏锐性，使企业保持旺盛的创造价值的能力。海尔公司虽然也有现代企业制度所需要的资源，战略管理和绩效评价的行为方式，但更强调在统一集中管理下的以人为本、产业报国和服务社会的理念。

（4）适应性。

在组织学习方面，GE 公司由于其特有的平台和末位淘汰制管理模式，在学习的平台和执行方面又有很大的优势，这一点也再次强调了其要求创新的企业发展原动力。相对而言，在这两个方面海尔进行得较为温和，在企业运作和发展中不太会有反复性的短周期变动。对于顾客至上，海尔公司无疑较 GE 公司更强调细节。

三、世界制造企业管理模式的类型与发展趋势

一般而言，市场对制造企业的要求是高效、低耗、灵活、准时地生产合格产品和提供顾客满意的服务。也就是说，产量高、成本低、品种丰富、适应性强、质量高、交货准时是制造企业竞争制胜的要素，也是制造企业管理模式追求的目标。但在不同的时代，对这些要素的要求高低程度是不同的，因而企业管理模式的发展呈现不同的特征。从 20 世纪初期到现在，可以将制造企业管理的技术发展和模式创新划分为两个阶段：第一阶段是 20 世纪初到 20 世纪 60 年代的传统管理模式阶段；第二阶段是 20 世纪 70 年代以后的现代管理模式阶段。

17 世纪，在工具机和蒸汽动力机的支撑下，近代制造业产生于英国。随着科学技术的进步，制造业不断发展，到 19 世纪后半叶，单一品种或少品种小批量生产成为制造企业的生产模式，替代了手工作坊的制造生产模式。此时制造企业的管理方法属于师傅带徒弟式的经验管理。其特点是工人具有高超的操作技

第五章 我国企业管理未来发展趋势

术;生产过程组织分散,无论产品设计还是零件的制造,都是分散的,最终由公司的负责人协调;使用通用设备,实行单件生产。到19世纪末20世纪初,世界科学技术的中心已经从欧洲转移到美国。在电力技术革命的推动下,以零部件生产的标准化、系列化为基础的大量生产的制造企业管理模式产生了。这种模式的产生适应了企业提高劳动生产率、降低生产成本,进而增强竞争力的需要。这种模式的创始人是福特,其发源地是福特的汽车公司。这种管理模式以亚当·斯密(Adam Smith)的分工理论为指导,在惠特尼(E. Whitney)提出的"互换性"和"大批大量",爱温斯(Olver Evons)将传送带技术引入制造系统以及泰勒(C. F. Taylor)的"科学管理"等基础上发展起来的。这种大量生产的管理模式强调的是高效、低耗及合格产品,管理技术围绕大批量、低成本做文章。20世纪初期,由于商品的相对匮乏,企业间竞争的焦点是如何高效、低耗地生产出产品。企业竞争力主要体现在大批量生产、提高劳动生产率、降低生产成本的能力上。这种大量生产模式,相对于以前的手工场制造方式及单件小批量机器生产模式,能够迅速提供大量质优价廉的产品,极大地提高企业的竞争力。大量生产的制造企业管理模式的巨大成功,使得这种模式在20世纪30~50年代得以迅速在世界范围内被推广和发展,加速了工业化的进程,为世界经济发展和人类社会进步做出了巨大贡献。

20世纪60年代以后,西方发达国家工业化进程的完成、工业化的实现给资本主义国家带来了物质上的极大丰富,消费者的需求结构普遍向高层次发展,于是企业间的竞争重点由数量转向质量和品种,高质量、多品种逐渐成为企业间竞争制胜的关键要素。从20世纪70年代以来,从制造产品的市场发展趋势看,对服务、可靠性之类的质量要求日益提高,品种的要求日益丰富,而对交货期的要求越来越短,产品生命周期日益缩短,生产批量越来越小,重复订货的可能性越来越小。为了适应消费者的需求结构普遍向高层次发展的需要,以高质量、多品种为目标的制造业企业管理模式的发展与创新也就成为企业增强竞争力、寻求生存和发展的必然之举。

从世界范围现代制造管理模式发展现状看,这些制造企业管理模式大致可以归为三类:一是美国企业模式;二是日本企业模式;三是其他模式。

美国企业模式最初可以追溯到一种被称为订货点法的生产制造管理方法。订货点法是一种库存量不低于安全库存的库存补充方法。依靠计算机技术的发展,订货点法进一步发展成为物料需求计划(Material Requirements Planning,MRP)。在此基础上,考虑到企业外部市场需求和企业内部生产能力、各种资源的变化,增加了能力计划和执行计划的功能,就发展成为闭环的MRP。闭环的MRP就成为一个完整的生产计划与控制系统。进入20世纪80年代,在闭环MRP的基础

·265·

上产生了制造资源计划（MRPII）。MRPII 不仅涉及物料，而且将生产、财务、销售、技术、采购等各个子系统结合成一个一体化的系统，成为一个广泛的物料协调系统。到了 20 世纪 90 年代，市场竞争日益激烈，消费者需求特征发生了巨大的变化，仅仅依靠一个企业的资源已经无法实现快速响应市场需求的目的，随着网络技术的发展，涵盖企业内外所有资源的供应链管理（SCM）、企业资源计划（ERP）、灵捷制造（AM）、大规模定制生产（MC）等管理模式相继产生。

日本企业模式是以准时生产制（JIT）为代表的。准时生产制是日本丰田汽车公司于 20 世纪 60 年代创造的采用看板系统和倒流水拉动方式的追求零库存的制造企业管理模式，保证成品在销售时能准时生产出来并发送，一组件能准时送入总装，一部件能准时进入组装，一零件准时进入部装，一原材料准时转为零件。这种模式旨在消除超过生产所绝对必要的设备、材料、零件和工作时间。针对准时生产制的特点，美国麻省理工学院研究者柯瑞福赛克（John Krafcik）更广泛地给日本汽车工业生产管理模式命名为精益生产（LP）。精益生产可以表述通过系统结构、人员组织、运作方式和市场营销等各方面的改革，使生产系统对市场变化做出快速适应，并消除冗余无用的损耗浪费，以求企业获得更好的效益。进入 20 世纪 90 年代以后，日本制造业的大公司在探索制造生产自动化技术的基础上，针对大型自动化生产系统过于复杂、对上下游协作厂商（供货商和销售商）要求高、需要巨额投资等问题，又创新出一种更依存于人、富有灵活性的制造模式——作业单元生产（Cell Production 或 Cellular Production）模式或细胞生产方式。所谓"作业单元"，是指生产上能独立完成整个产品的全部生产作业的一个组织单位，一个作业站配备有生产一类产品的全套设备和若干全能作业者。该模式采用率较高的行业是一般机械和电气机械，被认为具有缩短提前期、提高品种适应性、减少库存和节省人力等优点。

其他模式是指除上述日本、美国企业模式以外的在 MRP 和 JIT 基础上发展起来的其他制造企业管理模式和技术，主要包括最优生产技术（Optimized Production Technology，OPT）、约束理论（Theory of Constraints，TOC）和世界级制造（World Class Manufacturing，WCM）等。最优生产技术是以色列科学家古德特（Eli Goldratt）博士在 20 世纪 70 年代发展的一种生产组织方式。它吸收 MRP 和 JIT 的长处，以相应的管理原理和软件系统为支柱，以增加产销率、减少库存和运行为目标的优化生产管理技术。约束理论是在最优生产技术的基础上进一步发展的理论。世界级制造是对现有优秀跨国企业生产管理经验的总结，这些经验被概括为一系列交互作用的原则，这些原则被认为将是下一个 10 年制造业的活动安排程序。

总体上说，当今世界制造业企业管理模式创新和发展的趋势是：在满足高质量、低成本的目标前提下，最大限度地提高企业的灵活性和速度。也就是说，新的制造业企业管理模式应该能够在尽可能保持大规模生产管理模式的高质量、高可靠性和低成本优势的同时，最大可能地提高企业生产制造的品种适应性、市场快速响应性，实现成本更低、质量更高、品种更多、适应性更强的目的。这种发展趋势，一方面是适应市场对制造业企业的交货期、适应性提出了更高要求的需要，另一方面也依赖自动化技术的发展，特别是信息技术、计算机技术、系统技术的进步，这具体包括计算机通信、数据管理技术、传感器技术、专家系统及其开发工具、仿真技术等。同时，包括学习型组织理论、作业流程重组理论等组织管理理论的创新，也为制造企业进行管理模式创新奠定了组织基础。

第三节　我国企业未来发展趋势

一、科技进步与创新对现代企业管理的影响

1. 科技进步与创新可以提高企业的市场竞争力

（1）科技创新是增强企业核心竞争力的关键。

面对经济全球化日益加快的当今，科技发展突飞猛进，现代企业市场竞争激烈，企业要想谋得生机就要以科技创新为突破口，以市场导向为准绳，通过不断采用新的科学技术并将其转化为现实生产力，特别是科技创新能力，使企业在市场竞争中处于优势地位，从而获得超额的市场利润，企业才可能赢得成功。例如，依靠技术创新，针对楚雄州斗南公司沉积矿体特点的采矿工艺技术研究，公司以提高锰精矿品位、选矿回收率，以提高产率、冶炼回收率、降低冶炼电耗和烟气余热利用，节能减排为核心的冶炼工艺技术为研究。多项技术经济指标达到国内领先水平，公司通过科技创新，采、选、冶技术水平处于行业领先水平，确立了斗南锰业在行业内的技术竞争优势。

（2）科技进步与创新促进企业生产元素有机结合。

现代企业是一个将多种科学技术和创新概念有机组合而成一个有机体的过

程。迈克尔·波特教授在其著作《竞争战略》、《竞争优势》中将企业的竞争优势归为两大类：一是低成本优势；二是差异化优势。这两种竞争优势的存在都离不开引进科技和创新精神的支持，促进现代企业的经营状况达到稳定发展再到高级阶段，使得企业各个部门和各个环节都要围绕科技创新这个核心来开展。通过简单的改变、增加、减少、替代、组合企业生产元素，激发企业的科技创新意识，从而适应市场变化的消费模式。

（3）企业管理对科技进步与创新的依赖性。

1）提升企业自主创新能力。科技进步与创新是决定企业生存和发展的诸多要素中最重要的因素，科技创新可以促进企业提升自主能力、革新工艺流程、掌握核心技术，是实现企业可持续发展的基础。企业只有依靠科技进步、推动企业创新，企业规模才能稳步扩大，竞争能力才会不断增强。成功的科技创新体系经过技术推广，导致产品结构发生变化、市场结构进化升级，促进经济不断增长。

2）企业依靠科技进步与创新改变投入比和产出比。企业要想提高经济效益，就要做到在尽可能少投入的情况下，实现产出最大化。从投入的角度来讲，要求降低消耗，并合理利用资金及物质资源；从产出的角度来讲，要求增加产品品种、提高产品质量、扩大产品产量。企业只有依靠科技进步与创新，以上目标才能实现，经济效益才能尽可能地达到最大化。并且新产品的使用会激励企业科研人员去进一步开发和研制更新的产品，推动生产经营不断地发展和飞跃。

2. 科技进步与创新可以促进企业的可持续发展

工业革命以来，全球经济以前所未有的速度持续发展，但在人们一味地追求经济发展为人类带来更好生活的同时，却忽略了对环境的保护，导致一系列破坏环境平衡的恶果，如全球变暖、臭氧层被破坏、酸雨增加、空气与水污染、土地沙漠化等。再加上全球人口激增，对消费品的需求量增大，导致产品生命周期缩短，使得失去使用价值的废旧产品数量猛增。人类已经意识到，环境的污染及恶化已经越发阻碍社会发展和人类生存了。由此，联合国于1992年在巴西召开了世界环境与发展大会，通过了《里约环境与发展宣言》及《21世纪议程》，提出在建立经济、社会和环境相协调的可持续发展模式中，企业要发挥领先作用，尤其是重工业企业。在企业中，由科技进步与创新能力带来的竞争力超越了企业本身的产品和服务，企业间的竞争直接升华为企业科技实力的较量。因此，科技创新的普及时间比任何产品和服务都长，更为企业长远的战略发展提供需要，也是企业可持续发展的必然选择。

(1) 科技进步与创新是现代企业实践科学发展观的具体应用。

科学发展观的第一要义是发展。这种发展指的是可持续发展，而并非杀鸡取卵式的发展，这就促使企业在管理上不能为了效益急功近利，而要把管理生产转向关注民生，承担一定的社会责任，并在社会各界的协作下达到利益的最大化。因此，现代企业的发展不能单纯地只追求经济效益，而是要勇于承担相应的社会责任。例如，在国家遇到自然灾害时，要有勇于救助灾区的责任心、在突发社会公共事件中积极的配合等诸多方面来提升企业外部形象，为企业的长远发展做好铺垫。

(2) 科技进步与创新实现企业人、财、物的最优配置。

可持续发展方面的应用属于新兴领域，企业要想发展得好，必须有所创新，并在创新中探索出经验和理论。那么企业能否实现科学的可持续发展，关键在于这个企业能否使其人、财、物等资源达到最优配置，并使各项资源的利用效率最合理化，从而有效降低企业的生产成本，提高企业的综合竞争力。企业在引进科技与创新时，要紧紧围绕企业发展的内在规律，不断提高企业管理者对管理创新的认识，促使管理者将先进科技与管理创新自觉落实到具体工作中去。只有在企业发展的过程中充分认识到企业管理创新的规律，并加以科学和合理地运用，才能使企业达到最优的管理状态。目前，世界上可再生资源愈来愈稀缺，决定了企业要掌握科学、合理、高效的使用现有资源的方法，同时开发尚未被利用的资源来取代已经枯竭或者即将枯竭的自然资源。通过不断地进行科技投入与创新，开拓新资源，节约已有资源，最终实现企业的可持续发展。研究显示，一个企业从成立到鼎盛再到衰退，平均需要 40 年。在竞争激烈的市场运作中，企业短寿已经司空见惯了。怎样强化企业实力，推进企业的可持续发展，就要对著名企业进行生命周期的研究，帮助我们学习到企业长盛不衰的秘密，为我国企业长期发展提供帮助。美国杜邦公司可以说是企业可持续发展的典型。该公司是早期制造火药的工厂，现在为世界第二大的化工公司。在将近 200 年的发展演变中，杜邦公司一直是世界化工业最成功、最值得信赖的公司。那么，杜邦公司是怎样做到长盛不衰的呢？200 年多前，杜邦主要是一家生产火药的公司；100 年后，杜邦将业务重心转向全球的化学制品、材料和能源；到杜邦进入第 200 个年头时，它提供给人类的是以科技为导向，用于真正改善人们生活的解决方法。为什么杜邦公司能在两个世纪的发展历程中成为世界上最具创新能力的公司之一？那是因为，杜邦公司在创造产品的过程中始终保持核心价值不变，对科学无止境地探索，并致力于健康、正直、公正地对待客户和其他企业。美国著名的企业管理专家伊查克·麦迪思也对企业的可持续发展进行了深入细致的分析。他认为，企业的成长与衰退是灵活性与可控性的搭配问题：在成长阶段，企业做出调整比较容易，在衰退阶段则可控性强，缺乏灵活性。显而易见，企业的最佳状态就是盛年期，这时企业既有灵活性又有可控性，兼顾了年轻与成熟的优势，则我们称其为"盛年"。所以，要想企业生命周期长，实现企业可持续发展，防止企业老化，就要不断地给企业注入新的活力，加强科技进步与创新的力度。

3. 科技进步与创新可以提高企业、个体的经济实力

（1）科技进步与创新可以提高企业劳动生产率。

无论是传统企业还是现代企业，提高劳动生产率都是企业经营发展的必由之路，是全面提高经济效益的重要途径。随着一系列科技新知识的涌现和创新意识的普及，产业劳动者可以有机会学习和掌握最新的科学知识和操作技能，用来提升企业的平均劳动熟练程度，缩短劳动时间；科技进步与创新还可以完善现代化的管理手段和管理方法，使生产过程中的生产资料发挥更大的效能、规模发生更大的变化，劳动者与生产资料达到最佳组合状态，从而提高企业的劳动生产率。

（2）科技进步与创新可以促进我国企业融入国际市场。

我国一小批现代企业在应用科技进步与创新后已成功地参与了国际竞争，占领了一定的市场份额。例如：由北大方正集团自主研发的中文激光照排系统，该系统已经在海外占领了华文报业 80% 的市场等。在激烈的市场竞争中，一批采用科技创新的企业在出口产品抢占国际市场的同时，开始使自己的生产场所分布境外，在赚取利润的同时，更要向国外优秀企业学习，把学到的知识融入到自己的产品中，从而直接地参与国际竞争，增强企业的国际竞争力。

二、科技进步与创新支持中国企业管理的现状分析

1. 我国企业应用科技进步与创新的主要成就

（1）增加科技投入。

为了使企业能够增加科技进步与创新的研究开发资金，应加大政府及全社会的科技投入，加强对企业知识产权的保护。企业除了通过减员增效和降低成本增加企业收入外，对组织内部的管理也要日趋严密，强调科学化管理，这样才能强化企业竞争。在生产组织上讲求合理化，使之有节奏地、均衡地组织生产。其基本做法是：

1）重点加强生产计划准备工作，强调生产一种产品的周期长短、成本高低、质量好坏在于是否有科学的准备工作和创新手段。

2）企业为了提高生产效率，扩大科技创新队伍，广泛采用电子科技，即采

用电子信息技术代替人力、脑力劳动代替体力劳动,简化现场工序,开发电子商务,强化物流传输管理,提高运转效率。

3）按照预先设定的计划掌握工程进度,进行细节管理,严格按照整个工程中的各个环节开展生产,强调按时完成任务,不提倡突击提前或过于拖后,体现了管理的严谨性。

4）目前我国的企业,尤其是大中型企业普遍使用电子计算机编制生产流程和进度计划;用电子计算机计算库存和加工量,使两者平衡;用电子计算机进行财会统计、核算成本及工资、人员调配、物流调配等。电子计算机的大量使用,使管理工作的效能大大地提高了。

（2）加强对中小企业科技进步与创新体系的建立。

我国政府及社会中介组织要积极引导和鼓励中小企业建立研究开发机构,支持中小企业发展科技与创新的支持系统,建设一批有行业共性的技术开发基地,并鼓励应用型科研院所进入到中小企业,亲自指导。因为企业产品的科技含量是决定企业核心竞争力的关键,所以科技导向型企业已成为我国经济活动中最有活力的组织形式。目前,数字化和网络化的先进信息技术体系正逐渐覆盖整个企业界,尤其是我国中小企业在产品生产、流通和交易等环节及运作方面将面临深刻的变革;这时企业的投资重点应从有形资产转向无形资产,竞争的核心也要从有形竞争转向无形竞争,最终形成适合自己的科技创新道路。

（3）引进国外先进技术。

我国应把从外国引进的先进科技和创新的管理方法同我国的基本国情相结合,认真领会国外企业科技创新管理的实践,结合我国企业的具体情况,建立自己的管理体系,并积极开展对管理人员知识系统的培训工作。积极引进和消化美欧企业的先进管理经验和创新科技,这反映了经济全球化背景下和现代大科学时代的一般要求,并促进了我国企业管理方式的迅速变革,无疑在提高企业管理水平方面,赢得了时间和速度。在引进新生产科技和创新手段的同时,有选择地引进与外国企业相应的管理经验和措施,保证新生产技术一经企业应用,便能取得显著的经济效果。我国根据自己的国情和学习的消化能力,广泛地引进和吸收国外企业的科技管理经验和创新技术,对原有的企业管理模式进行了更新和改造,使企业迅速走上效率化和现代化。例如,我国引进先进的美国企业管理方式,有的是过去其长期行之有效的管理方法,有的是随着新科技、新方法的应用而发展起来的管理措施。这些被我国企业及时消化、吸收,既节约了时间,又节约了成本,还由此培养出大批的企业管理人才,加快了生产的发展。企业派管理层出国学习、考察,回国后对管理层和员工分批训练形成管理骨干,使之能够迅速掌握新引进的管理科技和创新手段,并结合企业具体情况,灵活地加以运用。例如,我国在 20 世纪 80 年代，生产油井管的鞍钢、成都无缝钢管有限责任公司、包钢等企业的产品无论是在生产数量上还是在产品质量上都还处于一个较低水平，我国政府及企业发现自身存在的问题之后迅速做出反应，投入资本引进国外先进技术设备和创新理念，建立了宝钢钢管厂、宝鸡石油钢管厂、天津钢管公司，同时还对一批老企业进行了技术改造和创新开发，使油井管的国产化率由 20 世纪 80 年代中期的 5.26% 上升到目前的 60% 以上；就品种、规格而言，科技创新技术的引进，不仅使我国原有的低钢级油井管产品（如 J55、K55、N80 等油套管）生产工艺更加成熟，质量和性能更加稳定，也使我国油井管生产厂家具备了生产 API 标准的能力。众所周知，API 标准是世界上大多数国家在油井管生产、销售、检验中普遍采用的标准。到目前，我国许多钢管企业公司均已通过 API 认证和 ISO9000 体系认证，取得了 API 会标使用权，科技引入制度成果初见成效。

（4）企业与高校合作实现科技创新。

现阶段企业与高校的实际情况显示：企业中自有产品的研发人员不足，导致科技创新能力欠缺，而高校相对于企业来讲科技人员数量丰厚，但缺乏资金是它们的弊端。所以，越来越多的企业已经清醒地意识到，企业经济的发展和生命力的提升不能再是依靠传统意义上的增加劳动力来获取生产资料了，取而代之的是通过依靠科技进步与创新的开发来提高企业的竞争力，这样与高校的合作就显得越来越重要了。企业与高校合作的具体原因主要有如下几个：一是高校是以学术研究和教育为目标的公共机构，具有丰富的研发资源；二是大学的教育水平与研发活动的提高紧密相连，为企业提供了学习和吸收的平台；三是大学的研发活动是一个科技知识的创新过程，企业管理人员如果能融入其中，获得教育和训练的同时，也能积累起科技研发的经验，提高创新能力，找到为企业提供输送科技管理人才的办法和渠道。由我国著名民营企业利郎公司和清华大学联合举办的卓越企业经营管理高级研修班，是我国企业与高校开展的一种典型的合作模式，其目的就是将科技知识转化为企业的创新能力和生产力，运用科技与创新思维使企业走出传统模式的束缚。在这次企业与高校的学习交流中，利郎团队逐渐掌握应对服装市场激烈竞争的能力，使企业管理者掌握了平时管理的不足和怎样去制定合适的薪酬体系，掌握用人、培养人、留人方面的基础理论等。我国优秀企业与高校合作的案例还有很多：①北京大学与贵航集团共同研制的无人机航空遥感系统；②清华大学与同方威视公司的集装箱检查系统产业化案例；③北京交通大学与青藏铁路公司合作研发的 GSM-S 系统；④北京化工大学与燕山石化合作研发的洁净高效石化成套技术；⑤东北大学与宝钢集团的年会制合作案例；⑥上海交通大学与美国通用汽车卫星的实验室合作案例；⑦华东理工大学与兖矿集团联合开发的新型水煤浆气化技术；⑧浙江大学与银轮股份合作共建的联合研发平台；

⑨西安交通大学与宝光集团共建的技术中心;⑩兰州大学与金川集团共建的联合实验室。这些都是高校与优秀企业在科技转化和创新管理等方面的合作成果,目的是利用高校中得天独厚的科技氛围与企业开展多方位合作,提升企业产学研结合的范围、力度和层次。

2. 我国企业管理运用科技进步与创新面临的问题

尽管我国企业在应用科技进步与创新推动自身发展中小有成绩,但这仅限在一些大型企业中,这种发展的意识并没有深入到各个企业中,而且大型企业在应用的同时由于接触时间尚早,管理模式和管理系统发展得不够完善。管理创新的观念和方式不能很好地适应市场经济的要求,资源的市场配置能力还不强,国家对企业科技进步与创新的投入还不足。政府出台的相关政策,对企业科技创新能力的指导方式有待进一步改进与完善。

(1) 企业主体意识缺乏。

在市场经济体制的大环境下,企业经历了自负盈亏、自主经营及主动承担风险的过程,在这个过程中扭转了科技进步和创新与主体意识的错位。企业没有科技创新积极性,就没有创新决策自主权。由于市场是动态的,科技创新更具有非连续性的特征。旧的传统体制还在束缚着我国现有企业,企业中新上项目的投资需要上级批准,贷款会受到各方面的制约,企业没有真正的自主权,企业的管理者就不愿意承担风险,更不会投入大量资金进行科技创新;依靠科技进步与创新发展的企业是需要面临高风险和高投入的企业。以"创新理论"闻名的熊彼特认为,一种从来没有过的关于生产要素和生产条件的新组合引入生产体系,是传统企业的一种再生。但是传统体制所固有的文化和观念将严重阻碍企业发展为科技进步与创新的主体,企业应回归到"责、权、利"相统一的经济实体中去。如果主体意识缺乏,必然导致利益在政府和企业间的分配比例失衡,从而制约企业引进科技与提高创新观念。

(2) 企业科技进步与创新能力不高。

1) 企业科技创新意识淡薄。企业效益既影响国家经济发展,也是国家 GDP 的重要组成部分,企业的科技进步与创新能力的高低决定着国家综合国力的强弱。然而,我国科技投入到企业、研发创新方面依然存在着许多不容忽视的问题。科技创新意识淡薄是我国绝大多数企业普遍存在的问题。在我国,很多企业尤其是大型国有企业,对于政府的依赖性很强,认为只要有政府的资金扶持,即使不搞科技,引进创新也能维持现有状况,等到再没有能力发展下去的时候,政府自然会替企业想办法解决;而对于一些中小企业,为了忙于生存,根本无暇顾及科技创新的投入，只力求用最少的成本在最短时间内收取利润。

2）企业对引进的科技不能有效地利用和吸收。一直以来，我国把先进的科学技术和创新精神引进到企业中作为一项重要的手段，因为科学技术的引进不但提高了我国的生产力水平，而且促进了企业产业结构的升级。但我国比起外国的创新型企业还存在着很大的差距：许多企业由于认识不足，缺乏对科技人员的培养，对买来的技术不改进、不完善，拿来就用，导致消化、吸收创新无法进行，造成"落后—引进—再落后—再引进"的恶性循环。我国许多大型国有企业已经在世界500强的多个领域成为佼佼者，但是其在引进外国科技创新成果中存在的问题是，到新技术的摇篮中去学习取经的多，但是收获了技术和创新理念，拿回来为己所用的却鲜有几个，更不要说像美、日、韩等国家企业设立科研经费，让科学家进行前沿性探索了。

3）企业科技创新缺乏资金支撑。企业科技 R&D 经费投入占国内生产总值（GDP）的比例，可以反映出企业科研投入强度。近年来，我国规模以上企业科技创新活动发展迅速，但仍存在科技投入比重偏低的现象。据统计显示，2008年我国企业科技活动经费总额是2004年的1.46倍，达到了6160亿元，但只占企业主营业务收入的1.2%，政府对企业科技创新经费的投入仅占3.7%，对企业引进科技的资金投入不足，且对大中型企业的资金支持力度远远高于小企业，这也说明政府在投入科技创新资金时，分配不合理。以工业企业为例，2004年，大中型工业企业科技经费中政府投入资金占当年工业企业主营业务收入的3%，2008年这一比例也有3.8%；小型工业企业在2004年和2008年的比例则分别为1.1%和不足1.0%。

（3）缺乏科技创新人才。

当前，国与国之间的企业在科技创新和经济方面的竞争中，人才是核心。改革开放至今，我国培养了大量高层次科技人才，但是很多优秀人才没能得到充分有效的利用，尤其在"入世"后，企业的竞争归根到底就是科技的竞争，科技就是需要科技人才来提供的，企业只有坚持科技进步与创新为中心，才能凝聚和吸引大量的优秀人才，为优秀人才提供发挥其能力才智的平台，也能使企业提升实力。只有企业在科技进步与创新的实践中，才能逐渐找到解决我国企业竞争实力实际问题的同时，在实践中培养创新科技企业的高层次人才。企业科技进步与创新的设计、研发、制造、营销等各个阶段，均离不开企业管理人员、科技人员、实际操作工人、销售人员等专业人员。其中，科技人员就是企业实现创新的关键。目前，我国企业的现状就是面临三种人才的缺乏：第一种是高层次科研人员。该部分人群的主要任务是追踪行业发展的前沿，将科技成果转化为应用技术，实现产品的创新开发。第二种是高素质的技术工人。只有他们具备了相应的技术，才能驾驭现代化的机器设备，生产出优质产品。第三种是高素质的管理人才。管理是商品拥有市场的保证，更是科技进步与创新发展的平台。缺乏高级管理人才，企业科技就转化不成生产力，产品也变不成商品。我国国企之所以一直徘徊不前，最主要的原因就是人才结构不合理、不重视科技人员的培养。我国企业要想打破实践的僵局，就要时刻拥有增强企业的开发与创新能力的意识，把培养高层次科技创新人才落到实处。高层次的含义不仅体现在学历层次，还更加注重思维的创新、注重技术类型、学科专业上的结构平衡。我国企业科技创新人才缺乏症结有：一是教育指导思想的偏差，我国的教育体制促使国民只重视智商，而忽视了情商的培养。据联合国教科文组织对世界百余名大发明家分析得知，他们的智商不一定比常人高多少，但他们顽强探索、刻苦钻研、善于合作的情商却是很少有人能比拟的。二是我国企业官本位的思想和组织结构，导致缺乏人才成长与培养机制。

（4）存在体质因素制约。

一个国家要想在经济长河中湍流不息，就要具备两个基本条件：一是经济，二是科技。经济需要资金，科技需要人才，而我国恰恰在这两个方面能力不足、认识不够，导致资金没有恰到好处地被利用或是科技人才的大量外流。从目前来看，我国缺乏吸引国际一流人才到中国工作的基本机制和环境。企业要想实现科技进步与创新，就离不开体制与管理的创新，在企业内部民主和团队意识较差，在交流时往往出现领导说了算，领导一旦讲话就很少有人再敢讲话；企业内部的激励机制不完善，不能很好地激发员工进行科技创新的积极性；我国的反不正当竞争法及知识产权法还有许多不完善的地方，都严重制约了企业在科技进步与创新方面的发展。某些企业管理模式混乱，管理制度松弛，导致企业工作效率下降，这些都表明，企业的管理体系，无论是从程序上还是方法上都没有形成统一的标准，制约了企业的健康、有序发展。虽然科技创新体制发生了改革，却没能给企业注入足够的科技资源，导致创新改革的功亏一篑；一些企业已经习惯在科技创新上搭便车，无偿索取他人的科研成果，使得科研人员被迫自己搞转化。即便是国家在鼓励兴办科技型企业，从根本上说，不过是对这种现状的变相推进，从产业化的角度看，仍然是创新不足。

目前，我国大多数企业仍然处于产权不分、权责不明的阶段，改革后的企业即使具备了科技创新的条件，也不具备科技创新的动力。从经济人的理性出发，一是一旦寻租的机会增加，企业就可通过在承包数上讨价还价向发包者寻租，增加虚假的剩余收入或是争取政府补贴等方式获取租金；二是由于国家知识产权与专利制度相对不完善，存在某些漏洞，企业科技创新成本便自我承担，而创新的收益则被模仿、假冒而被其他企业侵占，这给企业带来的损失是无形的；三是企业内部的创新激励机制尚未建立。许多企业认为，科技进步只是纸上谈兵或是抱着观望的态度，更不用提创新意识的提高，认为那都是离自己企业好远的事情，思想依然停留在传统管理模式中，意识不到科技创新人才的重要性。

三、台塑集团的经营理念与优秀传统文化的融合

台塑集团70多年的发展历程以及在世界化工业所创造一项又一项的辉煌成就，无疑是现代化企业的典范，更是我国企业学习的榜样。台塑集团的成功是多方面的，不仅通过现代化的管理手段、先进的管理技术和科学的管理流程，使企业能够顺利运行，更重要的是，台塑集团在发展过程中，始终将优秀的中华传统文化融入其经营理念中，贯彻始终，形成了其特有的文化体系。

全国政协常委、北京大学国家发展研究院教授、名誉院长、博士生导师，原世界银行首席经济学家兼负责发展经济学的高级副行长林毅夫对王永庆这样评价：王永庆董事长"一勤天下无难事"、事事要求"止于至善"等朴素又务实的经营智慧，历久弥新。他远大的眼光与独到的见解以及创业70多年的宝贵经验，给了海峡两岸青年创业者明确的方向与启发，经历了时代的变迁，更能显示出钻石般的光芒！

著名经济学家，国务院发展研究中心研究员吴敬琏同样对王永庆给予了高度评价。他说：王永庆董事长在继承中华文明传统、创建现代企业文化方面很有其独到之处。他真正做到了"取其精华、弃其糟粕"。因此，我们不只要传播他的业绩，更要传播他的理念和方法。只有像他那样，使用对比分析的办法，才能把握本质，才能见到实效。

1. 由"勤劳朴实，止于至善"的思想到管理制度与优秀传统文化的融合

（1）"勤劳朴实，修身正己"的思想。

1975年1月，王永庆在接受美国圣约翰大学赠授荣誉博士学位的典礼上说了一段发人深省的话："我幼时无力进学，长大后必须做工谋生，也没有机会接受正式教育。像我这样一个身无专长的人，永远感觉只有刻苦耐劳才能补其不足。而且，出生在一个近乎赤贫的环境中，如果不能刻苦耐劳，简直就无法生存下去。直到今天，我还常常想，由于生活的煎熬，我才产生了克服困难的精神和勇气，幼年生活的困苦，也许是上苍对我的赐福。"而这种经历，也使他终生将

"勤劳朴实"的思想作为自己的座右铭和台塑集团的经营理念。

王永庆贫寒的家境以及在恶劣条件下的创业经验，使他年轻时就深刻体会到，"先天环境的好坏不足喜，亦不足忧，成功的关键完全在于一己的努力"。以养生为例，中年以后，他坚持每天跑步一个小时，风雨无阻，数十年如一日。他曾说："跑步很辛苦，也很枯燥，但是为了身体健康，就必须持之以恒地跑下去，久而久之，像是日常工作之一，而不觉得辛苦了。"跑后，他再用"毛巾操"做体操，天天如此，即使出差也不例外。70多岁以后，他才在医生的建议之下，改以步行、打坐养生。反映在工作态度上则是直到他长眠前的一刻，还在越洋旅行进行业务考察。他的92年人生，可谓没有一天虚度。

他管教儿女相当严格，把严格视为培养孩子自立精神的一种训练。长子王文洋13岁时被送到英国留学，规定他每天都要写信报告一天所做的事情，并报告每笔开支，连日用品也不例外。次子王文祥10岁到美国念书时，零用钱都靠自己出劳力去赚。他最疼爱的女儿王雪龄结婚时，王永庆陪送的嫁妆也是"寒酸"至极，在仅有的两样东西中，一个是一张无限期提供学习费用的凭据，另一个就是一把普通的剃须刀，好让女儿自己给丈夫刮胡子。王永庆正是以这种严格的教育方式，最后才成就了儿女们的人生和事业，也避免了老子在《道德经》中所讲的"富贵而骄，自遣其咎"的结果。

王永庆是一个勤奋、节俭、严于律己的人。特别是他的节俭，更是闻名遐迩。作为一名世界级富豪，即便是给自己的孩子写信都要计算纸张数量以节省邮资，一条做操用的毛巾能一连用上几十年。在生活上，王永庆尽管早已成为亿万富翁，但他对自己和家人的要求非常严格。他一生奉行"勤劳朴实"的思想，做任何事都要讲究"合理化"。王永庆对于吃饭从不讲排场，基本原则就是"简便"，而他最爱吃的也只是家常卤肉饭；他对于穿也不刻意讲究，其基本的原则就是"整洁"，一件西装要穿好多年，由于身材变瘦，还要将原有的西装改小再穿，即使一双运动鞋也要穿上好几年。有一次，王永庆的小舅子从香港地区带了两条领带，送给他当礼物，明明一条1200元，小舅子怕被骂，把价钱少报一个零，骗他说一条只要120元。没想到隔天，王永庆还是把小舅子叫进办公室质问："南亚做的领带一条才40元，为什么要从香港买120元的？"嫌领带太贵，足足数落他半小时。

《大学》中讲"修身、齐家、治国、平天下"、"自天子以至于庶人，一是皆以修身为本"就是强调自我修养的重要性。孟子说："古之人，得志，泽加于民；不得志，修身见于世。穷则独善其身，达则兼善天下。"

王永庆的一生严于律己，勤俭刻苦，正是自我修养的根本，这也是他获得世人敬重的基础。

(2) 由"勤劳俭朴"的生活作风到经营管理中的制度建设。

家庭背景和少年时代的生活经历,对王永庆的个性和思想观念的形成产生了巨大影响,他在台塑集团的所作所为、所言所行以及他所建立的台塑企业文化,处处使人感受到这种影响。王永庆在一次讲话中曾这样说:"朴实的生活才会有恬和的心境,同时养成勤劳的习惯。有了恬和的心境与勤劳的习惯,才能感受到精神生活的舒坦。"他不仅自己始终保持朴实的生活,而且一直在用这种思想教育员工,使其成为企业文化中的一部分。

他相信"一勤天下无难事",深夜两点他就起床开始工作,一直到晚上九点,凡事都亲力亲为。他注重事务的细节,推崇"追根究底,止于至善"的精神,并把这种精神带到了日常经营活动当中。

王永庆生活俭朴,并把这种俭朴的作风进一步延伸,应用到了企业的成本控制之中,发明了台塑集团成本控制的"鱼骨理论"。他用"鱼骨理论"把生产成本做到了"最省",用最廉价的产品打开了台塑集团的成功之门。为了让员工也养成勤于思考、勤于动手的习惯,他在台塑集团开展"午餐汇报",让台塑集团的管理人员时刻保持紧张。他建立"轮班制度",从新进入的员工着手培养勤劳精神。王永庆出身贫苦,他从自己的经历认识到,艰难困苦对人的成长有好处,于是他在企业中推行"压力管理"、普及"瘦鹅理念"。除此之外,王永庆还借用一切手段在员工中强化台塑集团的文化。例如,在台塑集团的运动会上,王永庆不但自己参加万米跑项目,而且率领台塑集团高层一起参加万米长跑,借此来培养他们吃苦耐劳的品质。正是通过"点点滴滴",王永庆建立起了台塑集团"至善"的文化,并以文化成就了台塑集团的成功和持久。

(3) "追根究底,止于至善",谋求管理合理化的思想。

王永庆生活于质朴的中国传统文化之中,尽管他少年时没有机会读书,但由于其"勤劳朴实"的理念、"止于至善"的思想、"回报社会"的精神,其处处体现着中国文化的智慧,他领导的同样是受中国文化熏陶成长起来的员工。这些优秀思想与他的成功经验,对所有的中国企业具有普遍的指导意义。特别是在经历了30多年改革开放的中国企业,如何在金融危机的旋涡中持续发展,如何在新时期创建出符合中国特色的企业文化,并能以优秀文化影响企业的发展,影响企业员工的发展,从王永庆的身上或许能获得一些启迪。

"大学之道,在明明德,在亲民,在止于至善。"在王永庆的经营哲学里,"止于至善"是一个具有本源意义的词。或者可以说,也正是对于"止于至善"这一目标的追求,才成就了王永庆辉煌的一生,才成就了他"经营之神"的称号。

对于"止于至善",王永庆有一段非常精辟的描述:"如果企业的经营理念只是单纯为了赚钱，那么当它在赚到庞大财富以后，由于目标已经达成，在经营态度上就有可能因为感觉不错而停滞不前，甚至产生懈怠，造成衰退。反之，如果企业在其经营理念上，能够同时兼顾本身利益的追求以及对于社会的贡献，它才有可能基于对社会的使命感，持续不断努力追求更为良好的投资绩效，在赚取利润的同时，也同步对社会做出更大贡献。"

王永庆经常对台塑集团的各级管理者讲，企业的经营者能不能长期持续致力于为建立企业可长可久的坚实基础而殚精竭虑、不断努力且永不懈怠，这要基于企业所秉持的经营理念，那就是永无休止地去追求管理合理化的过程。这样，企业才能稳健运行。

对于企业的营运而言，管理合理化就是看企业的各项事务工作，能否在预定的轨道上顺利运行，并且生成良好的预期效果。这就好像是在铺设一条顺畅而有系统的轨道，因此它又是一项基本的建设工作。在中国台湾地区经济发展的初期，由于工人工资较低，企业容易生存，因此，大家忙于赚钱，在经营上大多养成一种顺其自然的作风，根本无暇顾及管理合理化的工作。同时，由于缺乏客观明确的衡量标准，管理合理化虽然重要，却不知道该从何入手，也容易遭到忽略，等到忽然感觉到传统的勤劳条件缺乏竞争力，单纯依靠过去自然成长的作风已经不能够与形势相适应时，感觉需要去调整经营心态，加强管理合理化才能求得未来生存发展。但这个时候会真切地感觉到这些工作既辛苦又乏味，实在难以激发人的意志，去耗费苦心持续不断地追求。自然，当企业无心顾及管理合理化的工作，在经营中长期顺其自然，一定会在不知不觉当中产生许多管理问题。只有持续地一点一滴设法改善，不断整理改善后的管理成果，这样才能建立良好的管理基础。

企业要保持健康而灵活的体质，必须对人与事进行不断的精简才能达成。这就好像一个人已经变得肥胖臃肿起来，影响了健康。怎么办？其实很简单，要避免肥胖臃肿，要健康，必须进行适度的运动及锻炼，才能确保身体的健康和灵活。这个道理对于企业而言是一样的。因此，企业谋求管理合理化的基础，就是在于维持人与事的精简，这样才能创造出高的效率来。任何组织如果违反了精简的原则，办事人员的工作能力可能无法正常发挥，相关事务的处理也容易陷入混乱，都有可能造成人浮于事、效率低下的结果。

王永庆说，在台塑企业的数十年中，他深刻感受到"止于至善"在经营发展中的重要性。在持续不断地追求管理合理化的过程中，即使是对平时的一件小事情进行处置，也一定要为了能让有关的各方面都能感觉合理、满意而去想方设法妥善处理。对于企业员工的训练培养方面，前期一定要经过用心思考、规划，然后才去执行，努力使员工具备良好而正确的态度，并能掌握相关的技能，这样才算是达到培训的理想程度。企业在经营管理中所牵涉到内部的人事问题比较复杂。由于外部的客观环境不断改变，在人事问题上只有妥善调整，才能稳定经营根基，才能使各项纷繁复杂的工作得以顺利执行。因此，企业在经营管理中，只有永不停息地苦心耕耘，才能谋求工作的合理化，才能使各项工作精益求精，做到"苟日新、日日新、又日新"，才能真正达到"止于至善"的境界。

台塑集团在管理中始终以"止于至善"作为终极目标，在企业经营中所涉及的各个环节，设法杜绝所有可能存在的浪费及遗漏，想尽一切办法将所有事物做到精简最大化，力求点点滴滴合理化，并且持续不断进行改进。台塑集团经过数十年贯彻落实，通过努力实践管理合理化，在经营管理上已经奠定了坚实的基础，而且也取得了实质性的成效。例如，在设备的购置、工程的预算及发包等方面，凡是和成本密切相关的各项重大费用开支，都能有相当幅度的节省。还有像对工程进度的控制与管理，工程运行中各种异常情况的排除，也都具有相当良好的工作效率。所有这些，对于降低企业经营成本，提升企业在未来运营中的对外竞争力，都有非常大的好处。因为长期坚持管理合理化，这样的一种理念也就形成了台塑集团的习惯，并且使企业自身的体质和耐力越发强劲，即使经营遇到不利的环境，也能够积极地予以解决。

台塑集团将管理合理化与经营绩效紧密连为一体。王永庆说："管理合理化乃是创造企业运营绩效的根源，而利润则是运营绩效的结果。换言之，管理合理化是因，而利润则是果。"没有"合理化"，管理就没有台塑集团持续增长的经营绩效。因此，持之以恒地追求"合理化"管理、不断提升效率、精心进行成本管控造就了台塑集团的核心竞争力。由于利润是有形的，而经过管理合理化增强获利能力的过程无具体的行踪可循，只有长期、持续不懈地追求，并且以"止于至善"作为终极目标，才能奏效。制定合理的标准，建立合理的规章制度，进行合理的管理，确定合理的考核，追求合理的成本，才能获得合理的利润，而暴利没有可持续性。

无论过去还是现在，无论台湾地区经济高速还是低速增长，台塑集团总能保持一定速度的成长率。究其原因，王永庆的经营理念、管理模式和行为规范，无不根植于中华民族的优秀文化。比如，王永庆特别强调以"责任正其心"。王永庆严厉要求台塑集团各级管理人员：从成本的最原始因素出发，然后沿生产流程逐项逐点地分析、检讨和改善，永不停息，直至"止于至善"。在台塑集团，所谓"管理能力"是指"检讨"与"改善"的能力。因此，在员工们的心目中：检讨不检讨是"真"；如何检讨是"善"；检讨之后的"改善"则是"美"。

古人常用"明明德"和"亲民"来触及人的心灵，激发人的责任感，使人们鼓足干劲去实现目标和理想。王永庆将中华民族的优秀文化融入到了其全部的经营管理中,并形成了如钢铁般坚强的、有形的市场竞争力。王永庆用其辉煌成就和一生的历程,证明了民族文化与企业经营利润之间的因果关系。他经常说:天下没有容易的事,但只要做到"勤劳朴实"和"止于至善",就没有努力而做不到的事。

2. 从"孝悌、忠恕"到人力资源管理与优秀传统文化的融合

(1) 事亲从兄的"孝悌"思想是台塑文化的基础。

王永庆事亲至孝,几乎一生都在"显亲扬名",但影响他最大的却是母亲。王母生他兄弟姐妹 8 人,王永庆后来发现母亲分娩都是在没有助产士协助下,自行克服所有困难完成的。她产后没有调养,仍照常下床去屋边水池旁洗衣服。王永庆对母亲的坚忍,曾痛苦地回忆说:"这种彻彻底底刻苦耐劳的精神以及凡事从不期望依靠外力协助,全凭自己设法解决的意志及智慧,实在是闻所未闻。"王母这种无言之教,对他日后的为人处世起了潜移默化的作用。

王永庆是家中的长子,他从小就体贴父母,所有的行为无时不在体现一个做儿子的"孝"。长庚纪念医院的建立以父亲的名字命名,就是体现着对父亲的追思,是一种大孝。这也是《孝经》中的"立身行道,扬名于后世,以显父母,孝之终也"的具体体现。而且王永庆兄弟和睦团结,才能让台塑企业始终欣欣向荣,这也体现了儒家思想中的"兄友弟恭,孝在其中"的孝悌思想。

王永在比哥哥王永庆小 5 岁,原任台塑集团副董事长,是陪伴王永庆时间最长的事业搭档。媒体在评价两个人几十年的合作经历时,经常使用的词语是"珠联璧合"与"相得益彰"。一家杂志的文章说,王永庆、王永在兄弟一静一动,从年轻时代开始,王永庆负责规划事业发展方向,弟弟王永在负责落实和执行。

在台塑集团的老员工眼中,哥哥王永庆扮演着"抬头看"的角色,思索、规划着台塑集团下一步的发展方向。而弟弟王永在就是"低头做",一步步推动着台塑集团走向更高的阶段。王永庆建立制度,王永在落实细节。而两人的默契及信任更难能可贵,王永庆做了决策,王永在百分之百服从;而王永在执行过程拥有绝对的自主权,哥哥王永庆充分授权。有记者曾问王永在两个人有没有吵过架,王永在则委婉地说:"他讲他的,我转头走掉就是了。"

王永庆是一个家庭观念很重的人。早在经营米店的时候,他就带着两个弟弟干,后来,王永庆家族中的重要成员都在台塑集团中担任重要职务。

家族式企业最主要的特点是产权由家族的主要成员,或者是由有血缘关系的成员来控制。因为家庭成员不仅具有利益关系,更具有血缘关系,强烈的责任感和凝聚力能够使他们迸发出无限的能量,产生 1+1>2 的合力。

或许，这种兄弟之间的情义、家族内部的团结，就是带有家族企业烙印的台塑集团持续高速发展的原动力。

为了纪念母亲的养育之恩和勤劳朴实的精神，王永庆兄弟两人刻意在六轻厂区内修建了一座"六轻阿妈公园"，以便实现把六轻建成生态园区的梦想。"阿妈公园"占地约7公顷，园内有小桥流水、人工瀑布、健康步道与人工河等诸多景点。由于规划完善，在一开始就吸引了大批白鹭、绿头鸭等野生鸟类前来栖息。"六轻阿妈公园"成了台湾岛内著名的观光景点。游客在欣赏六轻各项重大建设成果之余，对于王永庆母亲与王永庆兄弟之间母慈子孝的德范兴起无限的敬仰之情。

（2）以身作则，谦虚谨慎。

伟大诗人泰戈尔曾经这样评价谦虚："当我们大为谦卑的时候，便是我们最近于伟大的时候。"王永庆就是一个极其谦恭谨慎的人。有一次，王永庆诚恳地说："我虽然有些生活经验，可是从某种角度来看，我觉得我是公司里最差的人。我最年长，记忆力、体力等各方面都无法与年轻人相比。没有一个方面能来为我指导工作，舍此别无他法。"他这样说，是指老板要有一颗虔诚的心，有把自己当最差的人的诚恳和虚心，由此去发现别人的长处，才能由此建立起依赖员工、上下一体的机制，从而去激发员工的责任感、主动性和创造性。

王永庆的"最差"意识或心态，还有其具体体现。他曾生动地说过，作为老板，如果公司规模很小，只有数十人，只要率先垂范，做好表率，对员工用命令的口气说"你去做这个，你去做那个"，这样就可以把公司经营管理好；如果是成百上千员工的公司，老板不可能事事通晓、亲力亲为，甚至根本无法顾及，这时就不能再去命令了，而是要从心底发出"请你做这个，请你做那个"的请求；如果员工增加到一两万，"请"也不行了，而是要"拜托"，要有"万事拜托"的心态了；如果再增加到五万、十万，如果不用"双手合十，万事拜托"的心态去做，就无法利用部属为你做事了。

王永庆认为，"最差"的心态是经营者成功的最重要条件之一。他的一生，正是始终抱着这样的心态，才赢得了成千上万的人才为其效力。不具备这样的心态，就不可能成为一个成功的经营者。

王永庆的一生，用他独有的人格魅力赢得了人们的尊敬与爱戴。他生活的简朴，即是他人格魅力一个方面的体现。他崇尚简朴，但对于社会公益事业却从不小气。他常说："有钱不去做公益，是一种罪过。"他一生中为慈善事业捐赠无数，是历史上捐款数额最多的台湾地区企业家。王永庆的人格魅力还体现在他在生活中微小事情的坚持方面。几十年来，王永庆都坚持每天晨跑一小时，可以说风雨无阻。对于工作和学习，王永庆一生勤勉，每周用在工作上的时间高达100

第五章 我国企业管理未来发展趋势

小时以上。除了参与企业的管理与决策之处，闲暇时间，他几乎都在写书，因而著作甚丰。他每天都在清晨3点钟就起床，做完毛巾操再梳洗一番，就开始埋案著书。他将平日的点点滴滴及感想、经验写下来，然后收集整理成书。他的书从来不卖，出版后自掏腰包，全部送给员工和亲友。

王永庆在他企业经营的实践中，崇尚自我反省，将曾子的"吾日三省吾身，为人谋而不忠乎？与朋友交而不信乎？传不习乎"作为他一生思想行为的座右铭，时刻"检讨"自己，时刻反省自我，克勤克俭，兢兢业业，将"止于至善"的核心内涵运用和体现得淋漓尽致。

(3) 善待员工，敬重人才。

管理学认为，人力、物力、财力是一个公司最重要的三项资源。但是，在很多情况下，老板总是特别强调物力和财力，却忽视了人的重要性。其实人才是所有因素中最重要的，因为具有优秀品质的产品都是由优秀人才创造出来的。

王永庆把公司内的人员看成是公司的资产和公司实力的体现。他说："企业要养成力量，再雄厚的财力也不足恃，主要还是人的养成。如何开发个人的潜在能力，使之充分发挥，是今后主管的重要课题。"王永庆认为，人各有所长，用人要择才任职，使天资、禀性、特长不同的人在不同的岗位上各得其所。而放手使用、用而不疑，则是管理者应当学会的用人原则。王永庆认为，只有尊重员工，员工才会自尊自强，才会求上进。

台塑集团发展初期，所雇用的人大多只具有小学毕业水平，而且也没有什么招聘考试，觉得合适，通知一下就可以报到上班。以后，随着公司的不断发展，用人标准越来越规范，程序也越来越科学，而且应聘的人也越来越多，素质越来越高。此时，台塑集团作为大公司，主管人事者在应聘者面前，不免流露出一种高高在上的态度。针对这种现象，王永庆严厉地指出，无论对聘用者还是对那些不被选用的人，都应该善待，尤其是对那些条件不够、不符合录用标准的人，都应该善待，绝不能显露出一副鄙视不屑的神情来。他要求人事部门必须秉承充分尊重应聘者的观念来处理事情。

还有一个很能说明问题的事例，可以说明王永庆尊重和善待员工的理念。他认为，凡是公司招进来的人，都是共同从事与塑胶事业有关的工作，只是职务不同而已，所以不应该叫作"工人"，而一律改称"从业员"。从此，台塑企业只有"从业员"，而没有"工人"。这种称呼的改变，看起来是小事情，但是它对员工的心理却带来了良好的影响。它无疑说明台塑集团对员工不分贵贱，一视同仁，这能大大激发员工的自豪感和自尊心。当员工感到被尊重时，将对企业更加忠诚。在王永庆看来，要培养人才，就必须先培养自己，然后再教人。如果自己不能自敬自重，又如何去教人？不但招聘时应尊重应聘者，平时更应该把尊重员

· 283 ·

企业管理机遇、转型与发展

工放在首位。

　　台塑集团的人才使用观还体现在注重适才适能上，对员工的要求公正无私，完全看个人的能力，严格按照工作的品质与数量，以实际工作成效作为考核标准，绝不以资历作为评判标准。这是台塑集团选择人才和用人的原则之一。

　　对于员工流动，王永庆认为，员工的流动率高，是历史发展的必然。埋怨员工缺乏敬业精神，这是不对的。台塑集团领导应该探求问题的根源所在，认真加以解决，才能求得人才相当程度的稳定。为此，他提出了两个措施：实事求是地不断加强台塑企业管理技术的培训，让员工切实体会到自己是台塑企业的主人，发扬"厂衰我耻，厂兴我荣"的台塑企业主人翁精神；台塑企业要根据完成的指标，奖惩分明，公平合理，否则就会背道而驰，管理混乱，严重阻碍台塑企业的发展，更谈不上自我培养人才。因此，提高工资、减少离职是台塑企业经营者应尽的职责，除了不断提高经营管理水平外，没有其他可选择的余地。

　　在王永庆眼中，员工是企业长远发展的伙伴，因此致力使员工的生活无虞是台塑集团长期以来的一个基本理念。

　　在王永庆眼里，企业要具备足够的能力来照顾员工，使员工在努力工作之余能获安定之生活，而不致流离失所，绝不仅仅是在于向社会提供价廉物美的产品，也不只是追求对于经济发展所做出的贡献。在"合理化生产方式"的运作下，王永庆成功地将更多的注意力集中于通过培养员工的责任心，以便更有效地使用人力资源。他的经验在于，他能够始终坚持任人唯贤、适才适用这一用人原则，始终坚持通过制度把每一位员工放在双方都认为是最合适的岗位之上，同时还毫不犹豫地赋予这批人以最大的权力和责任。这一点对于台塑集团的兴旺发达和永续经营非常重要。因此，台塑企业一项神圣的职责就是"致力谋求永续经营"，这也是台塑集团经营者的基本理想与愿望。企业一旦将永续经营作为追求的目标，那就需要深入地思考在观念上和做法上的变革与创新。台塑集团对于经营所涉及的各项事务，都在持续不断地谋求合理化，并且制定了切实可行的规章制度。这样就在企业管理的层面上，使各项事务的运作都有了明确依据可以遵循，从而有效地提升了工作的质量。

　　王永庆的节俭是出了名的，但他在员工的福利问题上却一点也不小气。台化公司彰化厂区的"美化庄园"就是王永庆从生活上关心员工的典范。自1967年美化庄园兴建以来，王永庆陆续投入1亿多元，不断增添设备，美化环境。为了保证安全，在美化庄园通往各厂区的工作地点，都设有四通八达的高架人行桥。1980年，王永庆又投资2000万元，把所有宿舍装上中央系统的冷气设备，当气温超过28摄氏度时，冷气便自动开放。美化庄园占地5万多平方米，建筑面积2万多平方米，草坪花园面积近3万平方米，有8栋楼房，可容纳4800人。庄园的每间寝室空间宽敞，阳光充足，设备完善。庭院内有古典的凉亭、假山、鱼池、小桥拱门、兰花圃、喷水池，更有颇具西洋气息的水族馆、太阳伞、花架、摇椅等。工作之余，女工们置身于这种美丽如画的环境中，充分享受阳光、绿地、青春、欢笑，劳动的热情自然高涨，工作效率也很高。

在美化庄园还设有"辅导中心"，不仅随时为女工解决工作、生活、感情上的问题，还经常举办"恳亲会"，与女工家属座谈，为此设有会客室与会客客房，供家属居住。这里多是年轻女员工，为此特设"张老师信箱"，专门咨询与解决女工遇到的感情问题。

王永庆说，企业要提高生产力与生产品质，必须从管理着手，以合理的方式辅导生产从业人员；要设身处地地为从业人员着想，改善他们的衣、食、住、行等生活条件，使他们无后顾之忧；改善他们的工作环境，增加他们的参与机会；在精神方面，充实他们的生活内容，加强他们对公司的向心力。

美化庄园只是王永庆关心员工生活的一个实例，可以从侧面反映出他对员工生活的关心重视程度。

管理企业的最终目的是消除贫困。在台塑集团，终身服务于企业的管理干部和普通员工比比皆是。员工对薪资的普遍评价是："不要看一年、两年有多少，而要看十年、二十年有多少。"应该说，工作稳定和适度的个人发展空间是王永庆倡导的切身感之所以长盛不衰的企业心理学基础。通常情况下，除非万不得已，否则台塑集团从不轻易解雇员工。换句话说，劳资矛盾是王永庆毕一生精力解决的主要矛盾之一，并且这一点也是他之所以广受劳资两界钦佩的主要原因。

王永庆认为，台湾地区能有今日的发展，其力量皆源自中国人的传统勤劳美德。也就是说，对于台湾地区经济发展做出较多贡献的，并非是企业的经营管理阶层，而是负责生产工作的基层员工。如果缺少这些勤勉的基层员工，就绝对没有台湾地区今天的产业与经济发展。对于"善待员工之道"，王永庆解释说，既然基层员工做出了如此重要的贡献，那么企业应竭尽其所能来善待员工，以使其贡献能得到合理回馈，并借以激发企业谋求未来进一步发展的潜力。

3. 兼顾客我，利己利人

（1）善待客户，获取双赢。

市场经济是竞争经济，也是协作经济，是社会化专业协作的结果，因此在市场经济条件下的企业运作中，竞争与协作不可分割地联系在一起。近年来，很多学者提倡"合作竞争"，提出了"竞合"概念、"双赢"模式，旨在说明企业之间团结合作，在竞争中共同创造价值，才能在现代经济条件下共同取得前所未有的盈利能力与市场竞争力。

在经营台塑集团的过程中,王永庆在利益面前,并没有只顾及自己,而是和合作伙伴分享利益,与美国人卡林合作时,就是这样做的。

由于南亚塑胶厂消耗的塑胶粉有限,不能彻底解决塑胶粉销路不畅的问题,因此,王永庆开始考虑对塑胶粉的二次加工,生产日用塑胶制品,并使它们走进千家万户。由于台塑集团不具备对塑胶进行二次加工的先进技术,于是王永庆就到美欧和日本进行考察。凑巧的是,他在飞机上遇到了在日本开吹气玩具厂的美国人卡林。于是王永庆力邀卡林去中国台湾地区办厂,并将自己在新店的一部分闲置厂房和资金等都以十分优惠的条件提供给了他。面对卡林的不解,王永庆解释说,我是生产塑胶粉的,正寻找销路。如果与你合作办厂成功,塑胶粉的销路问题就解决了,你赚了钱就等于我也赚了钱。卡林为王永庆的气度所折服,欣然接受了王永庆的邀请。卡林塑胶公司成立后,王永庆又用同样的条件发展了多家二次加工厂。这样,塑胶粉的积压问题得到了彻底解决,仅卡林塑胶公司就消耗掉了台塑集团总产量的20%,卡林本人自然也获益匪浅。

(2) 为员工创业提供机会,让利客户,帮助成长。

1961年年初,王永庆成立了新东塑胶加工公司(以下简称新东公司),对PVC胶皮进行三次加工,生产雨衣、箱包和部分建材,以消化南亚公司的塑料皮、布以及台塑公司的塑胶粉。由于具备了良好的经营条件,新东公司的三次加工事业果然能够依照预期批量生产出价廉物美的产品,并不断销往海外市场。新东公司成立4年多,其产品供不应求,整个下游加工业一直处于快速的扩张之中。按照王永庆的说法,新东公司基本上成了个体私营企业创业的摇篮。他眼见台湾地区三次加工业的发展条件在新东公司的示范作用之下已经趋于成熟,便决定将新东公司关闭,以便鼓励更多的原新东公司业务与技术人员各自出去开创新的事业。一时之间,台湾岛内的三次加工厂有如雨后春笋,其业务鼎盛一时。由新东公司培养出的一批青年干部纷纷自立门户,经营三次加工事业。在不到一年的时间内,岛内的三次加工厂一下子就增加了几十家,二三年后更扩充至数百家,每家工厂的规模也都是随着业务的拓展而不断扩充,为日后台湾地区石化工业上中下游垂直整合维系了一个稳定而坚固的基础。

王永庆说:"在企业经营上,当然是要致力谋求利益,但是对待客户也必须了解所谓欲取之、先与之的道理。"王永庆无疑是想表明,企业必须先给予客户利益,然后才能从生意中获取自己的最大利益。在企业经营问题上,所谓"与",就是向客户提供利益和方便,满足其需求。

为了实践这一经营理念,王永庆带领台塑集团持续不断地在各个经营层面上追求合理化,以期降低成本及提高品质,并严格控制生产及净化时效,确保能依客户指定的时间及数量，准时将价廉物美的产品送交其手上。他说："经营者懂得为客户立场设想，并且尽己所能满足客户需要，提供种种可能的利益和方便，可以获得客户的信赖和支持，长久维系交易往来，促使业务正常推展，为企业谋取最佳经营绩效。"

基于这样一种经营理念，台塑集团在对待客户的态度上，只要是合理的要求，都会竭尽所能加以配合，有时甚至还会主动去观察和询问。1986 年前后，由于新台币大幅升值，台塑集团下游加工客户的产品外销遭遇了严重困难。为有效缓解这一困境，王永庆主动表示在原料供应价格上主动吸收新台币升值所造成的汇率差额。这一措施在以后的数年之间使台塑集团累计总共减损了大约 150 亿新台币的净利。对于一个企业而言，这一事先不能够预见到的负担确实非常沉重，但是为了帮助客户摆脱困境，王永庆毅然而为，结果不但对客户的帮助极大，而且稳住了整体石化业界的经营根基。这就是台塑集团对待客户的基本态度，在其 50 多年的发展过程中，类似的措施也是多有所在，不胜枚举。

4. 企业文化建设与优秀传统文化的融合

（1）创建企业文化，塑造企业灵魂。

正如一个人不能失去灵魂一样，一个企业也不能没有灵魂，而这种企业灵魂就是企业文化，企业文化就是核心竞争力。在竞争激烈的同质化时代，技术、品牌可以模仿，唯一不可模仿的就是文化，文化才是现代差异化竞争优势的真正来源。任何一个企业，要想创造不同寻常的业绩，都离不开全体员工的勤奋努力和合作进取。因此，他们在企业的生产经营活动中，时刻不忘培养员工对本企业的归属感，使全体员工热爱自己的企业，培养员工对企业的责任感和荣誉感。

企业文化塑造的关键在于让员工形成新的思维模式，自觉、自愿地认同企业文化，并体现在实际工作中。由此可见，企业文化不是"水中月、镜中花"，它只有"落地"才能发挥效用。企业文化是建设现代企业发展的重要内容，是精神文明的重要体现，是企业得以长久发展的重要保障。

要想塑造一个成功的企业文化，重要的在于体验。优秀的企业文化不是建设来的，企业文化的创建必须经历"从建设到体验"的过程，让员工"看得见、感受到、自己做"。台塑集团在企业灵魂塑造上最典型的活动就是一年一次的大规模企业运动会。在这个运动会上，台塑集团各分公司、工厂包括海外公司都要组队参加。而在运动项目的选择上，除了一般的田径项目以外，还有王永庆亲自参加的项目特别引人注目，这就是王永庆带领台塑企业的高级主管和外宾一起参加的 5000 米长跑和内容不同的趣味比赛。5000 米，对于年轻人来说也许算不了什么,但对于像王永庆这样的高龄老人,就是一项体力和耐力的巨大挑战。他之所以这样做,主要基于两点:代表着台塑集团在以他为首的领导群体领导下,勇往直前,不断从胜利走向胜利;在跑道上要与外宾竞争,在商场上也要和外国人竞争。

一年一度的运动大会,使台塑人通过运动比赛的方式,将台塑精神统一在一起并发扬光大。在这样的台塑精神的统一下,台塑人激发了极大的工作热情,不用施加任何外力,自然而然、心甘情愿地全身心投入到工作中去,创造出极高的效率,可见其精神动力作用之大。什么是中国企业管理之魂?王永庆对此做出了明确回答:只能是中华民族的信仰和文化。具体说,就是要靠中华民族的"勤劳朴实"、"止于至善"的精神来办好企业,这也是民族精神的精髓。只要以这个民族精神为"根",经过不断实践和思考,再实践再思考,没有办不好的企业。"什么时候,企业经营偏离了民族信仰和文化,什么时候我们在竞争对手面前就彻底忘记了自己是谁。"这就是具有中华民族文化情结的优秀企业家的情怀。

(2)真心诚意,回报社会。

"老吾老以及人之老,幼吾幼以及人之幼。""穷则独善其身,达则兼善天下。"这是几千年来中国传统文化中儒家文化的优秀思想,在王永庆这里得到了具体体现。王永庆把发展社会公益事业作为经营企业的主旨,他把"善待客户、善待员工、善待社会、善待自然"作为企业的经营理念,做出了许多回馈社会的有意义的事。他先后创设了多家公益事业机构,都不以盈利为目的,秉承了"取之于社会,用之于社会"的宗旨。

王永庆的父亲王长庚当年因为医疗条件差而未能得到及时救治,以至于早逝,这是王永庆一生中最痛苦的事情。1976年,为了纪念父亲,为了能让更多的人看得起病,能让更多的人得到及时救治,他创立了长庚纪念医院。目前在台湾地区共设立5个院区,拥有近万张病床,门诊每年达600万人次,是台湾地区规模最大、设备最完善、收费最低廉、经营绩效最佳的综合医院之一。长庚纪念医院对台湾地区的贡献举足轻重。通过长庚纪念医院的带动,台湾地区各家公私立医院也都积极扩充设备,提升医疗服务质量,对此长庚纪念医院起到了榜样的作用。

王永庆看到台湾地区的社会福利仍不够健全,对于老人、植物人及慢性病患者的照顾与先进国家水平相比相差甚多,再加上收费又过于昂贵,机构质量参差不齐。因此,台塑集团在成立长庚纪念医院的同时,又先后建设了植物人护理之家,为了照顾慢性病患者而建立的慢性病院,为高龄老人建立的养生文化村等,以优质的服务质量为患者和老人提供了良好的护理和生活环境。此外,王永庆还为全台湾地区75岁以上老人与赡养机构捐出57.8万剂、总价约

4.6 亿元的疫苗。

"幼时无力进学"是王永庆一生的遗憾,他深知教育的重要意义。为了让孩子不再遭受他儿时的痛苦,王永庆在台湾地区诸多偏远地区以及大陆贫困地区先后建起了几十所高标准学校,为那些上不起学或条件差的孩子提供助学援助。另外,台塑集团又帮助社会上的许多原住居民青年进行专项技术培训,考取技术执照,获取一技之长,解决因不易就业而造成的生活困难。同时,王永庆努力在台塑集团为他们安排就业,使其从此能够步上正轨,获得平等的发展机会。

除此之外,王永庆还在台湾地区投资兴建了3所大学,分别是1963年创立的明志科技大学,1988年创立的长庚技术学院,1987年设立的长庚医学暨工程学院(1997年改制为长庚大学)。从2004年起,他有计划地投入120亿左右新台币,捐赠大陆教育事业,资助贫困地区兴建小学并设奖学金,统称为"明德";预计分批在大陆贫困地区兴建10000所明德小学,截至2010年,已捐建4300多所小学。

他常告诫子女:"财富只是社会让我们暂时保管的钱,一定要好好使用。"2004年,王永庆与王永在兄弟,将持有的台塑三宝股票与股利,以双亲之名,设立公益信托基金,从事社会慈善事业,照顾弱势群体,并将遗产捐给公益信托基金。希望王家不分家,子子孙孙、长长远远对社会尽一份责任。2008年5月12日,四川汶川大地震后,台塑集团捐助1亿元人民币,而王永庆以个人名义捐助1亿元人民币,成为当时捐助最大的一笔善款,受到了海内外人士的一致肯定和赞誉。

王永庆在70岁的时候说过:"我们在活着的时候,要时时提醒自己,这样我们就可以放开胸怀,趁活着的时候,多做点对社会大众有意义的事。若能为整个民族做几件重要的事,这一生也算没有白活。等到我们死了以后,会有人想念我们、赞许我们,才算对人生有了交代,没有辜负此生此世。"

台塑集团的成功经验证明:中华民族的优秀文化可以承载市场经济体系,可以承载任何一种先进的管理模式或生产方式,可以为任何一种优秀的经营理念和管理思想提供理论动机。"勤劳朴实,止于至善"是台塑集团始终奉行的核心理念。也就是在这个核心理念的引领下,才形成了台塑集团的品牌文化以及强有力的市场竞争能力。这种思想,基于王永庆从母亲身上所学到的、所感悟到的,也是王永庆自己身体力行总结而来的,这是对中华优秀的、朴素的文化思想的升华。也许,优秀的民族文化与企业利润的多少之间没有必然的因果关系,但是企业的管理行为一定是由企业的理念和思想决定的,而企业的核心理念和优秀思想,必然是由于受到优秀的文化影响而最终获得的。台塑集团的优秀思想与理念,即是由于受到了中华优秀传统文化的影响而发扬光大。

参考文献

[1] 汪鹏. 环境资源约束与我国化工企业竞争力的关系研究 [D]. 武汉工程大学, 2010.

[2] 王怀成, 张连马, 蒋晓威. 泛长三角产业发展与环境污染的空间关联性研究 [J]. 中国人口·资源与环境, 2014 (S1): 55-59.

[3] 符鹏. 长株潭产业发展与环境污染的灰色关联分析 [D]. 湖南农业大学, 2010.

[4] 周龙. 云南省经济发展与环境污染关系研究 [D]. 云南大学, 2010.

[5] 闫逢柱, 苏李, 乔娟. 产业集聚发展与环境污染关系的考察——来自中国制造业的证据 [J]. 科学学研究, 2011 (1): 79-83, 120.

[6] 张震. 我国环境产业发展的制度分析 [D]. 山东大学, 2012.

[7] 云光中. 资源型城市产业发展新模式研究 [D]. 武汉理工大学, 2012.

[8] 齐亚伟. 环境约束下要素集聚与区域经济可持续发展 [D]. 江西财经大学, 2012.

[9] 金美佳. 海南省经济发展与环境质量协调性分析 [D]. 海南大学, 2013.

[10] 余芳. 生态文明背景下昆明工业产业生态化发展路径探析 [D]. 昆明理工大学, 2013.

[11] 阎兆万. 论产业环保化及其实现机制 [D]. 北京交通大学, 2007.

[12] 唐索莉. 我国高能耗产业的环境效率评价及规制研究 [D]. 广东商学院, 2013.